贝页
ENRICH YOUR LIFE

经济状况，世界状况

THE STATE OF ECONOMICS,
THE STATE OF THE WORLD

〔印度〕考希克·巴苏 〔美〕大卫·罗森布拉特 〔美〕克劳迪娅·塞普尔维达 编
Kaushik Basu　　　David Rosenblatt　　　Claudia Sepúlveda

诸葛雯 译

文匯出版社

图书在版编目(CIP)数据

经济状况，世界状况/(印度)考希克·巴苏(Kaushik Basu)，(美)大卫·罗森布拉特(David Rosenblatt)，(美)克劳迪娅·塞普尔维达(Claudia Sepúlveda)编；诸葛雯译. — 上海：文汇出版社，2023.7
ISBN 978-7-5496-3971-7

Ⅰ.①经… Ⅱ.①考… ②大… ③克… ④诸… Ⅲ.①世界经济政治学—研究 Ⅳ.①F11-0

中国国家版本馆CIP数据核字(2023)第105982号

© 2019 The World Bank

本书简体中文版专有翻译出版权授予上海阅薇图书有限公司出版。未经许可，不得以任何手段和形式复制或抄袭本书内容。

上海市版权局著作权合同登记号：图字(09-2023-0270)

经济状况，世界状况

作　　者 /〔印度〕考希克·巴苏
　　　　　〔美〕大卫·罗森布拉特
　　　　　〔美〕克劳迪娅·塞普尔维达　编
译　　者 / 诸葛雯
责任编辑 / 戴　铮
封面设计 / 汤惟惟
版式设计 / 汤惟惟
出版发行 / 文汇出版社
　　　　　上海市威海路755号
　　　　　（邮政编码：200041）
印刷装订 / 上海中华印刷有限公司
版　　次 / 2023年7月第1版
印　　次 / 2023年7月第1次印刷
开　　本 / 889毫米×1194毫米　1/32
字　　数 / 473千字
印　　张 / 17.375
书　　号 / 978-7-5496-3971-7
定　　价 / 128.00元

本书撰稿人

菲利普·阿吉翁（Philippe Aghion）
法兰西公学院与伦敦政治经济学院教授。

英格拉·阿尔杰（Ingela Alger）
法国国家科学研究中心（CNRS）图卢兹经济学院高级研究员、图卢兹高等研究院（IAST）主任。

肯尼斯·阿罗（Kenneth Arrow）
斯坦福大学堪内经济学教授、运筹学教授、荣休教授，1972年诺贝尔经济学奖得主。

阿比吉特·维纳亚克·班纳吉（Abhijit Vinayak Banerjee）
麻省理工学院福特基金会国际经济学教授、贾米尔脱贫行动实验室（J-PAL）联合主任，2019年诺贝尔经济学奖得主。

考希克·巴苏（Kaushik Basu）
康奈尔大学卡尔·马克斯国际学研究教授、世界银行前高级副行长兼首席经济学家。

劳伦斯·E. 布卢姆（Lawrence E. Blume）
康奈尔大学经济学系杰出教授。

古勒莫·卡尔沃（Guillermo Calvo）
哥伦比亚大学经济、国际与公共事务学教授。

弗朗西斯科·卡塞利（Francesco Caselli）
伦敦政治经济学院经济学系主任，经济学诺曼·索斯诺讲座教授。

阿斯利·德米尔古茨-昆特（Asli Demirgüç-Kunt）
曾任世界银行欧洲与中亚区域首席经济学家、世界银行研究主任。

尚塔亚南·德瓦拉詹（Shantayanan Devarajan）
乔治城大学沃尔什外交学院教授，曾任世界银行发展经济学高级主管。

埃丝特·迪弗洛（Esther Duflo）
麻省理工学院减贫与发展经济学阿卜杜勒·拉蒂夫·贾米尔荣誉教授、贾米尔脱贫行动实验室联合主任，2019年诺贝尔经济学奖得主。

萨姆·范克豪泽（Sam Fankhauser）
牛津大学史密斯学院气候经济与政策专业教授，伦敦政治经济学院格兰瑟姆气候与环境研究所及气候变化经济与政策中心（CCCEP）访问教授。

詹姆斯·E. 福斯特（James E. Foster）
乔治·华盛顿大学奥利弗·T. 卡尔国际事务教授、经济学教授。

瓦伦·高里（Varun Gauri）
世界银行发展研究小组高级经济学家。思维、行为与发展部门（eMBeD）联合领导，《2015年世界发展报告：思维、社会与行为》联合负责人。

泽维尔·吉内（Xavier Giné）
世界银行发展研究小组金融和私营部门发展小组首席经济学家。

盖尔·吉劳德（Gaël Giraud）
乔治城大学环境正义计划研究与执行主任，曾任法国开发署（AFD）首席经济学家兼创新、研究和知识局执行主任。

姬塔·戈皮纳特（Gita Gopinath）
国际货币基金组织（IMF）首席经济学家、经济顾问、研究主任，哈佛大学国际研究和经济学约翰·兹万斯特拉教授。

罗伯特·霍凯特（Robert Hockett）
康奈尔大学爱德华·康奈尔法学教授、公共政策教授。

卡拉·霍夫（Karla Hoff）
哥伦比亚大学国际与公共事务兼职教授，曾任世界银行发展研究小组首席经济学家。

拉维·坎伯（Ravi Kanbur）
康奈尔大学世界事务 T. H. Lee 荣誉教授、应用经济学和管理学国际教授、经济学教授，曾任世界银行首席经济学家。

阿特·克雷（Aart Kraay）
世界银行副首席经济学家，发展政策和发展经济学主任。

迈克尔·克雷默（Michael Kremer）
芝加哥大学经济学教授，美国国际开发署发展创新风险计划兼职科学总监，2019 年诺贝尔经济学奖得主。

大卫·麦肯兹（David McKenzie）
世界银行发展研究小组金融和私营部门发展小组首席经济学家。

塞勒斯丹·蒙卡（Célestin Monga）
哈佛大学肯尼迪政府学院教授，曾任非洲开发银行首席经济学家兼经济治理和知识管理部副总裁。

茅瑞斯·奥伯斯法尔德（Maurice Obstfeld）
加州大学伯克利分校经济学教授，曾任国际货币基金组织经济顾问兼研究主任。

哈米德·拉希德（Hamid Rashid）
联合国经济和社会事务部全球经济监测司司长。

马丁·拉瓦雷（Martin Ravallion）
乔治城大学首届埃德蒙德·D. 维拉尼经济学讲座教授。加入乔治城大学之前，曾任世界银行研究部门主任。

大卫·罗森布拉特（David Rosenblatt）

世界银行首席经济学家办公室经济学顾问。

阿玛蒂亚·森（Amartya Sen）

哈佛大学托马斯·W.拉蒙特大学教授[1]、经济学和哲学教授、哈佛学会高级研究员、1998年诺贝尔经济学奖得主。

克劳迪娅·塞普尔维达（Claudia Sepúlveda）

世界银行发展经济学副行长办公室首席经济学家。

路易斯·塞文（Luis Servén）

世界银行发展研究小组宏观经济和增长团队高级顾问。

申铉松（Hyun Song Shin）

国际清算银行经济顾问兼研究主管。

尼古拉斯·斯特恩（Nicholas Stern）

伦敦政治经济学院经济学和政府学帕特尔讲习教授、前英国科学院院长。

约瑟夫·斯蒂格利茨（Joseph Stiglitz）

哥伦比亚大学大学教授、2001年诺贝尔经济学奖得主。

凯斯·R. 桑斯坦（Cass R. Sunstein）

哈佛大学罗伯特·沃姆斯利大学教授。

迈克尔·托曼（Michael Toman）

世界银行发展研究小组气候变化方向首席经济学家。

乔根·W. 威布尔（Jörgen W. Weibull）

斯德哥尔摩经济学院瓦伦贝里经济学教授、图卢兹高等研究院访问研究员。

---

1 "大学教授"（University Professor）是北美大学给予自身学术队伍中极为优异的知名学者的最高荣誉，其分量往往高于各类"院士"头衔。——译者注。（本书注释若无特殊说明，均为原书注）

目 录

前 言　/1
考希克·巴苏、大卫·罗森布拉特、克劳迪娅·塞普尔维达

导论：经济现状，世界现状　　/13
考希克·巴苏

I　理论基础

1　均衡、福利与信息　　/3
　　肯尼斯·阿罗

2　社会选择与福利经济学　　/30
　　阿玛蒂亚·森

3　信息经济学革命：过去与未来　　/88
　　约瑟夫·斯蒂格利茨

II 宏观经济稳定与增长

4 从长期通胀到长期通缩：聚焦二战以来的预期和流动性混乱 / 145

古勒莫·卡尔沃

5 全球流动性与顺周期性 / 203

申铉松

6 从熊彼特经济学说看增长与发展 / 251

菲利普·阿吉翁

III 研究与探索的新领域

7 气候变化、发展、贫困与经济学 / 295

萨姆·范克豪泽、尼古拉斯·斯特恩

8 以行为为依据 / 351

凯斯·R.桑斯坦

9 道德：进化基础和政策影响 / 394

英格拉·阿尔杰、乔根·W.威布尔

10 随机对照实验对发展经济学研究及发展政策的影响 / 447

阿比吉特·维纳亚克·班纳吉、埃丝特·迪弗洛、迈克尔·克雷默

前　言

考希克·巴苏、大卫·罗森布拉特、克劳迪娅·塞普尔维达

缘起

我们生活在一个动荡的时代。过去10年间[1]，世界经济既遭受了金融危机、主权债务问题、政治冲突和移民危机的冲击，也受到了最近仇外情绪和保护主义抬头等因素的影响。这些问题引发了关于世界现状以及经济学是否有能力应对这些挑战的重大问题。这些经济和政治危机与突发事件是一些更深层次的潜在问题的表现吗？在这个反思的时刻，经济学作为一门学科，是否让我们觉得失望？这是许多人都在关注的问题，也是促使世界银行召开此次会议的原因，本书便以此为依据。我们决定邀请一些业内最优秀的人才——塑造了现代经济学的经济学家——通过一系列论文来思考经济状况与世界状况。我们进行了为期两天的审议会议：作者提交论文

1　本书英文版出版于2019年。此次中文版保留了原书编者及各章作者关于时间的表述。
　　　　　　　　　　　　　　　　　　　　　　　　　　　——译者注

后，一群杰出的经济学家对这些论文展开评论；同时，大量观众与他们进行了对话和辩论。本书就是这两天的审议会议的成果。

20世纪50年代到70年代，至少在"西方"，经济学界就新古典经济学达成了合理的共识。美国和西欧在战后经历了快速的经济增长。在经济上，亚洲仍是一个沉睡的巨人，苏联凭因其独特的经济体系毫发未损，非洲国家刚刚掀起摆脱殖民统治的独立浪潮。发展经济学按照阿瑟·刘易斯爵士（Sir Arthur Lewis）提出的思路，将研究重点放在结构转型上；同时，依附理论应运而生，认为全球资本主义制度本质上旨在操纵发展中国家。尽管在新古典主义上达成了共识，但是一些经济学家认为，先进的数学和工程技术可以让社会规划者以最佳方式设定经济增长与发展的道路。

如果按下历史的快进键，我们便能看到全球经济在过去的25年间呈现出截然不同的变化。最近一次的全球化浪潮导致全球价值链集约化。现在，一些最发达的经济体都集中在亚洲。首先便是日本，新加坡、韩国、中国的台湾和香港紧随其后。到了20世纪80年代中期，中国成为增长的领跑者。近几年，印度和越南的增长速度堪称典范。苏联已不复存在。（包括拉丁美洲国家在内的）许多中等收入国家已经取得了社会进步，然而，严重的收入不平等现象依然存在，如何在新的全球背景下参与竞争的这项挑战也依然存在。非洲已经从债务减免中受益，实现了增长并降低了贫困率，尽管非洲各国的发展速度不一且不稳定。快速的技术变革既带来了技术飞跃的机遇，也带来了如何适应的挑战。

正如本书所述，经济学界已经通过学习实践经验、挑战传统假定、开发全新技术和使用大数据等方式，适应了世界的变化。20世纪80年代，西方大学的一种主流观点是，所有经济体都一样，发展中国家只需"把价格搞对"就行，因此发展经济学这一研究领域日渐式微。但自那以后，随着发展中经济体在全球舞台上的地位日益突出，发展经济学已成为经济学中最具活力的领域之一，在全新的统计技术以及将经济理论与经验方法相结合的能力等方面尤是如此。

尽管存在这些变化和适应过程，2008年爆发的金融危机仍然造成了旷日持久的经济衰退，给世界经济留下了至今仍未愈合的伤疤。这些伤疤表明，经济学界仍然面临着重大的智力和研究挑战。本次会议的动机之一就是应对这些挑战。

随着时间的推移，经济学的社会目标与该专业的规范性假定也发生了变化。原本只狭隘地关注国内生产总值的经济学家逐渐认识到，有必要创建一个关于人类福利与能力的更广泛的概念。就连世界银行也决定将其任务目标从发展和减贫扩大到更直接的减少不平等，即"共同繁荣"。本书是我们站在这些变化的交汇点对经济学所做的评价。

遗憾的是，肯尼斯·阿罗没能等到本书出版的那一天。肯尼斯是这个时代最伟大的思想家之一。这位经济学巨匠的影响从20世纪下半叶一直延续到21世纪初。他以极具影响力的演讲拉开了此次世界银行会议的序幕。肯尼斯·阿罗于2017年2月21日辞世，享年95岁。离去前，他仍在为本书撰写论文。他始终与本书的编辑们保持着联系，直至生命的最后几周。尽管肯尼斯未能写完全文，但是经过一番考虑，我们仍然决定在书中收录这篇文章。我们既不想越俎代庖，也不愿遗漏他留在世间的最后一份文稿。感谢拉里·萨默斯（Larry Summers），他帮助我们稍稍编辑了这篇文章；我们也对它作了一些显而易见的更正，不过，在这一过程中，我们始终谨慎地秉持不改变肯尼斯原意的原则。因此，论文的某些部分显然并不完整。我们希望这一章能为所有读者带来益处，因为作为一位经济学家，肯尼斯协助塑造了现代经济学的许多内容。事实上，我们认为可以将本书的第一部分——由肯尼斯·阿罗、阿玛蒂亚·森和约瑟夫·斯蒂格利茨所撰写的三篇综述性文章——视作对现代经济学理论基础的简短总结。

指南

本书前言之后的导论阐述了20世纪中叶学界就新古典主义达成共识之前的知识基础。这一历史视角提醒我们,理论和直觉在指导我们如何理解经济学方面发挥着重要的作用——即使在当前数据更加丰富、统计分析更加完善的时代也是如此。导论表明,对于弥补关键的知识鸿沟和制定能够提高人类福祉的政策而言,理论和经验都至关重要。

导论之后,全书正文共分为三个部分。第一部分是经济学基础理论。20世纪的经济理论——或者说新古典经济学——以一般均衡理论与福利经济学这两大支柱为基础,并于20世纪中叶达到巅峰。第一部分的三篇文章出自三位诺贝尔奖获得者之手。肯尼斯·阿罗与阿玛蒂亚·森分别阐述了均衡与福利这两大支柱。阿罗教授撰写的第一章是他留下的遗稿。它带领我们回顾了经济理论中一些关键思想的起源,追溯了约翰·斯图尔特·密尔(John Stuart Mill)与奥古斯丁·古诺(Augustin Courno)的思想以及"需求曲线"的诞生——这一概念成为经济学的一个核心思想。阿罗教授细数了经济思想的历史,正是这段历史塑造了一般均衡的形式特征并证明了其存在与最优性,这些都体现在福利经济学的两个基本定理之中。他和吉拉德·德布鲁(Gerard Debreu)于1954年发表在《计量经济学》(*Econometrica*)上的论文是经济学上的一个伟大突破。肯尼斯·阿罗在第一章中指出,我们在将这些抽象想法转变为决策时应该小心谨慎。他提醒我们,经济学不同于天文学等科学:在经济学中,我们自己就是我们试图理解的系统的参与者。因此,我们距离分析对象太近了,可能因而无法窥得全貌，或者说我们的观点可能存有偏见。

阿玛蒂亚·森在个体选择与社会福利方面做出了开创性贡献，其基础研究主要针对经济学与哲学的交叉领域。一个突出的例子就是有名的"自由悖论"，这两个领域中的大量文献均得益于这一理论。森在本书第二章介绍了理性决策与社会福利理论的历史。他指出，18世纪末的早期理论家有两个关注点：避免威权主义和避免武断。森的这一章是阿罗所撰写的第一章的续篇。正如阿罗教授是一般均衡理论中的关键人物一样，森也凭借其著名的"不可能定理"为社会选择理论提供了最初的推动力。可以说，森教授是顶尖的社会选择理论家，他将阿罗的著作与19世纪约翰·斯图尔特·密尔的研究联系在一起。森从庇古（Pigou）于1920年出版的经典著作《福利经济学》（The Economics of Welfare）切入福利经济学这一领域。与社会选择理论不同，福利经济学的哲学渊源是边沁（Bentham）的功利主义方法，因此，它侧重于社会中个体效用的总和。森指出，对这些效用分配的忽视反映了"一个事关重大，涉及伦理、政治的局部盲区"，并进一步阐述了如何补救这种忽视。这部分对于理性选择和福利经济学的重要论述，对经济学和哲学专业的学生以及试图开拓新领域的研究人员都大有裨益。

约瑟夫·斯蒂格利茨在第三章中总结了信息经济学的演变以及信息不对称在市场失灵中所起的作用，他本人在这些领域做出了开创性贡献。早期经济学的大部分内容都基于完全信息假定。消费者知道自己购买的是何种产品，债权人清楚借钱给某人或某家企业会有何种风险，雇主了解自己所聘之人能力如何，而且也十分清楚他在工作期间的全部状态。这些假定当然都是错误的。然而经济学家依然坚持采用这些假定，因为他们往往认为这些无害的假定可以帮助人们更容易地建立模型、取得进展，但有时，他们之所以这么做仅仅只是固执使然。约瑟夫·斯蒂格利茨在一系列论文中表明，首先，这些假定并非无害——它们导致了严重的政策性错误；其次，只要有耐心和智慧，我们仍然可以在为不完美、不对称信息留出空间的同时建立起正式的分析模型。

凯恩斯和阿瑟·刘易斯在著作中提到的传统经济学的一些关键特征（如工资刚性、劳动力供给过剩和信贷需求过剩）只是假定，但是，现在我们可以从内生的角度对其加以解释。得益于斯蒂格利茨教授早期发表的论文，这项工作现已成为主流研究的一部分，本书第三章对该领域的背景进行了概述。

本书第二部分由三章构成，涉及宏观经济稳定与增长。过去75年间，发展中国家多次遭遇宏观经济危机。然而，2008—2009年的那场全球金融危机却始于美国，它对许多富裕国家造成了影响，随后席卷了发展中经济体，从而引发了经济学界的深刻反思。经验告诉我们，经济学界业已明确的一个问题是宏观经济政策与金融体系的监管及演变之间存在密切联系。在本书第二部分，古勒莫·卡尔沃（第四章）和申铉松（第五章）分别讨论了围绕通货膨胀和金融稳定的新思考。从短期稳定到长期增长，理论已经超越了最初的索洛模型，将索洛对全要素生产率作用的仔细核算内化。本书第二部分以菲利普·阿吉翁撰写的第六章结尾，他向读者介绍了关于内生增长理论的最新思考。

古勒莫·卡尔沃所撰写的第四章侧重的是更为长期但同样紧迫的问题。他关注的是自20世纪中叶以来出现的两个关键性宏观经济现象：长期通胀与最近的长期通缩。从经济思想史的角度来看，卡尔沃借鉴了理性预期在宏观经济理论中的作用及其在帮助我们理解这些现象方面所起的作用。尽管一些富裕国家在20世纪70年代经历了不寻常的高通胀，但是新兴市场却遭受了更为严重的通胀，以及与之相随的债务危机。宏观经济学家最初将新兴市场面临的危机完全归咎于政策错误，正是这些错误影响了对这些市场进行投资的基本面。然而，这些危机的持久性和系统性却促使经济学家开始思考预期在导致获取外国资本的渠道"突然终止"上所起的作用。作为这一领域的先驱，古勒莫·卡尔沃显然在相关研究的回顾方面特别具有发言权。为了与本书反复出现的主题保持一致，卡尔沃指出，传统模型在解释高收入国家的宏观经济表现时运作良好，由此而引发的"知识惰性"（intellectual inertia）可能是导致经济学理论出现某些失误的原因。

包括汇率变动在内的金融市场的发展对实体经济的影响比以往任何时候都要大。正如申铉松在《全球流动性与顺周期性》（第五章）中所言，"金融之尾似乎在摇着实体经济之犬"。具体而言，汇率似乎并未朝着有助于消除主要经济体外部失衡的方向调整。全球金融市场已高度一体化，这意味着各地的决策者都在关注美联储的下一步行动。各种货币之间的利率异常、美元在全球交易中的崛起，以及周期性的不稳定一直是我们关注的焦点，2008—2009年金融危机以来尤是如此。作为国际金融领域的世界权威，申铉松在第五章中对这些问题进行了剖析和分析，这对于当今世界，尤其是自十年前爆发金融危机以来的世界，具有特殊的意义。

菲利普·阿吉翁对经济理论的许多领域都作出了贡献。他的著作之一《熊彼特经济增长理论》（*Schumpeterian Theory of Economic Growth*）吸引了大量关注，也引发了大量后续研究。尽管各国都在努力实现不同的目标，增长始终是发展经济学的一个核心关注点，仅仅因为它可以推动其他目的和目标的发展。在第六章中，阿吉翁从索洛模型这一"增长经济学的真正样板"入手，进而利用熊彼特的增长范式来阐明当代人感兴趣的一系列话题。因此，这一章分析了竞争与创新驱动增长之间的关系、长期停滞的可能原因，以及最近收入不平等的加剧，尤其是超级富豪与其他人群之间差距日益扩大的现象。

本书第三部分以"研究与探索的新领域"为题，由四章组成。这四章代表了相对较新的经济学分支。它们主要基于对新古典主义经济理论的传统假定和实证经济学的传统方法的挑战，以及经济学在新兴的全球问题中的应用。

第七章根据环境经济学和气候变化经济学权威尼古拉斯·斯特恩在大会上的讲稿修改而成。这一章概述了气候变化经济学。这个主题涉及所有国家，也许是我们这个时代最紧迫也是最棘手的问题。斯特恩与萨姆·范克豪泽共同撰写的第七章全面概述了气候变化对全球繁荣构成的独特威胁。两位作者首先回顾了环境和自然资源经济学的历史，然后提出"彻底深化经济分析"以适应目前对于可持续性问题的关注，并为应对气候变化政策提供指导的理由。遗憾的是，尽管早在18世纪和19世纪就已开始环境和自然资源方面的工作，但是发展政策通常并不关注环境问题。气候变化带来的风险十分惊人，第七章谨慎地阐述了我们的选择。

缺少了行为经济学的现代经济学盘点是不完整的。凯斯·桑斯坦是法律和经济学以及行为经济学方面的权威，他在这两个领域均有著作问世。在第八章中，桑斯坦教授对行为经济学进行了概述，其中"理性经济人"的传统方法受到了我们对人类心理学与现实世界中人类行为的理解的挑战。我们似乎会很自然地假定国家的经济福祉取决于其经济政策。因此，我们花了很长时间才意识到，许多经济驱动力存在于经济学之外，存在于社会规范、文化习俗和心理学之中。行为经济学是世界银行发布的《2015世界发展报告》的主题，它使经济学家认识到，这些重要影响虽在经济学之外，却是发展的关键决定因素。行为经济学，包括凯斯·桑斯坦的重要贡献，提醒我们：人类往往是非理性的，更重要的是，这些非理性往往具有系统性。了解它们可以帮助我们更有效地促进发展。

之后的第九章涉及一个相对较新的研究领域，即经济与社会的进化前景。尽管演化博弈论的起源可以追溯到20世纪70年代初，但是直到最近，这门学科才开始进入主流经济学。乔根·威布尔是该研究领域最杰出的贡献者之一。在第九章中，他和英格拉·阿尔杰讨论了道德的作用与人类动机的进化基础，指出了绝对的自私也许能够直接为个体带来好处，但是如果社会中的所有人都处于这种状态，整个社会就会走向灭亡。从进化的角度来说，康德所说的道德是稳定的。也就是说，如果所有人都准备放弃一点点自我利益来维护一些康德所说的集体利益，那么社会在自然选择中的生存能力就会增强。即使不考虑这种推理，曾经只属于生物学领域的进化思想现在也已大举进入了经济学领域。第九章为更广泛的经济学家群体与社会科学学生总结了这门学科中一些最重要的观点。

现代发展经济学最重要的进步之一就是通过随机对照实验（RCT）对各种政策干预和替代经济结果做出因果解释。在印度，推选女性担任村委会领导人是否可以改善政府在地方公共产品供给方面的表现？驱虫是否有助于更多肯尼亚学童按时上学，并且取得更好的学习成绩？将随机对照实验从流行病学引入发展经济学之后，我们有望给出前所未有的清晰回答。一直以来，人们对于随机对照实验的赞美、批评和争议从未停歇，但是作为发展经济学工具箱中的一种方法，其价值不可否认。本书的最后一章由埃丝特·迪弗洛与阿比吉特·班纳吉及迈克尔·克雷默共同撰写。迪弗洛的研究和论文在推动该研究领域的发展过程中发挥了至关重要的作用。她详细介绍了该领域的兴起、成就和一些陷阱。

致谢

作为编者，我们要感谢一大批为这个大型项目，包括2016年6月8日至9日在世界银行总部召开的会议作出贡献的人们。除了我们在上文中提及以及在会上提交论文的各章作者外，还有一群出色的讨论者，他们阅读并评论了这些论文，本书也收录了他们所做的评论。我们对他们深表感谢。以下是按字母顺序排列（以减少对于排名先后顺序的不满）的讨论者名单：劳伦斯·布卢姆、弗朗西斯科·卡塞利、尚塔亚南·德瓦拉詹、詹姆斯·福斯特、瓦伦·高里、泽维尔·吉内、盖尔·吉劳德、姬塔·戈皮纳特、罗伯特·霍凯特、卡拉·霍夫、拉维·坎伯、阿特·克雷、阿斯利·德米尔古茨-昆特、大卫·麦肯兹、塞勒斯丹·蒙卡、茅瑞斯·奥伯斯法尔德、哈米德·拉希德、马丁·拉瓦雷、路易斯·塞文和迈克·托曼。

会议的主席是奥古斯托·洛佩斯·克拉罗斯（Augusto Lopez Claros）、马赫塔尔·迪奥普（Makhtar Diop）、费利佩·贾拉米洛（Felipe Jaramillo）、阿伊汉·高斯（Ayhan Kose）、比尔·马洛尼（Bill Maloney）、凯尔·彼得斯（Kyle Peters）、马丁·拉马（Martin Rama）、安娜·雷文加（Ana Revenga）和奥古斯托·德拉托雷（Augusto de la Torre）。感谢他们主持了此次会议，也感谢他们在会议期间提出的意见与想法。

感谢加芙列拉·卡尔德隆（Gabriela Calderón）协助组织了这场一流的会议，感谢发展经济学交流团队帮助宣传会议信息。还要感谢加芙列拉·卡尔德隆和黄庄玄（Trang Huyen Hoang）在向麻省理工学院出版社交付手稿的过程中所做的贡献，感谢我们的参考资料"审查官"李友利（Woori Lee）和露丝·洛维特·蒙塔尼斯（Ruth Llovet Montañes）。

最后，我们还要借此机会向麻省理工学院出版社的编辑艾米丽·塔伯

（Emily Taber）表示感谢，感谢她在每个阶段给予我们的帮助与合作，同时也感谢她的耐心，因为我们完成这一大型项目的时间超过了我们自己设定的一些最后期限。

参考文献

Arrow, Kenneth J., and Gerard Debreu. 1954. "Existence of an Equilibrium for a Competitive Economy." *Econometrica* 22 (3): 265–290.

Pigou, Arthur C. 1920. *The Economics of Welfare*. London: MacMillan.

World Bank. 2015. *World Development Report 2015: Mind, Society, and Behavior*. Washington DC: World Bank.

导论：经济状况，世界状况[1]

考希克·巴苏

1776年与1860年

对于经济学学科，乃至整个世界而言，这两个年份都颇不寻常。2008年始于美国的金融危机及其所造成的一系列经济断层（从欧盟主权债务危机，到目前几个新兴经济体发展速度大大放缓）所带来的震惊和敬畏之情引发了人们的深刻反思。

从亚当·斯密的《国富论》(*The Wealth of Nations*, 1776)到当下实证研究和大数据的蓬勃发展，有一门学科在过去的近两个半世纪中惊人崛起。这就是经济学，它从一个描述性、推断性的宽泛学科，成为一门具有共同的方法论基础、数学结构以及不断扩大的数据库的学科。它极大地增

---

[1] 本文根据考希克·巴苏2016年6月8日在世界银行举办的主题为"经济状况，世界状况"的会议上所做的开幕词整理而成。感谢阿拉卡·巴苏（Alaka Basu）、奥利弗·马塞蒂（Oliver Masetti）、克劳迪娅·帕斯·塞普尔维达（Claudia Paz Sepulveda）和大卫·罗森布拉特的评论与讨论。

强了我们对市场、外汇、货币、金融以及经济发展动力的理解。

这是如何实现的？经济学将走向何方？能否应对这个时代的各种挑战？全球贫困将被消除，还是会在环境恶化的压力下加剧？这些都是我们在为期两天的会议中努力解决的问题，同时也是本书的基础。此次会议汇集了一些最杰出的人士，他们都在经济学形成的过程中发挥了作用，无论这种作用是好是坏（取决于你究竟是喜爱还是厌恶经济学）。

自1776年至今，经济学取得了不少成就。但我个人认为，这门学科的转型始于100多年前，即19世纪下半叶。如果你喜欢庆祝生日，我倒是认为有一个日子可以作为现代经济学的生日：1860年2月19日。

1860年6月1日，斯坦利·杰文斯（Stanley Jevons）在寄给兄弟的信里写道，他在过去的几个月里有了一个惊人的发现，这个发现可以解释不同商品的"价值"，让他对"真正的经济理论"有了深刻的认识。这封信后来极为知名。他告诉他的兄弟，他的理论极其全面、连贯，因此"我现在读到关于这个问题的其他书籍时，都会感到愤慨"（Collison Black 1973, 410）。

他是何时萌生这个想法的呢？经济思想史学家将我们的注意力引向了杰文斯在1860年2月19日所写的日记[1]："整日在家，主要研究经济，我想我真正理解了价值的含义。"科学突破发生的确切日期往往值得怀疑。但是，既然可以有母亲节、情人节、秘书节，那就没有理由不设立现代经济学节，我觉得2月19日就是一个不错的选择。

当然，杰文斯的突破建立在思想家所奠定的基础之上。早在一二十年前，高森（Gossen）就已经取得了不少成果。古诺于1838年为经济学基础的部分架构打下了基础。1738年，丹尼尔·伯努利（Daniel Bernoulli）就在解决由尼古拉斯·伯努利（Nicolaus Bernoulli）于1713年提出的圣彼得

---

[1] 参见 La Nauze (1953)。

堡悖论的过程中，描述了边际效用递减法则的逻辑及其意义。（没错，这两位伯努利是亲戚。尼古拉斯是丹尼尔的堂兄。）

还有一点也很重要。尽管斯坦利·杰文斯（1871）显然在一般均衡和价值的主要思想上也有所发现，但他始终没能完全揭示。我们需要里昂·瓦尔拉斯（Léon Walras 1877）搭建的主体框架。而要全面完成一般均衡项目，证明均衡的存在并阐明其具有的福利性质，我们还需要再等75年，才能迎来肯尼斯·阿罗的开创性贡献。

待到约翰·希克斯（John Hicks）、保罗·萨缪尔森（Paul Samuelson）、肯尼斯·阿罗、吉拉德·德布鲁、莱昂内尔·麦肯兹（Lionel McKenzie）及其他学者着手研究之时，[1] 现代博弈论业已诞生。在接下来的几十年中，完全成熟的一般均衡系统、博弈论，后来的社会选择、不对称信息和逆向选择的思想、内源性价格刚性、经济增长和发展经济学的理论，以及对货币政策基本原理的初步理解，都将改变经济学的面貌。

生活中鲜少能有像探索（如果幸运的话，还能发现）新思想、发现藏在概念和数字等抽象空间或数据和统计世界之中的模式这般令人快乐的活动了。与艺术家和作曲家一样，一线研究人员也必须拥有足够的空间来完成自己的工作。研究的最大益处往往是这种自由带来的副产品。但在世界银行，我们的关注点往往更加务实，并且受到政策需求的驱动。因此，我们希望从这次会议中获得的信息是，如何利用经济学的精华来促进发展和持续的包容性增长，让世界变得更加美好。世界银行的研究和数据分析具有巨大的影响力，摆上了世界各地财政部长和决策者的桌头。事实上，这种影响也带来了特殊的责任。

撰写本文时，我担任世界银行首席经济学家已近四年。本次会议和本

---

1 参见 See Hicks (1939), Samuelson (1947), Arrow and Debreu (1954), and McKenzie (1959)。

书让我有机会和与会的杰出人士以及广大读者分享我所关注的事件与问题。希望此次会议及其会议内容（即本书）能够加强世界银行促进发展的使命。

由于世界银行的工作涉及的主要是发展经济学，也许值得指出的是，发展经济学与经济理论一样，也曾有"顿悟时刻"。阿瑟·刘易斯曾被两个问题所困扰。其一是一个古老的问题，即为什么钢铁等工业产品比农产品贵得多。其二，为什么有些国家长期贫穷，而另一些国家却如此富裕？

刘易斯（Lewis 1980: 4）在一篇自传中提到了1952年他灵光乍现时的情景。"走在曼谷街头，我突然意识到，这两个问题的解决方案完全一致。抛开认为劳动力数量固定的新古典假定。无限劳动力供给会导致工资降低，从而就第一个问题而言，我们可以生产出便宜的咖啡；就第二个问题来说，我们可以获得高利润。其结果是二元国家经济或世界经济。"这一顿悟孕育了发表在《曼彻斯特学派》(*Manchester School*)（Lewis 1954）上的那篇关于二元经济的经典论文。这篇论文对他获得1979年诺贝尔经济学奖[1]，并着手开展发展经济学研究起到了重要作用。

直觉与因果关系

现在，我将更具体地谈一谈发展政策问题。想要将研究转化为良好的政策，需要三个要素：数据（和证据）、理论（和演绎推理）以及直觉（和常识）。

近几十年来，经济学在实证分析领域成就斐然。我们完全有理由为数据的兴起以及我们能够通过不同的方法——从智能柱状图，到简单的回归

---

[1] 这个想法，再加上现代增长理论的兴起（见 Arrow 1962; Lucas 1988; Romer 1994; Ray 1988; Aghion and Howitt 2009），使我们对发展进程和发展政策有了几十年前不可想象的深刻认识。

分析和结构模型,再到随机对照实验——分析数据而额首称庆。最近取得的这些成功让我们燃起了希望,相信经济学能够成为一门真正有用的科学(参见 Duflo and Kremer 2005; Banerjee and Duflo 2011)。

然而,一些经济学家倾向于认为所有理论都深奥难懂[1]而对其加大排斥,这样可能会带来各种风险,其中之一就是使学科发展效率低下。假定毕达哥拉斯只能采取实证研究,那么他还能发现著名的毕达哥拉斯定理吗?答案是:可能会。如果他收集了大量直角三角形并度量了其边长的平方,他可能会产生两条较短的边的平方之和等于斜边的平方这一猜想。但是这种方法效率极低,而且还会引发许多争论和异议。有人会指责他使用了取自地中海地区的有偏差的直角三角形样本。他们会问:"它在北极和南半球也行得通吗?"

我们必须承认,如果采用纯推理的方式,许多真理的发现过程会更有效,也更令人信服。此外,我们在进行实证推理时存在大量马虎了事的情况。例如,务实的专业人士经常会告诉你,"如果没有任何证据证明某项政策 X 是否有效,就不能实施政策 X"。(最近,有人在回应我提出的一个建议时这样对我说。)

暂且把这条规矩称作"公理"。让我们来看看为什么这个公理并不合理。如果没有任何证据证明政策 X 是否有效,那么我们也没有任何证据证明不实施政策 X 是否有效。但是,既然我们必须在实施政策 X 与不实施政策 X 之间作出选择,那么原来的公理必然存在缺陷。

良好的政策既需要事实和证据的支撑,也需要进行演绎和推理。我们可以更进一步,利用数学进行证明。尽管人们有可能过度使用数学这种工具(就像在经济学中那样),但是如果离开了数学,就不可能取得古诺

---

[1] 关于经济理论优、弱势的最佳论述之一,请参阅 Rubinstein(2006)。

（Cournot 1838）和瓦尔拉斯（Walras 1877）以及现代经济学的巨大成就。这是因为数学是一种学科工具，尽管它的要求很高，而且显然并不适用于所有研究。克鲁格曼（Krugman 2016: 23）在无法判断默文·金（Mervyn King 2016）的某个论点是否正确时曾说过，"仅凭文字会创造出一种逻辑连贯的错觉，而当你试图进行数学运算时，这种错觉就会烟消云散"。

从一般均衡理论中就能看出正确建模的威力，即使创建的只是抽象模型，而且所采用的假定可能也并不真实。以吉拉德·德布鲁（1959）的经典著作《价值理论》（*The Theory of Value*）为例。这本书语言优美，用词犹如诗歌一般凝练。在某些方面，它可以与欧几里得的作品相媲美，因为它以系统的方式汇集了一系列令人惊奇的想法。欧几里得也许不如毕达哥拉斯或阿基米德那样富有创造力，但在为一个内容分散的学科带来知识秩序这一方面，几乎无人能够与他匹敌，而且他在知识进步的过程中发挥了巨大作用。德布鲁这本薄薄的著作也是如此。

瓦尔拉斯、阿罗和德布鲁提出的一般均衡模型颇具开创性，它所提供的框架激发了微观经济理论中一些与不完全信息条件下市场运作模型有关的最具原创性的著作，尤其是阿克洛夫与斯蒂格利茨的著作。[1] 这些著作极大地增进了我们对于以下方面的理解：微观市场；为什么市场会失灵；以及为什么价格往往具有内生的刚性，从而导致信贷市场需求过剩而劳动力市场供给过剩。这项研究也有望改善宏观经济分析，因为我们知道，凯恩斯主义的宏观经济分析与阿瑟·刘易斯的二元经济模型都广泛使用了价格刚性，而凯恩斯和刘易斯都没有对这些刚性做出解释。得益于斯蒂格利茨和其他一些人的著作，我们对于公开失业现象，对于一个虽不受利率变化的外在约束却仍无法做到信贷平衡的信贷市场，已经明白了它们的表现形式。

---

1 参见 Arrow（1963）、Akerlof（1970）、Stiglitz（1975）以及 Stiglitz and Weiss（1981）。

除了这些实证理论，我们还看到了规范经济学的兴起。对于这门介于分析哲学、数理逻辑和社会科学之间的学科而言，这是一项了不起的成就。萨缪尔森（1947）、柏格森（1938）等人也都为此做出了重大贡献，但真正令人惊讶的突破却是肯尼斯·阿罗（1951）那本薄薄的著作《社会选择与个人价值》（*Social Choice and Individual Values*）。阿罗不可能定理为一项庞大的研究议题奠定了基石。阿玛蒂亚·森就是该领域的领军人物，他的研究跨越了哲学和经济学的范畴，证明了有可能利用最优秀的理论和数理逻辑来解决有关伦理和规范原则等古老问题（Sen 1970；另见 Suzumura 1983）。他在主流的严谨分析中引入了权利等概念，尽管这些概念得到了广泛讨论，却很少受到细致的研究（Sen 1996）。这项工作对世界银行而言十分重要，因为世界银行的任务目标以这些概念（World Bank 2015b）与相关的国别研究为基础（Subramanian and Jayaraj 2016）。

值得一提的是，数据和统计属于与描述相关的更广泛的研究领域。不幸的是，"描述性社会科学"往往被视为贬义词。正如阿玛蒂亚·森（Amartya Sen 1980）在一篇颇有分量的文章中所言，做出优秀的描述并非易事，而很大一部分科学进步都取决于描述。无论表现为文字还是数据，描述都涉及选择。描述并非只是简单地复述我们看到的周围的一切。我们必须遴选出重要的东西，并使之为人知晓。描述的方式和内容塑造了我们对世界的理解。因此，"描述者"的作用举足轻重。

必须意识到，描述可以采取多种形式。人类学家往往不会采用数字和数据进行描述，然而对他们的所见所闻，尤其是他们亲身经历的描述，对于我们理解世界而言至关重要。由吉尔伯特·赖尔（Gilbert Ryle 1968）和克利福德·格尔茨（Clifford Geertz 1973）提出，并被众多人类学家采用的"深描"（thick description）这一概念，极大增进了我们对传统社会和偏远社会的理解，使我们能够进行更有效的干预。有时，这种干预的出发点是错误的（例如，为了实现殖民统治），但它也确实通过扩大现代医学和教育的覆盖面，进一步了推动发展议程。

从历史上看，我们通过人类学家的热情与工作，了解了与我们相距甚远的人们的动机和目标。这些信息很难单纯依靠数据和统计数字来学习和理解。与研究主体一起生活并获取直观的理解往往很有必要。这些知识既有益处，也带来了弊端。它们既帮助了生活在遥远土地之上和传统社会之中的穷人，也成了剥削民众、传播帝国主义和殖民主义控制的工具。无论好坏，这些知识都是有用的。

缺乏这种知识会造成重大障碍。以恐怖主义为例。由于深入恐怖组织存在种种危险，我们缺乏类似人类学家对偏远社会所做的那类研究，因而我们对其所知甚少。

从皮浪（Pyrrho）到大卫·休谟（David Hume）与伯特兰·罗素（Bertrand Russell），怀疑论者的观点都是正确的：无论是事实还是推理，都不能帮助你直接找到可以实施的最佳政策。因为，无论是否存在，因果关系都无法得到证明。最终，只有局外人才能看清其中的因果关系。对我来说，与之相关的最发人深省的观察来自尼泊尔的一个部落。《国家地理》（*National Geographic*）知名摄影师埃里克·瓦利（Eric Valli）看到部落成员爬上高树采集蜂蜜时，曾询问其中的成员是否从未摔下来过。那人回答他："没有，如果你的生命走到了尽头，你就会摔下来。"[1]

由于因果关系难以发现，对于好的政策来说，光有事实支撑是不够的；仅仅将事实与理论相结合也是不够的。我相信我们还需要另一些要素的加持：常识以及我在其他地方提到的"理性直觉"（Basu 2014）。

---

[1] 这句话以及关于因果关系的论证均摘自巴苏（Basu 2014: 458）。原文论证部分远比这些简短的评论复杂得多。

尽管研究人员拒绝承认，但事实上我们无法摆脱直觉，而且我们在生活中获得的所谓"知识"大部分都是通过常识偶然得到的。认为所有知识都必须植根于诸如对照实验之类的科学方法的观点是错误的。因为孩子通过非科学方法学到东西的数量相当惊人。

至于为什么这种通过直觉和常识获得的知识可能具有价值，我们必须承认，我们之所以具有这样的直觉，皆因进化使然。这些方法在自然选择中存活了下来，因此不能贸然否定它们的力量。进化塑造了经济生活中的许多东西。这一点得到了广泛的认同，但是我们对进化论与经济学之间关系的理解仍不成熟，尽管很早以前梅纳德·史密斯（Maynard Smith）和普莱斯（Price）就为这一领域的研究奠定了一定的基础（参见 Maynard Smith and Price 1973; Weibull 1995）。本书（见第九章）在道德及其起源的背景下对这一话题进行了探索（另见 Alger and Weibull 2013）。但是可以说，这种先天的知识获取方式也适用于许多其他领域。人们常用的获取知识的方式也许不符合科学标准的检验，但我们也不能一概否定。同时，偶然经验主义会导致迷信，我们必须对此加以防范。我曾在其他地方（Basu 2014）指出，我们需要的是"理性直觉"，即通过推理来验证直觉。这种方法并非万无一失，但却已经是我们能够找到的最好的方法了。

数据、理论和直觉是人类知识和进步的三要素。但是，即使三者都已具备，怀疑论依然是思想者思维模式的一部分。历代哲学家一直在提醒我们留意这一点，凯恩斯（Keynes 1936）也在其所著的《就业、利息和货币通论》（*The General Theory of Employment, Interest, and Money*）第十二章中提到了这一点。抨击迷信却不质疑科学知识的科学家其实犯了双重标准的错误。他们没有认识到，涉及未来的确定性时，科学智慧与许多其他形式的知识一样，都可以被人质疑。

知识与告诫

我们正在步入未知领域，努力应对世界经济问题。最近的问题包括英国公投决定退出欧盟（我怀疑这一重要问题将持续发酵一段时间），以及大宗商品价格（尤其是石油价格）下降。后者给大宗商品出口国和投资领域的企业带来了很大的压力。人们开始怀疑，经济学是否已为应对这些问题做好了准备。然而，我们首先要认识到的，不是经济学家误读或低估了这些危机，而是这些问题表明，对于经济，我们还有很多不解之处。

所有学科的专家都有一个缺点，就是不清楚自己究竟不知道什么。以医学为例。由于我们对人体和大脑知之甚少，所以当我们因健康问题去看医生时，大多数情况下，医生应该给出的正确答案是"我不知道"。然而，我们很少听到这样的回答。医生几乎总能告诉你是哪里出了问题。需要提醒你的是，当医生说他们知道你得了什么病的时候，他们其实并不知道，即使是在现代医学诞生前的18世纪，医生也很少会说自己不知道病人患了什么病。这是因为18世纪的医生不知道——现在的医生也是如此——他们自己不知道的是什么。经济学家也是如此。

阻碍发展政策的黑暗领域之一，是我们无力将微观和宏观联系在一起。假定政府对一千个村庄实施了某种干预政策X，可以是有条件的现金转移、创造就业岗位的项目，或是提供肥料补贴。应该如何评估该项计划是否在减少贫困方面获得了成功？通常，我们会通过收集村民的福利数据来评估。如果我们比较挑剔，可以使用各种控制措施，包括适当的随机化。假定我们通过这样的研究发现，实施政策X之后，村庄的贫困人口确实有所减少，这是否意味着政策X就是一项良好的干预措施呢？未必。假定政策X对某村庄产生了以下效果：食品价格略有上涨，工资涨幅则更高一些。这确实可以降低该村的贫困率。然而，由于食品价格的上涨通常会在整个经济中产生连带效应，这种干预措施可能意味着其他村庄的贫困率反而有所上升，因为他们只能感受到食品价格的全面上涨，工资的变动却微乎其微。因此，尽管在实施了干预措施的村庄，贫困率会有所下降，但就全国范围而言，这些措施却完全有可能对贫困率毫无影响，甚至反而会加剧贫困程度。

人们对微观干预和宏观效应之间的联系知之甚少。如果想要在全国乃至世界范围内成功消除贫困与不平等，就需要加大对于此类研究的投入。

正如本书所述，经济学已在诸如金融和人类行为的心理基础等其他微观理论领域取得了长足进展。[1]然而，依然有些问题有待解决。在金融领域，人们日益认识到，所谓理想监管并不存在。这是因为金融产品可以无止境地创新。银行和金融机构会不断开发新产品，就像医药行业不断研发新药一样。每次推出此类金融创新，我们可能就需要对监管制度进行调整，使其更加完备。因此，在这一领域，我们必须摒弃具有静态内涵的最佳监管语言，建立灵活的监管机构，为创新做好准备。正如最近的行为经济学文献反复指出的那样，人们在选择金融产品时往往并不理性，而是屈从于情感、双曲贴现（hyperbolic discounting）和框架幻觉（framing delusions），这使得我们的努力变得复杂起来。

一种可能性是将某些金融产品贴上"处方品"的标签，创建类似于金融医生的角色，只有经他们签字许可之后，人们才可购买金融产品。例如，我们可以批准大额尾付抵押贷款，但消费者必须事先请"金融医生"签字确认其具有足够的偿债能力。这当然不可能通过机械地遵循医学惯例

---

[1] 关于如何通过经济理论对金融和金融危机中一个引人关注的问题（即人们广泛注意到的感染现象：一个经济体将金融恐慌传染给另一个似乎与其毫无联系的经济体）施加影响的例证，参见Morris and Shin（1998）。

来完成，但我们有理由对这种架构给予认真的考虑。

经济学和心理学的融合，说得更具体一些，即行为经济学，已经取得了长足的发展；最近，世界银行正试图通过《2015世界发展报告：心灵、社会和行为》（参见 World Bank 2015a）将这一进展纳入发展政策议程。行为经济学利用从实验室和世界各地实地观察获得的证据，教了我们很多关于如何以及在何处进行干预的信息。[1]然而，该学科却存在沦为研究发现集录的风险。我之所以称之为风险，是因为人们往往倾向于认为这些发现是一成不变的，没有意识到也许它们虽然适用于某些社会的某些发展阶段，但可能随地点和时间的变化而发生变化。

还需要努力将这些发现与均衡的概念更有效地结合起来（Akerlof and Shiller 2015）。随后便能利用这些发现，从中获取更多收益，也能更好地预测这些发现可能会如何随社会和时间而变。在我看来，传统经济学的伟大贡献之一就是均衡的概念，从一般竞争均衡到纳什均衡，均衡的表现形式多种多样。我们需要将对个体的描述从狭义的"理性经济人"扩大为更现实的个体（即有怪癖、非理性并遵守社会规范），并将均衡的概念与这种更为现实的描述结合起来。[2]我们有可能通过独特的分析，在完全理性的个体身上准确模拟出大多数看似依赖非理性或遵守社会规范的真实行为，这就使得我们的努力更具挑战性。[3]最后，只有利用判断和直觉来决定应该依靠什么假定，才能创建更好的模型。

---

[1] 参见 kahneman (2000)、Thaler and Sunstein (2008)、Hoff and Stiglitz (2016)。

[2] 有一篇非常有趣的论文做出了尝试，参见 Hoff and Stiglitz (2016)。此前，金迪斯（2009年，第十章）就提出了一个模型，将人类的社会性与经济均衡的思想融合到一个统一的博弈论论述之中。

[3] 有关此类建模的独特分析，参见 Myerson（2004）。在一个更为复杂的环境中，乍看之下似乎明显是由对规范的非理性遵守所驱动的行为，往往可以解释为理性行为。

世界银行逐渐参与到了这个困难的领域之中。由于目前全球关注的焦点发生了变化，我们别无选择。这些关注自然引出了狭义经济学范畴以外的另一个相关领域，即制度和治理。[1]我们的《2017世界发展报告：治理与法律》（参见World Bank 2017）就承担着这项艰巨的任务。[2]控制腐败是政策制定的一个重要领域，也是决策者面临的一项重大任务。传统经济学认为，腐败行为（例如，通过行贿非法获取电力）与任何其他购买决策（例如，是否购买苹果）一样，都是一种狭义的成本效益分析（参见Bardhan 1997; Mishra 2006）。因此，我们在控制腐败这个问题上如此失败也就不足为奇了。为了理解这一现象，必须将心理学和政治体制引入其中。发展政策不能仅仅建立在经济学的基础之上。[3]

最后，我们在气候变化与发展的关系这一领域存在知识缺口，不过，这个缺口也没有保守的评论家所说的那么大。但如果按照目前的方式继续

---

[1] 布吉尼翁（Bourguignon 2015）在分析非洲经验时强调了该领域的重要性。正如他所强调的，这种分析远不止一种学术活动，它与成功的政策干预设计息息相关。

[2] 格林（Green 2016）在其所撰写的短文中准确地抓住了这项任务的挑战。他指出，要想妥善制定经济政策，就必须深入这一领域，而这本不是一件容易的事，因为它既容易得罪人，前景也不容乐观。目前，依然鲜有学术研究通过犀利的分析来解决治理和政治制度的问题，相关研究可以参见Dixit (2009)和Acemoglu and Robinson (2012)。

[3] 虽然我在这里以腐败为例来说明多学科研究的必要性，但在今天这个充满纷争和冲突的世界，这种必要性是相当普遍的。中东就是一个很好的例子。从国内生产总值到贫困率，再到各种衡量不平等和两极分化的指标，我们很难单纯通过经济指数来解释在中东发生的一切。正如德瓦拉詹和莫塔吉（Devarajan and Mottaghi 2015）所述，从本质上来说，正在发生的事情是社会契约的瓦解，它就像是管道系统，虽然运转正常时没有人会注意，但它的重要性却始终不容忽视。可以更进一步研究那些属于经济问题的领域，例如减轻贫困和不平等，这些都是世界银行的核心工作。但仅仅依靠市场力量和自然的经济增长就够了吗？针对巴西等在这方面最为成功的国家进行的细致的计量经济研究表明，我们必须超越这些现象。例如，费雷拉、拉瓦雷和莱特（Ferreira, Ravallion, and Leite 2010）发现的确凿证据表明，通过联邦政府改变社会保障制度、扩大社会救助支出至关重要。事实上，这些都得益于1988年出台的宪法。

发展，最终将会走向灾难。这是不幸的，因为正如托马斯·马尔萨斯、大卫·李嘉图、克努特·维克塞尔等人的著作所证明的那样，尽管我们在行动和政策方面一直反应迟缓，但早已意识到环境资源和经济发展之间的联系，近年来，一些学者，尤其是斯特恩（Stern 2007，2015）也强调了这种联系的重要性。

现在，2015年签署的《巴黎协定》为我们提供了一个可以将对该问题的认识与实际行动联系起来的平台，尽管这并不是一件容易的事，因为其中涉及跨国协调。在此值得强调的是，这种参与应在很大程度上被视为共同繁荣的一部分，因为它涉及资源和福祉的代际分享。

金钱与具有影响力的人物

上一节我们讨论了在知识方面存在的差距。货币政策领域就存在着巨大的差距。虽然经济学在一些实践领域（例如，如何设计拍卖，以及如何对各部门的供求关系进行微观管理）取得了一些重大突破，但其对宏观经济干预，尤其是对货币政策干预的影响的理解依然十分粗浅。诚然，我们已经学会如何应对恶性通胀，而且可以期望，曾于1946年和1923年分别在匈牙利和德国出现过的那种失控的通胀永远不再发生，至少不会发生在拥有成熟中央银行的发达经济体中。然而，始于2008年的全球金融和增长危机仍在发酵，而各国政府和央行也在通过不同的政策草率应对这一危机，因此，我们对宏观经济政策的影响以及金融和现实世界之间联系的理解显然存在巨大差距（Stiglitz 2011）。这是我在担任印度决策者的近三年时间（2009—2012年）里从实践中学到的。虽然我不负责制定货币政策，但在这段时间里，我清楚地看到，大部分干预措施都在模仿发达经济体央行所采取的政策，根本没有考虑到两者所处的环境并不相同。[1]

造成这种缺陷的原因之一，是我们无法像理解适用于实体商品和服务的瓦尔拉斯一般均衡系统那样，理解货币在市场经济中的功能和作用。一般均衡系统中的货币是20世纪80年代一项大型研究议程的一部分，然而该议程至今仍未完成。原因之一是从数学上来说，这是一个非常困难的问题。但是，我们决不能因此而放弃它。一旦我们急于解决迫在眉睫的问题，这些深层问题往往就会被置于次要位置。但是，在全世界都在努力应对经济放缓，而广泛采用负利率的方式似乎并不奏效（事实上还产生了任何国家都无法单独摆脱的负面反弹）的时候，经济学家必须继续开展一些基础研究。[2] 如果说从杰文斯、瓦尔拉斯到阿罗和德布鲁，构建完整的一般均衡模型大约耗费了75年时间，而均衡模型对货币的真正研究始于20世纪七八十年代，那么我们没有理由因为这个问题难以解决而选择放弃。

要了解金钱的神秘本质，可以看看一个与之截然不同的问题——权力贩子的影响力。随着美国总统大选的临近，涌现出许多关于游说、招权纳贿和腐败的文章。我记得年轻时曾在印度听人谈起过"有影响力的人"，而有个人一直令我困惑不已，不明白他为什么能够如此富有。他既无特殊的技能，也没有什么资源。他只是一个有影响力的人（姑且称之为M）。在那个年代，你得等上6年才能装上电话。如果你想缩短等待的时间，可以试试给M打电话，请他帮忙。他会给政府的相关人员打电话；通常，他都能帮上忙。如果有人想送孩子去好学校读书，也可以去找M，如果M答应帮忙，他就会请校长破例收下这个孩子。很久以后，我才明白他到底在

---

[1] 我在最近出版的书（Basu 2015）中讨论了这一问题，也认为有必要在新兴经济体中进行更多的实验性政策干预，这将使它们能够收集自身的数据，并利用这些数据制定更有针对性的政策。
[2] 卡尔沃（Calvo 1996）提出了该领域的一些基本问题。

做什么，并且把他写成"有影响力的人"的典范（Basu 1986）。M的心里有本账，清楚地记录着他卖过的人情。如果I需要J帮忙，但又不认识J，就可以请M去开这个口。J答应帮这个忙，不是因为J在意I，或是觉得自己可能以后需要I的特殊照顾，而是因为J知道，有一天他会需要K帮一个忙，并且需要由M代为提出这项请求。谁也不想得罪M，因为M是配了内存的信息交换中心。这就是M能够成为有影响力的人的原因。从某种意义上说，有影响力的人就像金钱或区块链。它是一种信息记录，之所以有效，只是因为所有人都认为它有效。

虽然这类描述，甚至模型都非常简单，但很难将其整合到一个完整的一般均衡模型中，而且如何整合依然有待研究，决策者因此被置于极为不利的境地，不得不依赖直觉和猜测，希望未来不必如此。

政治与经济学

在讨论发展政策时，我一直强调经济理论和实证经济学的作用——简而言之，就是提供专业、科学的分析。由于缺少这类分析，许多发展中经济体注定走向失败。然而，将科学分析与政治现实结合并不总是一件容易的事情。也许是因为突然从学术界转入政策制定领域，我不得不留意与政治和政治家打交道时所采取的方式的重要性。2009年年底，我离开康奈尔大学，进入印度政府工作。我很快便察觉到根据理论经济学提出的建议与政治胁迫之间的潜在冲突。你很快就会明白，如果政治家对经济学家说，"理论研究真是你的强项"，这绝对是极其强烈的批评。

我曾在书中回忆了自己在入职后与印度总理及其顾问的首次会议上，讨论如何控制当时上涨幅度已达两位数的食品价格时的情景（Basu 2015）。我详尽论述了如何通过改变印度粮食储备的发放方式，来最大限度地平抑粮价。我主要是根据古诺均衡的逻辑总结出了一些政策经验。我很高兴印度政府采纳了我的建议，但是现在看来，这既归功于古诺出色的理论，也得益于我没有说出"古诺"或"均衡"这两个词。

我们从阿瑟·刘易斯出任加纳政府首席经济顾问的经历之中，就能看到学界的经济思想与发展中国家的政治胁迫之间的相互作用。他应加纳第一任总理兼总统克瓦米·恩克鲁玛（Kwame Nkrumah）之邀担任了这一职务。联合国和美国曾试图加以阻止，理由是刘易斯"不太赞同世界银行（即国际复兴开发银行，通常称作世界银行）"（Tignor 2006: 147）。也有人对此表示担忧。例如，英国政府官员 A. W. 斯内林（A. W. Snelling）就曾表示，"刘易斯是社会主义者，但却只是温和的社会主义者"（Tignor 2006: 148）。

上任之初，刘易斯的工作开展得顺风顺水。恩克鲁玛本人也十分期待加纳能够在刘易斯的引领下实现经济腾飞。甫一上任，刘易斯就投入工作，尤其是第二个五年计划的相关工作之中，获得了政府其他部门的广泛支持。但是很快，刘易斯所认定的好的经济学与恩克鲁玛所坚持的政治执念之间出现了冲突。一些看似微不足道的意见分歧——例如，是否要为遭受虫害的可可树喷洒农药（很抱歉，我忘了他们各自的立场）——掩盖了更深层的冲突，即经济学专家执着地践行好的经济学，而政治家在好政策上绝不让步。

1958年年底，刘易斯离任。恩克鲁玛给他写了一封言辞亲切的信件，但是也在信中承认，两人根本无法合作。"也许您提出的建议十分合理，但是这些建议基本上都从经济角度出发，而我已多次表示，我是政治家，必须把赌注放在未来，因此，我无法总是采纳您的建议。"[1]

---

[1] 恩克鲁玛于1958年12月18日写给刘易斯的信件，转引自Tignor（2006: 173）。

利益与思想

我从学术界转入印度政府工作几个月后，一位记者问我从这一转变中学到了什么。对于这样的问题，我的心中有着一个不同寻常的答案。你们也许还记得凯恩斯对于思想力量的精彩评论。他在《就业、利息和货币通论》的结语中写道，"我确信，与逐渐浸润的观念相比，既得利益的力量被过分夸大了"（Keynes 1936: 283–284）。

作为一名学者，我虽然欣赏这一观点，却也不太相信，觉得这不过是一位教授带有私心的言论罢了。直到加入印度政府并与部长和官僚们一同参加没完没了的会议之后，我才开始逐渐相信凯恩斯的话。

思想发挥着难以置信的重要作用，因此从事思想工作的人肩负着特殊的责任。所以，我认为此次会议与这本文集不仅是一种知识上的贡献，也是世界银行这类机构应尽之责的一个重要组成部分。

参考文献

Acemoglu, Daron, and James A. Robinson. 2012. *Why Nations Fail: The Origins of Power, Prosperity, and Poverty*. New York: Crown Publishing.

Aghion, Philippe, and Peter W. Howitt. 2009. *The Economics of Growth*. Cambridge, MA: MIT Press.

Akerlof, George A. 1970. "The Market for Lemons: Quality Uncertainty and the Market Mechanism." *Quarterly Journal of Economics* 84 (3): 488–500.

Akerlof, George A., and Robert J. Shiller. 2015. *Phishing for Phools: The Economics of Manipulation and Deception*. Princeton, NJ: Princeton University Press.

Alger, Ingela, and Jörgen W. Weibull. 2013. "Homo Moralis—Preference Evolution under Incomplete Information and Assortative Matching." *Econometrica* 81 (6): 2269–2302.

Arrow, Kenneth J. 1951. *Social Choice and Individual Values*. New York: Wiley.

Arrow, Kenneth J. 1962. "The Economic Implications of Learning by Doing." *Review of Economic Studies* 29 (3): 155–173.

Arrow, Kenneth J. 1963. "Uncertainty and the Welfare Economics of Medical Care." *American Economic Review* 53 (5): 941–973.

Arrow, Kenneth J., and Gerard Debreu. 1954. "Existence of an Equilibrium for a Competitive Economy." *Econometrica* 22 (3): 265–290.

Banerjee, Abhijit V., and Esther Duflo. 2011. *Poor Economics: A Radical Rethinking of the Way to Fight Global Poverty*. New York: Public Affairs.

Bardhan, Pranab. 1997. "Corruption and Development: A Review of Issues." *Journal of Economic Literature* 35 (3): 1320–1346.

Basu, Kaushik. 1986. "One Kind of Power." *Oxford Economic Papers* 38 (2): 259–282.

Basu, Kaushik. 2014. "Randomisation, Causality and the Role of Reasoned Intuition." *Oxford Development Studies* 42 (4): 455–472.

Basu, Kaushik. 2015. *An Economist in the Real World: The Art of Policymaking in India*. Cambridge: MIT Press.

Bergson, Abram. 1938. "A Reformulation of Certain Aspects of Welfare Economics." *Quarterly Journal of Economics* 52 (2): 310–334.

Bourguignon, François. 2015. "Thoughts on Development: The African Experience." In *The Oxford Handbook of Africa and Economics: Volume I, Context and Concepts*, edited by Célestin Monga and Justin Yifu Lin, 247–270. Oxford: Oxford University Press.

Calvo, Guillermo A. 1996. *Money, Exchange Rates, and Output*. Cambridge, MA: MIT Press.

Collison Black, R. D. 1973. *Papers and Correspondence of William Stanley Jevons, Volume II*. London: Macmillan.

Cournot, Antoine. 1838. *Recherches sur les Principes Mathématiques de la Théorie des Richesses*. Paris: L. Hachette.

Debreu, Gerard. 1959. *The Theory of Value: An Axiomatic Analysis of Economic Equilibrium*. New Haven, CT: Yale University Press.

Devarajan, Shantayanan, and Lili Mottaghi. 2015. "Towards a New Social Contract." *Middle East and North Africa Monitor*, April. Washington, DC: World Bank.

Dixit, Avinash K. 2009. "Governance Institutions and Economic Activity." *American Economic Review* 99 (1): 5–24.

Duflo, Esther, and Michael Kremer. 2005. "Use of Randomization in the Evaluation of Development Effectiveness." In *Evaluating Development Effectiveness*, edited by George K. Pitman, Osvaldo N. Feinstein, and Gregory K. Ingram, 205–231. New Brunswick, NJ: Transaction Publishers.

Ferreira, Francisco H. G., Martin Ravallion, and Phillipe G. Leite. 2010. "Poverty Reduction without Economic Growth? Explaining Brazil's Poverty Dynamics, 1985–2004." *Journal of Development Economics* 93 (1): 20–36.

Geertz, Clifford. 1973. *The Interpretation of Cultures*. New York: Basic Books.

Gintis, Herbert. 2009. *The Bounds of Reason: Game Theory and the Unification of the Behavioral Sciences*. Princeton, NJ: Princeton University Press.

Green, Duncan. 2016. "The World Bank Is Having a Big Internal Debate about Power and Governance. Here's Why It Matters." *Oxfam Blogs*, July 26. https://oxfamblogs.org/fp2p/the-world-bank-is-having-a-big-internal-debate-about-power-and-governance-heres-why-it-matters/.

Hicks, John R. 1939. *Value and Capital: An Inquiry into Some Fundamentals and Principles of Economics*. Oxford: Oxford University Press.

Hoff, Karla, and Joseph E. Stiglitz. 2016. "Striving for Balance in Economics: Toward a Theory of Social Determination of Behavior." *Journal of Economic Behavior and Organization* 126 (June): 25–57.

Jevons, William S. 1871. *The Theory of Political Economy*. London: Macmillan.

Kahneman, Daniel. 2000. *Choices, Values, and Frames*. Cambridge: Cambridge University Press.

Keynes, John Maynard. 1936. *The General Theory of Employment, Interest, and Money*. London: Macmillan.

King, Mervyn. 2016. *The End of Alchemy: Money, Banking, and the Future of the Global Economy*. New York: W. W. Norton & Company.

Krugman, Paul. 2016. "Money: The Brave New Uncertainty of Mervyn King." Review of *The End of Alchemy: Money, Banking, and the Future of the Global Economy*, by Mervyn King, *New York Review of Books*, July 14, 21–23.

La Nauze, John A. 1953. "The Conception of Jevon's Utility Theory." *Economica* 20 (80): 356–358.

Lewis, Arthur W. 1954. "Economic Development with Unlimited Supplies of Labour." *The Manchester School* 22 (2): 139–191.

Lewis, Arthur W. 1980. "Biographical Note." *Social and Economic Studies* 29 (4): 1–4.

Lucas, Robert E. 1988. "On the Mechanics of Economic Development." *Journal of Monetary Economics* 22 (1): 3–42.

Maynard Smith, J., and George R. Price. 1973. "The Logic of Animal Conflict." *Nature* 246 (5427): 15–18.

McKenzie, Lionel W. 1959. "On the Existence of General Equilibrium for a Competitive Market." *Econometrica* 27 (1): 54–71.

Mishra, Ajit. 2006. "Corruption, Hierarchies and Bureaucratic Structures." In *International Handbook on the Economics of Corruption*, edited by Susan Rose-Ackerman, 189–215. Cheltenham, UK: Edward Elgar.

Morris, Stephen, and Hyun Song Shin. 1998. "Unique Equilibrium in a Model of Self-Fulfilling Currency Attacks." *American Economic Review* 88 (3): 587–597.

Myerson, Roger B. 2004. "Justice, Institutions, and Multiple Equilibria." *Chicago Journal of International Law* 5 (1): 91–107.

Ray, Debraj. 1988. *Development Economics*. Princeton, NJ: Princeton University Press.

Romer, Paul M. 1994. "The Origins of Endogenous Growth." *Journal of Economic Perspectives* 8 (1): 3–22.

Rubinstein, Ariel. 2006. "Dilemmas of an Economist Theorist." *Econometrica* 74 (4): 865–883.

Ryle, Gilbert. 1968. *The Thinking of Thoughts*. Saskatoon: University of Saskatchewan.

Samuelson, Paul A. 1947. *Foundations of Economic Analysis*. Cambridge, MA: Harvard University Press.

Sen, Amartya K. 1970. *Collective Choice and Social Welfare*. San Francisco: Holden Day.

Sen, Amartya K. 1980. "Description as Choice." *Oxford Economic Papers* 32 (3): 353–369.

Sen, Amartya K. 1996. "Rights: Formulation and Consequences." *Analyse & Kritik* 18 (1): 153–170.

Smith, Adam. 1776. *An Inquiry into the Wealth of Nations.* London: Strahan and Cadell.

Stern, Nicholas H. 2007. *The Economics of Climate Change: The Stern Review.* Cambridge: Cambridge University Press.

Stern, Nicholas H. 2015. *Why Are We Waiting? The Logic, Urgency, and Promise of Tackling Climate Change.* Cambridge, MA: MIT Press.

Stiglitz, Joseph E. 1975. "The Theory of 'Screening,' Education, and the Distribution of Income." *American Economic Review* 65 (3): 283–300.

Stiglitz, Joseph E. 2011. "Rethinking Macroeconomics: What Failed, and How to Repair It." *Journal of the European Economic Association* 9 (4): 591–645.

Stiglitz, Joseph E., and Andrew Weiss. 1981. "Credit Rationing in Markets with Imperfect Information." *American Economic Review* 71 (3): 393–410.

Subramanian, Sreenivasan, and Dhairiyarayar Jayaraj. 2016. "The Quintile Income Statistic, Money-metric Poverty, and Disequalising Growth in India: 1983 to 2011– 12." *Economic & Political Weekly* 51 (5): 73.

Suzumura, Kotaro. 1983. *Rational Choice, Collective Decisions, and Social Welfare.* Cambridge: Cambridge University Press.

Thaler, Richard H., and Cass R. Sunstein. 2008. *Nudge: Improving Decisions about Health, Wealth, and Happiness.* New Haven, CT: Yale University Press.

Tignor, Robert L. 2006. *W. Arthur Lewis and the Birth of Development Economics.* Princeton, NJ: Princeton University Press.

Walras, Léon. 1877. *Éléments d'économie Politique Pure ou Théorie de la Richesse Sociale.* Lausanne: Corbaz.

Weibull, Jörgen W. 1995. *Evolutionary Game Theory.* Cambridge: MIT Press.

World Bank. 2015a. *World Development Report 2015: Mind, Society, and Behavior.* Washington, DC: World Bank.

World Bank. 2015b. *A Measured Approach to Ending Poverty and Boosting Shared Prosperity: Concepts, Data and the Twin Goals. Policy Research Report.* Washington, DC: World Bank.

World Bank. 2017. *World Development Report 2017: Governance and the Law.* Washington, DC: World Bank.

Ⅰ

理论基础

1 均衡、福利与信息

肯尼斯·阿罗

2017年2月21日，肯尼斯·阿罗与世长辞。彼时，这篇取材于他在世界银行会议上所做演讲的论文尚未完稿。他在2月17日与我们通话时还表示，预计能在一个月内完成手稿。然而，遗憾的是，这竟成了他未尽的心愿。非常感谢拉里·萨默斯。若非他对肯尼斯·阿罗的讲稿稍加编辑，这篇文章也许无缘问世。随后，我们在编辑的过程中也稍做了一些改动。我们有意尽量减少对阿罗手稿的编辑工作，即使最终呈现的文本可能读起来有些口语化。作为他最后的陈述，我们希望这篇论文能够成为一份重要的文件，也希望能够保留他的风格。同样，由于在讲座期间，他没有足够的时间阐述自己所有的观点，所以从某种意义上来说，这篇论文显然并不完整。这一定是肯尼斯·阿罗想在付梓之前对讲稿进行加工的原因。现在，我们已经无法做到这一点。但是，作为编者，我们希望他对现代经济学形成过程的精彩思考、对现代经济学优势与弱势的评估，以及他对经济学中各位历史人物的看法，都能引起广泛的关注。

——本书编者

大会请我在今天谈一谈均衡与福利的问题。"信息"一词本不在我建议拟定的题目之中。但是正如我将要指出的那样,有关信息的问题是理解均衡与福利的基础。我不会讨论关于存在定理的专业问题。我真正想做的是谈一谈均衡理论的重点到底是什么。我们提出了什么问题?它对我们的经济知识以及我们对经济的理解有何贡献?由于这些问题涉及方方面面,我的发言不可避免地会有一些散乱。

其中的一个问题是:为什么人们要使用均衡术语?依赖均衡概念的目的是什么?了解经济学知识与掌握天文学知识有所不同,因为它是我们日常生活的一部分。天文学则是你必须学习的东西——你必须停下来看看星星,你必须观察发生了什么。而我们就是经济的一部分。

这让我想起了一位喜欢利用暑假时间徒步旅行的天文学家。他去了法国的比利牛斯山脉,遇到了一位牧羊人。他们决定同行一段路并且一起吃晚饭。天文学家试图解释自己的工作内容。他指着星星说道:"明天它们会运行到这个位置。"牧羊人听完之后说:"太神奇了,我能懂。因为我一直跟着羊群跑,所以我知道它们在哪里,我知道如果少了一只羊,它可能是去了那个山谷。所以我知道,只要你花上足够的时间,就能知道星星的位置。但是有一点我无法理解,你是怎么知道它们的名字的?"这个故事体现了我们在思考天文学家与经济学家的立场差异时的一些想法。

我们是经济的一部分。我们和经济的关系与星星和天文学家的关系并不相同。经济是我们日常生活的一部分,我们从参与者的角度对它进行观察。这既为我们创造了邻近的优势,也存在一个缺点,那就是从很多方面来说,我们与经济之间的距离都太近了。因此,我们很可能只能看到其中的一个方面,但即使是面对这一个方面,我们也无法秉持非常公正的态度。

然而,每日的观察告诉你一件事,那就是不知何故,我能够买到商品；其实我并不担心买不到商品。每当我想买东西的时候，都能找到它们。不论是租还是买，我的房子就在那里。每当我去商店的时候，都能找到黄油。或者，如果你喜欢尝试新产品，还能找到更健康的抹酱。不管你想买的是什么，它就在那里。

早期的历史

我们能以一种直接的方式获得商品和服务。我可能会看一眼价格，但是除此以外，我并不需要了解其他信息。我不知道这件商品是如何制造出来的。我不知道它来自哪里。经济生活的这一特点可以追溯到很久以前。在雅典的鼎盛时期，希罗多德是游历最广、知识最丰富的人。实际上，他在撰写波斯战争史时走遍了当时已知的世界或是今天的东地中海地区。他写到了青铜。通过混合铜和锡可以制造青铜。很多地方都产铜，但是产锡的地方却不多。事实上，根据我们对古代世界的了解，锡要么产自伊朗，要么产自康沃尔。而康沃尔与东地中海地区相距甚远。

我们现在已经知道，产自康沃尔的锡被送到了今天的马赛。盖尔商人用木筏将它们运至罗马出售。希腊人却不知它来自何方。他们甚至不知道——至少在希罗多德的时代不知道——世界上还有一座现在叫作"不列颠"的岛屿。他们不知道它的存在。他们只知道自己付钱给盖尔商人，买下他们手中的锡，然后用这些锡来制造青铜器。当然，在现代世界，此类交易量早已是当时的N倍。

所以，我们观察到一个相对平稳的运行机制。这个机制由价格调节，而在大多数情况下，价格并不是随意制定的。企业在销售产品时不会赚取500%的利润。大多数时候，他们赚取的利润处于正常水平。因此，似乎存在一些规则，而正是我们观察到的这些现象推动了亚当·斯密时代，甚至更早的经济理论的发展。事实上，有些人把经济理论的发展归功于中世纪的评论家，因为他们关注利润的概念，担心利润过高。大量文献试图对斯密的理论进行解读，但是他在提出举世闻名的"看不见的手"时，考虑的正是这种机制与价格的"正常"水平。

这自然就引出了价格如何影响行为的问题。不论是亚当·斯密时代还是紧随其后的时代，这个话题确实都未曾出现过。但是斯密以及他的一些前辈（我觉得也应包括他们）已经强调过竞争的重要性。你不可能真正赚取超额利润，因为有人会因此发现盈利的机会。他们并未解释为什么会出现这种情况。想必，一旦你获得了高额利润，其他人就会进入你所在的市场，当然，这些人可以稍稍降低价格进行交易。斯密的理论更多涉及的是进入市场，而非企业明确地调整价格。因此，这种情况之中必然隐含着一个需求函数。然而，不论是斯密、他的直接继任者，还是李嘉图，都没有明确提出需求函数的概念。

后杰文斯时代有一种未曾言明的观点，即存在一种循环流动因素。随后，这一观点日益明确。不知何故，一些基本要素进入了生产领域。之后生产继续进行，货物得以交付并被其他生产者或消费者买走。因此，为基本要素支付的价格就是购买力。它们最终决定了需求函数。

古典经济学时期最为强调的是生产侧而非消费侧。规模收益在均衡理论中发挥了并将继续发挥重要作用。我们自然会假定规模收益不变，因此企业能以同样的效率进入任何规模的产业。但是这会带来限制，因为如果产品价格略高于投入价格，那么在规模收益不变的情况下，无限扩大经营规模是有利的。于是，问题就来了：是什么限制了价格和产出水平？

需求函数应运而生。古诺肯定用过需求函数，而需求函数也确实是由他创建的。在经济科学的发展过程中，有一件事情值得我们关注：古诺的著作早在1838年便已问世，然而目前已知的第一篇评论直到1877年左右才出现。这部著作完全被人们忽略了，直到瓦尔拉斯的著作问世，人们才开始回头关注古诺的著作并对其加以评论。瓦尔拉斯确实给予了古诺一些肯定，但是此时年迈的古诺已近乎失明，并且因未能获得应有的荣誉而痛苦万分。一位叫伯特兰德（Bertrand）的天文学家发表了一篇非常著名的评论，由此引入了"伯特兰德竞争"这一概念。

但是，除了古诺，还有学者也在自己的著作中引入了需求函数，这位学者就是约翰·斯图尔特·密尔。李嘉图最伟大的创新之一是将比较优势作为对外贸易的决定因素。然而，如果没有需求函数，就无法真正对数量作出解释，我们有的只是价格理论而已。因此，李嘉图认为价格由成本驱动，因而是给定的。他的表述中有很多含糊不清的地方，在此我不予赘述，但他的确是这样想的。密尔想了解关于数量的信息，因此，他提出了需求曲线的概念。例如，德国对英国的棉花有一条需求曲线，英国对德国的亚麻布也有一条需求曲线。我想这就是他所举的例子。这是密尔的第一篇论文，也可能是他最精彩的论文之一。

均衡理论的下一步发展是试图为思考利润这一概念提供基础。你会遇到一个问题：为什么会有利润？为什么不存在零利润？利润很可能由成本驱动，但是最简单的经济模型只有一个基本要素，那就是劳动力。因此，所有东西基本都是根据它所体现的劳动力的多寡来定价的。这根本无法带来任何利润。这就是马克思所研究的内容。利润率是相等的，但是为什么它必须等于零？时任牛津大学政治经济学教授的纳索·西尼尔（Nassau Senior）表示："等待是有成本的。"这是一种主观成本，而不是任何字面意义上的成本。生产商品需要时间。我将回到这个问题上并将其作为论文的主题之一。高森、杰文斯和门格尔进一步澄清了这些问题，从而为此做出了重要贡献。

外部性

因此，一般均衡理论似乎能够对很大一部分经济现象做出解释。它能解释一切现象吗？不能。我们现在已经习惯了谈论外部性，我敢肯定世界银行尤是如此。我们发现，不知何故，市场未能正常运转。

人们花了相当长的时间才认识到这一点。尽管你认为它得到了认可：例如，瓦尔拉斯在他的论文中做出了一些关于这个问题的相当清楚的陈述。1844年，朱尔斯·杜普特（Jules Dupuit）就关注到了一些类似的想法：为什么要设定公共工程的标准？什么时候应该修建公路？什么时候应该修建铁路？如何为铁路运输定价？等等。杜普特是法国政府的桥梁与公路检查员。

很久之后，庇古才做出了关于外部性的明确陈述。不过，庇古最初的表述有很大的问题，经济学家阿林·杨格（Allyn Young）——我不知道有多少人听说过他的名字——就曾对其作出过评价。阿林·杨格为庇古名著的第一版——第一版叫《财富与福利》（*Wealth and Welfare*），后来的版本叫《福利经济学》——撰写了书评。庇古的理解并不是完全正确的，但是杨格在书评中非常清楚正确地解释了什么是外部性。后来，雅各布·维纳（Jacob Viner）在20世纪30年代发表了一篇论文（我所学的就是这一篇），将金钱外部性与技术外部性区分开来。技术外部性是我们视作福利影响的外部性。我不想深入讨论这个问题，因为几乎没有一个发达国家的政府支出低于国民收入的30%。这些是我们试图解决的外部性问题，但并非是我们需要解决的唯一问题。外部性、公共产品，无论你怎么叫它。我不想细说，只是在此提一下；我们稍后再谈这个问题。

一般均衡在这里是有用的。它无法解释外部性，也无法解释我们为满足外部性都做了些什么，但是它确实在本质上对现实生活产生了一些影响，至少对许多经济学家来说是如此。我们会在分析政策时问自己：要是一般均衡有效，它会如何解释？这就是我们的标准。在几乎所有的分析、政策分析以及外部性治理中，我们都会问：要是一般均衡适用，它会如何解释？在某种程度上，这是我想放到最后讨论的主题。当然，还有一个方面，即有效需求失灵。很久以前，当我还在读研的时候〔20世纪40年代，我曾跟随阿瑟·弗兰克·伯恩斯（Arthur Frank Burns）学习宏观经济学〕，我们会谈论商业周期。那是一个重大的宏观问题——至少对于美国国家经济研究局这样的地方而言是如此。

对早期计量经济学模型的影响

致力于系统性实证工作（不仅是收集数字，而且要将它们放入模型，而这恰恰是计量经济学运动所倡导的实践）的想法是1932年左右成立的计量经济学会的产物。它类似于一场运动，或许在美国比在欧洲更为流行，同时它也具有国际性。最早的实例之一是扬·廷贝亨（Jan Tinbergen）建立的荷兰商业周期模型。廷贝亨随后领导了一项由日内瓦国际联盟赞助的更大规模的研究。他从一般均衡理论中得出了完整系统的概念。想要预测未来，就要有一个完整的系统。想了解一项政策的效果，也要有一个完整的系统。今天至少存在一种倾向，即基本上采用一个一般均衡系统，比如说，价格不会立即朝着正确的方向移动（它们具有黏性）。

因此，现在我们有了所谓的"新凯恩斯主义"模型。我不知道这些模型是否具有更好的表现，但是无论如何，它们是完整的系统。它们研究个体关系背后的诱因，除却原有的基础外，还引入了一些新的研究层次/动机，试图表明不断改动价格或是类似的行为成本很高。

作为补充和替代的商品

很多有关生产侧的早期文献都假定系数固定。换句话说，要生产A产品，只需要一定量的B产品就可以了。因此，可以有中间产品，但是最终，你都会直接或间接地用到基本要素。19世纪末，约翰·贝茨·克拉克（John Bates Clark）阐述了在各类生产类型中找到替代品的想法。瓦尔拉斯的著作——不是第一版，而是后来的版本——介绍了生产函数。瓦尔拉斯真正引入的想法是一种商品的需求也许不仅取决于该商品的价格，还取决于其他商品的价格（我认为他的分析比杰文斯更加详细）。一旦你认为这属于分配问题（杰文斯肯定是这么想的），需求的概念就会变得更加复杂，我们有一个标准概念，即在某种意义上，这些商品可以相互替代。它们都在争夺有限的购买力，这意味着在某种意义上，替代性大于互补性。但是互补性仍然存在：黄油的价格可能会影响面包的需求。一旦引入生产函数，就会在生产中形成类似的想法。因此，系统中某个部分发生的某件事可以逐渐影响到系统中看似与其相距甚远的部分，这是我们可以从一般均衡中学到的重要的一课。你可能会想到阿尔弗雷德·马歇尔（Alfred Marshall），他显然发现了这一点。事实上，最初他给予杰文斯的评价不太友好，正如他自己在回忆录中所述，杰文斯令他十分生气，因为杰文斯极其蔑视李嘉图。马歇尔在回忆录中说，他会写下非常愤怒的评论，然后将它们删掉，但是很快，这些评论又会再次"出现"。这是一个非常有趣的关于潜意识的讨论！

"互补松弛"

我想补充两点。第一个问题听起来有点技术性，但其实不然。这个问题推动了始于20世纪30年代、终于20世纪60年代的关于存在的讨论。了解线性规划的人将其称为"互补松弛"。门格尔提出了这样的看法。一些商品是免费的,但是它们之所以免费,只是因为它们数量充足。

换句话说,如果数量不是那么充足,就不会免费。有哪些例子呢?空气是免费的。在世界的许多地方,水是免费的。在雨水多的地区,水是免费的:我指的是用于农业的雨水。当然,饮用水必须经过处理。稀缺的不是水,而是处理过程。因此,商品是否免费取决于经济状况。这意味着供给未必等于需求。当然,在均衡状态下,供给不可能少于需求。否则便无法满足需求。但是供给可能大于需求,那么价格就会为零。门格尔认可这一点。

在为什么一般均衡方程可能不一致的这个问题上,20世纪30年代的几位德国学者〔尤其是汉斯·奈瑟(Hans Neisser)与海因里希·冯斯塔克尔伯格(Heinrich von Stackelberg)〕提出了不同的观点——我不想在此赘述。实际上,即使这些观点非常简单,也需要花上几分钟的时间才能说清楚,而我却被告知我的演讲时间根本不足以将它们阐释清楚!一位名叫卡尔·施莱辛格(Karl Schlesinger)的私人银行家离开了当时处于共产主义时期的匈牙利前往维也纳,在那里做起了私人银行家,但是作为一位业余爱好者(早前他曾获得经济学博士学位),他仍然对经济学十分感兴趣。施莱辛格继续探讨了存在的争议,明白了存在的问题只是由于未能认识到互补松弛而造成的。存在的问题坚持认为供给等于需求,而事实上,供给可能大于需求。

施莱辛格不是数学家。因此,他去找了奥斯卡·莫根施特恩(Oskar Morgenstern),当时后者正运营着一家由洛克菲勒资助的商业周期研究机构。莫根施特恩聘用了一位名叫亚伯拉罕·沃德(Abraham Wald)的数学系研究生——他主要负责从事一些统计工作。沃德是罗马尼亚人,实际上他出生在匈牙利,但是由于一战以后匈牙利割让了部分领土给罗马尼亚,因此他当时是罗马尼亚籍。沃德利用施莱辛格关于互补松弛的重要性的见解，提出了有关存在性的证明。这些假定强大得荒谬。这显然留下了一个悬而未决的问题，我就不再赘述这方面的历史了。

时间的重要作用

尽管所剩的时间不多，但是现在让我来简短地谈一谈第二个问题，也就是文章一开始就出现的重要却通常被忽略的问题——即使在斯密的著作中也是如此——生产需要时间。"资本主义"一词以"资本"开头并不是没有道理的，这意味着生产需要时间。包括可能需要一些间接的时间。比如购买工厂和设备这类耐用品，它们经久耐用，在使用过程中逐渐消耗殆尽。因此，无论如何，从字面上看，生产需要时间，或者可能需要使用耐用的机器，因为这些机器会随着时间的推移逐渐被消耗。这就意味着，要正确看待生产过程，就需要在时间点 0 投入货物，在时间点 1 投入更多货物，在时间点 2 输出货物，或是类似这样的过程。因此，生产过程不仅涉及不同货物，还涉及不同时间的不同货物。所以我们可以说，好吧，没问题，我们只是把处于不同时间的货物视作不同的货物。

据我所知，第一个提出这一简单观点的人是瑞典经济学家埃里克·林达尔（Eric Lindahl）。希克斯接受了这一观点。我则是从希克斯那里了解到这个观点的。对于我们这一代的年轻理论家来说，希克斯是一位大神。他的著作《价值与资本》（*Value and Capital*）是世界上最重要的东西。

在希克斯之前，人们面临的问题是，虽然读了弗兰克·奈特（Frank Knight）关于资本理论的所有讨论以及其他类似的讨论，但是这些内容都很神秘。你不知道他们究竟在说什么。庇古的叙述稍微清楚一些，但是他的讨论仅限于一些简单的问题。哈耶克的著作让人颇为费解。但是，如果你读过希克斯的著作，再回头读哈耶克，就能理解哈耶克的观点。我始终未能理解哈耶克的观点。我确实读过哈耶克的《资本理论》(Theory of Capital)，这本书晦涩难懂。但是正如我所说的，读过希克斯之后，你就会觉得"哦，我终于理解哈耶克了"。我认为部分原因是希克斯继承了哈耶克的一些想法，他非常笼统地在脚注中提到了这一点。

所以，说到时间问题。例如，现在吉拉德（德布鲁）和我在文章中所用的证明与麦肯兹或类似的证明并没有什么不同，但是我认为我们的研究比其他人更加彻底——我们执行了瓦尔拉斯式项目。这就是我们的优势所在。因此，我们已经将其现代化。我们有了效用函数。我们有了偏好排序。我们认识到了序数革命（ordinalist revolution）以及诸如此类的东西。我们说明了对凹性的需求。这是现代版的瓦尔拉斯。虽然我们只是不假思索地下笔，但是我们有着同样的想法，我们之前甚至没有讨论过。我们将不同时期的商品视作不同的商品。

但是，这意味着什么呢？这意味着我们正在谈论一个万物皆有市场的世界。特别是针对明天的商品、10年后的商品以及20年后的商品的市场。你可以不理会部分市场，但是你需要面向所有物品的商品市场。看看这个世界，我们看到了什么？有为未来而设的商品。农产品、矿物，就这些。你通常不会在未来买车。我的意思是，很明显，如果我要建立一家汽车厂，那么预售汽车，进而形成期货市场和信贷就是不错的主意。但问题是，我不知道未来的汽车会是什么样子。我知道它会有所不同。会有改变发生，也许不是什么重要的改变，也许只是风格不同或是一些琐碎的改变。但是也许它在燃油经济性、安全性或其他重要方面会有明显改善。于是便出现了这个问题，这也是一般均衡遇到限制的地方。不知何故，你无法完成这个项目。希克斯知道这一点，他说，你对价格有预期。但是他不太擅长解释这些预期是如何形成的。

预期与信息的作用

在新兴的计量经济学运动中，曾经出现过关于价格预期的文献。其作者真正表达的是，价格预期可能会带来麻烦。这就是静态预期。假定明天的价格与今天相同。于是就有了著名的"玉米生猪"周期。类似的说法是，你会在种植作物时留意当时的价格，并且认为收获之后要以这一价格出售作物。事实上，比如说，如果当前价格较高，你就会种下很多作物，然而随后产生的影响是，明天的价格就会下跌。因此，人们的预期会出现周期性变化；当然，这些预期一直在破灭，而人们开始发展出越来越复杂的预期。这就是问题所在。

不确定性亦是如此，这就引发了为什么信息十分关键的问题。（我没有时间阐述我的主题，不过没关系。）一旦你开始认为我们在确保不确定性，就会出现不同人知道不同事的问题，进而存在不对称的信息。当然，不对称信息理论已经有了巨大的发展，但它往往是静态的。这一理论即将实现，你一定会觉得十分可笑。

最后，我想说，我发现一般均衡理论最为频繁的应用是作为模型的基础。气候变化就说明了这一点。我们得到了什么信息？我们有动态模型，就像诺德豪斯等人创建的模型那样。也就是说，你创建了未来模型，我们明确指出它们是价格清算模型。事实上，它们还是最优模型，因为它们在充分预料到未来会发生什么的情况下进行清算。所以这些模型是完全指定的，既用于预测，也用于政策制定。我认为这就是均衡理论现在最大的用处。谢谢。

评（尚塔亚南·德瓦拉詹）

很荣幸能够成为肯尼斯·阿罗此篇演讲的讨论者。肯在文中提到了吉拉德·德布鲁，而我就曾跟随德布鲁学习一般均衡理论。很高兴能够听到阿罗-德布鲁这对伟大搭档中另一位学者所做的发言。我将重点谈一谈论文标题中的三个名词，"均衡、福利与信息"。

首先是"均衡"。阿罗和德布鲁证明了一般均衡的存在性，这是对经济学最有力的贡献之一。均衡的力量不仅在于其数学上的精确性，而且在于其效用。因为我们，包括世界银行在内，每天都在使用一般均衡进行推理。如果没有证据表明各经济部门之间通过价格机制实现的互动是一个一致的系统，我们的研究就是无中生有。荷兰病指的是一个繁荣的部门（如石油）提高非贸易品的价格，减少传统贸易部门的产出（Corden and Neary 1982）。这一概念不仅仅是不同假定的随机集合，还是对于一般均衡系统的描述。多亏了阿罗，我们才知道一般均衡系统存在的条件。我曾经通过一个一般均衡模型来估算中非金融合作法郎（简称中非法郎）估值过高的问题（Devarajan 1997）。我们的估算结果与1994年非洲法郎的实际贬值情况相当接近。同样，如果没有一个连贯的理论，即这种经济描述方式建立在分析的基础之上，我们就根本不可能建立这个模型，更不用说使用它了。对于发展而言，不同经济部门之间通过价格相互依存的观点至关重要。里克斯、弗雷恩德和努西福拉（Rijkers, Freund, and Nucifora 2016）在最近关于突尼斯裙带关系的研究中探究了电信部门的垄断权力，这种权力源自与当时执政家族之间的关系。他们表明，垄断抬高了电信价格，从而削弱了突尼斯服装业和电子制造业的竞争力，这是应用一般均衡进行推理的另一个例子（也是突尼斯出口没有增长的原因）。也许最重要的是，必须从一般均衡的角度来理解当前富国和穷国都在热烈讨论的整个不平等概念。这个概念十分重要，因为收入分配是收入的用途与来源的函数，而收入的用途与来源又是关于不同部门价格和数量如何调整的函数。例如，在赞比亚这类资源丰富的发展中国家，有利的贸易条件冲击会造成更大的不平等，因为穷人需要将更多的收入花在非贸易品上（Devarajan and Go 2003）——此类一般均衡的结果可能会偏离第一轮局部均衡。简而言之——我说这话时有些惶恐，因为本书的许多作者都对经济学做出了巨大贡献——证明一般均衡的存在性是对经济学与穷人福利最有力的贡献之一。

这就引出了阿罗演讲的第二个主题"福利"。福利经济学的两个基本定理都是根本法则：在满足某些假定时，竞争均衡是帕累托最优；任何帕累托最优都可以得到竞争均衡的支持。但是正如阿罗所述，它们之所以重要，是因为放松假定之后会发生的事情。例如，存在外部性时，竞争均衡不是帕累托最优。这是经济政策的基石：如果福利经济学第一基本定理的假定不成立，经济政策的目的就是让我们从竞争均衡走向社会最优。我认为在这里我们可能存在一些问题。尽管所有人都认可我们的目标应该是实现社会福利最大化——我们在研究生院里学过这些定理，而且可能都会背诵——但是我们的一些行为却并未遵循这些原则。既然大家都认可我们的目的是增加福利，我们有时会制定包括普及初级教育、全民医疗保健或普及金融服务等目标在内的"特别倡议"。诚然，这些目标都值得我们为之努力，但是尚不清楚是否实现其中任何一个目标就算福利最大化。较之将每一美元的边际效用花在将其他领域商品的获取率从99%提高到100%上，提高原本获取率处于极低水平的商品的获取率，也许能够更好地服务这一目标。因此，我认为发展经济学家应该保持警惕，要追求福利目标，而不是迎合选民或最新趋势。

最后，尽管一般均衡模型与一般均衡理论颇具吸引力，但是它们也遭到了一些批评。阿罗间接提及的一条批评意见是，认为拥有一套完整的市场来应对所有突发事件的假定是不现实的。很难想象所有人都确切地知道自己在世界的每种可能状态下想要购买什么。这就是为什么有一整套关于不确定性下的一般均衡的研究。约瑟夫·斯蒂格利茨与本卷的其他作者在这个领域做出了开创性的贡献。第二条批评意见是，人们可能不会遵循标准的一般均衡模型所假定的优化行为。消费者可能无法实现效用最大化，生产者可能无法实现利润最大化。人类的认知能力有限。行为经济学应运而生，我的同事卡拉·霍夫接下来将讨论这个问题。尽管卡拉等人在这一领域取得了巨大的进展，但是我们尚未发展出一种完全特定的一般均衡理论，在这个理论中，主体没有优化，这与传统的一般均衡理论相当。这样的理论将是对肯尼斯·阿罗伟大成就的恰当致敬。

参考文献

Corden, W. Max, and Peter J. Neary. 1982. "Booming Sector and De-Industrialisation in a Small Open Economy." *Economic Journal* 92 (368): 825–848.

Devarajan, Shantayanan. 1997. "Real Exchange Rate Misalignment in the CFA Zone." *Journal of African Economies* 6 (1): 35–53.

Devarajan, Shantayanan, and Delfin S. Go. 2003. "The 123PRSP Model." In *The Impact of Economic Policies on Poverty and Income Distribution: Evaluation Techniques and Tools*, edited by François Bourguignon and Luiz A. Pereira da Silva, 277–300. New York and Washington, DC: Oxford University Press and World Bank.

Rijkers, Bob, Caroline Freund, and Antonio Nucifora. 2017. "All in the Family: State Capture in Tunisia." *Journal of Development Economics* 124: 41–59.

评（卡拉·霍夫）

社会因素是否能够决定"我们是谁"？

在讨论经济学发展方向的会议上，第一位受邀的演讲者非肯尼斯·阿罗莫属。与2016年世界上的所有人一样，他推动了经济学的发展。他最先证明了斯密猜想，即在某些条件下，市场经济达到了帕累托效率的理想状态（Arrow 1951）。他的证明是一把双刃剑：它表明市场均衡只在非常特殊的条件下才能达到帕累托效率，而现实中，这些条件永远也无法得到满足，甚至就连大致满足都无法实现（Greenwald and Stiglitz 1986）。阿罗之所以不同于之前的所有经济学家，是因为他明白，市场均衡实现帕累托效率的条件有多么不切实际。他也明白，非人格化的价格体系对现实的描述非常不完整。

阿罗一直在拓展新古典经济学的疆域，其中一种方式就是回归早期传统，即探索社会作为一个整体是如何运作的。他研究了同伴对偏好的影响（Arrow and Dasgupta 2009）。他证明了在竞争性经济中，学习的投资率过低，因为学习有利于未来的投资者，而他们不会为此买单（Arrow 1962）。尽管从未脱离理性选择理论的框架，但是他也推动了新兴的行为经济学领域向外扩展。行为经济学领袖理查德·塞勒和塞德希尔·穆来纳森（Richard Thaler and Sendhil Mullainathan 2008）曾将行为经济学定义为将在心理学上更现实的决策假定引入经济学的一门学科。阿罗（Arrow 2010: 12）评论道："今天，心理学正在入侵经济学——整个行为经济学领域。我认为社会学应在经济学中发挥更大的作用。在一定程度上，人们在经济学中的行为方式会受到其他人行为方式的影响。举出例子容易，但要构建一个广泛的理论却没有那么容易。"

21世纪，行为经济学已经朝着社会学的方向发展。行为经济学的研究有两条主线。第一条主线是**准理性行动者**。"慢"思考时他是理性的，但是大部分时间里，他习惯"快"思考，使用启发式原则将复杂的决策任务简化为更简单的操作（例如，Thaler 2000）。社会学、人类学和神经科学均在第二条主线中发挥着作用。这条主线涉及**准理性濡化行动者**（*quasi-rational, enculturated actor*）。他用以扩展快速处理信息能力的认知工具是内生的，不具有普遍性。这些工具因群体和时间的不同而不同，由行动者及其祖先经历或接触过的社会文化环境塑造而成（Nunn 2012; Hoff and Stiglitz 2016; Demeritt and Hoff 2018）。

每条主线都不难说明。第一条主线的先驱卡尼曼（Kahneman）与特沃斯基（Tversky）表明，认知机制（而不仅仅是情绪）会产生系统的直觉错误。例如，我们认为在卡尼曼（Kahneman 2011）所展示的第一个方框里，中间的符号是B。

但是在他所展示的第二个方框中，我们却会认为中间的符号是13。不论哪一种情况，我们都不会认为中间的符号存在歧义。这个例子说明，"人们不只是看见（某样事物），而是将其**看作**（某样事物）"（Bacharach 2003: 63）。

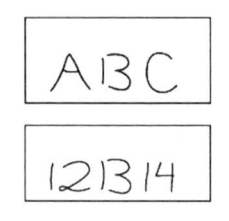

图1.1　卡尼曼的视觉实验图

卡尼曼强调，自动而非刻意的思考是"你所做的许多选择和判断背后的原因"（Kahneman 2011：13）。自动思考需要将刺激与已知模式相匹配并建立联系。它不需要逻辑或仔细推理。离开了易于理解的有用模式和概念，就无法做出优秀的选择和判断。

行为经济学表明，人们在基于自动思考做出选择时，干预措施有时会促使他们做出能够让自己过得更好的选择。人们设计出"助推"措施来帮助贫穷国家的人们为医疗费用和健康需求储蓄足够的资金（Dupas and Robinson 2013）、购买肥料（Duflo, Kremer, and Robinson 2011）、定期用稀释的氯处理不清洁的饮用水（Kremer et al. 2011），并完成多阶段免疫接种计划以保护他们的孩子免受疾病的侵扰（Banerjee et al. 2010）。

行为经济学的第二条主线超越了助推的概念。它思考的是如何改变个体用以处理信息的认知工具（例如，文化类别与叙事）的储备和可及性。通过扩大储备或使一些心智模式更可及，接触新的社会模式（即便是虚拟世界中的）都可以引发长期的社会变革。

21世纪初，约有1/4的巴西人会在每个工作日的21点15分收看肥皂剧。环球电视网（Globo）是巴西肥皂剧的主要制作商。为了减少剧中的人物数量，它精心设计了一些孩子很少甚至没有孩子的角色。这类小家庭与巴西主流的家庭规模形成了鲜明对比。

收看这些肥皂剧降低了巴西的生育率！由于不同城市获得Globo转播权的年份十分随机，因此有可能识别这种影响的因果关系。获得肥皂剧转播权一年之后，城市的生育率就开始下降（La Ferrara, Chong, and Duryea 2012）。与肥皂剧女主角年龄差在4岁以内的女性的生育率降幅最大，这与榜样效应相符。就降低生育率而言，其效果与女性平均受教育程度增加2年的效果相当。然而，这种影响背后的驱动力并非资产、技能或价格的变化，而是人们所设想的生活方式的变化。

市场的变化也可以创造新的原型，从而引发偏好的变化。罗伯特·詹森（Robert Jensen 2012）的一项随机对照实验表明，印度村庄中从事业务流程外包（BPO）工作（如在呼叫中心工作）的年轻女性的比例会影响村庄年轻女性的平均婚姻模式、教育、生育率和抱负。为了进行实验，詹森聘用了八名呼叫中心招聘人员，请他们去80个村庄招聘女性员工。这些村庄是从距离德里约100公里的160个村庄中随机挑选出来的（由于这些村庄太过偏远，招聘人员一般不会前往这些村庄）。他的实验使得这80个村庄对从事BPO工作的女性的需求激增。实验之前，这些村庄里没有任何家庭从事BPO工作。结果，在三年的时间里，每个村庄平均能够实现11次工作匹配。在实验村中，从事BPO工作的年轻女性的比例从0增加到5.6%。如表1.1所示，需求的激增改变了实验村女性对自己人生的定义，也改变了父母对女儿的看法与照顾程度。

选择集的变化也会合理地改变社会对于女性的期望。但是，在看到年轻女性开始扮演新的角色之后，父母与年轻女性想象中的生活也开始发生变化，这也不无道理。如表1.1所示，5—15岁女孩的身体质量指数（BMI）有所提高，说明与对照村相比，实验村家庭中的女儿得到了更好的照顾。这是文化已经出现转变的证据。与巴西Globo肥皂剧对生育率影响的研究一样，利用印度呼叫中心招聘人员进行的随机对照实验，显示出了阿罗建议的行为经济学应加以考虑的那类社会影响。

表1.1　雇用女性村民从事BPO工作的社会影响

	对照村	实验村
15—21岁的女性 在实验的三年期间结婚的百分比	0.71	0.66

（续表）

	对照村	实验村
在实验的三年期间生育的百分比	0.43	0.37
个体想要的孩子数量	3.00	2.65
5—15岁的女孩		
年龄别身体质量指数Z评分	−1.25	−1.01

资料来源：基于Jensen（2012）。

当然，社会影响可好可坏。正如在前两例中社会经验与接触扩大了个体对"我是谁"这一问题的感受一样，它们同样也可以缩小这种感受，使社会僵化。大多数女孩都未接受过教育的村庄可能会维持一种刻板印象，认为受过教育的女性是不道德的，是对社会秩序的威胁，这种观念使女孩一直处于受教育程度较低的社会模式。

从印度各地的访谈中收集到的女性评论，证明了普遍的教育水平对人们在女孩教育问题上的态度的影响。当被问及为什么不送女儿上学时，一些家长回答说："我们社区里的女孩都不上学。"相比之下，当印度南部一个社会较为进步的邦，喀拉拉邦的父母被问及为什么送孩子上学时，"他们中的一些人不知道该怎么回答，因为他们觉得送孩子上学是理所当然的事情"（PROBE Team 1999: 22, 24）。

在女孩是否应该接受教育这个问题上，同村居民的态度与选择一致，而不同的村庄之间又有所不同。这表明存在多个稳定的帕累托排序均衡。霍夫和斯蒂格利茨（Hoff and Stiglitz 2016）在一个简单的模型中正式阐述了这一观点。模型假定某个村庄的许多家庭都有一个年轻的女孩，她的父母必须决定是否送她上学。他们对这个问题的态度取决于村民们对受过教育的女性的刻板印象，以及由市场决定的她的预期终身收入W〔卡尼曼（Kahenman 2011: 第三十四章）将前者称作"框架效用"（framed utility）〕。

针对受过教育的女性的两种刻板印象分别表示为 A 和 P。在刻板印象 A 下，女性的自主权能够受到尊重，而且父母以女儿受过教育为荣。在刻板印象 P 下，受过教育的女性是对男权社会秩序及其丈夫的阳刚之气的威胁，这意味着受过教育的女儿很难嫁出去。在是否教育女儿这个问题上，父母的偏好并不固定。相反，他们的偏好取决于环境所暗示的刻板印象。设 $U(s)$ 为加权和，

$$U(s) = w(s)V^A + [1-w(s)]V^P + W,$$

其中 s 是心智模型 A 的显著性，V^A 是心智模型 A 下父母对受教育女儿的内在评价，V^P 也是如此。假定 s 是送女儿上学的家庭在村中所占的比例。权重 $w(s)$ 随 s 的增加而增加：如果所有家庭都送女儿上学，则 $w=1$；如果没有，则 $w=0$。图 1.2A 展示了函数 $U(s)$。

为简单起见，假定不送女儿上学会给父母带来效用 θ，该效用与村中送女儿上学的家庭所占的比例无关。不同家庭的 θ 各不相同，因为有些父母比其他父母更需要年幼的孩子去照顾另一位家庭成员，如婴儿或生病的祖母。图 1.2B 假定 θ 在某个固定低值之上大致呈正态分布。

受过教育的女孩所占比例的演变关闭了这个模型。一个长期的内部均衡是受教育的女儿所占的比例，即 s^*，在这种均衡状态下，边缘父母并不关心女儿是否应该接受教育。处于稳定均衡时，s^* 在任何值附近，对于 θ 小于 $U(s^*)$ 的父母而言，送女儿上学可以改善他们的生活，而对于 θ 大于 $U(s^*)$ 的父母来说，送女儿上学则会使他们的生活变得更加糟糕。参见图 1.2C，其中的两条曲线是重叠的。有两处稳定均衡（用实圆点标记）和两者之间的不稳定均衡。在不良均衡下，村里没有任何女孩受过教育：父权制的刻板印象 P 非常突出，以至于没有父母想让自己的女儿接受教育。在良好均衡下，刻板印象 A 非常突出，以至于大多数父母的偏好正好相

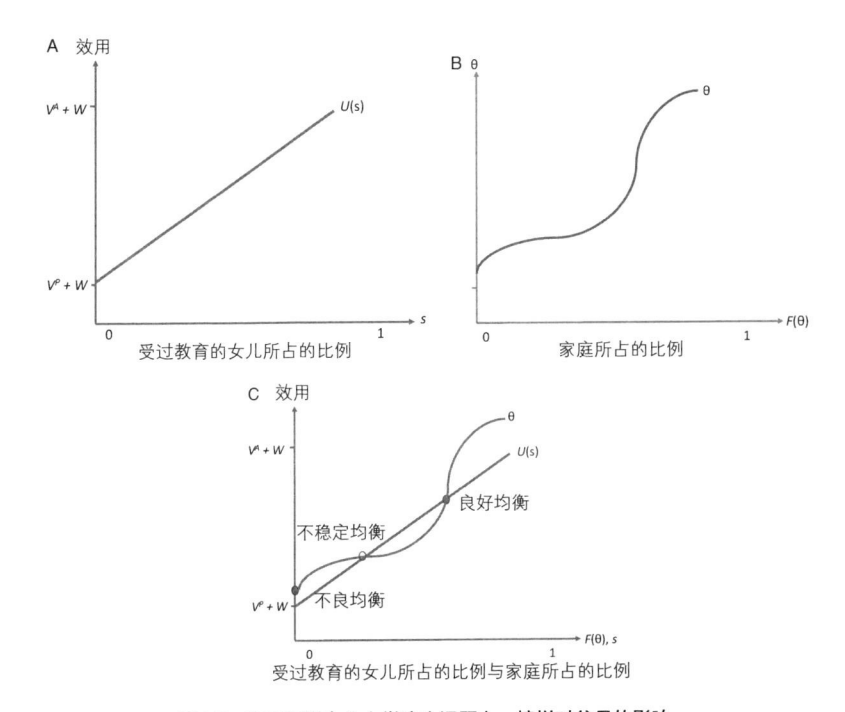

图1.2 在是否送女儿上学这个问题上,榜样对父母的影响

注:(A)父母从受过教育的女儿那里得到的"框架效用"U。框架效用取决于刻板印象A和刻板印象P的显著性,前者认为受过教育的女孩是其父母的骄傲,后者则认为受过教育的女孩是对父权制社会秩序的威胁。刻板印象A的显著性取决于村中受过教育的女儿的比例。W是由市场决定的受过教育的女孩一生的预期收入。

(B)父母从未受教育的女儿那里得到的效用的累积分布函数。

(C)选择教育女儿的父母所占比例的多重均衡。

资料来源:Hoff and Stiglitz(2016)。

Ⅰ 理论基础   25

反：大多数人更愿意让自己的女儿接受教育。

该模型中的刻板印象是**反映**社会模式（"寻常"女孩会接受或不接受教育）和**影响**个体行为（父母教育女孩的决定）的关键，并且能在"相互构成的循环"中维持刻板印象和社会模式（Markus and Kitayama 2010）。村庄的社会模式决定了人们的思维方式以及他们所能想象的备选项。这种社会模式已经得到了归化，尽管其他村庄中也许存在并且流行其他或许更为可取的结果。作为21世纪的一个新兴领域，**行为发展经济学**揭示了功能失调的社会制度（如女孩受教育程度低）是如何持续存在并影响人们的思维方式以及他们所能想象的一切。从这个意义上说，社会模式可以决定"我们是谁"。

阿罗（1963）在一篇关于医疗与保险的知名文章中讨论了信息不对称的问题。他认为，保险市场的均衡远未实现帕累托效率。投保人会因为购买了车险而放松警惕。如果她知道自己车技不佳，但是保险公司不知道，她就很可能会购买足额保险。即便保费十分高昂，保险公司在面对技术不好的司机时依旧不赔不赚，然而车技好的司机就会因为保费过高而不愿足额投保。由于保险的买卖双方未能获得相同的信息，实际上他们交易的东西并不相同（因此，Rothschild and Stiglitz 1976表明，市场均衡无法实现帕累托效率）。

但是无论决策者手握何种信息，新古典经济学都假定他们会客观地处理这些信息。行为经济学则背离了这一假定，认为文化心智模式会对信息的**主观处理**产生系统影响。感知具有选择性。由于激活的心智模式不同，不同个体看到的东西并不相同。想想前面的图1.1，在不同的框架下，人们可能会认定这个符号是"B"或是"13"。也就是说，"人们不只是看见（某样事物），而是将其**看作**（某样事物）"。文化通过共同的心智模式，以及在不同程度上激活这些心智模式的信息和背景之间的互动而发挥作用

（DiMaggio 1997: 264, 274）。

表1.2 新古典主义经济学和行为经济学的两个流派

新古典主义经济学		行为经济学	
		流派1	流派2
行动者概念	理性行动者	准理性行动者	准理性濡化行动者
行为驱动因素	以激励为导向	同样以决策时所处的环境为导向，如：	同样以经验和接触为导向，这些因素塑造了：
		▶展示	▶心智模型
		■默认选项	■类别
		■语言	■概念
		▶提示	■身份
		■提醒	■叙事
		■心理账户	▶什么激发了某些行为

资料来源：基于Hoff and Stiglitz（2016）。

框架的变化会改变人们的所见，并有可能改变人们的所为。这个想法是"助推"的基础。旨在改变经验或接触（例如，接触新的角色模型）的干预措施基于这样一种想法：从中期来看，它们将改变心智模型的内容或可及性，从而改变个体给问题带来的概念性框架。

表1.2展示了现代经济学工作假定的三种行动者：理性行动者、准理性行动者，以及准理性濡化行动者。最近的行为经济学研究对第三类行动者进行概念化，从而采纳了肯尼斯·阿罗的建议，即社会学应该在经济学中发挥更大的作用。

I 理论基础　27

参考文献

Arrow, Kenneth J. 1951. "An Extension of the Basic Theorems of Classical Welfare Economics." In *Proceedings of the Second Berkeley Symposium on Mathematical Statistics and Probability,* edited by Jerzy Neyman, 507–532. Berkeley: University of California Press.

Arrow, Kenneth J. 1962. "The Economic Implications of Learning by Doing." *Review of Economic Studies* 29 (3): 155–173.

Arrow, Kenneth J. 1963. "Uncertainty and the Welfare Economics of Medical Care." *American Economic Review* 53 (5): 941–973.

Arrow, Kenneth J. 2010. "The Economy of Trust: An Interview with Kenneth Arrow." *Religion and Liberty* 16 (3): 3, 12–13. https://acton.org/pub/religion-liberty/volume -16-number-3/economy-trust.

Arrow, Kenneth J., and Partha S. Dasgupta. 2009. "Conspicuous Consumption, Inconspicuous Leisure." *Economic Journal* 119 (541): F497–F516.

Bacharach, Michael. 2003. "Framing and Cognition in Economics: The Bad News and the Good." In *Cognitive Processes and Economic Behaviour*, edited by Marcello Basili, Nicola Dimitri, and Itzhak Gilboa, 63–74. New York: Routledge.

Banerjee, Abhijit, Esther Duflo, Rachel Glennerster, and Dhruva Kothari. 2010. "Improving Immunisation Coverage in Rural India: Clustered Randomised Control Evaluation of Immunisation Campaigns with and without Incentives." *British Medical Journal* 340 (1): c2220.

Demeritt, Allison, and Karla Hoff. 2018. "The Making of Behavioral Development Economics." *History of Political Economy 50* (annual supplement): 303–322. http://bit.ly/2GwyGUK.

DiMaggio, Paul. 1997. "Culture and Cognition." *Annual Review of Sociology* 23: 263–287.

Duflo, Esther, Michael Kremer, and Jonathan Robinson. 2011. "Nudging Farmers to Use Fertilizer: Theory and Experimental Evidence from Kenya." *American Economic Review* 10 (6): 2350–2390.

Dupas, Pascaline, and Jonathan Robinson. 2013. "Why Don't the Poor Save More? Evidence from Health Savings Experiments." *American Economic Review* 103 (4): 1138–

1171.

Greenwald, Bruce C., and Joseph E. Stiglitz. 1986. "Externalities in Economics with Imperfect Information and Incomplete Markets." *Quarterly Journal of Economics* 101 (2): 229–264.

Hoff, Karla, and Joseph E. Stiglitz. 2016. "Striving for Balance in Economics: Towards a Theory of the Social Determination of Behavior." *Journal of Economic Behavior and Organization* 126 (Part B, June): 25–57.

Jensen, Robert. 2012. "Do Labor Market Opportunities Affect Young Women's Work and Family Decisions? Experimental Evidence from India." *Quarterly Journal of Economics* 127 (2): 753–792.

Kahneman, Daniel. 2011. *Thinking Fast and Slow*. New York: Farrar, Straus and Giroux.

Kremer, Michael, Edward Miguel, Sendhil Mullainathan, Clair Null, and Alix Peterson Zwane. 2011. "Social Engineering: Evidence from a Suite of Take-Up Experiments in Kenya." Unpublished manuscript, University of California, Berkeley.

La Ferrara, Eliana, Alberto Chong, and Suzanne Duryea. 2012. "Soap Operas and Fertility: Evidence from Brazil." *American Economic Journal: Applied Economics* 4 (4): 1–31.

Markus, Hazel Rose, and Shinobu Kitayama. 2010. "Culture and Selves: A Cycle of Mutual Constitution." *Perspectives on Psychological Science* 5 (4): 420–430.

Nunn, Nathan. 2012. "Culture and the Historical Process." *Economic History of Developing Regions* 12 (27): 108–126.

PROBE Team. 1999. *Public Report on Basic Education in India*. New Delhi: Oxford University Press.

Rothschild, Michael, and Joseph E. Stiglitz. 1976. "Equilibrium in Competitive Insurance Markets: An Essay on the Economics of Imperfect Information," *Quarterly Journal of Economics* 90 (4): 629–649.

Thaler, Richard. 2000. *Misbehaving: The Making of Behavioral Development Economics*. New York: W. W. Norton.

Thaler, Richard H., and Sendhil Mullainathan, 2008. "Behavioral Economics." In *The Concise Encyclopedia of Economics*, edited by David R. Henderson, 34–37. Indianapolis, IN: Liberty Fund.

2 社会选择与福利经济学

阿玛蒂亚·森

在为群体（如国家、社区、委员会或任何其他集体）做出令人满意的社会决策时，必须关注和重视群体成员的不同观点与利益。这可能是一项艰巨的任务，因为不同人的观点可能有所不同，正如罗马诗人贺拉斯（Horace）所言，"有多少人就有多少种审美观"。为群体选择行动与政策极其困难。

此外，即便只是描述整个群体究竟发生了何事，也不是一件容易的事情。情况究竟是好转还是恶化？成员是否更加快乐？是否比以前拥有更多的自由？与过去相比，生活在贫穷之中的人口数量究竟是上升还是下降？群体中的社会不平等现象究竟是有所增加还是有所减少？所做的社会决定能否视作民主决定，还是说在某种重要意义上属于专制决定？综合评估方法是社会选择的主体，尤其是福利经济学主体的核心。

纵观人类历史，人类一直在探讨社会群聚（social aggregation）现象。然而，社会选择理论作为一门正式的学科，直到法国大革命前后才逐渐成型，其先驱是18世纪末的法国数学家，尤其是让－夏尔·德博尔（J.-C.

Borda 1781）与尼古拉·德·孔多塞（Nicolas de Condorcet 1785）。他们通过数学语言解决了社会选择问题，并从投票及其相关程序的角度开创了社会选择理论这门学科。这一时期的学术氛围受到欧洲启蒙运动的极大影响，学者开始关注理性构建社会秩序。

事实上，一些早期的社会选择理论家，尤其是孔多塞，也是法国大革命的知识领袖。孔多塞表示，他本人十分钦佩的法国经济学先驱（同时也是里摩日省省长）安·罗伯特·雅克·杜格（Anne Robert Jacques Turgot）是第一位"愿意将人民视作一群有理智的人"的政治家（Condorcet 1847：9, 15, 18）。孔多塞指责杜格的反对者雅克·内克尔（Jacques Necker）"夸大了人民的愚蠢性"。孔多塞对互动决策在议会中的应用非常感兴趣，其中包括它在负责就税收、公共工程、民兵、公共资金的使用和公共产品的管理做出决策的"行政会议"（assemblées d'administration）中的应用，这一点在他后来的研究中表现得尤其明显。

早期社会选择理论家的动机包括避免社会选择中的威权主义与武断。他们的工作重点是为群体制定理性、民主决策的框架，充分关注成员的偏好与利益。然而，即便是理论研究也通常会得出相当悲观的结果。例如，孔多塞指出，如果每一种备选项都在投票中被另一种备选项击败，多数决制就会陷入僵局。为了说明孔多塞首先发现的"投票悖论"，假定存在一个由3名成员组成的社区，其中甲的第一、第二和第三偏好分别是X、Y、Z；乙的偏好依次为Y、Z、X；而丙的偏好依次为Z、X、Y。那么，由于甲和丙都认为X优于Y，X将以多数票击败Y；同理，Y将击败Z，而Z将击败X，从而形成一个"循环"。更具体地说，每一个备选项都会被另一些备选项以多数票否决，因此不存在"孔多塞赢家"，即能够战胜其他所有备选项（或至少保持不败）的备选项。

尽管社会选择理论的研究并未始终遵循法国数学家所开辟的早期路

线,但是这一主题在各类著作中得到了不少杰出知识分子的些许关注,其中就包括《爱丽丝梦游仙境》(Alice in Wonderland)的作者刘易斯·卡罗尔〔卡罗尔以真名 C. L. 道奇森(1876, 1884)撰写了一些关于群体决策的重要论文〕。

然而,直到20世纪中叶,肯尼斯·阿罗的研究才为具有现代(以及完全公理化)形式的现代社会选择理论建立起第一个缜密的基础。阿罗在博士论文中提出的著名的"不可能定理"最初曾出现在一篇期刊论文中(Arrow 1950)。此后不久,他以专著的形式出版了自己的博士论文(Arrow 1951),这本专著问世之后立即成为经典。经济学家、政治理论家、道德和政治哲学家、社会学家,甚至就连普通大众都迅速注意到了这个看似(事实上的确)令人震惊的结果。在相对较短的时间内,社会选择理论以现代化和系统化的公理形式牢固确立了其作为一门对经济学、哲学、政治学以及其他社会科学有着直接和广泛影响的学科的地位。在思想文化史上,很少能有哪位年轻的研究生能够像阿罗这样如此深刻地影响世界社会思想的进程。

与孔多塞的"投票悖论"一样,阿罗也关注群体决策的困境及其可能导致的不一致。阿罗的"不可能定理"(正式名称为"一般可能性定理")是令人惊叹的优雅与力量的结晶。该定理表明,任何社会选择程序都无法同时满足哪怕是一些非常温和的合理性条件,而这些程序为个体对社会选择的偏好排序确定了一个社会排序。

阿罗考虑的根本挑战是,从个体对不同事态的偏好转为社会对这些事态的偏好,体现了对社会所有成员的观点的"聚合"。他希望社会偏好是一种"排序"(有时被称为"完全排序")。如果满足以下两个条件,那么排名就是一种排序:(1)任意两个备选项均可排序——要么对 X 的偏好胜过 Y,或对 Y 的偏好胜过 X,要么对于两者的偏好没有差异(即排序的"完备性");(2)排序满足连贯性的要求,即"传递性"(体现了偏好领域中的语法语言)。所谓传递性,指的是如果备选项X优于或等于Y,而Y优于或等于Z,那么,必须判定X优于或等于Z。阿罗将这些对社会选择的要求视作"集体理性"的要求。

将我们从个体偏好排序（一人一种排序）的集群（或"组合"）带入社会偏好排序的社会选择程序被阿罗称为"社会福利函数"。在福利经济学的背景下加以解释就是,如果事态X的社会排名高于事态Y,那么X产生的"社会福利"就比Y多。"不可能定理"表明,如果至少有三种不同备选项和至少两位个体（尽管个体的数量是有限的）,那么任何可能的社会福利函数都无法同时满足一组非常温和的合理性条件。

以下四条公理描述了社会福利函数的特征,并为相对于这些状态的所有个体偏好排序组合指定替代事态的社会排序。[1]

不限定域条件（U）：社会福利函数必须适用于所有个体偏好组合（也就是说,它必须为所有个体偏好集群生成一个社会排序）。

无关备选项的独立性（I）：任何一对备选项的社会排序只取决于个体对该对备选项（"相关"对）的排序。

帕累托原则（P）：如果所有人对备选项X的偏好都胜过备选项Y,那么,X在社会排序中的位置也必将高于Y。

非独裁性（D）：不存在任何独裁者,当其偏爱备选项X而非Y时,X在社会排序中的位置便始终高于Y。

阿罗的不可能定理表明,没有任何社会群聚过程（或社会福利函数）能够满足U、I、P和D这些看似温和的公理。

---

[1] 这是阿罗自己用过的一组条件的简化版本（参见Sen 1970a）。

这项分析结果不仅令人吃惊，而且也让那些寻找基于个体偏好的理性社会选择过程的人们心生绝望。它也被视为影响深远的反民主结果（事实上，这种解释并不是非常正确）。对于这一结果的一个普遍看法是，只有独裁才能避免社会矛盾，但是独裁统治显然会严重牺牲参与式决策，并且对不同人群的不同利益也完全不敏感。

在启蒙思想与法国大革命理论家的著作中蓬勃发展了两个世纪之后，社会理性的雄心壮志似乎注定要走向失败。社会评价、经济评估与规范性统计似乎必然具有武断性或是不可挽回的专制性。

社会偏好

阿罗的框架充分利用了社会偏好的思想与阿罗式的"集体理性"条件，即直接根据社会偏好二元关系将这一思想最大化，或者通过施加具有二元表征的选择的内部一致性条件而间接使用这一思想。二元关系可视为"仿若（as-if）社会偏好"。詹姆斯·布坎南（James Buchanan 1954）认为社会偏好这一概念不具备合理性，因为社会不是个体，因此不可能具有任何不言而喻的"偏好"。这种反对意见尤其适用于处理政治决策而非评估社会福利的情况，因为后者需要某种社会可接受的概念，即可能的二元社会福利等级关系。但是，政治过程有十分充足的理由依靠制度结果而非任何隐含的社会偏好。

近年来，在伯格特·汉森（Bergt Hansson）、托马斯·施瓦茨（Thomas Schwartz）、彼得·费许本（Peter Fishburn）、唐纳德·坎贝尔（Donald Campbell）和查尔斯·普洛特（Charles Plott）等人的带领下，社会选择非二元表述的可能性在社会选择理论的文献中获得了相当多的关注。在某些情况下，阿罗式的不可能性结果得以解决，而在另一些情况下，它们在选择函数的框架中获得了重生。然而，由此引出一个问题，即这样得到的不可能性结果是否在很大程度上依赖于施加选择的内部一致性条件，这些条件往往会将我们引向选择函数的二元表示。然而，事实证明，即便在没有满足任何选择的内部一致性条件，也没有强加任何集合体理性要求的情况下，阿罗的不可能定理也能成立（参见 Sen 1993）。通过更全面地理解个体偏好与社会选择之间的关系（包括以更苛刻的要求来理解无关备选项的独立性），阿罗的不可能性可以在没有实现社会选择函数内部一致性，以及没有任何明确或隐含的社会偏好的情况下再度出现。

投票与多数人的决定

就政治决策而言（暂且不谈福利经济学研究），似乎可以得出这样的结论：无法通过投票程序完美解决阿罗所界定的那种社会选择困境。这就引发了两类问题。第一，即使不存在任何无懈可击的投票程序，一些程序是否依然比其他程序更加有效？第二，投票到底是不是解决各种社会选择问题的好方法？

多数决投票具备许多相当吸引人的特点，因此被许多人视作民主决策必不可少的组成部分。能否至少在某种程度上抑制不一致选择，尤其是因不存在"孔多塞赢家"而产生的影响？应对这一挑战的方法之一是使用社会福利函数的"限定域"（即限制允许的偏好组合）来避免投票结果不一致的问题，同时也避免出现"孔多塞赢家"不存在这一问题。阿罗（Arrow 1951）本人曾与邓肯·布莱克（Duncan Black 1948, 1958）一起探索了能够保证一致的多数决策的充分限制，而且他也已经确定了一类可行的偏好组合（"单峰"偏好）。

事实上，可以通过使用与阿罗自己的推理过程相似的方式扩展阿罗－布莱克对一致的多数决原则（单峰偏好组合）充分性的认定，从而得到一个更为普遍的条件："价值限制"（Sen 1966）。价值限制要求在任意三个备选项（X，Y，Z）中，存在一个（例如说X）公认不是"最优"、不是"最差"，或者不是"次优"的备选项（每个组合中达成一致的立场可以各不相同）。

从充分性条件到必要性要求，一致多数决定域限制的必要和充分条件也可以得到精确地确定（参见 Sen and Pattanaik 1969）。如果个体偏好是严格的，也就是说，它们没有差异，那么这些相当复杂的必要和充分条件就可以简单地归结为价值限制。然而，尽管这些条件比早先确定的条件要宽松得多，它们仍然相当苛刻；事实上，在许多实际情况下，人们很难遵守这些条件。

尽管通常无法消除投票僵局，但是事实上，多数决原则似乎比其他投票程序更不容易出现矛盾。可以证明，如果存在除多数决规则以外的任何投票规则都适用的域限制，那么这些限制也适用于多数决原则（参见 Maskin 1995, 2014; Dasgupta and Maskin 2008）。此外，对于任何非多数决投票原则，都存在一类多数决原则适用但其他投票规则不适用的偏好组合。这一有力的"优势结果"表明，即使所有投票规则都会陷入僵局或矛盾，还具备其他魅力的多数决原则也依然是其中最不容易受影响的规则。显然，多数决原则的相对稳健性就是其优势，对于许多社会和政治决策来说，这一点十分重要。但是许多其他类型的社会选择也许并不具备这种稳健性。例如，包括多数决原则在内的投票规则也许根本不适合作为福利经济判断的基础（后文会详细阐述这一点）。

自由与权利

多数决原则会严重侵犯少数人的权利，也可能损害个体自由。一个半世纪前，约翰·斯图尔特·密尔〔John Stuart Mill（1859）1959〕研究了

良善的社会应该如何努力保证每位个体的自由。自由包含许多方面,其中有两个特征相当明显:

(1)**机会**:我们应该能够在各自的个人领域(如我们的私人生活)实现我们所选择的目标。

(2)**过程**:我们可以在各自的个人领域做出自己的选择(无论我们是否实现了自己的心愿)。

在社会选择理论中,自由的表述主要涉及前者,也就是机会。

从机会的角度来看,自由要求所有人都应在不受他人干涉的情况下(即使大多数人都热衷于干涉他人的私事)果断地捍卫自己"个人领域"内的某些东西。密尔考虑了关于这种"个人领域"的各种例子,其中涉及的个体应该能够主导自己的决定,包括其宗教实践。请注意,"机会"无法得到保障,因为人们有时会错误地假定"机会"就是将个人领域中的选择权留给个体,即所谓"程序保障"。问题在于,其他人可以通过自己的行动干扰该个体的实践(例如,可以允许个体选择他的宗教实践,但是其他人可以通过发出巨大的干扰噪音,甚至是在他家门口组织令人不安的示威活动,使当事人的生活变得困难,从而对他的选择加以干涉)。密尔认为,社会有责任确保个体在个人领域的选择中占据上风(就本例而言,保证个体可以在不被他人阻止,**也**不被他人的行为所阻碍的情况下实践自己的私人宗教活动)。

自由的机会属性与帕累托原则(给定的不限定域)之间的冲突正是不可能定理的主题,有时被称作"自由悖论"或"帕累托自由不可能性"(参见 Sen 1970a, 1970b)。与阿罗定理不同,不可能定理不依赖无关备选项的独立性(条件Ⅰ),它根本就没有调用这个条件。相反,它表明不限定域条件(U)和帕累托原则(P)无法与"最小自由"相结合,即要求至少有两个个体对各自的一对选择具有决定性。关于这个主题有大量文献,包括:

Ⅰ 理论基础　37

（1）对结果提出异议，（2）扩展结果，（3）试图解决冲突，（4）质疑对自由的解释。该定理表明，如果在给定不限定域内坚持帕累托效率，甚至不可能满足对"最小自由"的非常温和的要求。

就过程而言，将自由视作保障人们能在个人领域里自由行事的过程，是该领域众多学者的特别要求〔以罗伯特·诺齐克（Robert Nozick 1974）为首，其他学者也以其独特的方式做出了贡献〕。从这个角度来看，自由所要求的是，人们仍然可以自由选择在个人领域内做些什么，但是实际结果如何并不重要（也就是说，就自由而言，结果并不重要）。我不能假装我觉得这个结论特别具有说服力，因为自由的机会属性也非常重要。尤其是在现代社会，人们很难拥有控制生活各方面情况的权利。让飞行员代替我们做出许多决定，而不是亲自掌控驾驶舱，可以更好地保证我们自身安全飞行的自由。改善治安状况，提高流行病学的有效性可以拯救我们的生命，这涉及其他人的行为（而不仅仅是我们自己的行为）。

然而，很难否认自由具备机会和程序这两个属性。如果吸烟自由是一项重要的自由（对此可能存有争议），那么，允许任何人决定是否吸烟的程序制度当然可被视为自由的一部分。然而，如果一个不吸烟的人不希望别人的烟圈喷到自己脸上，那么对于他而言，确保这一自由的关键并不取决于他自身的行为，而是取决于其他人的行为。允许其自由行动并不能消除对其个体自由的侵犯。

在最近的文献中，基于过程自由的表述已经比最初诺齐克（Nozick 1974）的简单陈述完善了许多。尤其是，人们赋予了自由规范的"博弈式"表述（参见 Gaertner, Pattanaik, and Suzumura 1992），因此，自由选择权是通过不同人行为组合的可接受性来判断的（例如，如果有他人在场，就不要吸烟，或者更严格的要求是，不要在他人有可能出现的场所吸烟，以免他们受到吸烟者的存在与活动的影响）。这种改善无疑十分重要，但是正如盖尔特纳、帕塔纳克和苏祖姆拉所述，它并没有消除帕累托自由的不可能性。它的优点体现在其他方面，尤其是通过分配个体的自由选择权，更好地体现了自由的共同理念。然而，这并未消除社会选择在评估不同博弈形式的过程中的相关性（参见 Sen 1992；Hammond 1996）。博弈形式确实有助于自由的规范与分析，但是社会选择理论背后的动机将继续适用于对备选博弈形式的评估。在这一方面，我们必须注意结果与过程。

福利经济学的危机

现在，我们来谈谈福利经济学。社会选择的困难尤其适用于所谓"福利经济学"——一门旨在根据人民的福祉（以及其他关注点）来判断社会状态的古老学科，庇古（1920）的杰作《福利经济学》就是关于这一问题的经典论述。然而，甚至早在阿罗的不可能性结果令系统福利经济学的前景蒙上阴影（或者说似乎蒙上阴影）之前，这一学科就已在20世纪30年代遭受了沉重的打击。最初的危机是由经济学家新近发现（但是论证相当仓促的）的信念造成的，这一信念即个体效用（这一直是传统福利经济学的基础）人际比较的使用存在一些相当不合理之处。

福利经济学是由功利主义经济学家发展起来的〔如弗朗西斯·埃奇沃斯（Francis T. Edgeworth 1881）、阿尔弗雷德·马歇尔（Alfred Marshall 1890）以及亚瑟·庇古（Arthur C. Pigou 1920）〕，并走上了一条与投票导向的社会选择理论截然不同的道路。它的灵感并非来自德博尔（Borda 1781）和孔多塞（Condorcet 1785），而是来自与他们同时代的杰里米·边沁（Jeremy Bentham 1789）。边沁率先使用功利效用，通过将不同个体的个人利益以其各自效用的形式进行汇总来获得对社会利益的判断。

边沁关注的焦点，同时也是功利主义者普遍关注的焦点（约翰·斯图尔特·密尔除外),是整个社区的**总效用**。这种关注本身就存在问题,它关注的是效用的总和,却没有考虑该总和的分配问题。在这一方面,我们可以发现,相当多的伦理意义和政治意义具有部分盲目性。例如,在效用最大化的功利主义最佳世界中,如果个体运气不好(例如,由于存在身体上或精神上的缺陷),并且从收入中获得乐趣和效用的能力普遍较低,那么他在固定的总收入中所占的份额就会更低,因为他从收入中产生效用的能力较低。这是功利主义一心追求效用总和最大化的结果——无论分配存在多大的不平等性。然而,功利主义热衷于比较不同人的得失,这种兴趣本身便是一个不容忽视的问题。这种关注使功利主义福利经济学对一类信息的使用(即不同人的效用得失比较)深感兴趣,而孔多塞和德博尔却并未直接对其加以讨论。

功利主义对福利经济学的形成有着很大的影响,在很长一段时间内,无条件坚持功利效用计算的做法一直在福利经济学中占据主导地位。但是到了20世纪30年代,功利主义福利经济学遭到了猛烈的抨击。人们自然会质疑功利主义忽视分配及其(以一种不考虑分配的方式)只关注效用总和的问题〔正如罗尔斯(Rawls 1971)在阐述其正义论时所做的那样〕。然而,这并非20世纪30年代以及随后几十年中反功利主义者的批评方向。相反,经济学家开始接受莱昂内尔·罗宾斯(Lionel Robbins)等人提出的观点(他们自己也深受当时流行的"逻辑实证主义"哲学方法的影响),即效用的人际比较没有科学依据:"在他人眼中,每位个体的思想都不可捉摸,因此不可能存在感情的共同点。"(Robbins 1938:636)因此,功利主义福利经济学的认识论基础具有不可治愈的缺陷。

随后,人们试图根据个体各自的社会状态排序来研究福利经济学,而不对不同人的效用得失进行任何人际比较。尽管功利主义和功利主义福利经济学丝毫不关心不同人之间的效用分配(而是只关注效用总和),但是新制度没有任何形式的人际比较，因而进一步减少了社会选择可以利用的信息基础。边沁功利效用本就有限的信息基础进一步缩小到德博尔和孔多塞狭隘的选举层面上（我需要解释一下，此处将孔多塞视作投票理论家，而非一般的社会哲学家——作为社会哲学家，他的关注范围要广泛得多）。从分析的角度来说，在不进行任何人际比较的情况下，使用不同人的效用排名与使用投票信息（每位个体各不相同）进行社会选择的过程相当相似。

尝试修复与进一步的危机

基于这种信息限制，自20世纪40年代起，功利主义福利经济学开始让位于后来的"新福利经济学"（这个称呼有些好高骛远），后者只使用了一个基本的社会改善标准："帕累托比较"。社会改善的帕累托标准断言，如果一种情况能够增加每位个体的效用（或者至少在不减少其他人效用的前提下增加某人的效用），那么它必定比另一种情况好。后来，大量福利经济学研究将注意力限制在"帕累托效率"上（也就是说，只确保不可能再有更多的帕累托改进的余地。这一标准对分配问题完全不感兴趣，因为这往往会涉及不同人之间的利益冲突）。因此，如果一人有得而他人有失（不管有多少人，也不管失去了多少），在帕累托效率是我们唯一追求的前提下，就不能认为这种变化是一种恶化。

我们完全可以猜测，古罗马暴君尼禄大帝可能会喜欢这种非同一般的沉默，他显然喜欢在罗马被付之一炬与其他罗马人陷入痛苦的时候，奏响自己的音乐。一般来说，除非只能通过降低超级富豪的生活水平才能降低赤贫者的痛苦；否则，即使许多人不得不过着饥寒交迫的生活，而另一些人却过着极度奢侈的生活，这种状态下的帕累托效率也不会受到干扰。

除帕累托效率外，显然还需要进一步的标准，以便在更大范围内做出

I 理论基础　　41

社会福利判断，亚伯兰·柏格森（Abram Bergson 1938）与保罗·萨缪尔森（Paul A. Samuelson 1947）深入探讨了这个问题。他们的探索直接促成了阿罗（Arrow 1950, 1951）关于社会选择理论的开创性表述，将社会偏好（或决策）与个体偏好的集合联系起来，也就是寻找阿罗所说的"社会福利函数"。阿罗（Arrow 1951, 1963）在社会福利函数的框架内建立了有力的不可能定理，表明一些看起来非常温和的条件是不相容的（前面讨论过），其中包括帕累托效率、非独裁、无关备选项的独立性和不限定域。这使得拥有合理且令人满意的福利经济学可能性评估的前景变得更加悲观。

为了摆脱不可能性结果，随后的文献尝试用不同的方式修改阿罗的要求，然而不断出现其他困难。不可能性结果的力量与普遍性产生了一种强烈的悲观情绪，这成为福利经济学和一般社会选择理论的主导主题。到了20世纪60年代中期，威廉·鲍莫尔（William Baumol）对一般经济学，尤其是福利经济学做出了杰出贡献。他曾审慎地表示，"关于福利经济学意义的声明"已经"不加掩饰地越来越像讣告"（Baumol 1965: 2）。这无疑是对主流观点的正确解读。

福利经济学与投票信息

可以说，福利经济学之所以在其后的功利主义阶段呈现出"讣告般"的氛围，很大程度上与人们对福利经济学的认知匮乏有关，而这种认知匮乏是由于人们将信息输入局限于类似投票的输入上造成的。对于诸如选举、公投或委员会决策等某些社会选择问题来说，基于投票的程序是完全自然的选择。然而，这种程序完全不适合许多其他社会选择问题。例如，至少有三个明显的原因可以说明，如果我们想获得对于某种社会福利的综合评估，就不能依赖这种程序。

首先，实际偏好与投票之间的对应关系存在一些严重的问题，我们必须注意到旨在操纵投票结果的策略性投票的可能性。投票程序不可能避免策略性投票的影响，这一点已经得到了充分证明。[1]关于这一主题的文献数量众多。

其次，投票需要民众积极参与，如果一些群体倾向于不行使其投票权（也许是由于文化条件的限制，或是由于程序障碍，使得投票变得既困难又昂贵），那么社会决策就无法充分体现出这些群体的偏好。由于参与度较低，大量群体的利益（例如，非裔美国人在美国的利益）对国家政治的影响就相当有限。

再次，即使人人都积极参与投票活动，我们仍然缺乏评估福利经济所需的重要信息。认为在不了解某个社会特有的不平等与差距问题的情况下就可以做出社会福利判断，这种想法是荒谬的。投票信息本身对这种比较视而不见——它没有直接注意到不同选民的贫困程度不同，也没有注意到他们的偏好在多大程度上反映了或大或小的差异。这些局限性与避免进行福祉的人际比较有关，几十年来，经济学专家一直过早地相信这种比较不可能实现。

福利经济学呈现出"讣告般"的氛围，还跟排除经济学家所说的"基数效用"有关。这种排除使我们不再仅仅依赖于备选项的优劣（或不好不坏）排名，即所谓序数效用，从而对不同备选项效用值的相对差距有所了解。功利主义福利经济学利用了效用基数以及这些效用的人际比较，20世纪30年代出现的新正统学说对基数和不同人的效用人际比较的科学性提出了质疑。

---

1 参见Gibbard (1973), Satterthwaite (1975), 以及Pattanaik (1973, 1978), Maskin (1985) 和Maskin and Sjöström (2002)。

信息匮乏是造成社会选择问题的一个原因

同样值得一提的是，功利主义哲学，以及受其影响的传统福利经济学，本身就存在巨大的信息限制。它不允许对非效用信息进行任何基本的应用，因为在随后的事态中，所有事情最终都必须通过效用总和来判断。除了这种信息排斥外，现在还要进一步排除效用的人际比较以及基数效用，这可以在不取消非效用信息排斥的情况下，禁用效用总和的概念。这种贫瘠的信息环境使得我们很难根据知情推理对社会福利做出任何系统的判断。在这种情况下，可以将阿罗悖论解读为一种证明，即使一些将个体偏好与社会福利判断联系了起来的非常弱的条件（在此例中即为阿罗悖论），在这样一个信息匮乏的世界里也无法同时得到满足（参见 Sen 1977b, 1979）。

这个问题不仅仅是关于不可能性的问题。考虑到阿罗公理 U（不限定域）、I（无关备选项的独立性）和 P（帕累托原则），个体偏好组合和由此产生的社会排名之间的关系不得不放弃对备选项（即社会状态）性质的关注。不管这种偏好是什么，这种关系必须简单地由个体对备选项的偏好来决定。如果个体 1 在面对任何一对（a, b）时都能够做出决定性的选择——无论出于什么原因——那么这个个体在面对其他每一对社会偏好备选项（x, y）时，也能做出决定性的选择，即使所涉及选项的性质可能会因所涉及社会备选项的性质不同而完全不同。

这种要求有时被称作"中立性"〔这一说法得到了阿罗（Arrow 1963）本人的支持——我非常希望他并不是全心全意地支持这种说法〕。事实上，这是一个特别友好的术语，毕竟这是对除效用信息以外所有信息的盲目性的神圣化。也许另一个术语，即"福利主义"更有帮助，因为它侧重于通过禁止直接使用任何有关事态的信息，而不单单是它们各自产生的个体福利（而且同样也只是以效用的形式）所施加的限制。除此以外，进一步要求所使用的效用信息不得涉及任何基数或任何效用的人际比较，相当于坚持必须在掌握极少信息的情况下做出社会选择。

所谓"中立性"的要求往往会破坏理性社会选择的准则。以分蛋糕问题为例，在这个问题中，人人都想分到更大的蛋糕。如果在这个问题中，整个社会更倾向于甲、乙两人以（50，50）的形式平分蛋糕，而非甲分到99%的蛋糕，乙只分到1%的蛋糕（99，1）的分配方案，那么显然，在这种情况下，乙的偏好应该优先于甲的偏好。但是，如果要求满足所谓的中立，那么由于坚持备选项的性质不应对谁的偏好将占上风产生任何影响，社会将青睐另一种不平等的分配方案，即乙分到99%的蛋糕（1，99），而不是（50，50）的分配方案，因为要求乙既对先前的选择起决定性作用，也应对所有其他成对冲突起到决定性作用。人们难免会认为基本的智力系统出现了严重的问题——甚至在出现任何不可能的结果之前，这个问题就已经出现了。

这里的假定是，坚持认为福利判断必须基于投票数据之类的东西，关注谁更喜欢什么，忽略谁富谁穷，以及与输家的损失相比，谁从变化中获得多少收益。我们必须超越投票规则的范畴（德博尔和孔多塞以及阿罗都探讨过这一问题），以便能够解决分配问题，尤其是福利经济学的问题。

阿罗已经摒弃了人际比较，因为他遵循了20世纪30年代出现的普遍共识，即（正如阿罗所说的）"效用的人际比较没有意义"（Arrow 1951, 9）。阿罗所使用的所有公理组合能够将社会选择机制限制在广义的投票类型规则中。因此，他的不可能性结果与此类具有这种信息节制的规则有关。

应该强调的是，坚持将社会选择程序局限于投票规则的做法并非阿罗直接提出的假定，这与阿罗明确提出的摒弃效用的人际比较不同。事实上，它是阿罗使用的不同公理得出的综合结果——这本身就相当令人

Ⅰ 理论基础　　45

吃惊。可以将它视作针对为社会选择而假定的一组看似合理的公理的分析结果。当然，效用的人际比较被明确排除在外，但是阿罗在证明不可能定理的过程中还表明，将一组看似合理的假定综合在一起，在逻辑上也包含了投票规则的其他特征，尤其是接近（前面讨论过的）所谓"中立性"。这就要求不要有效关注社会状态的性质，而社会决策必须仅基于赞成票和反对票的票数。尽管摒弃效用的人际比较可以消除观察到效用不平等（以及效用损益差异）的可能性，但是所谓中立性（或福利主义）的必然组成部分明确关注各自社会状态的性质（例如，在前面讨论的分蛋糕的例子中，不同人的收入或财富水平），从而阻止了对分配问题的间接关注。

这也导致孔多塞的投票悖论与阿罗更普遍的不可能定理之间存在不一致（与文献中的一些常见说法相反）。孔多塞的分析始于投票规则，而阿罗则是在创建了一个非凡的分析定理之后才开始研究这些规则（该定理表明，一些看似非常合理的公理组合让我们不得不将视野局限在投票规则上）。建立阿罗定理的一些艰苦工作在孔多塞启动自己的研究时就已结束了。

在社会决策中纳入更多信息

要为具有建设性的社会选择理论奠定更广泛的基础（比阿罗的框架更加广泛），就必须抵制曾在阿罗开展社会选择研究时占据主导地位的反对在社会选择中使用人际比较的历史共识。这一共识的基础是对认识论相当不稳固的理解，而这种理解源自曾经短暂繁荣的逻辑实证主义。无条件地拒绝对精神状态进行人际比较的理由很难成立（除了这些比较不一定只针对精神状态以外——现在更是如此）。[1]事实上，正如哲学家唐纳德·戴维森（Donald Davidson 1986）曾有力论证过的那样，如果不与自己的思想和感觉进行一番比较，就很难理解别人的思想和感觉。这种比较也许不是非常精确，但是话说回来，我们从分析调查中了解到，在社会选择中系统地使用此类比较时可能并不需要非常精确的人际比较结果。

然而，除了怀疑人际比较的证据基础以外，还有人质疑是否有可能建立一个系统的分析框架，通过比较和利用不同人的福利水平来进行社会决策，尤其是因为人际比较可以存在许多不同的形式。约翰·海萨尼（John Harsanyi 1955）和帕特里克·苏佩斯（Patrick Suppes 1966）是最早进行这个方向的研究的人，但略有偏离。他们更关心的是使用人际比较（海萨尼使用的是"单位"的人际比较，而苏佩斯选择的则是"水平"的人际比较），而不是制定一个全面的人际比较分析框架，其中包括计算人际福利的具体特征的可能性。

受这一挑战的启发，我在《集体选择与社会福利》（*Collective Choice and Social Welfare*, Sen 1970a）一书以及后续的文章（Sen 1977b, 1982）中尝试构建个体人际比较的综合分析框架。令人欣慰的是，20世纪70年代和80年代，包括彼德·哈蒙德（Peter Hammond 1976）、克劳德·德·阿斯普雷蒙特和路易·格弗斯（Claude d'Aspremont and Louis Gevers 1977）、埃里克·马斯金（Eric Maskin 1978, 1979）、路易·格弗斯（Louis Gevers 1979）、凯文·罗伯茨（Kevin Roberts 1980a, 1980b）、铃村兴太郎（Kotaro Suzumura 1983, 1997）、查尔斯·布莱克、戴夫·唐纳森和约翰·魏马克（Charles Blackorby, David Donaldson, and John Weymark 1984）、德·阿斯普

---

[1] 关于这个问题以及用事实信息进行实际人际比较的问题，参见Daniel Kahneman (1999, 2000), Alan Krueger (2009), and Krueger and Stone (2014)。

雷蒙特（d'Aspremont 1985）、德·阿斯普雷蒙特和蒙金（d'Aspremont and Mongin 1998）在内的一批大名鼎鼎的社会选择理论家也发表了关于这一主题的重要文献。甚至就连肯尼斯·阿罗（Kenneth Arrow 1977）也加入其中。可以说，我们现在对不同种类和不同程度的人际比较的分析要求，以及在社会选择中如何系统使用这些信息的方式和方法都有了更清楚的认识。

撇开文献中提及的技术细节，可以说，不同类型的人际比较的程度和范围都能够以完全公理化的形式明确加以引用（尤其显著的类型包括完全可比性、水平可比性、单位可比性、比率尺度可比性等等，参见 Sen 1977b）。每种可比性都对如何结合不同人的福利水平提出了自己的要求。以完全可比性为例，假定甲对于社会备选项 x、y 和 z 的福利水平为 1、2、3，乙为 2、3、1。因为没有自然固定的福利单位，我们可以很容易地将甲对于 x、y 和 z 的福利水平改为 2、4、6，而不是 1、2、3。完全人际可比性要求，如果将甲的福利水平翻倍标度，那么乙的福利水平也会翻倍，从 2、3、1 变成相应的 4、6、2。有了充分人际可比性所隐含的这种捆绑（它们通过"不变性条件"得到公理化），不论我们用的是原始水平（甲的 1、2、3，乙的 2、3、1），还是对称转换的水平（甲的 2、4、6，乙的 4、6、2），都不会有任何实际区别。针对不同类型的人际可比性（如"水平可比性"或"单位可比性"）存在相应的不同规格的不变性条件（参见 Sen 1970a, 1977b; Roberts 1980a）。

通过在允许使用人际可比福利水平的广义框架中使用"不变性条件"，超越简单的排名（程度不同，具体取决于人际可比性的类型），我们就得到了所谓**社会福利函数**，该函数能够使用到的信息比阿罗的社会福利函数要多。事实上，人际比较甚至无需局限于全或无的二分法。我们也许能够在某种程度上进行人际比较，但是这些比较无需非常精确，也不是所有比较、所有类型都需要进行人际比较。为了说明这一点，我们可以援引前面讨论的尼禄大帝与其焚烧罗马的例子。似乎有理由认为，尼禄从焚烧罗马中获得的福利收益少于其他所有遭受火灾的罗马人福利损失的总和——也许有几十万人——这一点应该不难理解。但是这并不要求我们假定我们可以把所有人的福利精确地一一对应起来。因此，可能存在要求"部分可比性"的空间，即否认两个极端：完全可比性与完全没有可比性。

可以利用数学上的精确形式来计算部分可比性的程度（精确阐明可能允许的变化程度）。这些程度还可以表明，为了得出明确的社会决策，也许并不需要非常精细的人际比较。很多时候，相当有限的部分可比性就足以做出社会决策。因此，实证研究无需像人们所担心的那样具有远大的目标。

有何区别？

社会选择可能性的变化在多大程度上是由于系统使用人际比较造成的？阿罗的不可能定理（以及相关结果）是否会因为在社会福利判断中使用了人际比较而消失？简而言之，答案是肯定的。额外的信息可用性赋予了人们足够的辨别力来避免此类不可能性。例如，在人际可比性方面，我们可以使用罗尔斯的最少受惠者利益分配最大化原则（distributive principle of maxmin，他称之为"差别原则"），其形式是优先考虑最贫困者的利益。[1] 这只是要求"水平可比"，不同人的福利单位根本不需要可比。

这里存在一个有趣的对比。即使在缺少基数的情况下，人际可比性依然有助于破解阿罗的不可能定理，但是缺少人际可比性情况下的基数却无

---

[1] 为了与帕累托原则保持一致（以及使之合理化），必须以所谓"字典式"形式来使用罗尔斯的这种方法，因此，如果在两种事态的比较中，最穷困的人的情况不相上下，就以第二穷困的人的利益为准。以此类推。关于罗尔斯标准的广泛影响及其在公共政策中的广泛相关性，参见 Edmund S. Phelps (1973)。

法做到这一点。事实上，在缺少人际可比性的情况下，阿罗定理可以推广到完全基数效用或福利的情况（参见 Sen 1970a，第八章）。相比之下，即使没有任何基数，仅靠"序数"人际比较的可能性（以便确保不同人之间的福利排名保持不变）就足以对这种不可能性做出总结。当然，我们已经知道，对于某些需要完整形式的人际比较（包括基数人际可比性），我们可以采用经典的功利主义方法。然而，事实证明，即使是较弱的可比性形式，也仍然允许做出一致的社会福利判断，既对分配问题敏感（即使也许必须将可能的规则限制在一个相对较小的类别中。参见 Roberts 1980a, 1980b），也能满足阿罗的所有要求。

什么方面的人际比较？

尽管将人际比较纳入其中的分析性问题已经得到了很好的解决，但是仍然存在一个重要的实际问题，即找到一种适当的方法来践行人际比较这一门经验学科，然后在实践中运用人际比较。首先要解决的问题是：就什么方面进行人际比较？尽管历史上关于福祉的人际比较的争论一直集中在功利主义哲学家特别感兴趣的"效用"的比较上，但是总的来说，人际比较的主体比这要广泛得多。[1]

必须认识到，社会福利函数的形式结构并不仅限于效用比较，事实上，它们还可以包括其他类型的人际比较。主要的概念性问题是如何核算个体优势，不需要比较幸福或愿望的精神状态（只有功利主义哲学家支持

---

[1] 在扩大信息覆盖面以更好地理解贫困问题的同时，还需要关注一个重要的问题，即确保信息扩展中使用的经验联系能够得到适当的检验和审查。最近，人们尽可能巧妙地利用随机实验来使信息拓展得更加可信（特别参见 Banerjee 和 Duflo 2011）。

这种核算方式）。相反，可以侧重对个体的福祉、自由或实质性机会进行研究的某种其他方式。

此外，如果考虑的是个体判断（而非个人利益）的汇总，那么还可以提出一个问题，即如何合并不同人的不同意见或评价（这是一种相当不同的社会选择做法，参见 Sen 1977a）。这项工作本身十分复杂，而且也受到了一些关注（特别参见 Christian List and Philip Pettit 2002 和 List 2005）。此外，如果认为效用比较本身就是价值判断，而非（莱昂内尔·罗宾斯强烈主张的）纯粹的观察性评估，那么可以认为对用于社会群聚的个体效用进行分配这一行为本身就涉及不同个体对效用评估的汇总（参见 Roberts 1995）。

能力与初级产品

依赖精神状态比较的主要问题也许并不是可行性，而是相关性——至少是他们所谓社会选择中的唯一相关性。根据精神状态来判断个体福祉的做法存在很多困难。效用有时可能会因持续的剥夺感而具有很强的可塑性。一个绝望的穷人，一个生活在不可避免的剥削制度下的被压迫的劳动者，一个屈从于社会中根深蒂固的性别不平等观念的家庭主妇，或是受到残酷的威权主义欺压的公民，可能会接受自己的剥夺感。他/她可能会从小小的成就中获得任何他/她所能得到的快乐，并根据可行性调整自己的愿望（从而帮助其实现下调的愿望）。但是她在这种调整中获得的成功无法令其剥夺感消失。快乐或愿望的度量有时可能无法充分反映个体实质性剥夺感的程度。

在判断个体优势时，确实有理由直接关注收入、商品组合或资源。人们可能出于不同原因对收入或资源感兴趣——不仅仅是因为富足可能有助于产生的精神状态。事实上，罗尔斯（Rawls 1971）在"正义即公平"理论中提出的差别原则的基础是根据个体所掌握的罗尔斯所说的"初级产品"——对任何人都有用的通用资源（无论其具体用途是什么）——的数量来判断个体所具有的优势。

不仅要关注初级产品和资源的持有量，还要关注将其转化为美好生活的能力的人际差异，这可以改进该流程。每个人都会因为种种原因特别看重某项能力，事实上，我曾试图支持根据这些能力来判断个体优势的做法，相关文献参见Sen（1980, 1985a, 1985b）和Nussbaum（1988, 1992, 2000, 2001, 2011）。这种方法侧重人们拥有的实质性自由，而不仅仅是他们获得的特定结果。对于责任重大的成年人来说，专注于自由而不仅仅是成就的做法具有一定的好处，可以为分析个体在当代社会中的优势和剥夺感提供一个总体框架。

规范性度量

对贫困以及脱贫斗争的研究充分体现了社会福利分析所依据的各种信息。安格斯·迪顿（Angus Deaton 2013）所称的"大逃亡"[1]涉及的智力挑战对社会选择主体而言的重要性，并不亚于它们对一般社会科学基本活动的重要性。

标准的度量文献通常将贫困等同于低收入，传统的度量方式是简单地统计生活在贫困线以下的人口数量，有时这被称作"人头度量法"。这种方法是当代社会选择文献的重要组成部分。对这种方法的深入研究为我们提出了两种不同类型的问题。首先，是否在贫困与低收入之间画上等号便足够了？其次，即使将贫困等同于低收入，统计人为划定的收入贫困线以

---

[1] 迪顿在《逃离不平等：健康、财富及不平等的起源》一书中将资本主义的发展史归结为"大逃亡"的历史，即借助市场之力逃离贫困、疾病和不幸。——译者注

下的人头数等指数来描述社会总体贫困程度的做法是否就是最佳做法?

我将依次讨论这些问题。将个体收入与社会划定的收入贫困线进行比较,是否就能对个体贫困作出充分的诊断?收入远高于贫困线,但因为患病不得不支付昂贵医药费(例如需要进行肾透析)的人算不算贫困人口?是否从根本上来说,剥夺感并非指缺乏过上最低限度可接受生活的机会?这种生活可能会受许多因素的影响,其中当然包括个体收入,但是也包括身体和环境特征以及其他变量,例如,与个体所在地区的流行病学条件有关的变量。有人认为,可以更明智地将贫穷视作某些基本能力的严重剥夺。根据这种方法得到的对贫困的诊断与纯粹基于收入分析得到的结果截然不同。

这并非在否认"低收入"这一指标在许多情况下都非常重要,因为个体在市场经济中享有的机会可能会受其实际收入水平的严重限制。[1]然而,收入能否"转化为"勉强度日的能力,这会受到各种意外的影响。如果这就是我们所关心的问题,也许就有充分的理由在不忽视收入信息的情况下将目光投向收入贫困以外的领域(参见 Sen 1984, 1992; Foster and Sen 1997)。至少存在四种变化来源:(1)个体的异质性(例如,身患残疾或容易患病);(2)环境的多样性(例如,居住在容易发生风暴或洪水的地区);(3)社会"气候"的变化(例如,犯罪率高或流行病盛行);(4)与特定社会中特有消费模式相关的相对剥夺感的差异〔例如,在富裕社会中,收入方面的相对贫困会导致人们参与社区生活的绝对能力被剥夺——亚当·斯密(Adam Smith 1776)就曾有力地证明过这一点。〕

现在来谈谈第二个问题。最常见和最传统的贫困衡量标准往往集中在贫困人口的统计人数上。但是,在贫困人口个体与贫困线之间的距离,以

---

[1] 菲利普·范帕里斯(Philippe Van Parijs 1995)对这些问题进行了深入细致的研究。

I 理论基础　53

及贫困人口**共享与分配**剥夺感的方式等问题上也必须有所区别。需要汇总构成社会中贫困人口的所有个体各自剥夺感的有关社会数据，以得出信息丰富且可用的总体贫困度量标准。这是一个社会选择问题，确实可以提出一些公理，试图在这项具有建设性的工作中反映出分配问题。[1]

该领域的最新发展包括对贫困和不平等的多维度量，阿特金森和布吉尼翁（Atkinson and Bourguignon 1982）、阿尔基尔和福斯特（Alkire and Foster 2011a, 2011b）等人都以不同形式深入探讨了这一领域的相关问题。[2] 要想理解贫困和不平等，就有必要研究真正的剥夺感，而不仅仅是对这种剥夺感的心理反应。最近一些对性别不平等的调查就特别清楚地表明了这一点。这些调查不仅关注女性是否幸福，还关注女性在以下方面的剥夺感：营养不良；临床诊断疾病的发病率；文盲率；甚至是出乎意料的高死亡率（与生理上合理的死亡预期相比）；在预期的情况下，女性胎儿的堕胎率。

在福利经济学与社会选择理论的大框架内可以舒适、合理地进行多维人际比较。通过消除传统福利经济学中明确提出或暗中施加的信息约束，可以加强这些人际比较。

结束语

拓宽信息基础已成为现代社会选择理论的一个主要关注点。第一，它

---

1 我不会在这里罗列关于这个问题的大量公理文献。事实上，安东尼·肖洛克斯（Anthony F. Shorrocks 1995）提出的一个重要但简单的变动可以改进森（Sen 1976）对收入空间的贫困度量。必须承认，与最初的"森指数"相比，我更喜欢"森－肖洛克斯度量"。另见 Foster and Sen (1997)。
2 另见 Kolm (1977), Maasoumi (1986), Alkire et al. (2015), and Maasoumi and Racine (2016)，以及关在不平等和贫困度量背景下的多维聚合的丰富文献。

能够解决阿罗的不可能性结果问题。第二，它是确保福利经济学能够敏感地发现不平等现象的核心。第三，它与政治、法律以及人权领域中的自由意识相关。第四，就在更为知情的情况下对人民的福祉进行规范性衡量而言，它显得尤为重要。

正如本章在不同背景下讨论和说明的那样，合理使用适当的信息离不开认识论和伦理学。对于社会选择和福利经济学的进一步发展而言，进一步了解这两个领域至关重要。

参考文献

Alkire, Sabina, and James E. Foster. 2011a."Counting and Multidimensional Poverty Measurement." *Journal of Public Economics* 95 (7–8): 476–487.

Alkire, Sabina, and James E. Foster. 2011b."Understandings and Misunderstandings of Multidimensional Poverty Measurement." *Journal of Economic Inequality* 9 (2): 289–314.

Alkire, Sabina, James E. Foster, Suman Seth, Maria Emma Santos, Jose Manuel Roche, and Paola Ballon. 2015. *Multidimensional Poverty Measurement and Analysis*. Oxford: Oxford University Press.

Arrow, Kenneth J. 1950. "A Difficulty in the Concept of Social Welfare." *Journal of Political Economy* 58 (4): 328–346.

Arrow, Kenneth J. 1951. *Social Choice and Individual Values*. New York: Wiley.

Arrow, Kenneth J. 1963. *Social Choice and Individual Values*, second edition. New York: Wiley.

Arrow, Kenneth J. 1977. "Extended Sympathy and the Possibility of Social Choice." *American Economic Review* 67 (1): 219–225.

Atkinson, Anthony B., and François Bourguignon. 1982. "The Comparison of Multi-Dimensioned Distributions of Economic Status." *Review of Economic Studies* 49 (2):

183–201.

Banerjee, Abhijit V., and Esther Duflo. 2011. *Poor Economics: A Radical Rethinking of the Way to Fight Global Poverty*. New York: Public Affairs.

Baumol, William J. 1965. *Welfare Economics and the Theory of the State*, second ed. Cambridge, MA: Harvard University Press.

Bentham, Jeremy. 1789. *An Introduction to the Principles of Morals and Legislation*. London.

Bergson, Abram. 1938. "A Reformulation of Certain Aspects of Welfare Economics." *Quarterly Journal of Economics* 52 (2): 310–334.

Black, Duncan. 1948. "The Decisions of a Committee Using a Special Majority." *Econometrica* 16 (3): 245–261.

Black, Duncan. 1958. *The Theory of Committees and Elections*. Cambridge: Cambridge University Press.

Blackorby, Charles, David Donaldson, and John A. Weymark. 1984. "Social Choice with Interpersonal Utility Comparisons: A Diagrammatic Introduction." *International Economic Review* 25 (2): 327–356.

Borda, Jean-Charles de. 1781. *Memoire sur les Elections au Scrutin*. Memoires de l'Academie Royal des Sciences. Translated by A. de Grazia. 1953. *Isis* 44 (1/2): 42–51.

Buchanan, James M. 1954. "Individual Choice in Voting and the Market." *Journal of Political Economy* 62 (4): 334–343.

Condorcet, Nicolas de. 1785. *Essai sur l'Application de l'Analyse à la Probabilité des Decisions Rendues à la Pluralité des Voix*. Paris: L' Impremerie Royale.

Condorcet, Nicolas de. 1847. *Ouvres de Condorce*, edited by A. Condorcet O'Connor and M. F. Arago, vol X1. Paris.

Dasgupta, Partha, and Eric Maskin. 2008. "On the Robustness of Majority Rule." *Journal of the European Economic Association* 6 (5): 949–973.

d'Aspremont, Claude. 1985. "Axioms for Social Welfare Orderings." In *Social Goals and Social Organization: Essays in Memory of Elisha Pazner*, edited by Leonid Hurwicz, David Schmeidler, and Hugo Sonnenschein, 19–76. Cambridge: Cambridge University Press.

d'Aspremont, Claude, and Louis Gevers. 1977. "Equity and the Informational Basis of Collective Choice." *Review of Economic Studies* 44 (2): 199–209.

d'Aspremont, Claude, and Philippe Mongin. 1998. "Utility Theory and Ethics."

In *Handbook of Utility Theory*, edited by Salvador Barberá, Peter J. Hammond, and Christian Seidl, Volume 1, 371–481. Dordrecht: Kluwer Academic.

Davidson, Donald. 1986. "Judging Interpersonal Interests." In *Foundations of Social Choice Theory*, edited by Jon Elster and Aanund Hylland, 195–211. Cambridge: Cambridge University Press.

Deaton, Angus S. 2013. *The Great Escape: Health, Wealth, and the Origins of Inequality*. Princeton, NJ: Princeton University Press.

Dodgson, Charles L. 1876. *A Method of Taking Votes on More Than Two Issues*. Oxford: Oxford University Press.

Dodgson, Charles L. 1884. *The Principles of Parliamentary Representation*. London: Harrison and Sons.

Edgeworth, Francis T. 1881. *Mathematical Psychics*. London: Kegan Paul.

Foster, James E., and Amartya K. Sen. 1997. "On Economic Inequality after a Quarter Century." In *Economic Inequality* by Amartya K. Sen, expanded edition, 107–219. Oxford: Oxford University Press.

Gaertner, Wulf, Prasanta K. Pattanaik, and Kotaro Suzumura. 1992. "Individual Rights Revisited." *Economica* 59 (234): 161–177.

Gevers, Louis. 1979. "On Interpersonal Comparability and Social Welfare Orderings." *Econometrica* 47 (1): 75–89.

Gibbard, Allan F. 1973. "Manipulation of Voting Schemes: A General Result." *Econometrica* 41 (4): 587–601.

Hammond, Peter J. 1976. "Equity, Arrow's Conditions, and Rawls' Difference Principle." *Econometrica* 44 (4): 793–804.

Hammond, Peter J. 1996. "Consequentialism, Structural Rationality and Game Theory." In *The Rational Foundations of Economic Behaviour. Proceedings of the IEA Conference held in Turin, Italy,* edited by Kenneth J. Arrow, Enrico Colombatto, Mark Perlman, and Christian Schmidt, 25–42. Basingstoke, UK: Macmillan

Harsanyi, John C. 1955. "Cardinal Welfare, Individual Ethics, and Interpersonal Comparison of Utility." *Journal of Political Economy* 63 (4): 309–321.

Kahneman, Daniel. 1999. "Objective Happiness." In *Well-Being: Foundations of Hedonic Psychology*, edited by Daniel Kahneman, Edward Diener, and Norbert Schwarz, 3–25. New York: Russell Sage Foundation.

Kahneman, Daniel. 2000. "Evaluation by Moments: Past and Future." In *Choices,*

Values, and Frames, edited by Daniel Kahneman and Amos Tversky, 673–692. Cambridge: Cambridge University Press.

Kolm, Serge-Christophe. 1977. "Multidimensional Egalitarianism." *Quarterly Journal of Economics* 91(1): 1–3.

Krueger, Alan B., ed. 2009. *Measuring the Subjective Well-Being of Nations: National Accounts of Time Use and Well-Being*. Chicago: University of Chicago Press.

Krueger, Alan B., and Arthur A. Stone. 2014. "Progress in Measuring Subjective Well-Being." *Science* 346 (6205): 42–43.

List, Christian. 2005. "The Probability of Inconsistencies in Complex Collective Decisions." *Social Choice and Welfare* 24 (1): 3–32.

List, Christian, and Philip Pettit. 2002. "Aggregating Sets of Judgments: An Impossibility Result." *Economics and Philosophy* 18 (1): 89–110.

Maasoumi, Esfandiar. 1986. "The Measurement and Decomposition of Multi-Dimensional Inequality." *Econometrica* 54 (4): 991–997.

Maasoumi, Esfandiar, and J. S. Racine. 2016. "A Solution to Aggregation and an Application to Multidimensional 'Well-Being' Frontiers." *Journal of Econometrics* 191 (2): 374–383.

Marshall, Alfred. 1890. *Principles of Economics*. London: Macmillan.

Maskin, Eric. 1978. "A Theorem on Utilitarianism." *Review of Economic Studies* 46 (4): 93–96.

Maskin, Eric. 1979. "Decision-Making under Ignorance with Implications for Social Choice." *Theory and Decision* 11 (3): 319–337.

Maskin, Eric. 1985. "The Theory of Implementation in Nash Equilibrium: A Survey." In *Social Goals and Social Organization: Essays in Memory of Elisha Pazner*, edited by Leonid Hurwicz, David Schmeidler, and Hugo Sonnenschein, 173–204. Cambridge: Cambridge University Press.

Maskin, Eric. 1995. "MajorityRule, Social Welfare Functions, and Games Forms." In *Choice, Welfare, and Development: A Festschrift in Honour of Amartya K. Sen*, edited by Kaushik Basu, Prasanta P. Pattanaik, and Kotaro Suzumura, 100–109. Oxford: Oxford University Press.

Maskin, Eric. 2014. "The Arrow Impossibility Theorem: Where Do We Go from Here?" In *The Arrow Impossibility Theorem*, edited by Eric Maskin and Amartya K. Sen, 43–55. New York: Columbia University Press.

Maskin, Eric, and Tomas Sjöström. 2002. "Implementation Theory." In *Handbook of Social Choice and Welfare*, edited by Kenneth J. Arrow, Amartya K. Sen, and Kotaro Suzumura, 237–288. Amsterdam: Elsevier.

Mill, John Stuart. (1859) 1959. *On Liberty*. New York: Gateway Editions.

Nozick, Robert. 1974. *Anarchy, State, and Utopia*. New York: Basic Books.

Nussbaum, Martha C. 1988. "Nature, Function, and Capability: Aristotle on Political Distribution." *Oxford Studies in Ancient Philosophy* (Supplementary Volume): 145–184.

Nussbaum, Martha C. 1992. "Human Functioning and Social Justice: In Defense of Aristotelian Essentialism." *Political Theory* 20 (2): 202–246.

Nussbaum, Martha C. 2000. *Women and Human Development*. New York: Cambridge University Press.

Nussbaum, Martha C. 2001. "Disabled Lives: Who Cares?" *New York Review of Books*, January 11, 34–37.

Nussbaum, Martha C. 2011. *Creating Capabilities*. Cambridge, MA: Harvard University Press.

Pattanaik, Prasanta K. 1973. "On the Stability of Sincere Voting Situations." *Journal of Economic Theory* 6 (6): 558–574.

Pattanaik, Prasanta K. 1978. *Strategy and Group Choice*. Amsterdam: North-Holland.

Phelps, Edmund S. 1973. *Economic Justice: Selected Readings*. Harmondsworth, UK: Penguin.

Pigou, Arthur C. 1920. *The Economics of Welfare*. London: Macmillan.

Rawls, John 1971. *A Theory of Justice*. Cambridge, MA: Harvard University Press.

Robbins, Lionel. 1938. "Interpersonal Comparisons of Utility: A Comment." *Economic Journal* 48 (192): 635–641.

Roberts, Kevin W. S. 1980a. "Interpersonal Comparability and Social Choice Theory." *Review of Economic Studies* 47 (2): 421–439.

Roberts, Kevin W. S. 1980b. "Possibility Theorems with Interpersonally Comparable Welfare Levels." *Review of Economic Studies* 47 (2): 409–420.

Roberts, Kevin W. S. 1995. "Valued Opinions or Opinionated Values: The Double Aggregation Problem." In *Choice, Welfare, and Development: A Festschrift in Honour of Amartya K. Sen*, edited by Kaushik Basu, Prasanta P. Pattanaik, and Kotaro Suzumura, 100–109. Oxford: Oxford University Press.

Samuelson, Paul A. 1947. *Foundations of Economic Analysis*. Cambridge, MA: Harvard University Press.

Satterthwaite, Mark A. 1975. "Strategy-Proofness and Arrow's Conditions: Existence and Correspondence Theorems for Voting Procedures and Social Welfare Functions." *Journal of Economic Theory* 10 (2): 187–217.

Sen, Amartya K. 1966. "A Possibility Theorem on Majority Decisions." *Econometrica* 34 (2): 491–499.

Sen, Amartya K. 1970a. *Collective Choice and Social Welfare*. San Francisco: Holden Day.

Sen, Amartya K. 1970b. "The Impossibility of a Paretian Liberal." *Journal of Political Economy* 78 (1): 152–157.

Sen, Amartya K. 1976. "Poverty: An Ordinal Approach to Measurement." *Econometrica*, 44 (2): 219–231.

Sen, Amartya K. 1977a. "On Weights and Measures: Informational Constraints in Social Welfare Analysis." *Econometrica* 45 (7): 1539–1572.

Sen, Amartya K. 1977b. "Social Choice Theory: A Re-examination." *Econometrica* 45 (1): 53–89.

Sen, Amartya K. 1979. "Personal Utilities and Public Judgements: Or What's Wrong with Welfare Economics." *Economic Journal* 89 (355): 537–558.

Sen, Amartya K. 1980. "Equality of What?" In *The Tanner Lectures on Human Values*, volume I: 197–220. Cambridge: Cambridge University Press.

Sen, Amartya K. 1982. *Choice, Welfare, and Measurement*. Oxford: Blackwell.

Sen, Amartya K. 1984. *Resources, Values, and Development*. Cambridge, MA: Harvard University Press.

Sen, Amartya K. 1985a. *Commodities and Capabilities*. Amsterdam: North-Holland.

Sen, Amartya K. 1985b. "Well-Being, Agency and Freedom: The Dewey Lectures 1984." *Journal of Philosophy* 82 (4): 169–221.

Sen, Amartya K. 1992. *Inequality Reexamined*. Cambridge, MA: Harvard University Press.

Sen, Amartya K. 1993. "Internal Consistency of Choice." *Econometrica* 61 (3): 495–521.

Sen, Amartya K., and Prasanta K. Pattanaik. 1969. "Necessary and Sufficient Conditions for Rational Choice under Majority Decision." *Journal of Economic Theory* 1

(2): 178–202.

Shorrocks, Anthony F. 1995. "Revisiting the Sen Poverty Index." *Econometrica* 63 (5): 1225–1230.

Smith, Adam. 1776. *An Inquiry into the Nature and Causes of the Wealth of Nations.* London: George Routledge and Sons.

Suppes, Patrick. 1966. "Some Formal Models of Grading Principles." *Synthese* 16 (3–4): 284–306.

Suzumura, Kotara. 1983. *Rational Choice, Collective Decisions, and Social Welfare.* Cambridge: Cambridge University Press.

Suzumura, Kotara. 1997. "Interpersonal Comparisons of the Extended Sympathy Type and the Possibility of Social Choice." In *Social Choice Re-Examined. Proceedings of the International Economic Association Conference held at Schloss Hernstein, Berndorf, Vienna, Austria*, edited by Kenneth J. Arrow, Amartya K. Sen, and Kotaro Suzumura, 202–229. London and New York: Palgrave Macmillan.

Van Parijs, Philippe. 1995. *Real Freedom for All: What (If Anything) Can Justify Capitalism?* Oxford: Oxford University Press.

评（塞勒斯丹·蒙卡）

味道、感觉与观点的经济

我依然清楚地记得，高中会计学老师在教授成本-效益分析的基本原理时，那种令我不知所措的兴奋感与困惑感。下课后，我立即回到宿舍，花了几乎整晚的时间尝试运用这一强大的技术来评估我的生活前景，而不是评估一个假定的投资项目是否可能利大于弊。成本-效益分析就像是一个严谨而有启发性的工具，可以用来检验我那微不足道但风险不确定的项目究竟是"有利可图"的冒险，还是一场仅仅值得继续下去的闹剧而已。我曾向几位朋友吐露此事，他们显然认为我的想法十分可笑。他们提醒我，成本-效益分析一直存在争议，即便对于真正的投资决策或公共政策而言也是如此。他们说的没错：如果将它应用到个体生活之中，会带来更多未解决的概念问题。但是那又怎样呢？

我一直在计算数据。为了确定个体福祉中一系列假想的积极的或消极的未来变化所带来的净影响，我首先必须想出一种衡量损益的方法。即使是确定以货币形式表示的成本与效益，也远远超出了我所预计的个体收入的变化：我的福祉将受非货币因素的积极或消极影响，无论这些因素与我的个体偏好有关，还是与周围人的福祉（社会成本与效益）有关。

我还必须决定如何想象和估计未来一生的预期成本和效益。我用自己的个体价值尺度，将成本计算为完全抵消继续存活50年左右带来的负面后果所需的补偿金额。所需的补偿是指能让我过得和从事这项工作之前一样好的金额。效益的衡量标准是我是否愿意活下去，享受未来几十年可以合理预期的所有事情和情绪。我知道，或是因为一场突发的悲惨事件（如车祸或飞机失事），或是因为长期痛苦的疾病，人终有一死，因此我看不出有多少效益，其目前和预期的价值可以匹配和补偿成本带来的痛苦与失望。我的成本–效益分析结果并不乐观：考虑到当前和预期的所有好消息和坏消息，生活似乎并不是一项"有利可图"的投资。

这些结果令我感到震惊，于是我很快做了一些敏感性分析，以检验这些研究结果的稳健性：无论选择怎样的贴现率，就人生是否值得冒险这一问题而言，计算结果仍然令人失望。这就更令人费解了，因为其实我在许多方面还是热爱生活的。由于不知道该如何处理这些分析结果，我的结论是：要么应该从根本上更加重视我们所界定的"积极"结果，不论这些结果是源自我们采取的行动还是放任不管的态度；要么应该从根本上更加重视我们所界定的是否行动的"积极"结果；要么应该接受一个具有充分根据的假定，即幸福可能是一种幻觉，但是那些选择活着的人应该学会忽略人生的消极面。我只能通过学习，从根本上改变我在进行研究时使用的任何假定，来忘记自己的研究结果。哲学家萧沆（Emil Cioran）曾经说过："如果学不会遗忘，人生便无法继续。"然而，有些记忆过于深刻，无法被抹去。

如今再进行同样的成本–效益分析，即便采用了同样的要素和贴现率，显然也会得到不同的结果。无论是从福利、效用还是从个体生活水平的角度来探讨，这都体现了属于福祉研究核心的一些真正具有挑战性的概念问题。如果我们需要评估的不仅是个体的观点和偏好，还包括群体的社会偏好，这项挑战就更加艰巨了；故而，我们必须汇总和理解所有社会成员的各种观点。这些复杂性不仅体现在"技术"或方法上——

I 理论基础　63

毕竟，这些都可以通过精心设计的定量框架和明确的假定加以解决——还涉及伦理和心理问题，而这些问题并不适合任何聚合社会选择理论的线性模型。

在试图确定和评估自己现在与未来效益的有效性时，我本不应感到迷茫。萧沆也曾警告我们要警惕自恋的危险，自恋相当于爱上一个我们一无所知的人。如果掌握自己的效用、福利和生活水平的任务如此具有挑战性，那么掌握群体或社会的效用、福利和生活水平的难度又会如何呢？我的偏好和主观性的不稳定性、不断变化的情绪和精神状态，以及甚至无法为自己决定目标函数是什么或应该是什么等因素，都解释了为什么我的示意性成本－收益分析既不令人满意，又不确定。一旦上升到社会群聚的水平，这些问题就更加复杂了。个体如何自信地计算和汇总作为活动目标的个体品味与观点？在个体层面和社会群聚层面，怎样的道德决策之法才是正确的？对于此类范围的比较分析，怎样的伦理立场才是适当的？

社会群聚的核心话题是福祉的人际比较问题，几个世纪以来，这个问题一直困扰着经济学家、社会科学家和哲学家。至少有三类问题必须得到解决，以便能够制定出可以做出社会可接受的决策的知识框架和政策框架。显然，我们首先必须采用有效的方法来界定、理解、捕捉和衡量个体福祉这一概念。其次，这些方法应该扩展到社会群体，使其既有意义又可信。再次，我们应该记住，开展此类活动的目的本身可能会影响最初提出的两个问题的答案（Elster and Roemer 1991）。所有这些都假定我们可以在一个令人满意的信心水平上度量个体偏好，所用度量方法的客观性可以抵消这种做法的内在主观性。

因此，人们必须经历的（从理论到具体概念和经验策略）各个步骤既令人生畏又令人兴奋。毫不奇怪，经济学界许多最具创造力的人都试图征服这座高山，这项任务不仅需要使用传统的经济学定量工具，还需要盘点哲学、心理学，甚至是生物学的相关发现。阿玛蒂亚·森的所撰写的章节《社会选择和福利经济学》以此前的几项重要研究结果（最主要的是 Sen 1970）为基础，是该领域的最新尝试。与森此前的著作一样，读者在他的引领下踏上了一段博学而富有洞察力，在认知上具有挑战性且往往收获颇丰的旅程。在对他的大胆论述进行总结之前，让我先对他不畏艰难，试图呈现的问题全貌的一些要素进行初步概述。

我所作的评论对辩论的内容重新进行了简要的评估。评论共分三节，第一节总结了经济学家在寻找有效的社会选择理论方面所取得的知识进展，并概述了阿玛蒂亚·森对该主题的几个新贡献。第二节讨论了一些剩余的伦理问题，并敦促经济学家更加关注其他社会科学和人文科学的研究结果。第三节提出了几点结论。

超越功利效用计算：阿玛蒂亚·森的大胆论断

如何评估和报告自己的快乐、效用、心态和观点？如何做出个体选择和集体选择？如何确定它们的优先顺序和等级？如何利用合法、可信的社会福利函数，将我们的选择与其他人的选择进行比较和汇总？我们应该如何做出能以最佳方式反映社会群体中所有人的偏好与福利的集体决策——这样，即使人们生活得不幸福，至少也能感觉到能接受这些决策？在这些关于效用、品味和观点的社会群聚问题之下的是福利的人际比较问题，几个世纪以来，这些问题一直困扰着经济学家、社会科学家和哲学家。关于这一主题的各种研究浪潮基本确定了必须解决的几类问题，以便能够制定出可以做出可为社会所接受的决策的知识框架。这种框架显然始于界定、理解、捕捉和度量个体偏好的有效方法，然后以令人满意的信心水平，将其扩展到社会群体，使客观性足以弥补主观性的不足。

捕捉个体的感受并将其转化为福利或效用的指标，对其进行度量并汇总来自群体的意见，一直都是研究人员所面临的挑战。杰文斯〔Jevons(1871)1970: 85〕曾在其所著的一本著作的导语中告诫说：

> 读者会再次发现，没有任何一个个例试图将个体心中的感受量与另外的个体进行比较。我看不出有什么办法可以进行这种比较……因此，每一颗心灵对于其他心灵来说都不可捉摸，而且似乎不存在共同的感觉标准。

经济学家紧随其后，对逻辑实证主义者大力提倡的效用的人际比较表现出强烈的不情愿情绪。经济学家为自己的立场辩护，认为道德声明总是无法验证，因此总是缺乏科学基础——参见艾尔〔Ayer(1936)1971〕。

功利主义经济学家尤其坚持反对进行效用的人际比较，认为利用效用的人际比较是不合理的。杰里米·边沁是这种功利效用计算的主要倡导者，他只关心社区的总效用最大化，而不考虑其分配。就连功利主义的早期批评者也认为，效用的人际比较没有科学依据："每一颗心灵对其他心灵来说都不可捉摸，而且似乎不存在共同的感觉标准。"（Robbins 1938, 636），这种观点植根于**逻辑实证主义**，又称**逻辑**经验主义，是20世纪20年代在维也纳兴起的哲学运动，认为科学知识是唯一的事实知识。

研究人员普遍不愿进入这一领域，从而导致社会选择理论与福利经济学出现了重大的思维僵局。尽管不进行效用的人际比较也可以进行实证经济学研究，但是离开了效用的人际比较，社会选择理论就走不了多远：规范经济学和福利经济学的范围基本局限于与识别具有帕累托效率的结果或对现有经济状况的帕累托改进相关的理论发展。哈蒙德（Hammond 1991, 235）指出，"如果要令人满意地摆脱阿罗的不可能定理，就必须进行传统的效用比较"，但是，逻辑实证主义者提出的那个挥之不去的基本问题必须得到解答：如何才能构建一个严谨的人际可比的效用函数？

自20世纪50年代起，经济学家、数学家和哲学家们便承担起了这项工作。一些研究者提出了不同形式的效用人际比较的替代方法，这些方法的复杂性与成功率各不相同。阿罗〔Arrow(1951)1963〕开启了真正令人兴奋的智力之旅，以寻求更具说服力的社会福利函数，从而以完全公理化的现代形式来呈现社会选择理论。他试图找到最有效的程序，从人们的偏好中得出备选项（从好到差）的集体或"社会排序"。他从对所谓"一般可能性"定理的探索中，得出了如下结论：这其实是一项不可能完成的任务——没有任何一个程序可以满足有关主体自主性及其偏好合理性的几个简单假定。

随后的几代研究人员试图修改阿罗的要求，并提出不可能定理的解决方案（参见Maskin and Sen 2014）。一般来说，这些解决方案会导致其他困难。这项研究很快就演变成一场探索规范伦理学的困境与挑战，以及经济学如何与之抗争的旅程。它极其关注对功利主义的讨论，功利主义的一般定义是，道德上正确的行为是能够产生最大利益的行为，这意味着社会利益是群体中个体福利的总和——假定后者具有人际可比性。海萨尼（Harsanyi 1953, 1955, 1977）提出了支持功利主义的最具争议的公理论证。他的研究为经济学家和数学家眼中的效用和偏好问题奠定了基础，也为道德价值判断的建模提供了一个框架。

海萨尼的主要观点是，假想一位公正的观察者，他能决定特定群体或社会所有成员所面临的现有备选项的社会排序。虽然这位观察者不属于该群体，却赞同该群体所关切的内容，他想象自己将如何秉持公平对待所有成员利益的态度来决定现有备选项的社会排序。这位持中立态度的观察者会想象，如果自己站在个体I的立场，会如何根据I所处的客观环境及其品

I 理论基础　67

味和意见来评价各种备选项。海萨尼还提出了两项重要的假定：公正的观察者对这些满足预期效用公理的假定"备选项"存在个体偏好，[1]这些偏好可以通过冯诺依曼-摩根斯坦效用函数表示。同时假定观察者（扮演社会整体的角色并寻求社会整体的利益）尊重个体对社会备选项的排序。由于立场公正，根据观察者的效用而计算得出的判断可以被认为是道德判断，因为这些判断公平地考虑了群体中每位个体的利益。[2]海萨尼用这个框架阐述了带有很强假定性的聚合和公正的个体定理：对于一组社会备选项集而言，存在单一的**个体**偏好排序集与单一的**社会**偏好排序集（由一组有限的备选项集产生的所有彩票组成）。

海萨尼的方法基于"非人格性"概念，根据这一概念，任何情况下的道德观察者都有可能在权衡道德问题时摆脱自私的视角，只要他能够假装完全不确定问题解决之后观察者会变成其中的哪位个体。总之，个体应该愿意并且有能力完全成为另外的个体：这种设计十分巧妙，可与黑尔（Hare 1963）的"可普遍化性"（universalizability）原则以及罗尔斯（Rawls 1971）的"无知的面纱"等概念相媲美。这些想法为其他有影响力的方法铺平了道路，这些方法建议根据个体行为的不同方面来推断人际比较。然而最终，人们发现这种行为主义的经验方法往往无法令人满意，因为它们通常需要道德判断，而且还会导致产生无法仅凭经验观察就能得出的规范性陈述。

随后，阿玛蒂亚·森横空出世。在从不同角度围绕经济主体理性问题

---

[1] 冯诺依曼-摩根斯坦预期效用公理对理性决策者做出了界定。公理包括：完备性，假定个体拥有一套定义明确的偏好，并且总是能够在任何两个备选项之间做出选择；可传递性，假定个体决策具有一致性；独立性，假定将两种彩票与不相关的第三种彩票混合在一起之后所得的偏好顺序与未加入第三种彩票时这种彩票的偏好顺序一致；连续性，假定存在三种彩票（彩票1、彩票2、彩票3），而且个体偏好为彩票1>彩票2>彩票3，那么应该存在一种彩票1和彩票3的组合，使得个体对于该组合的偏好与其对于彩票2的偏好相当。

[2] 参见Weymark（1991）的精彩讨论。

进行研究的理论家中，他是最大胆的一位。在这一章中，他间接地重新探讨了这一主题，并为人际比较提供了一个全面的分析框架。本章一个引人注目的鲜明特点便是其写作风格：森的文风一贯极其精确、柔和、优雅。即使所讨论的问题专业性极强，也能吸引读者专注地阅读下去。森也是一位善于在不惹怒别人的情况下向错误观点发起挑战的大师。森同样担得起人们给予美国前参议员约瑟夫·利伯曼（Joseph Lieberman）的评价："他对于对手的批评非常优雅，即使他让你去下地狱，你也会享受这段旅程！"

森首先回顾了集体决策理论中的一些老问题，追溯到让−查理·德·波达（Jean-Charles de Borda 1781）和德·孔多塞（de Condorcet 1785）所提出的概念。森对手头问题的解构如下：假定一群人面临一些可供选择的备选项（例如，选举中的候选人、政策选项、项目和计划以及收入分配），如何为一个群体（如国家、社区或任何其他集体）制定可接受的社会决策，使该群体成员的不同观点和利益都能得到关注和重视？如何从针对不同事态的个体偏好转为针对这些状态且能反映社会所有成员观点的"聚合"的社会偏好？

事实上，森在之前的许多研究中都试图回答过这些问题。他多次优雅地抨击一些早期的社会福利理论和方法（Sen 1970, 1977, 1986）。森毫不犹豫地质疑阿罗的研究，但是他对阿罗始终保持着钦佩的态度，言语之间也维持着一贯的优雅风度——他总是采用顺势疗法（homeopathic doses）的方式，在这里放宽假定，在那里巧妙地挑战不可能定理的刚性，或是在他认为前辈的框架是错误的时候切入话题。森的分析为寻找基于个体自身偏好的理性社会选择程序带来了新的希望。

森在本章开头便承认，没有任何解决方案可以完美地解决阿罗通过投票程序所确定的社会选择困境。他认为投票程序并不适用于所有情况："对于诸如选举、公投或委员会决策等某些类型的社会选择问题来说，基于投票的程序是完全自然的选择。然而，它们完全不适合其他的社会选择问题。"

森的推理合乎逻辑：如果真的没有无懈可击的投票程序，那么下一个合乎逻辑的问题就是，其中一些程序的结果是否会比其他程序更好。顺便问一下，投票本身是解决各种社会选择问题的好方法吗？温斯顿·丘吉尔不是有一句名言"反对民主最好的论据就是和普通选民聊五分钟"（Priest 2017：3）吗？森是一位乐观的经济学家：他对功利主义研究者发展起来的传统福利经济学持怀疑态度。他非常自信地认为，人际效用能得到令人满意的度量。他挑战了反对在社会选择中使用人际比较的历史共识。

森的建议既大胆又令人满怀希望：人们必须超越（德博尔、孔多塞和阿罗所研究的）投票规则范畴，才能解决分配问题，尤其是福利经济学的分配问题。他拒绝接受逻辑实证主义的哲学基础，而是像哲学家唐纳德·戴维森（Donald Davidson）那样，相信只有将他人的思想和感受与自己进行一些比较，才能理解他人的思想和感受并与之产生关联。人们因此能以新的方式思考社会选择问题。这样，一旦社会福利判断使用了不同类型的人际比较，阿罗的不可能定理及其相关结果就会消失。

森观察到，每一种可比性都需要以一种特殊的方式来对群体中不同个体的福利数字进行组合。当然，这种比较不需要非常精确，就可以系统地用于社会选择。他写道：

> 我们也许能够在某种程度上进行人际比较，但是这些比较无需非常精确，也不是所有比较、所有类型都需要进行人际比较……这些程度还可以表明，为了得出明确的社会决策，也许并不需要非常精细的人际比较。很多时候，相当有限的部分可比性就足以做出社会决策。

这的确是一种利用极简主义来实现智力影响最大化的明智之法。

超越聚合技术：一些伦理挑战

制定合法的社会决策框架——能够对所考虑的群体或社会成员的偏好和利益进行"民主"解读的框架——可能仍然难以实现。它所需要的远不止人们迄今为止共同认可的博弈论和数学所提供的度量与聚合技术。如果不承认作为道德哲学基本问题的潜在问题，即"我应该做什么？"，确实不可能践行任何社会选择理论。个体和群体的偏好或利益问题很可能会发生碰撞，而大多数聚合理论所依据的僵化的平均法则无法完全捕捉到这些碰撞。群体决策也深陷伦理困境与概念不一致之中，然而，经济学并不具备处理这些问题的能力。

森认为不可能定理是令人惊叹的优雅和力量的结晶，它是一项非常有用的工具，可以用来评估在思考社会选择时哪种结果是"恰当的"。它的每一条公理都合理且令人信服，但是放到一起就有些令人不知所措。我赞同森的观点，阿罗可能夸大了负面的情况，因为他坚持认为，无论人们如何对自己的偏好和选择进行排序，所考虑的每一条规则都必须满足所有公理。[1]我也赞同为了给具有建设性的社会选择理论奠定更广泛的基础，我们必须摒弃反对使用人际比较的历史共识，这种共识盛行于20世纪前半叶，并且成为一种传统观点。森认为，我们应该抵制这种共识，因为它"基于对认识论相当不稳固的理解"。我建议我们应该探索不同层次的人际效用比较的新框架，但是仍要注意这种分析工具的内在局限性，因为它显然有赖于有时过于简单的僵化假定，而且我们还应考虑来自不同学科的经验教训。

---

1 参见Maskin（2009）和Sen and Maskin（2017），了解处理投票措施的有趣的新方式。

森认为，我们所寻找的社会福利函数甚至无须非常精确。这个合理的观点也留下了许多关于不同个体福利数字的"适当"且可接受的可比性标准的问题。即使在自报的福利数字具有完全可比性的情况下（森会用它来证明完全的人际可比性），一个显而易见的问题就是应该给予自我评估多大的信任。应该给予自报的福利数字多大的信任？允许个体对自己的福利做出评判并给出一个衡量标准的做法，并不能解决自我评估存在"错误"的问题。正如萧沆提醒我们的那样，导致人们不再自恋的众多原因之一是，自恋基于深刻的不确定性和随机性，因为它基本上是一种令我们爱上一个我们知之甚少的人的练习。

幸运的是，森还认为，细致的人际比较未必只能是精神状态的比较。他善意地忽视了效用人际比较中精神状态自我评估的有效性，这种做法是正确的。我们能否相信自己了解自己在每个特定生活情境中的真实经历、真实感受、真实信念，以及实际上是如何向自己和他人传达这些看法的？如果我们的行为、行动、客观福利和生活水平并未真正受到这些看法的影响，那么我们的信念和感受还重要吗？如果对于这些问题的答案是肯定的，那么依赖自报的福利指标的人际比较分析框架又会受到什么影响？

自报的福利和幸福数字可能过于主观，因而无法依赖。这个问题已经超出了自恋的范围。最近关于个体和社会的"进取性"信念扭曲的经济学研究表明，主体经常试图保持积极的自我形象和身份，甚至会在无意间这样做（Bénabou 2015）。例如，事实证明，大多数人认为自己比其他人更有可能经历有利的生活事件，也更不可能遭受不利的生活事件，如失业、意外事故、离婚或重大疾病（Weinstein 1980）。[1]"我们往往认为，与

---

[1] 更细致的分析，参见 Harris and Hahn (2011)。

别人相比，自己的驾驶技术更好，更遵纪守法，更没有偏见，也更有魅力。根据公开的信息，人们普遍的一些信念显然是不可信或是明显错误的。"（Bénabou 2015：3）这种客观认知上的偏差可能具有主观或客观价值。不过，过度乐观的盛行与过度自信的现实还是造成了沉重的经济和社会代价。这个问题的一个例证就是，在高收入国家，大量买得起人寿保险的人（考虑到他们面临的风险）选择不买保险。

森恰如其分地指出，"根据精神状态来判断个体的福祉的做法存在很多困难……快乐或愿望的度量有时可能无法充分反映个体的实质性剥夺感的程度"。确实如此。因此，他建议"在判断个体的优势时……直接关注"收入、商品组合或资源。也许吧。但是这个办法提出了几个明显令人不舒服的问题。如果（自报的）精神状态不足以甚至无法作为个体效用的衡量标准，那么谁更有权选择更"相关"的额外变量或替代变量来进行效用的人际比较？谁赋予了我们判断任何人的精神状态，甚至决定应该考虑他们福祉中一些"客观"变量的权利？谁可以判定另外的个体活得"好"还是"差"？[1]

塞尔乔·莱昂内（Sergio Leone）的史诗电影《黄金三镖客》（*The Good, the Bad, and the Ugly*）中有这样一个情节：巴布罗（牧师）正在对他的弟弟——主角图科（土匪）——说教。"除了恶事，你还做过些什么？"巴布罗问他。耐心听完他的布道与训斥之后，图科激烈地回应道：

> 你一直觉得自己比我强。在我们长大的那个鬼地方，如果不想饿死，除了当神父，就只能当土匪！你选了你的路，我也选了我的。我的路比你要艰难得多。说到爸妈，还记得当初你去当神父的时候，是我留

---

[1] 进一步讨论见 Monga（2015a, 2015b, 2017）。

Ⅰ 理论基础　73

了下来吗?我那时只有十一二岁,记不清了。但是我留了下来。我也曾努力拼搏过,但是没有用。现在,让我来告诉你,你之所以去做神父,是因为你懦弱,根本没我那个胆量!

从某些角度来说,在这一幕中,图科已经跳出了电影前半部分那个看起来仿佛卡通人物般的土匪角色。他成了一个谦逊且有思想的人,面对生活中不可能的选择,做出了在他看来最勇敢甚至最"合乎道德"的选择。当巴布罗选择(自私地)抛弃家庭去追求牧师的使命时,图科不得不留下来照顾父母。他竭尽全力,大概是以最合乎道德的方式作出了最大的努力,但仍然失败了。要想活下去,唯一的选择就是成为一名逃犯。

这比通常被人们揶揄的"情境伦理"(situational ethics)——在评估责任时,应该要牢记事情的"对"与"错"视情境而定——要更为复杂,[1]因为不存在永远适用于所有情境的普遍的道德规范或权利。表面上看起来,图科的这番话令人震惊,但其实仍然具备理性,且深深扎根于道德哲学——当哥哥自私地离家去(任性地)追求自己的个体使命时,作为次子,他愿意留在家里照顾父母。图科也许是西方有史以来最糟糕的强盗,但是他辩称,不论是从描述性(就其社会提出的行为准则而言)还是规范性(在特定条件下,所有理性人都会提出的必要行为和行动)的角

---

[1] 情境伦理学(Fletcher 1967)可能存在缺陷。但是我们应该记住,即使是约翰·杜威(John Dewey)也摒弃道德普遍性:这种立场"假定存在不容置疑的最终知识,我们可以依靠这些知识来自动解决所有道德问题。这要求我们对教条式的道德理论作出承诺"(Dewey and Tufts 1908, 488)。然而,杜威对道德普遍性的怀疑主要体现了他为支持一种方法(他称之为"实验"或"民主的方法")而对另一种方法(抽象道德推理的方法)的怀疑。他提出的方法意味着:反省道德需要观察特定情况,而不是一成不变地遵守先验原则;需要对自由调查、出版与讨论自由进行鼓励,而不仅仅是勉强容忍;需要在不同的时间和地点提供尝试不同措施的机会,以便能够观察和比较它们的效果。

参见Dewey and Tufts〔1908:第16章(1)〕关于"道德与社会问题"的部分。

度来说，他的决策都具有深刻的道德性。总之，图科实际上是康德意义上的道德主体，他只是发现自己表达了他眼中的"定言令式"（categorical imperative）。[1]如果图科以及其他类似人物确实有理由采取"反常"的道德立场，也许我们应该得出如下结论：不能在道德哲学层面允许以人际比较的方式对理性进行界定。这将成为另一个真正的不可能定理。

事实上，在社会选择理论家提出的所有关于社会选择程序的推理和建模中，理性假定（更确切地说，是**一些**理性的概念）无处不在。离开了此类假定，就不可能对社会偏好进行有效排序，因为任何排序都必须以被视为理性主体的人的首选备选项为基础。森提出的非常复杂且极其优雅的人际比较框架也彰显出对某种一般水平的理性的极大信任（他大写了"理性"的英文rationali中的R），这种理性假定人们总有行动的理由。即使人们为自己的行为提供了理由，这些理由也不一定需要得到完全相同的验证。在人们为什么有（或是没有）动机去做"正确"的事情这个问题上存在无数种解释。

无论其范围和用途如何，经济学家都应谨慎对待理性。一些认知科学家推测，理性可能是人类的一种进化属性，就像两足动物那样——这种特征只会随着时间的推移而出现。梅西埃和施佩贝尔（Mercier and Sperber 2017）认为，理性最早出现在非洲的热带稀树草原上，当时人类第一次意识到他们需要相互合作。在梅西埃和施佩贝尔看来，理性已经成为人类终极且独特的特征，它的发展主要是为了解决在群体协作生活中所带来的问题。理性有一个纯粹功利主义的起源，它是"对人类为自己而进化出的超社会利基的适应"（Mercier and Sperber 2017: 330）。理性的出现不是为了帮助人们解决抽象的问题，而是为了填补他们的信任缺失，这是改善生活

---

[1] 参见 Kant〔(1797) 1993〕。

条件和生存的关键标准。

因此,理性是一种不断变化的人类特征,是一种独特的能力,也是一个不断变化的目标。因此,它是一个谜。如果人们同意将人类推理与自然选择等进化过程联系起来,那么社会变革的动力总会在人类大脑能够理解、研究和辩论的现象与现实生活之间造成扭曲——尽管人类能够理解的大多数现象也许就是现实的一部分——有时,扭曲发生的速度要快得多,这些都是可以理解的。尼安德特人不必担心自己会遭遇网络攻击,也不必因为怎样才能制定旨在培养优秀经济学家的理想课程而焦虑。他们的生活方式并不包括每年需要看两次牙医。他们生活在狩猎采集者的小群体中,只会利用推理关注此类生存方式中的关键因素。如今,很少有人过着尼安德特人那样的生活,也很少有人需要面对、解决与25,000年前相似的问题。一些富人住在富丽堂皇的房屋或摩天大楼里,他们担心的主要是找不到时间来享受生活中所有的舒适,或是人们在脸书上对他们的评价。另一些人则生活在贫困之中,长期面临社会排斥、污名化以及人格尊严被摧毁的问题。总之,社会变革发生的速度与人类理性适应这些变革的速度之间存在差异,这解释了为什么许多看似合理的经济主体经常做出愚蠢的行为以及为什么理性常常令我们失望。

这两种速度之间的差异的一个很好的例证就是,努力追求道德的社会似乎也会长期容忍那些后来被视为违反甚至破坏其自身道德哲学的法律法规和行为规范。阿皮亚(Appiah 2010)研究了道德革命与反对不得人心的做法的运动,他的结论是,诉诸理性、道德或宗教的做法并不足以刺激道德标准发生根本改变。似乎只有在与流行的荣誉观发生冲突时,不得人心的做法才会被根除。阿皮亚的研究令人信服地证明了道德规范是如何在不同的空间和时间中演变的,以及为什么我们应该对任何形式的内在合理性都持怀疑态度。一代又一代的历史学家都想知道,托马斯·杰斐逊,这位曾在1776年写下"人人生而平等"[1]这句话的富有远见的知识分子和人文主义者，怎会为自己名下占地5,000英亩的种植园及其一生中所拥有的607名奴隶而感到自豪（Thompson 2017）。作为美国的第三任总统，杰斐逊与女奴莎莉·海明斯生育了六个孩子。他仅仅是又一个愤世嫉俗的伪君子吗？未必。也许，他只是又一个经历了人生的悲剧性矛盾与神秘性的人。我们可以有把握地猜测，世界上还有数百万努力定义和自报其福祉、效用或福利指标的托马斯·杰斐逊与莎莉·海明斯。如果是这样的话，那么任何过于相信任何理性概念的社会选择理论，都有可能在某种程度上成为一种不合逻辑的推论。

森的比较效用框架足够广泛和灵活，能够适应社会选择理论家面临的许多概念性挑战，从而小心地避开了这个陷阱。他的卓越见解无疑为解决阿罗的不可能定理开辟了耐人寻味的新途径。他还为忽略莱昂内尔·罗宾斯等人的怀疑论提供了有效的论据。他使那些努力解决社会群聚的复杂问题的研究者们有勇气重新思考效用比较的问题，这些比较也许并不需要满足阿罗提出的苛刻条件。森的方法的条件更为宽松，它使得通过一致的分析框架来评估和衡量人际福利成为可能。但是，要想采取他所提出的智力路线，就必须付出一定的代价（这些代价有些沉重），即这种练习应该在不同的层次上开展，而且完全依赖精神状态的比较也许与社会选择无关。这些都是简洁却又重大的假定。

---

[1] 目前，对于"all men are created equal"的译文存在争议。有学者认为，这句话应译为"人人皆因受造而平等"，因为人的生命中内在包含了人之为人所不可剥夺的自由、价值和尊严，这一切不以外在的任何条件而转移。本译本沿用《中国日报》2012年7月5日刊登的《美国独立日：美国独立宣言全文（双语）》一文中的译法。——译者注

结论

最后，我们也许应该承认，在有些情况下，个体根本无法获胜。已故的法国喜剧演员弗朗西斯·布朗什（Francis Blanche）经常在他的一个幽默短剧中说："我结过两次婚，两次都是一场灾难。第一次，我的妻子离开了我；第二次，她留在了我身边！"他从未想过问题究竟出在他挑选妻子的眼光上，还是出在他个人的身上。但是这又有什么关系呢？更为重要的是：我们天生便无法超越以自我为中心的内在本性、不断变化的自我和心理，以及不断变化的偏好；我们对于品味、感受和观点的定义始终在变化；我们试图以一贯的方式捕捉和汇总共同福祉标准的做法存在结构性局限。

这样的视角改变了人们对理性的看法，也让我相当赞赏经济学家和其他社会科学家为将自己所在的学科从理性的专制中解放出来所做的各种尝试。在此类至关重要的努力中，森的贡献尤其突出和引人注目。我仍然希望，有一天我能够利用森的分析方法，对我的生活进行细致的成本－收益分析，来了解我的生活是否足够有意义，从而看起来像一项"有利可图"的投资。然而，不断变化的时间价值、贴现率与人际福利比较的道德标准可能会使我的智力旅程变得既不理性又很愚蠢。

参考文献

Appiah, Kwame Anthony. 2010. *The Honor Code: How Moral Revolutions Happen*. New York: W. W. Norton & Company.

Arrow, Kenneth J. (1951) 1963. *Social Choice and Individual Values*, second edition. New York: Wiley.

Ayer, A. J.(1936) 1971. *Language, Truth, and Logic.* Harmondsworth, UK: Penguin Books.

Bénabou, Roland. 2015. "The Economics of Motivated Beliefs." Jean-Jacques Laffont Lecture, delivered at the Congress of the French Economic Association, June 2014. Forthcoming in *Revue d'Economie Politique* 2015/5 Vol. 125, 665–685.

Borda, Jean-Charles de. 1781. "Mémoire sur les élections au scrutin." *Mémoires de l'Académie Royal des Sciences,* 657–665. Translated by A. de Grazia. 1953. Isis 44 (1/2): 42–51.

Condorcet, Jean-Antoine-Nicolas de Caritat. 1785. *Essai sur l'Application de l'Analyse à la Probabilité des Décisions Rendues à la Pluralité des Voix.* Paris: L'Imprimerie Royale.

Dewey, John, and James H. Tufts. 1908. *Ethics.* New York: Henry Holt & Co.

Elster, Jon, and John E. Roemer. 1991. "Introduction." In *Interpersonal Comparisons of Well-Being,* edited by Jon Elster and John E. Roemer, 1–16. New York: Cambridge University Press.

Fletcher, Joseph. 1967. *Moral Responsibility: Situation Ethics at Work.* Philadelphia: Westminster Press.

Hammond, Peter J. 1991. "Interpersonal Comparisons of Utility: Why and How They Are and Should Be Made." In *Interpersonal Comparisons of Well-Being,* edited by John Elster and John E. Roemer, 200–254. New York: Cambridge University Press.

Hare, Richard M. 1963. *Freedom and Reason.* Oxford: Clarendon Press.

Harris, Adam J. L., and Ulrike Hahn. 2011. "Unrealistic Optimism about Future Life Events: A Cautionary Note." *Psychological Review* 118 (1): 135–154.

Harsanyi, John C. 1953. "Cardinal Utility in Welfare Economics and in the Theory of Risk-Taking." *Journal of Political Economy* 61 (5): 434–435.

Harsanyi, John C. 1955. "Cardinal Welfare, Individualistic Ethics, and Interpersonal Comparisons of Utility." *Journal of Political Economy* 63 (4): 309–321.

Harsanyi, John C. 1977. *Rational Behaviour and Bargaining Equilibrium in Games and Social Situations.* Cambridge: Cambridge University Press.

Jevons, William Stanley. (1871) 1970. *The Theory of Political Economy.* London: Macmillan.

Kant, Immanuel. (1797) 1993. *Groundwork of the Metaphysics of Morals: With On a Supposed Right to Lie Because of Philanthropic Concerns,* third edition, translated by J.

Ellington. Indianapolis, IN: Hackett.

Maskin, Eric. 2009. "The Arrow Impossibility Theorem: Where Do We Go from Here?" Arrow Lecture presented at Columbia University, New York, December 11.

Maskin, Eric, and Amartya K. Sen. 2014. The Arrow Impossibility Theorem. New York: Columbia University Press.

Maskin, Eric, and Amartya K. Sen. 2017. "The Rules of the Game: A New Electoral System." *New York Review of Books*, 64(1): 8–10.

Mercier, Hugo, and Dan Sperber. 2017. *The Enigma of Reason*. Cambridge, MA: Harvard University Press.

Monga, Célestin. 2015a. "Principles of Economics: African Counter-narratives." In *The Oxford Handbook of Africa and Economics. Volume 1: Context and Concepts*, edited by Célestin Monga and Justin Y. Lin, 303–333. New York: Oxford University Press.

Monga, Célestin. 2015b. "Measuring Democracy: An Economic Approach." In *The Oxford Handbook of Africa and Economics. Volume 1: Context and Concepts*, edited by Célestin Monga and Justin Y. Lin, 427–452. New York: Oxford University Press.

Monga, Célestin. 2017. "The Macroeconomics of Marginal Gains: Africa's Lessons to Social Theorists." In *The Political Economy of Everyday Life in Africa: Beyond the Margins*, edited by Wale Adebanwi, 115–132. Woodbridge, Suffolk; Rochester, New York: Boydell and Brewer.

Priest, Kyle. 2017. "Churchill's Argument Against Democracy: The Average Voter. Information Levels and News Sources among Americans." Political Science Senior Thesis. Bemidji State University.

Rawls, John. 1971. *A Theory of Justice*. Cambridge, MA: Harvard University Press.

Robbins, Lionel. 1938. "Interpersonal Comparisons of Utility: A Comment." *Economic Journal* 8 (192): 635–641.

Sen, Amartya K. 1970. *Collective Choice and Social Welfare*. San Francisco: Holden-Day.

Sen, Amartya K. 1977. "On Weights and Measures: Informational Constraints in Social Welfare Analysis." *Econometrica* 45 (7): 1539–1572.

Sen, Amartya K. 1986. "Social Choice Theory." In *Handbook of Mathematical Economics*, volume 3, edited by Kenneth J. Arrow and Michael D. Intriligator, 1073–1181. Amsterdam: North-Holland.

Thompson, Krissah. 2017. "For Decades They Hid Jefferson's Relationship with

Her. Now Monticello Is Making Room for Sally Hemings." *Washington Post*, February 19.

Weinstein, Neil D. 1980. "Unrealistic Optimism about Future Life Events." *Journal of Personality and Social Psychology* 39 (5): 806–820.

Weymark, John A. 1991. "A Reconsideration of the Harsanyi–Sen debate on Utilitarianism." In *Interpersonal Comparisons of Well-Being*, edited by John Elster and John E. Roemer, 254–320. New York: Cambridge University Press.

评(詹姆斯·E. 福斯特)

作为社会选择的度量

说起森教授，我很难保持中立，因此，本着充分披露的精神，我觉得我有义务让你们知晓个中缘由。第一次接触森是在1976年新佛罗里达学院的福利经济学课上——我并未见到他本人，而是读到了他所著的《集体选择与社会福利》一书。书中带星号的章节深深吸引了我，直到我将他的自由悖论扩展到由群体而非个体起决定性作用的世界之后，才算真正放下了这本书。我给森教授发了一份论文草稿，他在回信中指导我如何修改论文以及应该向哪里投稿，文章很快便发表了。就这样，在森教授的远程指导下，我踏上了借由社会选择理论从数学转向经济学的旅程。

几年后，我终于见到了森教授，当时我在康奈尔大学读研究生。作为康奈尔大学的安德鲁·怀特博文讲座教授，森教授鼓励我考虑贫困度量的研究，于是我开始与乔尔·格里尔（Joel Greer）和埃里克·索贝克（Erik Thorbecke）合作。他还提供了一份关于局部排序的问题清单，供我和我的论文导师（也是他的图书合著者）穆库·马加姆达（Mukul Majumdar）一起探讨，可惜我未能有机会与森教授共同探讨这些问题。1982年，我驾驶一辆黄色的阿尔法苏德车从伦敦赶往牛津，途中，同车的森教授描述了他是如何在撒切尔政府削减研究经费的情况下，通过挪用话费预算的部分资金在印度村庄开展了一个关于性别歧视的研究项目。1993年，我们启动了森的经典著作《论经济不平等》（*On Economic Inequality*）的增订项目。于是，许多个深夜，我都为此伏案写作，我的妻子对此依然记忆犹新。2008年，我们在哈佛大学共同教授"经济学2054"："社会选择和福利经济学"。现在，《集体选择与社会福利》的增订版已经出版——大约40年前，增订过程就已经开始了。森教授激励了一代又一代的研究者。对于他毫无保留的帮助，我非常感激。

本章就很好地说明了为什么我们喜欢阅读森的文章：他能够非常清晰地总结艰深的文献，与此同时又使用了有趣的引文和非常贴切的措辞。一方面，本章清晰地阐述了社会选择的关键结果，包括孔多塞的投票悖论、阿罗具有开创性的一般可能性定理、吉巴德（Gibbard）关于战略投票的等效结果、阿罗-布莱克关于单峰偏好和多数决投票的定理，以及森关于帕累托自由不可能存在的结果。另一方面，它精彩地阐述了福利经济学跌宕起伏的发展历程：包括边沁的功利主义；罗宾斯的"逻辑实证主义"革命及其后续成果；讨论分配问题时偏爱"帕累托效率"及其"非同一般的沉默"的"新福利经济学"。然后，文章开始讨论柏格森-萨缪尔森的社会福利函数，并回到阿罗式社会福利以及伴随其出现的信息匮乏，在一个纯粹的福利主义信息世界中，不允许进行基数或人际比较。最后一部分对部分可比性加以细致的定义，扩展了与人类能力和自由相比较的信息基础，从而摆脱了不可能性与狭窄的信息基础。文章最后讨论了贫困的货币度量与多维度度量。

这是经济思想史上一项很好的练习。但是，对于世界银行，或者说对一般的政策制定而言，社会选择和福利经济学能够提供怎样的实际经验？我的答案侧重于指标和度量，这是我特别感兴趣的主题，也是政策分析的基础，人们以有意义的方式识别和汇总数据，以便为社会决策提供信息。让我们研究一下与度量过程特别相关的信息。

拓宽信息基础。 森认为阿罗定理中的不可能性是由于其偏好组合信息不足所造成的。他对帕累托扩展规则的描述也说明，如果将考虑范围限制在无法进行人际比较的个体排序上，决策者就无法解决分配问题。[1] 要克服这些挑战，就离不开更广泛的信息基础。可行能力路径（capability approach）就是一种解决方案，它用于"功能"（functionings）领域，既考虑成就，也考虑成就的"能力集"（capability sets，包括已选和未选的备选项）。这一路径已经成为被人们普遍接受的将福祉、机会和赋权概念化的方式，也是森（Sen 1999）在其代表作《以自由看待发展》（Development as Freedom）中提出的进步概念。此外，这一路径还带来了在个体层面上跨维度相联的多维度度量方法，如阿尔基尔和福斯特（Alkire and Foster 2011）提出的多维度贫困度量方法。然而，它也给实证研究人员带来了挑战，因为传统的数据集和度量方法可能不再适用。

变量的度量属性。 信息基础拓宽之后，就需要我们对这些信息进行适当的使用。一旦数据得以确定，下一项重要的任务就是了解数据底层变量的度量属性，并应用合适的方法。例如，无论是作为自报的一部分（如自报的健康水平或生活满意度），还是由于指标固有的定性特征（如地板或卫生设施的质量），度量过程往往会使用序数变量。此外，不同人或不同维度之间很容易产生不可比或部分可比的问题。不能简单地将这些变量视作货币变量——完全是基数化的，在不同个体之间完全可比。一种直观地思考这一问题的方法就是将其视作稳健性的一种形式。如果可以多次对数据进行重新缩放，或者可以使用多种方式将不同人（或不同维度）之间的数据关联起来，那么每种可能性都会得到相同的结果吗？仅仅通过基数化或是采用一种跨个体或维度的数据链接方式所得到的结果是不够的。要想

---

1 参见 Sen（2017, Theorem 5*3）。

对数据进行有意义的解读，就需要在所有可能性上达成一致。[1]

作为政策的公理。第三条信息与公理及公理路径在本文献中的中心地位有关。[2]尽管并不总是十分明显，但公理在本质上是政策的一部分——如果想要让一个对象被视为正常运行，它就必须表现出符合基本要求或有基本品质。对阿罗的社会福利函数而言，公理可以确保它是广泛适用的，在偏好一致的情况下定向适当，忽略不相关的信息，或者排除明显有问题的方法。对于度量来说，公理可以确保度量方法能够捕捉到期望的现象。主要的公理可以分为三类：不变性公理（如匿名性），确定了衡量标准应该忽略的各种信息；子组公理（如可分解性），规定了如何将地方衡量标准与国家标准联系起来；以及支配性公理（如转移原则），要求衡量标准在数据发生明确变化时向特定方向移动。[3]公理有助于定义度量时应该度量什么。

必要条件（*Desiderata*）。有些作者还列出了一些必要条件或"原型公理"（proto-axioms）来指导度量方法的构建。[4]一个常见的必要条件是，度量应该可以理解且易于描述——如果沟通十分重要，那么这一要求就比形式公理更为重要。这一特性或许可以解释以下几种现象：贫困度量普遍依然使用人头比，尽管这种方法明显存在缺陷；为何（基于算术平均数的）传统人类发展指数比2010年后（基于几何平均数的）指数更可取；以及为什么选择底层40%的平均数——世界银行共同繁荣目标的基础指标——而不是阿特金森的"平等分配的等价"（equally distributed equivalent）收入函数或森的福利指标。这一关键必要条件与公理所体现的更细微的政策日

---

1 参见 Alkire et al. (2015: 2.3 节)。
2 参见 Foster and Sen (1997: 119)。
3 参见 Alkire et al. (2015: 2.5 节)。
4 例如，参见 Székely (2005)，他列出了用以确定墨西哥收入贫困的方法。

标之间明显存在矛盾。

使用局部排序。局部排序是森的社会选择理论表述的核心，也是其度量的核心。[1]如果想要确定收入分配是否出现了明显恶化，可以参考洛伦兹准则或各种随机占优排序。同样，贫困排序表明生活在各条贫困线（或各种衡量标准）下的贫困人口何时将会减少。在多维分析中，如果几乎没有任何有关评价维度的指导，维度成就仪表板就能为评估福祉提供局部排序。局部排序能够识别明确（或一致）的变化；然而，这些排序并不完整，无法在某些选项对之间做出决定。公理和必要条件有助于缩小选择范围，降低不完全性。然而，政策讨论通常需要一个能够促进讨论和鼓励政策分析，并且真正具有价值的完整的整体衡量标准（headline measure）。沟通和其他政策目标之间可能再次出现矛盾。然而，在某些情况下，局部排序实际上可以促进特定度量的选择。例如，如果贫困排序可用于测试一系列贫困线的稳健性，那么选择一条特定的货币贫困线似乎问题不大。

将度量作为一种选择。与描述一样，度量的过程"包括"在看待某一现象的多种方式中"做出选择——可能难以抉择"。[2]随着时间的推移，度量所依据的选择背后的理由往往变成"一直以来都是这样做的"。世界银行等机构掌握着大量的度量方法，它们有责任保持透明，并不时重新评估它们的方法。全球贫困委员会成立之后，世界银行正在努力实现最佳货币贫困度量的目标，并可能考虑采用本章及其他著作所论述的多维贫困度量方法。无论如何，对于指导这项工作和其他相关努力而言，森教授对度量的诸多贡献无疑是有益的。

---

1 参见Sen (2017：第29–31页) 和 Foster and Sen (1997: 120–121)。
2 Sen (1980: 353)。

参考文献

Alkire, Sabina, and James E. Foster. 2011. "Counting and Multidimensional Poverty Measurement." *Journal of Public Economics* 95 (7): 476–487.

Alkire, Sabina, James E. Foster, Suman Seth, Maria E. Santos, Jose M. Roche, and Paola Ballon. 2015. *Multidimensional Poverty Measurement and Analysis*. Oxford: Oxford University Press.

Foster, James E., and Amartya K. Sen. 1997. "On Economic Inequality after a Quarter Century." In *Economic Inequality*, Amartya K. Sen, expanded edition, 107–219. Oxford: Oxford University Press.

Foster, James E., Joel Greer, and Erik Thorbecke. 1984. "A Class of Decomposable Poverty Measures." *Econometrica* 52 (3): 761–766.

Sen, Amartya K. 1980. "Description as Choice." *Oxford Economic Papers* 32 (3): 353–369.

Sen, Amartya K. 1999. *Development as Freedom*. New York: Anchor.

Sen, Amartya K. 2017. *Collective Choice and Social Welfare*, expanded edition. London: Penguin.

Székely, Miguel, ed. 2005. *Números que Mueven al Mundo: La Medición de la Pobreza en México*. City: Miguel Ángel Porrúa.

3 信息经济学革命：过去与未来[1]

约瑟夫·斯蒂格利茨

信息经济学是一场经济学革命，它颠覆了有效市场假说等长期以来的假定，也对经济政策产生了深远影响。信息经济学的核心模型兴起于近半个世纪前，并在此后的几年间得到了详尽的探讨与论述，现已证明这些都是十分稳健的模型。同时，信息经济学所取得的这些进步也表明，标准竞争范式缺乏稳健性。这些模型让我们可以更深入地了解实际市场与完美市场范式的其他不同之处。例如，竞争的不完全与风险共担是两项非常重要的特征，而信息经济学让我们对这两者有了新的见解。

信息经济学的早期研究也表明它将如何帮助我们更好地理解制度的作用及形式，此后的研究则证实了这一承诺。同样，信息经济学也为会计、金融和公司治理等似乎理论框架支撑不足的经济学分支提供了新的知识基

---

[1] 本文曾于2016年6月9日在世界银行举办的主题为"经济状况，世界状况"的会议上宣读。感谢安德鲁·科森科（Andrew Kosenko）和德巴拉蒂·戈什（Debarati Ghosh）分别在研究和编辑上给予我的协助。

础，并帮助我们更好地理解为什么这些分支的研究如此重要。

在第一批模型创建之后的几十年里，经济学界将大部分注意力放在阐述早期模型，以及调整这些模型以适应不同的市场环境上。

毫不意外，依据新范式提出的政策往往与基于标准模型的政策存在显著的不同。最重要的是，正如我将在下文所强调的，不应假定市场是有效的；恰恰相反，要假定市场不够有效。人们更倾向于假定，有必要为信息及其不完全性发挥着尤为重要的作用的那些部门制定公共政策。金融部门最重要的工作是收集和处理信息，在此基础上，资本资源可以得到有效分配。信息是**核心**。至少，这种核心地位是金融监管之所以如此重要的部分原因。

信息不完全的市场通常也远非完全竞争市场（可以理解为阿罗－德布鲁模型中的完全市场这一概念）。[1]在存在一些不完全竞争的市场中，企业会努力提升自身的市场支配力，并从现有的市场支配力中获取更多租金，从而引发普遍的扭曲。在这种情况下，制度与博弈规则就变得至关重要。公共政策对于博弈规则的制定而言极为重要。替代规则的分配效应也许会超过任何效率增益。

消除这些由市场缺陷所导致的不利的分配效应可能代价昂贵。在很大程度上，这同样是由于信息不完全而造成的。[2]

最近，许多规则上的变化都可能对效率和分配产生不利的影响。信息经济学解释了为什么分配效应本身也会对效率产生影响，尤其是在存在宏

---

[1] 企业和家庭成为受价者时也会出现上一段提到的市场失灵。我所描述的是第二种重要的市场失灵，这种失灵通常出现在信息不完全的市场中。

[2] 在标准经济学中，福利经济学第二定理解释了如何仅仅通过改变初始禀赋来实现任何具有帕累托效率的资源配置。一般而言，如果存在不完全信息，福利经济学第二定理就不成立。具体阐述参见Stiglitz（1994）。

I 理论基础　　89

观经济外部性的情况下。

展望未来，需求结构的变化（即随着国家越来越富裕，居民购买的商品组合也会发生变化）与技术的变化可能会导致信息的作用日益增强，信息不完全的后果日益增多：竞争减少，不平等加剧。许多关键性争论将（暗中或明确地）围绕信息与知识，以及信息的治理展开。目前，人们已经就隐私（个体保留自己信息的权利）与透明度（例如，要求政府和企业披露有关他们正在做的事情的重要信息）开展了大规模争论。在许多部门，尤其是金融部门，有关信息披露的问题一直存在争议，即个体或企业是否有义务披露其产品的某些信息。许多问题可以从产权的角度加以阐述，即谁拥有某些信息的权利。但是这些产权问题与通常所认为的越强越好的传统产权问题不同，而且也更复杂。在这里，产权分配的模糊性显而易见，所谓强势（知识）产权可能导致较差的经济表现。

全球化加剧了所有与之相关的争议，因为现在，如何制定规则不仅影响到国家内部个体之间的分配，还影响到国家之间的收入分配。前殖民地国家的许多人认为，发达国家中的某些人试图将自己的一套规则强加到他们身上，不仅是为了替企业敛财，也是为了强化原有的不平等。

如何处理这些问题将影响未来几十年的不平等、经济表现以及政体和社会的性质。

本文分为七个部分。第一部分阐述了新信息经济学的一些关键见解，并将其与假定存在完全信息的旧范式加以对比。新范式的核心结论就是，一般来说，市场不够有效，有必要实施政府干预。亚当·斯密提出的"看不见的手"之所以失败，是因为它根本不存在。第二部分描述了几个虽未成功但却仍然十分重要的应对尝试——以表明市场其实还是有效的（尽管无法始终保持其有效性），至少在一些相关案例中是如此。第三部分介绍了一些政策推论，以及正在进行的信息政策之争。第四部分将信息革命置于一个长期争论的语境中。即，如何理解资本主义制度下持续存在的不平等现象——它是剥削（如马克思认为的那样），还是只是社会贡献差异所产生的相应报酬？我们认为，尽管马克思的经济模型是值得商榷的，但是他的剥削理论却存在许多真理。第五部分阐述了信息革命在促进经济范式发生更广泛变化中所起的作用。第六部分展望了新范式对21世纪经济发展的影响。最后一部分是结语。

信息革命

当然，经济学家早就认识到了不完全信息的重要性。事实上，一些经济讨论其实是在鼓吹市场的信息效率——它们认为可以在分散的价格体系内实现效率，因此不需要进行中央规划。企业或家庭在做决定时需要知道的所有信息都可以在价格中找到。价格协调了所有的经济活动。然而，这些表述并未使用任何正式的经济模型来作为信息处理器。资源分配决策是一项一劳永逸的决定。此外，信息不完全的类型是有限的。工人的水平或产品的质量没有任何不确定性。

总的来说，正式的模型完全没有提及信息，仅仅只是假定了完全信息的存在。人们希望，只要信息不是**过于**不完全，建立在完全信息假定之上的分析就仍有意义。

芝加哥学派的一些经济学家认为，可以发展一种着眼于信息需求和信息生产的特殊性质（就像农业经济学着眼于粮食需求和粮食供给的特殊性质那样）并以信息供求分析为基础（就像"农业经济学"那样）的"信息经济学"。但是，即使是在该领域得到正式发展之前（下文将加以介绍），我们也应该清楚，此类发展不可能实现。信息（知识）与钢铁、玉米或普通经济学关注的其他商品存在根本不同。信息是一种公共产品[1]——事实上，更广泛地说，知识是一种全球公共产品（Stiglitz 1999），而市场在提供此类产品这一方面的效率通常不高。

阿罗和德布鲁通过一个竞争性一般均衡模型（所有企业都是受价者），为我们提供了描述具有完全信息的竞争性经济行为的关键基准模型。最重要的是，阿罗和德布鲁指出了斯密"看不见的手"的假说——包括福利经济学第一定理（表明市场经济具有帕累托效率）和第二定理——在何种条件下才能成立。第二定理表明，只要能够进行适当的初始（一次性）财富再分配，每一种具有帕累托效率的资源配置都可以通过市场机制来实现。阿罗和德布鲁关注的是实现配置所需的技术条件——如生产集具有凸性（利用收益递减的关键经济假定）——和经济条件：完全竞争、全套风险市场（后来被称作阿罗–德布鲁证券），并且不存在外部性。他们找到了市场效率的充分条件。现在的问题是，在更普遍的条件下是否依然如此？这些充分条件是必要条件，还是近乎必要的条件？几十年的研究表明，阿罗和德布鲁显然已经基本发现了市场效率的充分必要条件。[2]

从某种意义上来说，阿罗和德布鲁所关注的大部分限制，早在其开展研究之前就已得到了广泛的认可。他们为这些长期存在的认知找到了可靠的基础。还有完善的公共政策作为回应：例如，通过环境监管或纠正性税收来解决环境外部性问题，通过反垄断政策来解决不完全竞争。自然垄

---

[1] 根据萨缪尔森的定义，它是一种以非竞争性消费为特征的商品（个体对纯公共产品的消费，不会减损他人对该产品的消费）。纯公共产品的典型特征是不可能（或至少很难）被占有。正如下文所述，知识产权是一种部分占有知识生产回报的尝试。本质上，这种尝试有社会成本，因为信息或知识的使用受到了限制，尽管对其的使用不存在边际成本。

[2] 还有几组不重要的条件——这些条件在宏观经济学的一个特定分支中起到了核心作用。如果所有个体都相同，即使没有一整套的风险市场，经济也是有效的——这是因为一旦所有个体都相同，便不会有保险。没有人可以将自己面临的风险转移给他人。

断的存在需要强有力的监管或国有制。

缺乏完整的风险市场

阿罗和德布鲁提请人们注意的一种"新型"市场失灵,是一套完整的风险市场的缺失。显然,个体和企业无法为他们所面临的许多风险购买保险——工人无法购买失业保险,企业也无法为产品需求下降的风险购买保险。然而,经济学家并未意识到这种失灵的重要性。对于阿罗和德布鲁来说,帕累托效率需要一整套后来被称作"阿罗-德布鲁证券"的东西——在特定日期的特定状态下交付特定数量的某种商品的证券,实际上就是一**整**套保险市场。显然,这不仅是一个技术问题,还存在许多**重要的**风险,家庭和企业根本无法获得保险。我们可以认为,之所以会出现社会保护的公共供给,是为了部分"纠正"这种市场失灵。

市场无效假说

然而,阿罗和德布鲁却避开了所有与信息相关的关键问题。前文介绍过市场倡导者是如何将经济的信息效率视作其成果之一的。这些人尤其赞颂了个体在不知道任何其他企业或家庭现状的情况下所获的成功:所有相关信息都通过价格来传递。

然而,该模型做出了一些甚至没有言明的极强假定:产品是同质的,任何个体都可以无须付出任何代价便能指出产品与"特定"特征之间的任何偏差,不可能在质量上做手脚,每位个体都充分了解每项资产收益的"真实"概率分布,不存在消息灵通人士可以利用消息不足人士的信息不对称的现象。

而在现实世界中,这些质量差异至关重要:工人并不同质,人们花了很大的力气去寻找适合这份工作的工人;保险公司担心被投保人的风险状

I 理论基础

况；整个金融业都将重点放在了识别"低估"资产上。

显然，对所有市场参与者而言，这些信息都很重要。早期文献表明，信息不对称——一位代理拥有另一位代理无法获得的信息——带来了一系列特殊的问题。试图提取该信息或利用信息优势的行为会导致多重扭曲。大量活动都是为了解决这些信息问题（包括缺乏信息和信息不对称）而存在，为了改善信息和减少不对称（即使无法消除）。与此同时，一些市场参与者意识到，通过提高信息的不对称性，可以增加获利的机会。他们尽力确保这些信息不对称能够存在并且长期存在，尽管整个经济可能会因此付出高昂的代价。[1]

大约在阿罗和德布鲁提出该理论20年后，格林沃尔德和斯蒂格利茨（Greenwald and Stiglitz 1986, 1988）指出，信息市场失灵更为普遍，后果也更为严重。考虑到信息的局限性，只要存在不完全和不对称的信息或**不完全的风险市场**——也就是说，基本上总是如此——经济就不具有帕累托效率。总有一些市场干预措施可以在不使其他人过得更糟的情况下，让一些人过得更好。[2]（为简洁起见，下文将这一结果简称为"格斯定理"。）纠正这些市场失灵并非易事：它们不是孤立的，[3]而是分散的，并且是市场经济不可分割的一部分。在信息不对称和市场不完全的情况下，**重要的**金钱外部性问题十分普遍：企业或个体的行为会对其他企业或个体产生影响，即使只是通过价格体系产生影响也是如此。价格变动不仅仅是纯

---

1 完全竞争的情况下不存在纯利润，而且如前所述，企业意识到，信息不完全的市场可能会出现不完全竞争。正如下文所讨论的那样，这一原则也适用于其他情况：管理者可能会采取旨在增大信息不对称性的行为来巩固自己的地位。

2 杰纳科普洛斯和波尔马查基斯（Geanakoplos and Polemarchakis 1986）提供了另一种证据，来证明市场不完整时，市场均衡是无效的。

3 这与污染外部性形成了鲜明的对比，人们至少可以在原则上确定污染物的排放量并对其征收费用。

粹的再分配。[1]

假定一群看似相似的人在一个无人吸烟的世界里购买健康保险。一旦有个体吸烟，患病的风险就会增加，从而抬高所有人的健康保险费。吸烟者并没有考虑到这种外部性的实际成本。市场的反应是限制个体可以获得的保险的数量，从而使其有动力表现良好。然而，这种限制会带来实际成本；对于想要规避风险的个体来说，限制其购买保险会降低预期效用。

信息市场失灵显然会影响专门用以收集、处理和传播信息的资源。信息是一种公共产品，不存在与他人使用某个想法所相关的边际成本，人们通常只会认为信息投资不足。因此，市场在信息传递方面是有效的这一观点一度十分流行，即它们通过价格将所有信息从知情者传递给不知情者。但是从某种意义上来说，这一观点〔经由法玛（Fama 1970, 1991）得到推广，却遭到了席勒（Shiller 1990）以及格罗斯曼和席勒（Grossman and Shiller 1981）的全盘否定〕在思维上是不连贯的，正如格罗斯曼和斯蒂格利茨（Grossman and Stiglitz 1976, 1980）所述：如果市场能够充分传递信息，就不会有人投入任何资源来收集信息了。

同时，信息的私人回报往往可以超过社会回报：如果我可以证明自己比别人更有能力，那么我的工资就会上涨，而他的工资则会下降（否则，在缺少信息的情况下，我就与他无甚区别）。我的收益以他的损失为代价。

---

[1] 格林沃尔德和斯蒂格利茨关于市场无效的证明集中在金钱外部性上，指出在不完全信息市场或不完全风险市场中，它们的影响明显不同于标准模型。在标准模型中，由于个体的收益与其他人的损失相抵消，所以这种价格影响会被抵消。阿诺特、格林沃尔德和斯蒂格利茨（Arnott, Greenwald, and Stiglitz 1994）明确阐明了价格变动如何影响具有一阶效应的自我选择约束。类似的结果也适用于价格对激励相容或抵押品约束的影响。对这些影响的分析一直是下文所讨论的宏观外部性相关文献论证的核心。

I 理论基础

因此，信息的大部分回报具有**分配性**。[1]

此外，企业会试图为信息传播制造障碍——从政策上来说，他们试图创造产权（称作"知识产权"）。这些权利的实施成本很高，而且很少能让信息投资者从他们的信息中获得所有的社会回报。然而，就其成功的程度而言，这些权利造成了静态的市场无效：因为信息一经创造，就是一种公共产品，任何阻碍其自由传播的障碍都会导致经济扭曲。在实践中，静态成本往往会增加，因为这些限制会造成进入壁垒，因而支持竞争不那么激烈的市场环境，然而旨在促进知识创造的激励措施可能十分有限。事实上，知识生产中最重要的投入是知识，因此，如果限制知识的使用，那么这些权利可能反倒会阻碍创新。一般来说，动态效益明显不如强知识产权支持者所暗示的那么多。[2]

因此，信息经济学的关键观点是，**信息支出的社会回报通常不同于私人回报**，有时社会回报更高，有时则更低——这一点与社会回报和私人回报通常相同的完全信息世界不同。这一观点具有许多含义，包括对私人而言有利可图的交易也许并不符合社会的利益。随后的文献揭示了特定背景下的大量扭曲现象，其中包括边际效率低下（庇古税可能会诱使市场参与者多做他们做得太少的事情，少做他们做得太多的事情）以及与多重均衡相关的结构性低下（经济有时会处于帕累托支配的均衡状态）（Stiglitz 1972, 1975）。

---

1 参见 Hirshleifer（1971）和 Stiglitz（1975）。前者确定了信息的分配效应，后者则成功分析了市场均衡，并指出市场可以存在多重均衡，其中混同均衡（两组无差别）帕累托支配"分离"均衡（两组存在差别）。

2 参见 Stiglitz（2008）、Stiglitz（2014a）和 Baker, Jayadev, and Stiglitz（2017）。

有时，有限的政府行为可以确保经济处于"良好"的均衡状态。[1]

信息不对称可以是内生的。家庭和企业都有制造信息不完全（不对称）状态的动机——他们可以从信息不透明中获益。对管理人员来说，也是如此——信息不透明可以制造针对具有竞争力的管理团队的进入壁垒，从而提高自身的"市场支配力"（参见 Edlin and Stiglitz 1995）。

复杂度是金融企业引入信息不透明的一种方式。许多金融交易的设计目的似乎是增加复杂度和相关的市场支配力，而不是解决社会问题。最近的研究展示了复杂度是如何增加系统稳定性以及监管政策效果的不确定性的。尽管社会欢迎能够更好地运转且更稳定的金融体系，但是市场参与者只关心能否实现利润最大化。格斯定理强调了信息不对称和不完全市场造成的私人回报与社会回报之间的差异。但是最近的研究却注意到了造成金融部门市场失灵的其他方面：通过让自己大而不倒、互联紧密而不倒或相关性高而不倒，金融机构可以确保自己能够获得纾困金，实际上就是将资源从公众手中转移到自己手中。因此，企业就有了大而不倒、互联紧密而不倒或相关性高而不倒的动力：这是一个**系统性**问题。

由于获得纾困金的可能性很大，他们可能会过度冒险，在这种情况下，他们实现了上涨（利润），而公众则承担了下跌（损失）的风险。此外，对于那些大而不倒、互联紧密而不倒或相关性高而不倒的金融机构来说，成功也许与相对效率无关，而与相对规模和联系有关。而它们引入金融体系的巨大的过度复杂性，使得监管的后果更加不确定。如果监管机构因此而不愿采取必要的监管措施（例如，依靠自我监管），就为该行业的实践者提供了进一步增加利润的机会。

如果存在完全信息，这些问题就不会出现——在完全信息的情况下，

---

[1] 例如，反歧视法可以防止出现某些群体受到的待遇比其他群体差的均衡（Stiglitz 1973, 1974b）。

I 理论基础 97

私人合同安排会将这些与信息相关的外部性内化。这些市场失灵现象显然为政府干预提供了理由。大部分干预都集中在**行为**上（例如，限制过度冒险和会增加利益冲突风险的行为）。然而这一分析表明，政府应将干预重点扩大到监管银行的规模（以减少大而不倒的风险）、银行之间的联系（以减少互联紧密而不倒的风险）以及合同安排（以降低过度复杂的风险）等领域。[1]最近的研究还指出，真正重要的是整个"生态"，即金融机构的多样性（和互联性），部分原因是政府无法监控单家银行的行为。对这种生态加以监管（例如，防止创建全能银行）可以减轻"相关性高而不倒"的危险，并为**结构性监管**（例如，将商业银行与投资银行分开的《格拉斯–斯蒂格尔法案》）提供了部分依据。

生产与信息是相互关联的。然而市场经济无效的问题日益严重，因为知识和信息的生产与其他活动交织在一起。因此，人们假定市场在信息／知识的生产与商品的生产方面都缺乏效率。例如，知识或信息是作为商品生产的副产品而产生的，如果这些信息被泄露给他人，那么在确定生产水平时，这些信息的价值就无法完全内化（Stiglitz and Greenwald 2014）。

信息外部性的宏观后果。凯恩斯对"大萧条"以及其他自资本主义诞生之初便困扰着资本主义的深度衰退做出了解释。但是在20世纪70年代，人们却对根据凯恩斯理论发展起来的宏观经济学与标准的微观经济学之间的差距日益不满。信息经济学为调和两者提供了必要的基础。例如，它解释了为什么会出现信贷和股权配给，[2]为什么这会导致企业做出风险规避行为（Greenwald and Stiglitz 1990），以及为什么即使失业率很高，工资也未

---

1 参见 Battiston et al. (2013, 2016a) 和 Roukny, Battiston, and Stiglitz (2016)。
2 参见 Greenwald, Stiglitz, and Weiss (1984) 和 Stiglitz and Greenwald (2003) 以及其中引用的大量参考文献。

必会得到调整〔参见 Shapiro and Stiglitz 1984，以及效率工资理论的其他变体（Stiglitz 1987c）〕。这些被称作"金融摩擦"的因素塑造了金融加速器，使得对企业净资产的微小冲击可能会导致总需求和总供给曲线出现巨大变化。[1]而且冲击的影响可能会持续——可能需要经过很长时间才能使资产负债表恢复到正常水平，从而实现经济复苏、充分就业。此外，工资和价格的去中心化调整意味着，在应对冲击时，经济可能无法立即转向与持续充分就业相一致的新的工资和价格均衡。事实上，经济可能会持续调整工资和价格，但是实际工资和失业率保持相对不变（Solow and Stiglitz 1968），甚至更糟的是，调整可能会导致失业率升高（Stiglitz 2016）。[2]

如前所述，格林沃尔德和斯蒂格利茨（Greenwald and Stiglitz 1986）指出，可以认为与逆向选择及道德风险相关的市场失灵会导致重要的金钱外部性。这些微观经济的金钱外部性有其宏观经济表现形式，这也是最近宏观经济学研究的中心。例如，市场均衡的特点可能是外债水平过高（Jeanne and Korinek 2010）。更广泛地说，借款人可能并未充分考虑自己的决定对未来价格的影响，例如，假若他们被迫清算资产将会造成的影响。每一位小借款人都接受价格分布；但是如果他们都借入更多资金，那么万一出现金融危机，由于他们都将被迫清算更多资产，下一时期某些资产的价格会出现下跌。

该理论的含义之一是，区别对待**明显**不同的事物的做法也许是（一般

---

[1] 参见 Greenwald and Stiglitz (1993a) 以及 Bernanke and Gertler (1990)。
[2] 与最近宏观经济学的研究中心截然不同，这方面的研究强调了凯恩斯理论的另一个方面，突出了工资和价格刚性的后果。这里，引发问题的是价格调整（与最近大部分对通货紧缩的政策关注一致）。这可以被视为费雪债务-通货紧缩理论的复兴（1933）。信息经济学还为工资和价格的缓慢调整提供了另一与差别风险相关的解释（Greenwald and Stiglitz 1989），也为就业的缓慢调整提供了另一种解释（Greenwald and Stiglitz 1995）。格林沃尔德和斯蒂格利茨（Greenwald and Stiglitz 1987, 1993b）讨论了宏观经济学替代路径之间的对比。

来说将是）最佳实践。因此，与主流观点意见相反，对外国资本和金融机构产生影响的税收和法规应该与影响国内资本的税收和法规有所不同。一些贸易协定中的"非歧视"（nondiscrimination）条款在信息不完全模型的背景下是不合理的。

次优理论。很久以前，米德（Meade 1955）与利普西和兰卡斯特（Lipsey and Lancaster 1956）就曾警告业界要小心次优理论。不能仅仅因为经济体效率低下，就认为只要使该经济体向完美模型靠拢，就能改善福利。在存在多重扭曲的情况下，只消除一种扭曲可能会使经济福利恶化。纽伯瑞和斯蒂格利茨（Newbery and Stiglitz 1984）在经济学家支持自由贸易的长期假定下证明了这一观点。只要存在不完善的风险市场，贸易一体化就可能降低每位个体的福利。然而，具有完全信息的市场或一套完整的市场永远不可能出现，所以我们始终处于一个次优的世界。因此，在使用完美市场范式指导政策改革时需要谨慎行事。它往往会给出具有误导性的建议。

其中之一就与缺乏一套完整的风险市场有关。问题是，创造新的金融工具/市场可以增加福利吗？结构金融的倡导者似乎认为答案是肯定的。其实答案并不明确。显而易见的是，这些新的金融产品至少会引发三个截然不同的问题。

我们已经注意到的第一个问题是，金融体系已然增加的复杂性引发了金融脆弱性，也降低了监管机构有效监管金融体系的能力。金融互联时代可能会导致**内在不确定性**增加——可能出现多重均衡（即使存在理性预期）。[1]

---

[1] 事实上，复杂的衍生品甚至可能会导致无法实现均衡。也就是说，在缺乏协调的情况下，市场参与者可以签订一系列相互之间不一致的合同。

第二个问题是，看法不一为投机（风险交易）营造了机会。在这种情况下，投机（这是一种零和博弈）双方都高估了获利的概率，而他们据此行事时就像是彼此的实际财富已增加。这就产生了古兹曼和斯蒂格利茨（Guzman and Stiglitz 2016a, 2016d）所说的伪财富，即只存在于赌徒想象中的财富。伪财富的变化会引发宏观经济波动。古兹曼和史迪格兹认为，观察到的一些波动性的增加可能是由于这些新的结构性产品造成的，因为这些产品创造了新的赌博机会。

第三个问题是，金融互联破坏了经济的分散性，而这种分散性恰恰是市场经济的主要优点之一。要想了解企业的财务状况，就需要掌握其所有债权人的财务状况，而这又需要知道债权人的所有债权人的财务状况。[1]

金融架构很重要。 简而言之，不同的架构会影响外部性的程度与信息要求的性质。没有证据表明市场驱动的架构是有效的：由于私人激励与社会激励之间存在差异，人们不会期望能够获得有效的结果。但架构的设计会影响私人激励与社会激励之间差异的程度及后果。许多增加了复杂性的新型金融产品可能会导致更"扭曲"的架构，从而增加金融脆弱性的风险。[2]

因此，结构性融资并非（如它所宣称的那样）真正意义上的匹配风险。[3]巨大的道德风险也可能与负债增加有关，但是我们没有假定由市场决定的合同破产条款是有效的。事实上，我们的假定恰恰相反，因为每家公

---

[1] 要求交易必须通过资本充足的清算所进行的做法——遭到了金融部门的坚决反对——将大大有助于解决这个问题。

[2] 最近关于信贷网络的研究（Battiston et al. 2016a）强调了与特定架构相关的低效行为，例如，破产级联和大规模/相关冲击下已然增加的系统性风险（延续了 Allen and Gale 2000 以及 Stiglitz and Greenwald 2003 的早期研究）。与跨境金融联系有关的类似结果，参见 Stiglitz（2010c, 2010d）。

[3] 所收集的信息与市场进行"匹配"所需的信息明显不同。例如，参见 Stiglitz（1982）。

I 理论基础　101

司都试图证明自己比别家更强。这也是有必要制定破产法的原因之一（而主权债务重组的合同路径的倡导者似乎不明白这一点）。[1]

信息与其他市场失灵

不完全竞争。信息经济学的一个重要观点是，如果缺乏良好的信息，竞争通常是不完全的。在不完全竞争的情况下，企业有可能利用市场支配力，实际上，在信息不完全且获取成本高昂的情况下，企业有可能采取能够提高其市场支配力的行动。

信息获取是一种固定成本，它在生产中引入了自然的"非凸性"。凸性在阿罗和德布鲁的证明中起到了关键的作用。此外，这些数学特性也具有经济意义。长期以来，收益递减规律一直在经济分析中发挥着核心作用；然而，如果信息是内生的，这一"规律"便无法得到满足。[2]

在搜索成本固定的情况下，抬高自己的价格，使其稍高于其他公司价格的做法都是有益的，无论两者之间的价差有多小——直到达到垄断价格，所以唯一可能的均衡是垄断价格（Diamond 1971, Stiglitz 1985）。但是这样一来，对企业来说，实行非线性定价是值得的，这种定价可以榨取一些剩余的消费者剩余——以至于不存在市场均衡（参见 Stiglitz 2013 和其中引用的参考文献）。

事实上，垄断的主要扭曲与其试图获取信息以便能够榨取更多消费者剩余有关（Stiglitz 1977）。在拥有完全信息的情况下，垄断者榨取了所有的消费者剩余，而且其实（理论上）它能以非扭曲的方式实现这一点。扭曲之所以会产生，是因为垄断者无法轻松地区分从其产品中享受到不同程

---

[1] 参见 Brooks et al.（2015）和 Guzman and Stiglitz（2016b, 2016e）。
[2] 例如，参见 Radner and Stiglitz（1984）和 Arnott and Stiglitz（1988）。

度剩余的人：扭曲的营销策略旨在最大限度地提高其榨取这种消费者剩余的能力（Salop and Stiglitz 1977）。

一般来说，小的沉没成本——信息支出总是沉没成本——会在伯川德竞争中产生持续的垄断租金（Stiglitz 1987b）。

不仅不完全信息会导致不完全竞争，企业试图管理不完全信息的行为也会减少竞争。逆向选择/道德风险的有效管理涉及跨期联系——延伸至多个时期的合同，例如，某个时期的支付取决于早期的事件/业绩（Stiglitz and Weiss 1983）。这限制了常规竞争机制的范围——在这种机制中，合同是短期的，离开的威胁是一种重要的约束手段——而且扩大了垄断剥削的范围。这也导致了**机构**（如银行）通过将一些信息外部性进行内部化来做出反应。

对一些关键性市场失灵加以解释。阿罗和德布鲁的分析也引发了另一个问题：如何解释关键性市场失灵，例如缺乏一套完整的证券市场或资本市场的局限性？信息经济学（逆向选择和道德风险）至少提供了部分答案：几乎可以肯定的是，企业也许比保险公司更了解自己的利润前景，因此它不会为低利润水平的风险购买保险，除非保险条款对其有利，而这些会使保险公司无利可图。[1]

信息经济学也为科斯式讨价还价所无法解决的外部性所带来的问题提供了一种解释。科斯认为，只有在产权清晰的情况下，才能通过讨价还价取得有效的结果。然而，在信息不对称的情况下，讨价还价通常没有效率，因为各方都采取了代价高昂的行动来传递有关强加给他们的外部性价值的信息。

---

[1] 在没有风险规避的情况下，显然不会有此类证券的交易。这是阿克洛夫（Akerlof 1970）的"柠檬市场"模型以及格罗斯曼和斯蒂格利茨（Grossman and Stiglitz 1980）与米尔格罗姆和斯托基（Milgrom and Stokey 1982）的"无交易定理"的含义，另见 Stiglitz（1982）。

回应市场失灵：社会机构功能失调的可能性

与信息有关的外部性不仅无处不在，而且十分分散，因此很难通过矫正税来解决这些问题，尽管矫正税应作为政策反应的一部分（参见 Arnott and Stiglitz 1986）。

有时，向公众公开信息（或对隐瞒信息的行为做出限制）才是适当的反应。因此，在为不同区域设计石油租赁系统时，如果已知某些公司拥有的信息多于其他公司，拍卖将大受影响，这就为政府进行勘探钻井提供了理由。

有时，这些市场失灵的后果极为明显和严重，以至于社会会通过建立社会机构来做出反应。比如由于缺乏人寿保险，殡葬协会得以建立，以帮助家庭支付因意外死亡而产生的费用。此类协会早在古罗马时期便已出现，在维多利亚时代的英格兰十分普遍，至今仍然存在。这里不会产生道德风险问题——没有人会为了让家人能够领取丧葬保险金而去死——而且逆向选择的问题也很轻微。也许对这种"市场失灵"最简单的解释就是，交易成本很高。因此，由政府来提供这种社会保护可能效率更高。

一般来说，社会会通过创建制度与签订合同来应对市场失灵。但是，我们没有假定这些制度解决方案能够实现帕累托效率。事实上，阿诺特和斯蒂格利茨（Arnott and Stiglitz 1991）表示，制度干预实际上可能会失灵。不完善的"家庭"保险（之所以不完善是因为风险只由少数人分担）取代（"挤出"）了更有效（但却有限）的市场保险。

信息范式的深层关键性见解

标准模型的稳健性。随着信息经济学的发展而出现的一个关键问题是，忽略了信息不完全的标准模型的稳健性究竟如何？答案是，不是很好，即使是轻微的信息不完全也会导致结果出现显著变化。〔例如，关于均衡的性质、最优性，乃至存在性（Rothschild and Stiglitz 1976）。] 一旦识别出信息不完全，许多关键的表征结果也会发生变化。例如，即使在均衡状态下，市场也可能不会清算，"一价定律"则被废止。即使在没有外生噪声源的情况下，市场也可以用价格分布来表征。

新范式的稳健性。 在这一点上，我们自然要问：这些新模型的稳健性如何？近半个世纪以来，早期发现的关键信息问题与分析模式（逆向选择/道德风险）一直是研究的核心。与此同时，事实证明，均衡的精确表征取决于市场的细节，尤其是关于信息的假定。正如阿克洛夫（Akerlof 1970）所述，早期文献对价格均衡（例如，保险的卖方不了解买方的特征或是他们所采取的行动，如购买了多少保险）[1]与数量约束均衡（保险公司的手中握有此类信息，实际上，每个买方只购买了一家公司的保险产品）作了区分。最近，斯蒂格利茨、尹和科森科（Stiglitz, Yun, and Kosenko）通过研究表明，如果个体/企业可以决定是否隐藏或披露信息，那么阿克洛夫/价格和罗斯柴尔德（Rothschild）–斯蒂格利茨/数量均衡都无法持续。均衡始终存在（与罗斯柴尔德–斯蒂格利茨不同），唯一的均衡是一个披露的混同协议（低风险个体最青睐的合同），辅之以未披露的只由高风险个体购买的高风险个体赔率的价格合同。

在逆向选择和道德风险同时存在的情况下，混同数量均衡可能存在（Stiglitz and Yun 2013），但是如果只存在逆向选择，这种情况就不可能发生。

信息经济学的重要贡献之一就是展示了合同（Stiglitz 1974a）与机构（如银行）的重要性，并对其形式进行了分析。贷款不是通过拍卖而是通过银行等收集和处理信息的机构发放。信息经济学还将人们关注的重点转移到了执行和承诺（时间一致性）上。例如，合同执行过程中的一个关键

---

[1] 或者说，相应地，汽车的购买者不了解任何关于经销商的信息。

问题就是可验证性,因此与信息有关。

所有这些都与阿罗-德布鲁的框架形成了鲜明的对比,在该框架中,不仅在一套完整的市场之下信息结构是外生的,而且其执行与承诺方面都不存在问题。

第二基本定理也被推翻。 如前所述,格林沃尔德和斯蒂格利茨 (Greenwald and Stiglitz 1986) 表明,如果信息不对称,市场就没有效率,从而推翻了福利经济学第一基本定理。现在有一种假定认为市场是无效的,而不是有效的。

但是,第二基本定理(即任何具有帕累托效率的可行收入分配都可以通过市场机制实现,而且资产的初始分配是正确的)呢?这个定理非常重要,因为它将效率问题与分配问题区分开来了。有人认为,经济学家应该关注效率,分配问题可以留给政治学家来解决。

然而,新范式表明,财富(资产)的分配至关重要,而且(一次性)再分配无法消除分配效应——部分原因是无法获得实现这些一次性分配所需的信息,而且唯一可行的再分配税是扭曲的。[1]

关键问题:什么是关键性市场失灵? 早期关于不完全信息的文献大多集中在信息不对称上,有些关于不完全信息的讨论甚至认为,几乎所有与不完全信息相关的扭曲都来自这些信息不对称。然而,真正的问题不是信息不对称,而是信息的内生性。例如,寿险公司对于预期寿命统计数据的了解可能远远多于投保人。个体可能不知道自己属于高风险还是低风险人群。寿险公司仍有可能采取代价昂贵的筛选活动(包括使用自我选择机制)来识别那些具有与较长预期寿命存在系统相关的特征的个体(参见Stiglitz 2002)。

---

[1] 参见 See Mirrlees (1971), Shapiro and Stiglitz (1984), Stiglitz (1987a) 和 Brito et al. (1990)。

不仅信息是内生的，就连信息的不对称性也是内生的。与之相反，大多数早期文献假定不对称性是外生的。如前所述，企业和个体都有很强的动力去创造和提升市场支配力，并通过创造信息不对称来实现抽租最大化。

信息与授权

不完全信息意味着，基于完全信息的阿罗-德布鲁模型有效分权的标准分析是不正确的。然而，正是收集和传播信息的成本使得分权成为必要，并形成了对经济组织具有深远影响的授权。例如，授权意味着所有权和控制权的分离：这种分离破坏了公司的标准理论，并且引发了有关公司治理的问题。

在重要的市场失灵中有一类与公司治理相关。管理者未必会做符合股东利益的事情。社会回报和管理回报之间甚至出现了更大的差异，这意味着我们不能假定市场解决方案是有效的。所有控制机制（如收购）都存在不完善之处。这就是为什么博弈规则——公司治理的指导原则——十分重要的原因。[1] 这些问题在金融部门中尤其重要。

知识经济学

我刚才所描述的大多数结果都超出了狭义信息经济学的范围，其适用性可以延伸至知识经济学。[2] 事实上，我们将知识视作信息的一种特殊形式。知识当然是创新理论的核心。由于现代经济通常被描述为知识经济或创新经济，理解知识经济学显然十分关键。知识和信息一样，与普通商品不同。标准经济学的工具和见解，是为思考针、钢、石油和其他传统产品

---

1 Stiglitz (2015).
2 斯蒂格利茨和格林沃尔德（Stiglitz and Greenwald 2014）更充分地发展了本节的观点。

的需求和供给而开发的，对理解知识经济意义有限。

正如我所说的那样，知识是信息的一种形式，具有信息的许多或大部分关键属性。最重要的是，知识是一种准公共产品——如前所述，不存在与他人使用某个想法相关的边际成本。因此，在通过知识产权等手段限制使用方面总是效率低下。与许多公共产品一样，收益的分配也很困难。激光或晶体管等重要创新通常会带来巨大的溢出效应，而创新者往往只能得到一小部分社会效益。

这就意味着，我们从信息经济学研究中所获的见解适用于创新与知识生产。市场本身不太可能是有效的，竞争也可能是不完美的。这与长期以来的观点背道而驰，即市场经济的真正力量是通过熊彼特式竞争来推动创新。

旨在拓宽视野（即恢复此前关于市场效率的结果）的早期尝试失败了

阿罗和德布鲁提供了经济效率的充分条件，而非必要条件。随后，人们开始寻找市场仍然有效的弱化条件。

最著名的例子是戴蒙德（Diamond 1967）的例子，他建立了股票市场经济体的（受限）效率。即便具有高度受限的最优性概念与高度受限的风险假定（每家公司都属于某个风险等级，而且不能改变收益的概率分布，只能改变生产的规模），事实证明结果也不具备一般性。在只有两种商品或者存在破产成本，又或存在影响风险分布模式的决策的情况下，结果并不真实：市场并非（受限）有效。

如前所述，格斯定理（Greenwald-Stiglitz 1986）终结了人们对于市场有效的弱化条件的探索，该定理表明市场一般是无效的；只有在特殊情况下才是有效的。例如，在只有个体的经济体中，缺乏风险市场也不会有什么影响，因为没有人可以与他一起分担或交易风险。[1]

但是还有第二个问题——市场如何处理不完全信息的后果（尽管不太完美），包括缺乏状态依存商品。合同（其支付取决于可观察到的状态结果）提供了一种同时分担风险和提供激励的方式（Ross 1973; Stiglitz 1974a）。

大量文献接踵而至，开始探索最优合同的设计。一个有趣的结果是，预测的复杂性[2]远远大于观察结果。例如，由于共同冲击属于不可观察的变量，最优合同应该确保补偿依据他人的结果而定：因此，预测的合同**形式**通常与观察到的不同（参见Nalebuff和Stiglitz 1983a, 1983b）。

新制度经济学

尽管观察到的合同与预测的合同明显不同，但是一般而言，信息范式有助于解释观察到的制度的许多方面。例如，长期以来，人们一直认为佃农分成制削弱了激励机制，因为一半或更多的（边际）收益归地主所有。然而，斯蒂格利茨（Stiglitz 1974a）却认为，考虑到信息和风险市场的局限性，佃农分成制平衡了激励和风险分担，是一种"合理的"合同。

尽管合同设计的许多方面与理论预测一致，但是期望这些制度能够实现帕累托效率的想法却落空了；如前所述，它们甚至会导致福利恶化。

政策推论

我刚才讨论的观点在政策上存在许多推论。特别是，华盛顿共识/新

---

1 如前所述，市场效率低下可以简单地解释为：在信息不完全的情况下，关键性约束——激励相容约束、自我选择约束和抵押约束——都会受到他人行为的影响；每位个体都没有考虑自身会如何影响这些约束。而这些影响是最重要的。这些外部性十分重要。

2 除非是在特殊且容易被拒绝的效用函数的规范下。

自由主义政策建立在斯密假定的基础之上（即市场是有效的，而且假定向完美市场迈进能够提高福利），完全忽略了次优经济学。如前所述，假定向最优经济迈进能够提高福利的想法是错误的。但是即使事实并非如此，也存在赢家和输家，不利的分配效应可能会超过任何收益，而且消除分配效应的成本可能会很高。

信息的政策之争：高频交易

如今涌现出了一系列新的争论，其中许多与信息直接相关。正是在这个领域，最有可能取得巨大的社会回报和私人回报，因此，本章的见解最有可能与之相关。

以高频交易的发展为例。它常以"价格发现"——揭露价格以实现资源的有效配置——为由。[1]但这只是金融部门为自己谋利的理由：没有任何证据表明它很重要；也没有任何证据表明，比其他方式提前一纳秒获得稍稍更准确一些的价格可以实现更高的增长或更有效的资源分配。现实情况是，这可能是一种新型的跑马圈地——在他人之前获得出价和报价或交易信息的人能获利。事实上，正如格罗斯曼-斯蒂格利茨所述，高频交易抽取了一些本该属于真正做研究的人的租金，从而降低了经济的整体效率（参见Stiglitz 2014b）。

---

[1] 高频交易的另一个理由是"流动性"——使个体能够轻松地进出资产，提高进行真正投资的意愿。但这似乎在很大程度上也是金融部门为自己谋利的一种说法：有证据表明，流动性在需要时就会枯竭。

其他新政策见解：结构性融资

新理论改变了人们对各种政府政策的看法。例如，我已经指出，创建额外的风险工具实际上有可能增加风险。因此，要求披露也有可能增加福利——市场均衡披露还不够。只要资本充足，[1] 要求（通过清算所）在市场上进行交易也可以增加福利，因为这样可以提高经济的分散性。

证券化。 信息范式有助于我们了解证券化市场出了什么问题。在2008—2009年的金融危机爆发前，人们对证券化抱有极大的热情，因为它能够将风险分散到整个经济之中。然而，证券化需要将信息收集和分析的不同方面委托给不同的实体。要使证券化运作良好，需要复杂的合同（有回购和保证）。它之所以没有成功，既是因为遭遇了大规模的欺诈，[2] 也是由于合同的执行存在广泛的问题：抵押贷款发放者，甚至看似信誉良好的投资银行，都拒绝履行合同。这种行为凸显了前面提到的合同与执行问题，以及政府在防止信息市场欺诈方面所起的重要作用（Greenwald and Stiglitz 1992）。

证券化（资本市场）的这些失败不应令人感到意外。真正令人意外的是，市场和政府监管机构都未能理解与预见资本市场和证券化的局限性，包括与分配收益的困难有关的市场信息效率的局限性（Grossman and Stiglitz 1980）。[3]

---

[1] 这可以通过要求市场参与者承担连带责任来实现。

[2] 也就是说，提供给购买抵押贷款和抵押贷款产品的人的信息是极其错误的——有相对明确的证据表明，至少在一定程度上，卖方是故意这样做的。

[3] 不仅信用评级机构在评估不同档次的结构性产品违约概率上大错特错（他们因此获得了丰厚的报酬）；同样也有证据表明，它们存在欺诈行为。在几起针对评级机构、投资银行以及其他金融机构的案件中，我作为专家证人，了解到欺诈和未能遵守合同条款的证据。在联邦政府和州政府已经提起诉讼的案件中，已经公开披露了一些证据。《金融危机调查报告：美国金融与经济危机起因调查委员会最终报告（2011）》指出，信用评级机构的行为和结构性金融产品是导致2008—2009年金融危机的两个主要原因。另见Stiglitz（2010b，2010d）。

银行可以被视作这些信息问题的一种制度性解决方案。[1]值得注意的是，在美国抵押贷款证券化市场崩溃十年之后，市场仍未得以恢复。显然，尽管银行相信自由市场，但它们想要的是一个包含不可接受的公共风险承担水平的结构。

金融部门监管的其他方面。金融活动产生的大部分利润与市场开发有关（其中大部分利润在存在完全信息的情况下不会出现），包括创造和利用信息不对称和市场操纵。阿克洛夫和席勒（Akerlof and Shiller 2015）在《钓愚：操纵与欺骗的经济学》（*Phishing for Phools: The Economics of Manipu Lation and Deception*）一书中描述了利用"无知"、非理性和市场支配力的动机。[2]掠夺性贷款和滥用信用卡的行为只不过是最明显的例子。

我也注意到银行有动机增加复杂性，以及社会回报和私人回报在增加复杂性方面的差距。复杂性的增加甚至为难以检测的欺诈行为带来了新的机会。银行利用了这些机会。高昂的诉讼费用、诉讼时效和政治俘虏都使起诉变得困难。

金融部门已经开发出增加租金的新方法，并为有时在法庭上占据上风的剥削活动找到了新的理由。技术和知识的变化（例如，关于个体的非理性与如何利用这些非理性）以及法律框架的变化也可能增强了金融部门剥削他人的能力。

---

1 证券化的倡导者从未解释过为什么不能通过银行所有权的多元化来实现足够的风险分散。
2 此处，我关注的是信息不完全的后果。金融部门也通过利用其他市场支配力来源，比如运行支付系统（信用卡和借记卡），享受到了巨大的租金。

调和两种长期处于竞争状态的描述市场均衡与解释不平等的理论

200多年来，经济理论一直存在两个基本分支。一个强调竞争的作用（竞争平衡理论）；另一个则强调市场支配力（剥削）。

近几十年来，前一种理论在西方国家占据了主导地位。当然，人们在行使市场支配力时总会受到一些约束，**有些**竞争也始终存在。然而，标准的（价格接受）竞争模型描述的市场很少。许多竞争测试只是对一些竞争性约束存在与否的测试，而不是对经济与完全竞争模型的接近程度的测试。

不完全信息/不完全竞争模型与完全竞争或无竞争的两种极端情况都有着根本上的不同。我认为，最好利用这种混合模型来描述现实世界。完全竞争的经济体当然没有租金。在各部门均存在垄断的经济中没有租金之争：垄断者只是得到了租金。事实上，关键的争斗在于抢夺或限制租金，在于市场的结构和博弈规则，这些都会影响租金的多寡与分配。

博弈规则至关重要——市场并不存在于真空之中。不同的规则影响不同群体的福祉；每位个体都试图以有利于自己的方式来制定限制他人的一套可行的合同和行动，更广泛地说，以牺牲他人利益为代价来改变规则以增加自己的利益。公共利益当然是创造有利于普通公民和整个社会的企业与公共治理的制度框架。这就是为什么认为市场基本上具有竞争性的想法是政策分析的一个糟糕的起点，因为它忽略了所有与攫取租金相关的问题。治理至关重要——谁来做决策，决策所依据的规则是什么。在阿罗-德布鲁模型中，不存在真正的治理问题——每家公司只是将其市场价值最大化，而所有股东都认为它应该这样做。在不完全信息和不完全的风险市场中，谁说了算以及如何"聚合"不同的判断十分重要。不同的人对公司应该做什么存在不同的看法（Grossman and Stiglitz 1977）。

经济学家早就认识到，公共部门的治理至关重要，而且没有什么简单的方法可以聚合偏好。这就是阿罗（Arrow 1951）的基本见解。例如，由代表工人的人所制定的关注失业的货币政策，将与代表债券持有人的人所制定的关注通货膨胀的货币政策明显不同。信息经济学已经清楚地表明，无论是在私营部门还是在公共部门，都是如此。

事实上，博弈规则在经济的方方面面，如公司治理、金融部门、货币政策、破产、反垄断和劳工等方面都很重要。有了有利于组建工会、鼓励工人加入工会、加强工人集体谈判权利的规则，工人的工作表现将会提升，因为规则提供的是"公共产品"（如果工资增加，所有工人都会受益）。所有消费者均受益于强有力的反垄断政策，该政策认识到了，如果存在市场支配力，物价就会上涨，而物价上涨会降低普通公民的生活水平，就像工资下降一样。甚至就连破产法也可能产生重要影响：法律赋予衍生品在破产时享有第一优先权，其地位甚至超过了工人，这鼓励了衍生品的发展，却给工人带来了更大的风险。法律规定不能免除助学贷款，即便在学生家庭破产时也是如此，这鼓励了掠夺性助学贷款，导致底层人群贫困化，阻碍了教育投资，加深了整体的不平等。

信息经济学更广泛的理论影响

信息革命在经济学一些更广泛的变化中发挥了关键作用，除上述内容外，还产生了包括诸如契约理论的这类新的子领域。正如导论所述，它第一次为会计等领域提供了知识基础。在金融领域，它在两个分支之间创造了紧张关系，一个侧重于风险分散的好处，另一个侧重于信息的收集、处理和传播。如上所述，这些分支经常处于紧张状态：据称，证券化和结构性金融产品提高了风险分散，以及风险状况与个体偏好和情况的匹配质量,但是它也减少了收集和处理信息的动机。金融危机表明,后一种效应主导了前一种效应。

然而,信息经济学最大的遗产之一是它对行为经济学的发展做出了贡献。尽管具有不完全信息和信息不对称的模型能够解释许多以前无法解释的现象,但是具有不完全信息的理性行为模型仍然无法解释一些正在(如金融市场)发生的事情。这为行为经济学的发展提供了动力。

最初的研究(例如,Kahneman and Tversky 1979; Tversky and Kahneman 1974, 1981)结合了心理学的见解。个体决策,尤其是快速决策时,涉及无数的偏误,如确认偏误,即个体更重视与其先验一致的证据(Kahneman 2011)。

最近的研究侧重于内生的偏好与信念,并且强调"心智模型"(我们看待世界的视角)的作用,同时融合了社会学与社会心理学的见解。这两个领域都有助于深入了解社会僵化和社会变革(Hoff and Stiglitz 2010, 2016)。正如《2015世界发展报告:心灵、社会和行为》(World Bank 2015)所示,它们为政策提供了新的工具,特别是在发展的背景下。

展望

人们曾经希望,包括互联网在内的技术进步,能够通过降低信息搜索成本来增加竞争。在某些领域确实如此,因为这些领域存在同质化或规格化的商品和制成品。但是,新技术也增加了利用信息的能力——增加了信息的不对称性,以及拥有不同信息获取途径的人的市场支配力。

更广泛地说,经济中的一些变化——技术、需求结构和监管框架方面的变化——加剧了信息(知识)的私人回报和社会回报之间的差距,增强了寻租和抽租的能力。应对这些基本面上的变化需要政策变化的支撑,以防止市场支配力增强、不平等加剧。存在这样一种风险，即向"信息经济"转型可能会使市场支配力落入那些在获取信息方面占主导地位的人（如谷歌和脸书）手中，从而扭曲商品市场和服务市场（提高了价格歧视的能力）[1]以及创新。这将造成鼓励在信息化抢租潜力巨大的领域进行创新的局面，从而将稀缺的研究资源从社会效益较高的领域转移出去。这种情况发生的程度由博弈规则决定，例如，关于隐私、透明度、通过平台传输的信息（数据）的所有权，以及对于个体放弃其权利的能力的约束。这是一个充斥着外部性和其他市场缺陷的领域，因此政府不能回避自己的角色，不能只是"把它留给市场"。

此外，一定程度上由于存在网络外部性，很难取代现有结构或改变结构：今天的决策将产生持久的影响，市场的特点是存在一个或最多几个占支配地位的企业，其支配地位将长期存在。

新技术

过去20年间发展起来的新技术在迫使我们面对这些问题这方面发挥了特别重要的作用。它们创造了信息经济。网络效应与日益增强的知识所起的作用，自然会带来更多的规模经济。网络效应很强时，就会出现自然垄断。关于自然垄断的经典文献指出，自然垄断要么必须受到严格监管，要么必须被国有化。最近，这些新的自然垄断企业甚至成功地令人们认为它们不具备市场支配力，因此也避开了所有严格的监管。欧洲对它们的做法展开了更为细致的调查，并且发现它们具有反竞争性，美国因此抱怨欧盟采取了反美立场。这是不对的。欧洲的反垄断机构只是在做自己的分内之事，试图确保市场支配力未被滥用。美国政府之所以

---

[1] 回顾我们之前的讨论，信息不完全对生产有着根本性的影响。

没有对这些企业采取行动，部分原因是迫于这些近乎垄断的美国企业所具有的政治影响。

这些企业尤其有可能滥用市场支配力，一旦出现这种情况，也将特别棘手。我曾在前文指出，与垄断相关的真正扭曲源自试图通过区分客户，为垄断企业自身从每位个体身上榨取更多消费者剩余的尝试。理解行为经济学与歧视理论（基于信息不对称的经济学），同时获取大量新数据，可以增强它们利用市场支配力的能力。更棘手的是，它们获取和利用个体数据的能力引发了关于隐私权与社会性质的深层问题。

熊彼特认为，我们不必太过担心垄断企业。一家垄断企业会被另一家垄断企业所取代，而成为垄断者的竞争能够激励创新。如今，这些想法已经不再可信。[1]但是，这些新技术的特殊之处在于，它们可以获取大量不可复制的数据，这些可能增强了现有企业的存续能力，尽管出现了一些破坏性技术的情况。

经济结构的变化

经济中的其他变化可能已经改变了信息的作用——所采用的方式同样会使经济失去竞争力。许多人注意到，我们正在从制造业经济转向服务业经济。制成品在全球范围内生产、销售，获取和传递关于这些产品的信息相对容易。

相比之下，许多在国内生产总值中占比越来越大的服务却是由当地生产和提供的。消费者关心的是服务的质量，因此有关质量的信息至关重

---

[1] 达斯古普塔和斯蒂格利茨（Dasgupta and Stiglitz 1980）表明，现有企业有能力，也有动力坚持下去。弗登伯格等人（Fudenberg et al. 1983）表明，企业可以在研究支出较低，因而创新水平较低的情况下坚持下去。更具综合性的最新讨论，参见Stiglitz and Greenwald（2014），特别是其2015年修订版的第五章和第六章。

要，声誉效应也十分重要。但是所有这些都会形成当地的市场支配力。

增强后的市场支配力与政治之间的相互作用

上文所述的自然市场力量会导致经济不平等加剧，从而造成政治不平等加剧——这反过来又导致博弈规则（例如，针对隐私和透明度的管理规则）重组，以提高市场支配力和加剧不平等。然而，由于博弈规则的目的是提高拥有市场支配力的人的收入，不仅不平等现象会加剧，经济表现也有可能被削弱。

结语

信息经济学对经济学与经济政策产生了变革性的影响，直接催生了诸如契约理论之类的全新经济学分支。目前，已经涌现出大量与这些分支相关的文献。

它对以前无法解释的现象做出了解释。一个世纪前，制度经济学与源自斯密、李嘉图、瓦尔拉斯和古诺研究的"理论"经济学之间曾经存在冲突。从某种意义上说，信息经济学既强调了制度的重要性，也证明了市场的局限性，从而将两个流派结合在一起。在许多情况下，它不仅能够解释某些制度存在的理由，而且能够解释其结构。

还有人指出，在理性个体利用不完全信息做出决定的框架中，有些现象无法得到解释。这些"失败"对于鼓励行为经济学的发展而言非常重要。

信息经济学，以及衍生自博弈论发展的其他研究均有力地表明，最好通过强调市场缺陷的模型，而非竞争均衡模型来看待经济。这些缺陷包括不完全和不对称的信息，以及由此产生的其他市场失灵：不完整的风险市场、市场支配力，以及提高寻租和剥削的可能性。

最重要的是，信息经济学对经济政策的长期假定提出了质疑，甚至在许多情况下推翻了这些假定。其中一条就是市场经济**没有**效率。如果市场支配力普遍存在，就存在一些可以同时提高效率与公平的干预措施。

这些想法对于像世界银行这样试图促进世界上一些最贫穷国家不断发展的机构而言尤为重要。这些国家的市场往往十分薄弱或根本不存在，促进信息收集、生产和传播的制度也特别薄弱。长期以来，世界银行提出的建议均以忽视不完全信息作用的经济模式为基础。幸运的是，过去20年间，世界银行一直站在最前沿，质疑这一模式，同时加强针对替代框架（如本文所讨论的框架）对发展政策影响的理解。[1]

参考文献

Akerlof, George A. 1970. "The Market for 'Lemons': Quality Uncertainty and the Market Mechanism." *Quarterly Journal of Economics* 84 (3): 488–500.

Akerlof, George A., and Robert J. Shiller. 2015. *Phishing for Phools: The Economics of Manipulation and Deception*. Princeton, NJ: Princeton University Press.

Allen, Franklin, and Douglas Gale. 2000. "Financial Contagion." *Journal of Political Economy* 108 (1): 1–33.

Angelides, Phil, et al. 2011. "Final Report of the National Commission on the Causes of the Financial and Economic Crisis in the United States." Financial Crisis Inquiry Commission, U.S. Government Printing Office, Washington, DC, January.

Arnott, Richard, and Joseph E. Stiglitz. 1986. "Moral Hazard and Optimal

---

1 例如，参见《1998世界发展报告：知识与发展》（World Bank 1998）以及前面提到的《2015世界发展报告：心灵、社会和行为》（World Bank 2015）。

Commodity Taxation." *Journal of Public Economics* 29 (1): 1–24.

Arnott, Richard, and Joseph E. Stiglitz. 1988. "The Basic Analytics of Moral Hazard." *Scandinavian Journal of Economics* 90 (3): 383–413.

Arnott, Richard, and Joseph E. Stiglitz. 1991. "Moral Hazard and Non-market Institutions: Dysfunctional Crowding Out or Peer Monitoring." *American Economic Review* 81 (1): 179–190.

Arnott, Richard, Bruce Greenwald, and Joseph E. Stiglitz. 1994. "Information and Economic Efficiency." *Information Economics and Policy* 6 (1): 77–88.

Arrow, Kenneth J. 1951a. *Social Choice and Individual Values*. New York: Wiley.

Arrow, Kenneth J. 1951b. "An Extension of the Basic Theorems of Classical Welfare Economics," *Proceedings of the Second Berkeley Symposium on Mathematical Statistics and Probability*, edited by J. Neyman, 507–532. Berkeley: University of California Press.

Arrow, Kenneth J. 1964. "The Role of Securities in the Optimal Allocation of Risk-Bearing." *The Review of Economic Studies* 31(2): 91–96.

Arrow, Kenneth J., and G. Debreu. 1954. "Existence of an Equilibrium for a Competitive Economy." *Econometrica* 22 (3): 265–290.

Baker, Dean, Arjun Jayadev, and Joseph E. Stiglitz. 2017. "Innovation, Intellectual Property, and Development: A Better Set of Approaches for the 21st Century." Access IBSA, Innovation and Access to Medicines in India, Brazil, and South Africa, Bangalore, India.

Battiston, Stefano, Guido Caldarelli, Co-Pierre Georg, Robert M. May, and Joseph E. Stiglitz. 2013. "Complex Derivatives." *Nature Physics* 9 (1): 123–125.

Battiston, Stefano, Guido Caldarelli, Robert M. May, Tarik Roukny, and Joseph E. Stiglitz. 2016a. "The Price of Complexity in Financial Networks." *Proceedings of the National Academy of Sciences of the United States of America* 113 (36): 10031–10036.

Battiston, Stefano, J. Doyne Farmer, Andreas Flache, Diego Garlaschelli, Andrew G. Haldane, Hans Heesterbeek, Cars Hommes, Carlo Jaeger, Robert M. May, and Marten Scheffer. 2016b. "Complexity Theory and Financial Regulation." *Science* 351 (6275): 818–819.

Bernanke, Ben, and Mark Gertler. 1990. "Financial Fragility and Economic Performance." *Quarterly Journal of Economics* 105 (1): 87–114.

Brito, Dagobert L., Jonathan H. Hamilton, Steven M. Slutsky, and Joseph E. Stiglitz. 1990. "Pareto Efficient Tax Structures." *Oxford Economic Papers* 42: 61–77.

Brooks, Skylar, Martin Guzman, Domenico Lombardi, and Joseph E. Stiglitz. 2015.

"Identifying and Resolving Inter-Creditor and Debtor-Creditor Equity Issues in Sovereign Debt Restructuring." CIGI Policy Brief 53, Centre for International Governance Innovation, Waterloo, ON.

Dasgupta, Partha, and Joseph E. Stiglitz. 1980. "Uncertainty, Industrial Structure, and the Speed of R&D." *Bell Journal of Economics* 11 (1): 1–28.

Debreu, G. 1959. *The Theory of Value*. New Haven, CT: Yale University Press.

Diamond, Peter A. 1967. "The Role of a Stock Market in a General Equilibrium Model with Technological Uncertainty." *American Economic Review* 57 (4): 759–776.

Diamond, Peter A. 1971. "A Model of Price Adjustment." *Journal of Economic Theory* 3 (2): 156–158.

Edlin, Aaron S., and Joseph E. Stiglitz. 1995. "Discouraging Rivals: Managerial Rent-Seeking and Economic Inefficiencies." *American Economic Review* 85 (5): 1301–1312.

Fama, Eugene F. 1970. "Efficient Capital Markets: A Review of Theory and Empirical Work." *Journal of Finance* 25 (2): 383–417.

Fama, Eugene F. 1991. "Efficient Capital Markets: II." *Journal of Finance* 46 (5): 1575–1617.

Fisher, Irving. 1933. "The Debt-Deflation Theory of Great Depressions." *Econometrica* 1 (4): 337–357.

Fudenberg, Drew, Richard Gilbert, Joseph E. Stiglitz, and Jean Tirole. 1983. "Preemption, Leapfrogging, and Competition in Patent Races." *European Economic Review* 22 (1): 3–31.

Geanakoplos, John D., and Heraklis M. Polemarchakis. 1986. "Existence, Regularity, and Constrained Suboptimality of Competitive Allocations When the Asset Market Is Incomplete." In *Uncertainty, Information, and Communication: Essays in Honor of Kenneth J. Arrow*, volume III, edited by Walter P. Heller, Ross M. Starr, and David A. Starrett, 65–96. Cambridge: Cambridge University Press.

Greenwald, Bruce, and Joseph E. Stiglitz. 1986. "Externalities in Economics with Imperfect Information and Incomplete Markets." *Quarterly Journal of Economics* 100 (2): 229–264.

Greenwald, Bruce, and Joseph E. Stiglitz. 1987a. "Keynesian, New Keynesian and New Classical Economics." *Oxford Economis Papers* 39 (1): 119–132.

Greenwald, Bruce, and Joseph E. Stiglitz. 1987b. "Examining Alternative Macroeconomic Theories." *Brookings Papers on Economic Activity*, 1, 1988, pp. 207–

270.

    Greenwald, Bruce, and Joseph E. Stiglitz. 1988. "Pareto Inefficiency of Market Economies: Search and Efficiency Wage Models." *American Economic Review* 78 (2): 351–355.

    Greenwald, Bruce, and Joseph E. Stiglitz. 1989. "Toward a Theory of Rigidities." *American Economic Review* 79 (2): 364–369.

    Greenwald, Bruce, and Joseph E. Stiglitz. 1990. "Asymmetric Information and the New Theory of the Firm: Financial and Risk and Behavior." *American Economic Review* 80 (2): 160–165.

    Greenwald, Bruce, and Joseph E. Stiglitz. 1992. "Information, Finance, and Markets: The Architecture of Allocative Mechanisms." *Industrial and Corporate Change* 1 (1): 37–68.

    Greenwald, Bruce, and Joseph E. Stiglitz. 1993a. "Financial Market Imperfections and Business Cycles." *Quarterly Journal of Economics* 108 (1): 77–114.

    Greenwald, Bruce, and Joseph E. Stiglitz. 1993b. "New and Old Keynesians." *Journal of Economic Perspectives* 7 (1): 23–44.

    Greenwald, Bruce, and Joseph E. Stiglitz. 1995. "Labor Market Adjustments and the Persistence of Unemployment." *American Economic Review* 85 (2): 219–225.

    Greenwald, Bruce, Joseph E. Stiglitz, and Andrew Weiss. 1984. "Informational Imperfections in the Capital Markets and Macroeconomic Fluctuations." *American Economic Review* 74 (2): 194–199.

    Grossman, Sanford J., and Robert J. Shiller. 1981. "The Determinants of the Variability of Stock Market Prices." *American Economic Review* 71 (2): 222–227.

    Grossman, Sanford J., and Joseph E. Stiglitz. 1976. "Information and Competitive Price Systems." *American Economic Review* 66 (2): 246–253.

    Grossman, Sanford J., and Joseph E. Stiglitz. 1977. "On Value Maximization and Alternative Objectives of the Firm." *Journal of Finance* 32 (1): 389–402.

    Grossman, Sanford J., and Joseph E. Stiglitz. 1980. "On the Impossibility of Informationally Efficient Markets." *American Economic Review* 70 (3): 393–408.

    Guzman, Martin, and Joseph E. Stiglitz. 2016a. "A Theory of Pseudo-Wealth." In *Contemporary Issues in Macroeconomics*, edited by Joseph E. Stiglitz and Martin Guzman, International Economic Association Conference Volume 155-II, 21–33. Basingstoke, UK: Palgrave Macmillan.

    Guzman, Martin, and Joseph E. Stiglitz. 2016b. "Creating a Framework for

Sovereign Debt Restructuring That Works." In *Too Little, Too Late: The Quest to Resolve Sovereign Debt Crises*, edited by Martin Guzman, José Antonio Ocampo, and Joseph E. Stiglitz, 3–32. New York: Columbia University Press.

Guzman, Martin, and Joseph E. Stiglitz. 2016c. "Pseudo-Wealth and Consumption Fluctuations." NBER Working Paper 22838, National Bureau of Economic Research, Cambridge, MA.

Guzman, Martin, and Joseph E. Stiglitz. 2016d. "A Soft Law Mechanism for Sovereign Debt Restructuring Based on the UN Principles." FES International Policy Analysis Paper, Friedrich Ebert Stiftung, Berlin.

Haldane, Andrew G., and Robert M. May. 2011. "Systemic Risk in Banking Ecosystems." *Nature* 469 (7330): 351–355.

Henry, Claude, and Joseph E. Stiglitz. 2010. "Intellectual Property, Dissemination of Innovation, and Sustainable Development." *Global Policy* 1 (3): 237–251.

Hirshleifer, Jack. 1971. "The Private and Social Value of Information and the Reward to Inventive Activity." *American Economic Review* 61 (4): 561–574.

Hoff, Karla, and Joseph E. Stiglitz. 2010. "Equilibrium Fictions: A Cognitive Approach to Societal Rigidity." *American Economic Review* 100 (2): 141–146.

Hoff, Karla, and Joseph E. Stiglitz. 2016. "Striving for Balance in Economics: Towards a Theory of the Social Determination of Behavior." *Journal of Economic Behavior and Organization* 126 (Part B): 25–57.

Jeanne, Olivier, and Anton Korinek. 2010. "Excessive Volatility in Capital Flows: A Pigouvian Taxation Approach." *American Economic Review* 100 (2): 403–407.

Kahneman, Daniel. 2011. *Thinking, Fast and Slow*. New York: Farrar, Straus and Giroux.

Kahneman, Daniel, and Amos Tversky. 1979. "Prospect Theory: An Analysis of Decisions under Risk." *Econometrica* 47 (2): 263–291.

Lipsey, Richard G., and Kelvin Lancaster. 1956. "The General Theory of Second Best." *Review of Economic Studies* 24 (1): 11–32.

May, Robert M. 2014. "Stability and Complexity in Financial Ecosystems." presentation to British Ecological Society and London School of Economics Joint Annual Symposium: Eco^2: Ecology × Economics=Eco^2, BMA House, London, September 8–10.

Meade, James E. 1955. *Trade and Welfare*. London: Oxford University Press.

Milgrom, Paul, and Nancy Stokey. 1982. "Information, Trade and Common Knowledge." *Journal of Economic Theory* 26 (1): 17–27.

Mirrlees, James A. 1971. "An Exploration in the Theory of Optimum Income Taxation." *Review of Economic Studies* 38 (2): 175–208.

Nalebuff, Barry J., and Joseph E. Stiglitz. 1983a. "Information, Competition, and Markets." *American Economic Review* 73 (2): 278–283.

Nalebuff, Barry J., and Joseph E. Stiglitz. 1983b. "Prices and Incentives: Towards a General Theory of Compensation and Competition." *Bell Journal of Economics* 14 (1): 21–43.

Newbery, David M. G., and Joseph E. Stiglitz. 1984. "Pareto Inferior Trade." *Review of Economic Studies* 51 (1): 1–12.

Radner, Roy, and Joseph E. Stiglitz. 1984. "A Nonconcavity in the Value of Information." In *Bayesian Models of Economic Theory*, edited by Marcel Boyer and Richard E. Kihlstrom, 33–52. Amsterdam: Elsevier.

Ross, Stephen A. 1973. "The Economic Theory of Agency: The Principal's Problem." *American Economic Review* 63 (2): 134–139.

Rothschild, Michael, and Joseph E. Stiglitz. 1976. "Equilibrium in Competitive Insurance Markets: An Essay on the Economics of Imperfect Information." *Quarterly Journal of Economics* 90 (4): 629–649.

Roukny, Tarik, Stefano Battiston, and Joseph E. Stiglitz. 2016. "Interconnectedness as a Source of Uncertainty in Systemic Risk." *Journal of Financial Stability* 35 (2): 93–106.

Salop, Steven, and Joseph E. Stiglitz. 1977. "Bargains and Ripoffs: A Model of Monopolistically Competitive Price Dispersion." *Review of Economic Studies* 44 (3): 493–510.

Shapiro, Carl, and Joseph E. Stiglitz. 1984. "Equilibrium Unemployment as a Worker Discipline Device." *American Economic Review* 74 (3): 433–444.

Shiller, Robert J. 1990. "Market Volatility and Investor Behavior." *American Economic Review* 80 (2): 58–62.

Solow, Robert M., and Joseph E. Stiglitz. 1968. "Output, Employment and Wages in the Short Run." *Quarterly Journal of Economics* 82 (4): 537–560.

Spence, Michael. 1973. "Job Market Signaling." *Quarterly Journal of Economics* 87 (3): 355–374.

Stiglitz, Joseph E. 1972. "On the Optimality of the Stock Market Allocation of Investment." *Quarterly Journal of Economics* 86 (1): 25–60.

Stiglitz, Joseph E. 1973. "Approaches to the Economics of Discrimination."

American Economic Review 62 (2): 287–295.

Stiglitz, Joseph E. 1974a. "Incentives and Risk Sharing in Sharecropping." *Review of Economic Studies* 41 (2): 219–255.

Stiglitz, Joseph E. 1974b. "Theories of Discrimination and Economic Policy." In *Patterns of Racial Discrimination*, edited by George M. von Furstenberg, Bennett Harrison, and Ann R. Horowitz, 5–26. Lexington, MA: Lexington Books.

Stiglitz, Joseph E. 1975. "The Theory of Screening, Education and the Distribution of Income." *American Economic Review* 65 (3): 283–300.

Stiglitz, Joseph E. 1977. "Monopoly, Non-linear Pricing and Imperfect Information: The Insurance Market." *Review of Economic Studies* 44 (3): 407–430.

Stiglitz, Joseph E. 1982. "Information and Capital Markets." In *Financial Economics: Essays in Honor of Paul Cootner*, edited by William F. Sharpe and Cathryn M. Cootner, 118–158. Upper Saddle River, NJ: Prentice Hall.

Stiglitz, Joseph E. 1985. "Equilibrium Wage Distributions." *Economic Journal* 95 (379): 595–618.

Stiglitz, Joseph E. 1987a. "Pareto Efficient and Optimal Taxation and the New Welfare Economics." In *Handbook on Public Economics*, edited by Alan J. Auerbach and Martin S. Feldstein, 991–1042. Amsterdam: Elsevier Science.

Stiglitz, Joseph E. 1987b. "Technological Change, Sunk Costs and Competition." *Brookings Papers on Economic Activity* 3 (1): 883–947.

Stiglitz, Joseph E. 1987c. "The Causes and Consequences of the Dependence of Quality on Prices." *Journal of Economic Literature* 25 (1): 1–48.

Stiglitz, Joseph E. 1994. *Whither Socialism?* Cambridge, MA: MIT Press.

Stiglitz, Joseph E. 1999. "Knowledge as a Global Public Good." In *Global Public Goods: International Cooperation in the 21st Century*, edited by Inge Kaul, Isabelle Grunberg, and Marc A. Stern, 308–325. New York: Oxford University Press.

Stiglitz, Joseph E. 2002. "Information and the Change in the Paradigm in Economics." *American Economic Review* 92 (3). 460–501.

Stiglitz, Joseph E. 2008. "Economic Foundations of Intellectual Property Rights." *Duke Law Journal* 57 (6): 1693–1724.

Stiglitz, Joseph E. 2010a. "The Financial Crisis of 2007–2008 and Its Macroeconomic Consequences." In *Time for a Visible Hand: Lessons from the 2008 World Financial Crisis*, edited by Stephany Griffith-Jones, José Antonio Ocampo, and Joseph E. Stiglitz, 19–49. Oxford: Oxford University Press.

Stiglitz, Joseph E. 2010b. "Responding to the Crisis." In *Time for a Visible Hand: Lessons from the 2008 World Financial Crisis*, edited by Stephany Griffith-Jones, José Antonio Ocampo, and Joseph E. Stiglitz, 76–100. Oxford: Oxford University Press.

Stiglitz, Joseph E. 2010c. "Risk and Global Economic Architecture: Why Full Financial Integration May Be Undesirable." *American Economic Review* 100 (2): 388–392.

Stiglitz, Joseph E. 2010d. "Contagion, Liberalization, and the Optimal Structure of Globalization," *Journal of Globalization and Development* 1(2), Article 2, 45 pages.

Stiglitz, Joseph E. 2013. *The Selected Works of Joseph E. Stiglitz, Volume II: Information and Economic Analysis: Applications to Capital, Labor, and Product Markets*. Oxford: Oxford University Press.

Stiglitz, Joseph E. 2014a. "Intellectual Property Rights, the Pool of Knowledge, and Innovation." NBER Working Paper 20014, National Bureau of Economic Research, Cambridge, MA.

Stiglitz, Joseph E. 2014b. "Tapping the Brakes: Are Less Active Markets Safer and Better for the Economy?" Paper presented at the Federal Reserve Bank of Atlanta, Atlanta, GA, April 15.

Stiglitz, Joseph E. 2015. *Rewriting the Rules of the American Economy: An Agenda for Growth and Shared Prosperity*. New York: W. W. Norton.

Stiglitz, Joseph E. 2016. *Towards a General Theory of Deep Downturns*. (Presidential address to the 7th World Congress of the International Economic Association, Dead Sea, Jordan, June 6–10, 2014), IEA Conference volume 155-VI. Houndmills, UK, and New York: Palgrave Macmillan.

Stiglitz, Joseph E., and Bruce Greenwald. 2003. *Towards a New Paradigm for Monetary Policy*. London: Cambridge University Press.

Stiglitz, Joseph E., and Bruce Greenwald. 2014. *Creating a Learning Society: A New Approach to Growth, Development, and Social Progress*. New York: Columbia University Press.

Stiglitz, Joseph E., and Bruce Greenwald. 2015. *Creating a Learning Society: A New Approach to Growth, Development, and Social Progress. Readers Edition*. New York: Columbia University Press.

Stiglitz, Joseph E., and Andrew Weiss. 1983. "Incentive Effects of Terminations: Applications to the Credit and Labor Markets." *American Economic Review* 73 (5): 912–927.

Stiglitz, Joseph E., and Jungyoll Yun. 2013. "Optimality and Equilibrium in a Competitive Insurance Market under Adverse Selection and Moral Hazard." NBER Working Paper 19317, National Bureau of Economic Research, Cambridge, MA.

Stiglitz, Joseph E., Jungyoll Yun, and Andrew Kosenko. 2017. "Equilibrium in a Competitive Insurance Market under Adverse Selection with Endogenous Information." NBER Working Paper 23556, National Bureau of Economic Research, Cambridge, MA.

Tversky, Amos, and Daniel Kahneman. 1974. "Judgment under Uncertainty: Heuristics and Biases." *Science* 185 (4157): 1124–1131.

Tversky, Amos, and Daniel Kahneman. 1981. "The Framing of Decisions and the Psychology of Choice." *Science* 211 (4481): 453–458.

World Bank. 1998. *World Development Report 1998/1999: Knowledge for Development.* New York: Oxford University Press.

World Bank. 2015. *World Development Report 2015: Mind, Society, and Behavior.* Washington, DC: World Bank.

评（拉维·坎伯）

局外人的经济学信息革命实地观察

毋庸置疑，经济学领域发生了一场信息革命。约瑟夫·斯蒂格利茨无疑就是这场变革的领袖。这一领域的经典文献出自斯蒂格利茨、罗斯柴尔德-斯蒂格利茨、斯蒂格利茨-魏斯（Weiss）、夏皮罗（Shapiro）-斯蒂格利茨、格罗斯曼-斯蒂格利茨、格林沃尔德-斯蒂格利茨、纽伯瑞-斯蒂格利茨等人之手。

毫无疑问，发展经济学与信息革命紧密相连。发展背景为斯蒂格利茨、阿克洛夫等人提供了进行理论化和概念化的动力。信息革命反过来又对发展经济学和发展政策产生了影响，包括例如：(1) 佃农分成制和土地关系；(2) 信贷配给、放债人和小额信贷；(3) 信息不对称和效率工资；(4) 迁移模型；(5) 稳定商品价格；(6) 自由贸易和不确定性等诸多话题。

既然约瑟夫·斯蒂格利茨已对经济学中的信息革命做出了阐述，你还能说些什么呢？这有点像批评卡斯特罗对古巴革命的描述，或是质疑艾森豪威尔对诺曼底登陆的叙述。如果你赞同革命且几乎在方方面面都赞同革命者，并且认为自己是一名在革命旅的"冒险和不平等"独立分队中战斗过的步兵，那就更难做出评论了。[1] 怎么办才好呢？为了使评论更有意思，

---

[1] 例如，参见 Kanbur（1979）。

我将从局外人的角度来看待这场革命，为我自己、为约瑟夫以及为我们所有人提出一些方法论上的问题，供大家思考。

预期效用分析

信息革命武器库中的核心分析工具一直就是预期效用（EU）分析。众所周知，人们对支撑偏好排序预期效用表示的独立性公理提出了疑问。正是这条公理，使得这种表示能够以特定的方式在确定性结果的效用和该结果的概率中表现出不同。然而，个体行为似乎并不符合这一公理，相关研究至少可以追溯到阿莱悖论。

从某种程度上说，现实世界的许多特征，如信贷配给或保险市场失灵，都可以用特定的模型加以解释（这些模型所假定的主体的行为方式与主体在实践中的行为方式并不相同），这一点非常了不起。而且只要模型的预测没有被观察结果证伪，从方法论的角度来说这可能就无关紧要。但是这确实提出了一个问题：如果没有预期效用，这场革命中经典模式的标志性成果将如何存续？

在所有建立了不完全信息革命标志性结果的著名练习中，我们都使用了预期效用。例如，在罗斯柴尔德和斯蒂格利茨（Rothschild and Stiglitz 1976）关于保险的经典论文中，当我们表明分离的保险合同可以打破混同均衡，而混同合同可以打破分离均衡时，我们就使用了预期效用比较。我们在另一篇经典论文（Stiglitz and Weiss 1981）中表明信贷配给是贷方的均衡时，使用的也是预期效用。

如果主体的行为不符合预期效用的要求，能否构建这些均衡，或者证明均衡并不存在？我的直觉是，可以。例如，就保险而言，非预期效用偏好可能允许更广泛的合同要约，这可能会打破现有的均衡。然而问题是，首先必须在非预期效用框架内对候选均衡进行描述。这是一个开放而有趣的研究领域。请注意，正如马奇纳（Machina 1982）在一篇著名的论文中所述，仅仅论证预期效用是一种局部线性化是不够的——许多结果需要进行全球比较。

极端不确定性与行为经济学

作为斯蒂格利茨不完全信息分析的基础，预期效用分析也仅限于风险分析，即结果的概率明确且已知，但是对不确定性而言，情况却并非如此（也称为奈特氏不确定性）。凯恩斯（Keynes 1937: 213-214）在一篇向美国听众介绍《就业、利息和货币通论》概念基础的文章中很好地描述了这种极端不确定性：

> 让我解释一下，我所说的"不确定"知识，并不仅仅是指把已知的东西与可能的东西区分开来。在这个意义上，轮盘赌并不受不确定性的影响……我使用这个术语的意义是，欧洲战争的前景并不明朗，或者20年后的铜价和利率并不确定……关于这些问题，没有任何可以获得可计算概率的科学依据。我们根本不知道。

凯恩斯（Keynes 1937: 214-215）进一步发展了这个论点，尤其是这种极端不确定性对行为的影响。现总结如下：

> 在这种情况下，我们如何设法使自己的行为符合理性经济人的身份？我们为此设计了多种技术，其中最重要的是以下三种：(1)……(2)……(3)知道个体的判断毫无价值，我们努力依靠世界其他地方的判断，这些判断也许更有依据……现在，基于这三项原则的未来实践理论具有某些显

著的特征。尤其是，由于建立在如此脆弱的基础之上，它很容易受到突然和剧烈的变化的影响……不论何时，模糊的恐慌和同样模糊且不合理的希望并没有真正得到平息，而只是浅浅地隐藏在表面之下。

罗斯柴尔德-斯蒂格利茨、斯蒂格利茨-魏斯、格罗斯曼-斯蒂格利茨等人的论文中并未出现这些现在被称作"行为考量"的因素。在所有这些模型中，主体都是理性选择的预期效用最大化者，他们具有风险性而非不确定性。这导致了一系列的问题。

那些能够很好地描述实际市场结果的模型之中，存在与现实相去甚远的个体行为模型，这一点是否要紧？如果模型中的主体依照行为经济学的最新发展规律，而不是理性选择的预期效用分析行事，这些模型的结果会有什么不同？这是否会对政策产生影响？我认为这些都是有待研究和辩论的问题。

凯恩斯干预主义还是伯克保守主义？

不完全信息，尤其是极端不确定性（"我们根本不知道"），是否会使人们向凯恩斯干预主义或伯克保守主义靠拢？凯恩斯本人也深受埃德蒙·伯克（Edmund Burke）的影响。在一篇尚未发表的[1]本科生论文（Keynes, 1904: 4–15）中，他称赞了伯克在考虑战争和其他重大决策时所采取的保守主义：

> 伯克曾经认为（这种想法十分正确）……为了虚无缥缈的未来利益

---

[1] 简要摘录见 Skidelsky（2016）。

而牺牲当前利益的决定……多半都是错误的……；我们应该十分警惕，不要为了一个或有目的而牺牲大量人口，无论那个目的看起来有多么有利……我们永远不可能掌握足以帮助我们判断是否值得一试的信息。

1923年，凯恩斯在《货币改革论》(*Tract on Monetary Reform*)中的著名言论直接继承了这一思想："但是，**长期**是对当前事务的误导。**从长远来看**，我们都会死去。"（Keynes, 引自 Skidelsky, 2013）

斯基德尔斯基（Skidelsky 2013）认为，"凯恩斯会拒绝今天紧缩政策倡导者的主张，这些倡导者认为预算削减的短期痛苦是我们需要为长期经济增长付出的代价。他会说，痛苦是真实的，而好处只是臆测"。

到目前为止，一切顺利。极端不确定性似乎有利于诸如谨慎对待发动战争和推行紧缩计划等事项的进步立场。但是，伯克的审慎原则也流露出一种制度上的保守主义，正如伯克在《法国革命论》(*Reflections on the Revolution*) 的一个著名段落（引自 Edlin 2017: 50）中所言：

> 先生，您看，在这个启蒙的时代，我敢大胆地承认，我们（英国人）……没有抛弃我们所有的旧成见，而是将它们视若珍宝……而且大言不惭地说，我们之所以珍视它们，正是因为它们是成见；它们存在的时间越久，流行的范围越广，我们就越珍视它们。

埃德林（Edlin 2017: 49）提供了现代版的保守主义观点：

> 如果决策者忘记了过去维持现行政策的原因，如果在对现行政策没有偏见的情况下，天真地比较现行政策和与之相当的政策，他们就会遭

受"切换者诅咒"[1]。我发现,保守主义之所以会出现,正是为了避免这种诅咒。流程或政策实施的时间越长,就应越保守。另一方面,过去的决策者越保守,今天的决策者就应越进步。

凯恩斯(Keynes 1904: 15)在1904年撰写的本科论文中解释了伯克式对革命的退缩:"我们永远不可能掌握足够多的信息来使某个机会值得一试,过去的灾难有时会带来持久的利益,但是这并不能成为普遍性灾难存在的理由。伯克说,这些人'以发动革命为荣,仿佛革命本身就是一件好事'。"

这里不是展开论证的地方,其他人也发展了这个论点,认为制度保守主义在凯恩斯的身上也根深蒂固,因为他想挽救资本主义,而不是终结资本主义。事实上,凯恩斯真正想要挽救的是1914年便已终结的维多利亚晚期和爱德华时代的英国。

结论

因此,表现为极端不确定性的不完全信息,以及随之而来的对预期效用分析的破坏,开辟了一个旨在探究经典斯蒂格利茨命题在这个勇敢的新世界是否仍然成立的广泛的研究领域。

此外,极端不确定性可以是凯恩斯的干预主义或伯克的保守主义的基础,或者在凯恩斯看来,两者兼而有之!无论如何,就约瑟夫·斯蒂格利茨而言,借用凯恩斯对伯克的评价,"以发动革命为荣,仿佛革命本身就是一件好事"。毫无疑问,信息革命本身确实是一件好事。作为信息革命的一名士兵,我要向我们的领袖致敬!

---

1 "切换者诅咒"指决策者经常在其中进行系统切换的陷阱。——译者注

参考文献

Edlin, Aaron. 2017. "Conservatism and Switcher's Curse." *American Law and Economics Review* 19 (1): 49–95.

Kanbur, Ravi. 1979. "Of Risk Taking and the Personal Distribution of Income." *Journal of Political Economy* 87 (4): 769–797.

Keynes, John Maynard. 1904. *The Political Doctrines of Edmund Burke*. Keynes papers, KP: UA/20/315, Kings College Archives, Cambridge.

Keynes, John Maynard. 1937. "The General Theory of Employment." *Quarterly Journal of Economics* 51 (2): 209–223.

Machina, Mark J. 1982. "'Expected Utility' Analysis without the Independence Axiom." *Econometrica* 50 (2): 277–323.

Rothschild, Michael, and Joseph E. Stiglitz. 1976. "Equilibrium in Competitive Insurance Markets: An Essay on the Economics of Imperfect Information." *Quarterly Journal of Economics* 90 (4): 629–649.

Skidelsky, Robert. 2013. "True, Keynes Cared Little about the Long Run. But That Wasn't Because He Was Gay." Op-Ed, *Washington Post*, May 9.

Skidelsky, Robert. 2016. *The Essential Keynes*. London: Penguin Classics.

Stiglitz, Joseph E., and Andrew Weiss. 1981. "Credit Rationing in Markets with Imperfect Information." *American Economic Review* 71 (3): 393–410.

评（哈米德·拉希德[1]）

信息不对称、利益冲突与金融危机：经验教训与前进方向

正如约瑟夫在本章所阐释的那样，信息不对称往往是导致市场失灵的主要原因。企业，尤其是金融企业，存在利用信息不对称的动机，进而隐藏有关其动机、行为和业绩的关键信息。信息不对称掩盖了利益冲突，而这些冲突会导致金融公司忽视风险、对风险做出错误定价以及低估风险，从而引发灾难性的市场失灵。这就是（2007—2008年）金融危机——我们一生中所经历的最重要的市场失灵——爆发前的景象。这场危机给予我们的一个教训就是，监管机构、评级机构和投资者在很大程度上未能发现抵押贷款市场中广泛存在的利益冲突，当时一些大型银行并未区分评估价值、发放贷款、支付利息、发行证券、信贷审批，甚至是评级等职能。发放抵押贷款的银行通常需要依靠独立的第三方来评估房产的价值，从而避免估价过程中的潜在利益冲突。然而，这种做法在金融危机爆发前的抵押贷款热潮中发生了变化。如果银行能够从抬高房产估价的过程中攫取更多利益（就如我们在抵押贷款的热潮中看到的那样，赚取高额佣金和费用），它就会与愿意抬高房产价值的估价师沆瀣一气。到2006年，90%的房产估价师都感觉自己不得不迫于（通常来自发放贷款的银行或其主体的）压力

---

[1] 本文观点并不代表联合国或其成员国的观点。

而夸大房产价值。[1] 独立估价师本应保护贷款人（进而保护银行储户）免受抵押贷款违约的风险。然而在抵押贷款的热潮中，估价师与抵押贷款发放方相互串通——这显然存在利益冲突——抬高房地产价值，并以最快的速度发放了尽可能多的抵押贷款，从而加剧了危机的风险。

贷款发放方与抵押贷款证券发行方之间的交易也普遍存在利益冲突。双方通常为同一家银行工作，贷款发放方知道，证券发行方会购买自己发放的任何抵押贷款，而不会质疑抵押贷款的质量。此外，证券发行方知道，自己能够将任何抵押贷款打包成AAA级证券，并将其出售给同一家银行的投资客户。因此，无论是贷款发放方还是证券发行方，都没有动力去准确评估潜在风险并为抵押贷款支持证券正确定价。由于所有交易均发生在相关方之间，而忽视冲突又不会造成任何后果，对于银行来说，尽职调查就成了浪费时间的工作。

在抵押贷款的热潮中，银行像往常一样隐瞒利益冲突，并发放了数万亿美元不符合最低信贷审批标准的次级抵押贷款。在存在明显利益冲突的"发行人付费"的评级模式中，超过80%的次级抵押贷款支持证券获得了最高的AAA评级，[2] 使得许多非投资级证券在投资者眼中极具吸引力。如果投资者能够充分意识到利益冲突的程度，以及这些冲突是如何导致抵押贷款支持证券被错误定价的，那么，引发全球金融危机的抵押贷款泡沫本可以避免。

令人惊讶的是，导致我们陷入危机的普遍的利益冲突并未引起监管机构的注意，因为仅在此七年前，安然丑闻便暴露出美国企业界中存在广泛而有害的利益冲突。美国国会吸取安然事件的教训，于2002年通过了《萨

---

1 金融危机调查委员会(2011)。
2 Ashcraft, Goldsmith-Pinkham, and Vickery (2010).

班斯-奥克斯利法案》,其既定目标是,"提高公司披露的准确性和可靠性,从而保护投资者"。法案第五章涉及利益冲突,要求明确分离证券分析师与金融公司的信贷审批职能。大型银行公然无视这项原则,并在证券化交易中利用了利益冲突。然而,没有任何一家银行因违反《萨班斯-奥克斯利法案》被起诉,尽管法案包含了追究高级管理层个体违规责任的条款。

作为数十亿美元的 Alt-A 抵押贷款和次级私营抵押贷款支持证券的发行方,最大的银行完全清楚支持这些证券的标的资产质量,但是却对投资者隐瞒了这些信息。为了能够在高风险的赌注上迅速获利,这些银行将自己的利益置于投资者的利益之上。这些银行——金融超市——融合了抵押贷款、零售银行和投资银行业务,庞大的规模和复杂性使它们能够利用利益冲突而不受惩罚。"大而不能管"的地位使它们能够逃避监管,"大而不倒"则意味着它们不会面临毁灭性金融危机的后果。

为了解决金融危机的根源问题,美国国会于 2010 年通过了《多德-弗兰克华尔街改革和消费者保护法》。除其他问题外,该法案旨在缓解资产证券化过程中固有的利益冲突。例如,法案第 621 条禁止任何可能在证券化交易中与投资者产生利益冲突的交易。美国证券交易委员会(SEC)随后发布的规则中包含了一份充满例外和漏洞的证券化利益冲突负面清单。例如,该规则规定,如果证券化交易的目的是对冲、做市或提供流动性,则不构成利益冲突。这为主观解释留下了空间,要求监管机构事先就对冲和投机做出区分。越来越多的人认识到,即便不是不可能,也很难发现证券化过程中的利益冲突,尤其是当它涉及一家复杂的大型金融公司中的众多部门的时候。

即使全面实施《多德-弗兰克法案》,也不太可能缓解证券化过程中的利益冲突,主要是因为它依赖于一套狭隘的规则和一长串的例外情况。《多德-弗兰克法案》需要能够有效解决危机的结构性根源问题,如"大而不倒"的标准或基于股票期权的高管薪酬,而不是禁止有限的活动,因为上述原因会激励银行隐藏利益冲突并承担过高的风险。除非其不利影响开始变得明显,物质、感知或潜在的利益冲突往往是无法观察到的。然而组织结构相关事项,如银行规模和高管薪酬方案,却显而易见。监管机构需要瞄准并监管可以观察到的因素,而不是试图监管不可观察的行为。例如,联邦储备委员会最近对一家存在不当行为的大型银行的资产增长实施了限制。[1]这显然是朝着正确方向迈出了大胆的一步。

近70年来,《格拉斯-斯蒂格尔法案》在商业银行与投资银行的活动之间实行明确的结构性分离,并确保——尽管只是间接地确保——银行不会大到无法监督和监管的程度,从而成功地控制了利益冲突。与《多德-弗兰克法案》不同的是,它纳入了旨在解决金融部门内存在的信息不对称和利益冲突问题的具体措施。尽管《多德-弗兰克法案》认识到了"大而不倒"的问题,但它却并未阻止最大的银行的发展。此后,这些大型银行变得更加庞大。事实上,较之危机前的水平,排名前10或前15的大型银行的市场份额有所增加(见图3.1)。2014年,美国最大的银行的规模比2007年大了57%。

《多德-弗兰克法案》也没有充分解决大型银行的激励结构问题。以股票期权为基础的薪酬方案会造成利益冲突,因为它们鼓励经理表现得更像是投资者或投机者,承担过高的风险,从而在短期内拉高公司的股价,即使这样做会损害企业的财务稳定和利益。危机爆发前,大型金融公司向其高级管理人员提供了大量股票期权,表面看来是为了激励最佳业绩。以股票为基础的薪酬方案也助长了"大而不倒"的问题,鼓励高层管理人员积

---

[1] 参 见(https://www.reuters.com/article/us-usa-wells-fargo-fed/fed-orders-wells-fargo-to-halt-growth-over-compliance-issues-idUSKBN1FM2V9。)

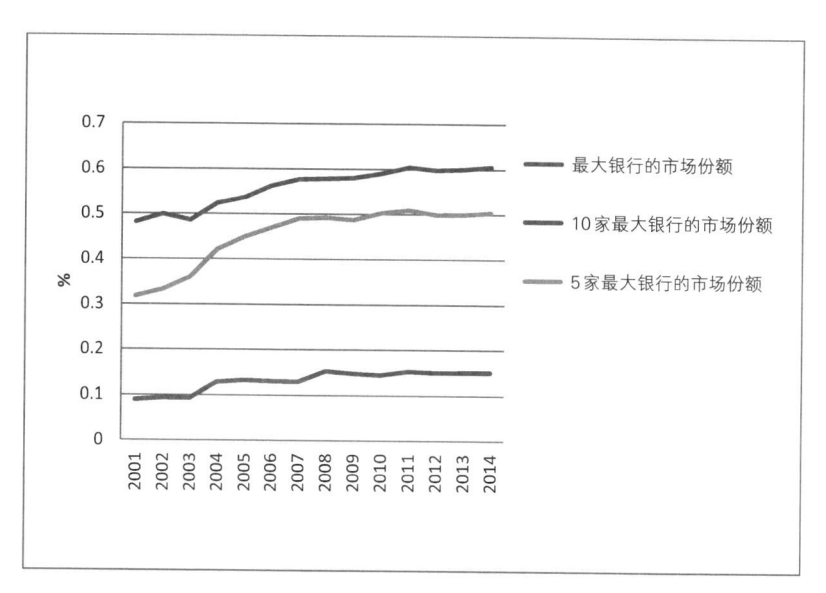

图3.1 美国大型银行的市场份额（2001—2014年资产超过三亿美元的银行在总资产中所占的百分比）

资料来源：作者根据汇编的数据，https://www.federalreserve.gov/releases/lbr/。

极扩大规模、增加市场份额。尽管"多德－弗兰克法案"引入了某些禁令、时限和回拨机制条款，但是基于股票的薪酬方案仍然像危机前一样普遍。如果这种做法依然有增无减，金融公司仍将继续想方设法进行高风险押注并提高短期利润和市场估值。这或许也解释了为何自危机以来，美国金融企业的市场估值出现了惊人增长，从2008年的2.8万亿美元增加到2015年的7.3万亿美元（见图3.2）。

可惜的是，这场金融危机证明了约瑟夫带头发起的信息经济学革命遭遇了失败，这场革命本应促进和促成对金融部门的有效监管，而在金融部门，信息不对称最为重要。过去几十年间，我们对信息如何塑造市

I 理论基础　139

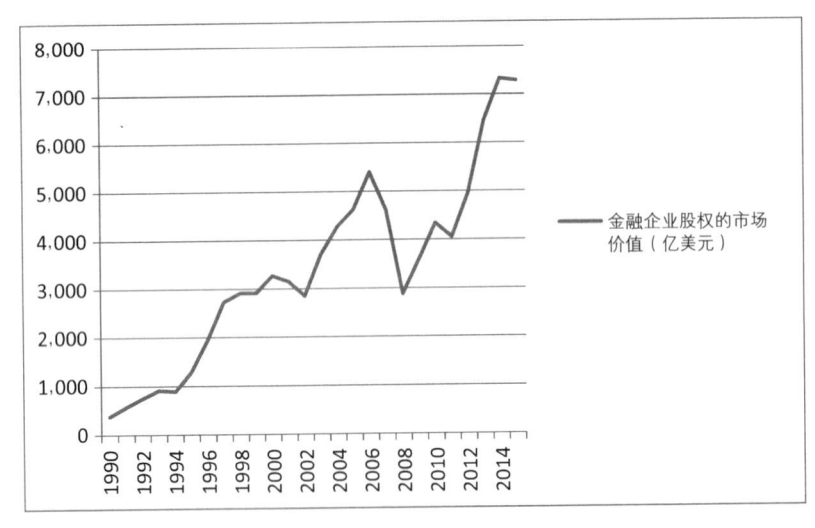

图3.2 美国金融企业股权的市场价值（亿美元）

资料来源：美国财政账户，https://www.federalreserve.gov/releases/Z1/Current/data.htm。

场行为与金融监管的范围及力度的思考与理解，一直朝着与这一场革命相反的方向发展。现在我们发现，信息经济学的教训与金融监管的状况之间存在更为明显且更令人不安的脱节。过去几十年的金融监管一直依赖于想象中具有完全信息的完全竞争的金融市场。"多德-弗兰克法案"也不例外。除非信息经济学开始指导和塑造金融监管，否则信息经济学的革命便不完整。除非弥合我们的所知与如何监管金融市场之间的差距，否则另一场金融危机就近在眼前。

参考文献

Ashcraft, Adam, Paul Goldsmith-Pinkham, and James Vickery. 2010. "MBS Rating and the Mortgage Credit Boom." Staff Report 449, Federal Reserve Bank of New York.

Financial Crisis Inquiry Commission. 2011. *The Financial Crisis Inquiry Report*. Washington, DC: US Government Publishing Office.

II

宏观经济稳定与增长

4 从长期通胀到长期通缩：聚焦二战以来的预期和流动性混乱[1]

古勒莫·卡尔沃

  本次会议的组织者要求我将自己在宏观经济学方面的经验浓缩在几页纸之中，重点讨论与政策制定相关的问题。几番失败之后，我得出一个结论，如果确定几个有助于讨论所涉期间关键政策问题的理论主题，就能更好地实现这一目标。鉴于20世纪70年代以来，理性预期（RE）对宏观经济学蓬勃发展的贡献，理性预期这一主题便凸显了出来。事实证明，无论人们是否认可它与实证理论之间的相关性，理性预期对于理清分析问题以及提供有用的应用见解而言大有裨益。与莫迪利安尼－米勒定理或李嘉图的等价定理一样，理性预期的见解提供了即使在理性预期不成立的情况下

---

[1] 本文节选自作者为2016年6月8日和9日世界银行在华盛顿特区举办的主题为"经济状况、世界状况"的会议所作的同名论文。感谢埃德马·巴卡（Edmar Bacha）、莎拉·卡尔沃（Sara Calvo）、法布里齐奥·科里切利（Fabrizio Coricelli）、罗克·费尔南德斯（Roque Fernandez）、阿维德·卢卡库卡斯（Arvid Lukauscas）以及巴勃罗·奥托内洛（Pablo Ottonello）提出的宝贵意见。

也能说明问题的各类基准。

宏观经济学是一个丰富多样的领域。为了使本章篇幅能够保持在合理的范围内，我将讨论限制在两大主题上，即长期通胀和长期通缩，以及与之相关的问题。长期通胀分别于二战后20世纪的大部分时间和20世纪70年代里，在发达市场经济体（DM）与新兴市场经济体（EM）中占据了显要位置——后者被称作"大通胀"时期。大通胀业已成为许多研究的主题（最近的讨论参见Bordo and Orphanides 2013以及McKinnon 2013）。因此，我将着重讨论新兴市场的通胀问题。受现有理论启发而制定的旨在遏制通胀的简单规则未能奏效，甚至在某些情况下，还引发了严重的扭曲与后果严重的危机。然而，自从新兴市场发生了严重的金融危机，以及最近始于2007年的持续的大衰退以来，长期通缩吸引了全世界的关注。

针对新兴市场长期通胀的研究主要集中在本地或国内因素上，而且通常假定发达市场不仅稳定，还能够提供深度资本市场的服务。这种观点开始受到新兴市场金融危机的挑战，外部因素在这些危机中起着重要（即使不一定是主导）作用。例如，20世纪80年代的债务危机与1994—1995年墨西哥的"龙舌兰"危机，在一定程度上，前者是由沃尔克的稳定计划所引发，而后者的导火索则是美国此前实施的温和却重要的加息政策。这些危机涉及一系列金融因素，然而传统观点却倾向于将其归咎于新兴市场薄弱的国内机构与国内政策的失误。全球资本市场也许起到了一定的作用，但是它们并未被视作罪魁祸首。在1997—1998年的亚洲/俄罗斯危机之后，这一观点就更站不住脚了，因为一些处于危机中心的经济体曾遵循了华盛顿共识。无论如何，接连发生的危机有力地推动了指向截然不同方向的研究，例如"突然停滞"（即国际资本流动中由供给驱动的严重紧缩），而运转良好的金融市场几乎从未遇到过这种现象。此外，鉴于上述危机还涉及危机中心以外的几个经济体，研究重点便落在了系统性突然停滞上。

这引发了探索可能将国际资本流动的常规收缩变成系统性突然停滞的因素的热潮（例如，Calvo 1998; Cavallo and Frenkel 2008; Calvo, Izquierdo, and Mejía 2016）。

这些危机不禁让人开始怀疑，这种解释超出了标准基本面，而且流动性现象在起作用。"流动性"是一个难以明确的概念。就本文而言，将流动性服务定义为资产所提供的服务，或者更广泛地说，能够促进市场交易的措施，就足够了。提供这些服务的资产被称作"流动资产"。这并不意味着它们大多被用作交换手段。例如，流动资产很容易就能转化为交换手段，但是也可以作为价值储存媒介或信用担保。不过，需要注意的是，流动性服务依赖于隐性契约，而在此类契约中，流动资产的均衡价值就是契约本身的函数。因此，从本质上来说，流动性是虚幻的。它的价值有可能瞬间崩溃，从而引发通常所说的"流动性紧缩"。此外，即使没有受到真实冲击，也有可能出现流动性紧缩。事实上，真实冲击与流动性冲击很少相互独立。主要的原因在于，在无需求助其他类型冲击（例如，全要素生产率冲击）的情况下，也能将流动性冲击合理化。事实上，如下所述，流动性冲击会引发突然停滞，以及与流动性陷阱和价格通货紧缩相关的问题。

简而言之，本章由两部分组成，随着讨论的深入，这两部分的目的将不言自明。预期与长期通胀是本章第一部分的主题；而流动性与最近的资本市场事件则是第二部分的主题。背景与更多细节如下。

背景与概述

大多数人可能都赞同凯恩斯（Keynes 1936）的一般理论（GT）在将宏观经济学建立成一个不同于微观经济学但又与之相容的领域的过程中发

挥了关键作用。一般理论诞生于"大萧条"时期，并受到"大萧条"时期再度变得重要的问题（例如，流动性陷阱）的极大影响。一般理论淡化了货币政策与复苏阶段之间的相关性，并形成了"货币无关紧要"的观点。然而，这种观点的吸引力在二战之后开始消退，当时通胀飙升，世界经济从最初的低迷中复苏，并开始以相对较高的速度增长，尽管战后公共开支大幅收缩。于是，流动性陷阱成了"曾经的妖怪"，"货币至关重要"的观点重新焕发了活力。例如，弗里德曼和施瓦茨（Friedman and Schwartz 1963）认为，正是由于美联储忽视了价格崩溃的有害影响，没有采取更积极的宽松货币立场，才导致了"大萧条"。20世纪70年代发达市场的大通胀（参见 Bordo and Orphanides 2013; McKinnon 2013）与新兴市场的长期通胀（参见 Calvo and Végh 1995）进一步支持了货币政策的相关性。

在凯恩斯主义的背景下应对通胀的首次尝试是在希克斯（Hicks 1937）的IS/LM模型中加入菲利普斯曲线（一种表明通胀与失业之间权衡的经验规律），不过这种尝试几乎没有获得微观经济（或微观基础）的支持。围绕这种权衡是否可以通过提高通胀率来降低失业率的问题产出了丰富的文献。这些文献广为人知，无需在此赘述（参见 Gordon 2011）。然而，我认为值得指出的一点是，菲利普斯曲线的相关文献使"预期"成为焦点，并帮助人们确立了这样一种观点：从长远来看，通胀无法解决失业问题，甚至有可能使其恶化（参见 Phelps 1972; Friedman 1977）。这一观点得到了理性预期文献的进一步支持，这些文献表明，即使是在短期内，通胀可能也同样无法解决失业的问题（Lucas 1972），更为根本的是，像菲利普斯曲线这样的经验规律可能会对政策制定产生误导（Lucas 1976; Sargent and Wallace 1981）。

此外，有关理性预期的文献说明，坦率和善意的决策者有可能将经济扔进一个具有破坏性的黑洞，因为在理性预期的背景下，政策制定受制于一个严重的先天缺陷：时间不一致性。一旦决策者背弃先前的政策声明或承诺，就会出现时间不一致。这是先天缺陷，因为决策者存在引发时间不一致的动机，尽管他们骨子里并不是喜欢作弊的人，但他们的首要目标是实现社会福利最大化，而且（这不是一个不重要的细节）理性预期意味着个体不容易受愚弄（参见 Kydland and Prescott 1977；Calvo 1978）。有关时间不一致的文献为采用规则而非自由裁量权提供了支持，而央行的独立性是自然产生的必然结果。所有这些见解都属于现代宏观经济学家的可用工具，其中一些已纳入各国政府的宏观经济模型。

理性预期路径使得人们在分析政策可信度问题时，可以将其与其他或许重要但却不相干的问题（比如公众所掌握的有关相关模型的不完全信息）分开。理性预期并未回答与政策可信度有关的所有相关问题，但是与回顾性预期的假定（例如，适应性预期）相比，它标志着一个重大的进步。我将在下一节中讨论受长期通胀问题影响的新兴市场所面临的一些关键政策障碍，来说明这一点。

正如本章开头所述，自20世纪90年代中期以来，世界经济一直遭受着危机的冲击，其中金融功能失调的作用日益明显。此外，这些危机十分严重，与"大萧条"有着惊人的相似之处。20世纪30年代流行的"流动性陷阱"与"价格通缩"等表述已经成为日用语的一部分。这促使经济学界开始回顾20世纪30年代，重温自20世纪90年代以来出现的大量新型金融工具（参见 Eichengreen 2015; Ohanian 2016）。在此之前，宏观经济学家可以通过假定债务合同采取状态依存债券的形式来规避违约风险，从而使自己的论文能够登上顶级期刊。此外，如果论文假定流动性仅限于一种被称为"货币"的物体之中，而这个物体不会对资本市场的运作产生重大干扰，那么它就无需面对市场的反对意见。这种模式无法解决如今我们正在讨论的计划外过度负债与违约问题——更别提时至今日，我们还在经历的漫长的复苏之路，以及随之而来的无情的通缩（尤其是在欧元区和日本）了。这些问题极其令人不安，决策者们则强烈要求我们迅速做出分析反应。

怎么办？与"大萧条"之前平淡的"现实"相比，新的现实看起来极其复杂。因此，我们很难抵挡增加模型复杂性的诱惑。这可能是一个严重的错误。选择这条路径可能会使宏观经济学看起来像是随风而动的羽毛，受气流驱动却无法改变风向。为了让宏观经济政策有机会发挥作用，理论界必须确定一些有可能对风向产生重大影响的关键因素。正如本章开头提到的，我认为流动性就是其中之一，我也将论证，如果能将流动性置于宏观世界的中心，人们就可以获得有用的洞察花絮〔克鲁格曼（Krugman 2011）称之为"直觉泵"〕。本章第三节将详细说明这一点。

我提到的许多文献都能找到纸质版本（尤其是下一节中提到的文献），因此，我认为如果忽略技术细节而专注于交流观点会更有裨益，除非撇开技术细节就无法澄清论点。顺便说一句，我应该指出，我会将讨论限制在狭义的经济模型上，并为没有涵盖随之而来且高度相关的政治经济问题而向读者道歉。

长期通胀：新兴市场的理论与实践

长期通胀，即在一段较长的时期内发生的高通胀或断断续续的高通胀事件，是20世纪几个大型新兴市场的克星（参见，如Dornbusch and Simonsen 1983; Bruno et al. 1988, 1991）。许多稳定方案都将汇率作为名义锚。促使人们做出这一选择的原因是，国内资本市场薄弱，从而使得利率成为无效的货币政策工具，而且越来越多的证据表明，货币总量与通货膨胀之间的联系薄弱且不稳定——尤其是在通胀率较高的时候。20世纪70

年代，人们期望以汇率为基础的稳定方案能够迅速产生效果。这种观点基于如下信念：购买力平价会产生影响，并迫使国内价格以与国际价格加上贬值率大致相同的速度增长。总的来说，这种情况不可能发生。国内价格持续上涨，造成了不必要的（我必须说，令许多训练有素的经济学家意想不到的）重大实际货币升值。此外，许多方案在实施之初都引发了消费热潮，从而增加了财政收入，并给人们留下了这样一种印象，即不需要做出额外的牺牲，财政失衡——高通胀经济体的常见特征——就会消失。这些乐观的预期很难改变，因为决策者（以及国际金融机构，尤其是支持这些稳定和改革方案的机构）当然会成为这些预期热情的鼓吹者。此外，正如我在下文中所论述的那样，20世纪70年代以前流行的一些货币模型不适合用于讨论某些关键问题，如不完善的政策可信度。

不完善的可信度与过度通胀

为了解释本节讨论的缘由，我将首先引用米尔顿·弗里德曼（Milton Friedman 1971）所著的一篇充满挑衅意味的论文。这篇论文将可信度问题抽象化，并得出结论：几个依赖铸币税的经济体出现了过度通胀，也就是说，低通胀率将会导致高铸币税。这听起来令人费解。然而，这个难题是专注于一套有限的政策选项的结果。弗里德曼（Friedman 1971）专注于研究永久或稳定状态的通胀路径，从而排除了出现通胀飙升的可能性。例如，如果公众觉得措手不及，就可以很容易地证明，通胀飙升可以有效地进一步增加通胀带来的收入。

举例来说，假定存在一个标准模型，其中货币需求是预期通胀率的减函数。假设将通胀率设为弗里德曼（Friedman 1971）所说的最大铸币税，并假定通胀率出现了意料之外的一次性飙升，而且可信的政策声明保证未来通货膨胀率将保持不变。通胀率飙升会降低实际货币的存量，但是不会对货币的需求产生影响，因为预期通胀率将保持不变。因此，公众愿意消耗额外的资源来恢复对货币的稳态需求，这将导致铸币税高于政府在坚持弗里德曼所说的铸币税最大化时通胀率所能达到的水平。

反复使用非预期通胀不太可能成功地提高铸币税，因为公众会开始期待比优化稳态通胀收入的通胀率更高的通胀率。因此，经济最终可能会落入弗里德曼（Friedman 1971）所强调的过度通胀的范畴。然而，虽然弗里德曼的结论可能会让我们以为这是由央行所犯的基本经济学错误造成的，但是事实却并非如此。短期内，通胀飙升是确保获取额外财政收入的最廉价、最快捷的方法之一。此外，这个"诱人的甜头"始终存在。不过，如前所述，如果政府一再力图尝得此类甜头，就会出现问题。但是即使在这种情况下，弗里德曼（Friedman 1971）提出的证据也无法证明政府犯了错。为了对这一点做出评价，人们需要了解公众会在多短的时间内尝到通胀飙升战略带来的恶果。

从上述例子中可以得到的主要教训是，一些有害的激励因素会导致决策者实行最终可能会令他们感到后悔的通胀水平。这些激励因素并不罕见；在缺乏能够实现最佳均衡的工具的经济体中，它们非常普遍。此外，即使在理性预期下，也不能排除这些因素。这在论述关于时间不一致性的文献中得到了体现（参见，例如Kydland and Prescott 1977; Calvo 1978）。然而，依然存在通过政策进行操控的空间。在上述例子中，如果禁止央行向财政当局提供贷款，我们就可以尝试中和这些有害的激励因素。[1]

在清算除高能货币以外的金融资产的实际价值这一方面，非预期通胀

---

[1] 然而，这并非解决过度通胀问题的万全之策。参见卡尔沃（Calvo 1986a），他讨论了由于政府禁止阿根廷央行向财政部贷款，使得私人银行承担起这一角色的事件。不过，当财政部破产时，央行对私人银行进行了救助，相当于通过漫长而曲折道路向财政部提供贷款。

十分有效。以名义价值计价（例如，本金或息票不与价格水平挂钩）的公共债务就是一个重要的例子。因此，在设计公债工具时，决策者应将这些铸币税激励因素考虑在内，尤其是财政当局被限制在很小的财政范围内的时候。卡尔沃和奎多蒂（Calvo and Guidotti 1990）探讨了这些问题，并从期限与指数化的角度讨论了公债的配置。例如，价格指数化可以消除非预期通胀的动机；然而，它可能会使公债偿还在面对真正的冲击时过于僵化（下一小节将对此展开更多讨论）。此外，如果财政成本随通胀率呈指数级增长（例如，如果在一天之内而非一月之内出现了意料之外的价格变动，那么这种变动的成本就会增加），短期名义债务也有可能消除非预期通胀的诱因。然而，政府放弃了长期债务所提供的弹性。[1]

评论1：令人尴尬的错误与警告。这些见解在弗里德曼的时代（Friedman 1971）并非共识，部分原因是当时的经济学界尚未建立前瞻性预期模型的工具。当时流行的是适应性预期，即一种用来模拟通胀预期的回顾性方案。因此，假定时间t的通胀预期是t之前通胀路径的函数，加权因子随时间t与通胀实现时间之间的距离呈几何级数下降。下降速度由参数决定（$\gamma > 0$），即γ越大，加权因子的下降曲线就越陡。卡根（Cagan 1956）在一个简单的货币模型中表明，存在一个临界值$\gamma = \bar{\gamma}$，如果$\gamma > \bar{\gamma}$，系统就会变得不稳定。这意味着，例如，如果初始时经济处于稳定状态，即使货币供给量是恒定的，该模型也有可能产生恶性通胀！通过这种反事实的暗示可以得出以下结论：理性预期路径与现实的货币模型并不相容，因为人们认为，理性预期等同于$\gamma \to \infty$的情况。这当然是错误的，因为无论赋予最近的观测值多大的权重，都无法使适应性预期具备理性：它们注

---

[1] 这些想法是国际货币基金组织（IMF）提出的，有助于将债务指数化和将期限纳入货币基金组织的计划设计之中。参见 Guidotti and Kumar (1991) 和 Calvo (1991)。

定是回顾性的！值得注意的是，理性预期革命大约花了15年的时间才摆脱了这种错误（参见Sargent and Wallace 1973）。[1]这个插曲本应引起行业的警惕，因为它绝对可以说明，一旦离开良好的常识约束，正式模型也可能产生危险的误导。

通胀的稳定性与不可思议的改革

20世纪80年代，几项以汇率为基础的新兴市场稳定计划未能实现其预定目标（参见Little et al. 1993; Kiguel and Liviatan 1994）。一个不良的副作用就是实际货币大幅升值，以及随之而来的消费繁荣与巨额经常项目赤字。决策者与整个行业大吃一惊，因为按照（当时）流行的传统观点——其中大部分基于发达市场的经验——通货膨胀的稳定性与经济活动的衰退有关。然而，事实恰恰相反。传统观点与实践严重脱节，而且，正如在这些场合所发生的情况那样，这种脱节使无数轻描淡写甚至投机取巧的评论浮出水面。新古典主义理论和"货币主义"很容易成为攻击目标，但是这个饱受批评的阵营很快就做出了回应。它所依赖的假定是，这些稳定方案也许并不完全可信。在理性预期革命的帮助下，整个分析过程显得十分简单。例如，卡尔沃（Calvo 1986b）表明，如果公众预期政府最终会放弃稳定计划，而且高通胀会卷土重来，那么公众也许就会认为消费是理性的。这种预期显然会扩大经常项目赤字，而且在正常情况下，会降低实际汇率（即贸易品相对于非贸易品的相对价格）。该模型假定消费的总成本包括购买价格加上为进行交易而预先持有货币的成本（Clower 1967）。后者是名义利率的增函数，随预期通胀率的上升而上升，而且会产生放弃该项计划就会导致消费总成本升高的预期。跨期替代简单地遵循并给出了消费繁荣

---

[1] 适应性预期的相关性并未因此失效。事实上，它可以成为理性预期的一个有益补充。

的理论依据。该模型的最新版本可用于解释通常相当巨大的消费热潮，参见布菲和安托利亚（Buffie and Atolia 2012）。[1]例如，通货膨胀因高价格波动而抬高信贷成本的情况。[2]

该模型也可以用来研究临时贸易自由化的影响（参见 Papageorgiou, Michaely, and Choksi 1991）。例如，政府宣布将永久取消贸易关税，但是公众却认为关税最终还是会恢复。与货币的例子一样，在私营部门看来，这相当于今天的贸易品比明天更便宜。例如，卡尔沃（Calvo 1986b）表明，这会带来经常项目赤字，而如果政府的声明完全可信，就不会发生这种情况。此外，隐含的跨期替代是帕累托无效的，因为它基于跨期扭曲。即使政府不打算放弃贸易自由化，缺乏可信度也会带来同样的有害影响。政府可能会因为永不重建贸易壁垒而辜负人们的期望，但是这并不能挽回损失！因此，这是可信度影响经济改革成败的一个典型案例，我（半开玩笑地）将这种现象称作"不可思议的改革"（参见Calvo 1989）。

决策者应该考虑这些模型带来的一种影响，即缺乏可信度可能会引起短期效应，让人觉得政策非常成功。例如，在宣布以汇率为基础的稳定计划之后出现的消费热潮增加了货币需求，从而提高了国际储备。如果该计划是由高通胀所引起的，那么导致这些发展的原因很可能被解释为人们更加相信负责人是认真的，而且有能力进行必要的改革。

值得注意的是，这里强调的缺乏可信度的有害影响，取决于是否存

---

1 为了解释已宣布的政策期限的不确定性，卡尔沃和德拉赞（Calvo and Drazen 1998）对基本模型进行了扩展。

2 萨金特（Sargent 1982）与这篇文献密切相关，他为可信的稳定计划提供了有力的证据。然而，这篇论文关注的是很难被称为"长期"事件的短暂的天价通货膨胀。此外，个体似乎不太可能相信恶性通胀具有可持续性，这往往会提高任何合理的稳定计划的可信度，从而提高其有效性。

在跨期贸易（如信贷）。如果没有这个渠道，经济将无法从符合传统贸易理论所强调的基本面的跨期贸易中获益；然而，经济不受可信度扭曲的影响。因此，这类模型特别适用于那些有机会进入金融市场，却未能成功建立起具备弹性的市场友好型机构的新兴市场。例如，根据具体情况，该模型可以证明对资本流动性实施控制是合理的。但是，这篇文献的一个主要贡献是强调了预期管理，尤其是确保政策可信度的相关性。[1]

预期主导

长期通胀通常与财政的主导地位有关，即如上一小节所述，央行失去对货币供给的控制，因为它被迫通过发行本币为财政赤字融资。如果央行面对的是一个不守规章的财政当局，比如说出于政治原因，财政当局不愿意降低财政赤字时，这种现象就显得尤其重要。然而（表面上的）财政主导地位也有可能在更有趣的分析中出现，即财政当局完全支持政府所宣布的通胀稳定计划。

这一点在卡尔沃（Calvo 1998）的论文中得到了说明，其动机是试图理解为什么巴西在公债与基本赤字并未严重失衡的情况下努力阻止高通胀。令 b、π 和 π^e 分别代表实际公债、单期的前瞻性通胀与预期通胀。为简单起见，我假定理性预期均衡时的实际单期利率为零。因此，在风险中性的情况下，均衡利率等于预期的单期通胀率 π^e，在这种情况下，下一期的偿债支出（包括分期偿还）的实际价值为

$$b\frac{1+\pi^e}{1+\pi} \tag{1}$$

---

[1] 与稳定计划相关的消费繁荣现象受到了很多关注。一些优秀的备选解释并不依赖于不完美的可信度，而是依赖于较低的名义利率，这是较低的通胀预期和黏性价格的结果。例如，参见 Rodriguez（1982）。

因此，考虑到通胀率，预期通胀率越高，实际偿债负担就越大。为简单起见，让我们假定政府必须在下一期末偿还全部债务，而且央行有义务以一次性补贴的形式将铸币税返还给私营部门（这样一来，铸币税返还净额为零）。假定政府通过操纵货币贬值率来控制通胀率 π，因此，如果产出同质，没有贸易壁垒，而且国际价格在外汇中恒定不变，那么通胀率等于贬值率：$\pi = \varepsilon$，其中 ε 代表贬值率。

在上述假定下，表达式（1）表示偿债所需的实际税收收入。我假定，如果 $\pi = \pi^e$，那么财政当局可以轻松地通过创造税收来偿还债务，但是一分钱也不会多。[1] 由此可见，如果设定 $\pi < \pi^e$，政府就不得不违约，而如果违约成本太高，就不得不令 $\pi \geq \pi^e$，从而受制于通胀预期。漫不经心的观察者会认为，这属于财政主导，但是本质上，这种情况更像是通过信贷渠道发挥效用的预期。请注意，在 $\pi = \pi^e$ 的理性预期均衡中，投资者得到的收益是一样的。因此，如果经济产生的通货膨胀高于政府的目标，那么这种解决方案是帕累托无效的。这个问题在理性预期中同样存在，其中的个体充分意识到，如果预期等于目标，那么政府的通胀目标就可行。然而，在这种情况下，理性预期取决于对市场预期的信念。个体无法控制市场预期，他会理性地使自己的预期与他人的预期保持一致，一般理论称这种现象为"预期的预期"（expectations of expectations）。

上述例子带来的一个有趣的影响是，理性的预期均衡有可能得到验证，不是因为个体是理性的，而是因为决策者被迫证实了个体的预期。

卡尔沃（Calvo 1998）还表明，如果政府债券的利率与通胀率挂钩，那么这个问题就会消失。就上述例子而言，很明显，如果设定事后利率等于已实现的通胀率，政府就能够在不受市场通胀预期影响的情况下实施目标

---

[1] 卡尔沃（Calvo 1988）认为政府可以征收更高的税收。

通胀率！[1]智利就通过Unidad de Fomento（一种记账单位）运用了这条有助于支持通胀目标制的规则。此外，人们似乎普遍认为，消除金融合同中的通胀不确定性有助于金融深化和发展抵押贷款市场（Fontaine 1996; Shiller 1998）。在其他情况下（例如，1989年阿根廷的Bonex计划），预期主导会导致金融合同以美元计价。在这里开发的简单模型中，美元指数化也会产生类似的结果，但是如果考虑到非贸易品的存在，情况就不是这样了。

预期主导也会对私营部门产生有害的影响。例如，假如经济发展源自高通胀，并且人们在预计通胀水平将持续下去的基础上构建合同，那么突然放弃稳定方案，即停止目前的通货膨胀，将出现与上面强调过的类型相同的问题。例如，20世纪80年代，巴西的通胀率曾达到每月30%左右。想象一下将年通胀率降至个位数所造成的影响吧！政府不得不放弃一些稳定方案，因为保持这一进程意味着极高的事后实际利率，这将在金融部门和支付系统中造成混乱。拉腊·雷森德（Lara Resende 2016）就对这种现象展开了讨论。他的观点与埃尔文·费雪（Irving Fisher 1933）的债务通缩理论存在一些相似之处。根据受"大萧条"启发而得的债务通缩理论，由于价格水平急剧且意外下降（在"大萧条"期间，批发价格下降了30%以上），债务的实际价值开始飙升。相比之下，即使价格没有下降，而且甚至继续上升（尽管其速度大大低于预期），也会出现这里所强调的突然放弃稳定方案的有害影响。

这些问题与所谓"比索问题"类似。"比索问题"在20世纪70年代和80年代十分流行，当时墨西哥的利率远远超过了贬值率（Lewis 2016）。

---

[1] 实际上，通胀指数化的应用是滞后的。这可能会降低指数化在保护投资者免受通胀风险的影响方面的有效性，尤其是在高通胀和加速通胀的时期。此外，金融指数化可能会降低决策者对价格稳定的激励。

一种在某种程度上预示着理性预期的解释是，这种现象是由于墨西哥比索将出现最大幅度贬值的预期而引发的。此类贬值涉及汇率的单独跃升。因此，在汇率不变的情况下，利率看起来"过高"。比索问题确实与上面所讨论的例子密切相关。然而，根据卡尔沃（Calvo 1998），当局不得不认可贬值预期，尽管存在另一种更加良性的理性预期均衡。后者具有重要的政策含义，因为，它强调了指数化对于阻止高通胀的相关性，即使决策者完全可信。请注意，在显示均衡唯一性的模型中，这些影响会被忽略，面向政策的宏观模型倾向于显示出这种特征。[1]

到目前为止，讨论已经从债务违约中抽象出来了。一个坚持稳定通胀但又面临高通胀预期的政府可能会考虑违约。卡尔沃（Calvo 1998）分析了这种情况，科塞蒂和德多拉（Corsetti and Dedola 2016）进一步研究了这种情况。下文对此加以简述。

可以采用上述框架在非货币经济的背景下对债务违约进行分析。我将通胀率π和通胀预期π^e分别重新解释为违约率和预期违约率。在此例中，对政府违约的预期将迫使政府违约。与通货膨胀的例子相比，解决这个问题可能更困难。在通货膨胀的例子中，只要采用新的合同类型（即指数化），问题就会迎刃而解。如果很有可能出现违约，这种路径就不太可能奏效，因为私营部门可能不太倾向于相信政府会履行合同。因此，为了改善这种状况，可能有必要引入愿意并有能力为投资者提供可信的主权违约保险的独立机构。考虑到主权国家享有的法律特权，这并不是一件容易的事。但是这似乎已经在欧元区奏效。由于担心欧元区卫星经济体出现高利

---

[1] 文献中还大量出现了后瞻型"工资指数化"，并将其作为阻碍价格快速稳定的一个因素。尽管这可以被重新解释为后瞻型预期的情况，但是鉴于本章强调的是理性预期，我将避免在此讨论这个问题。

率溢价，从而反映出投资者对这些经济体偿付能力的担忧。欧洲央行行长马里奥·德拉吉（Mario Draghi）于2012年7月26日发表讲话，承诺将"不惜一切代价"降低这些利率。市场将此解读为欧洲央行承诺购买尽可能多的主权债务工具，以将风险溢价压至无违约水平。正如模型所预测的那样，这导致了利率出现惊人的下跌。为什么欧洲央行能够凝聚起如此强大的力量是一个重要问题。一种常见的猜想是，鉴于其强劲的基本面，德国是真正可信的最后贷款人。但是另一种不可否认的猜想是，欧洲央行可以印制可信的流动性货币。我将在下一节重新讨论这个问题。

跨期贸易与非状态依存金融合同再次成为这些问题的核心。幸运的是，正如上文提到的智利与欧洲央行的经验所表明的那样，依然存在进行政策操纵的空间。

评论2：错叠价格。卡尔沃和维格（Calvo and Végh 1993）将有关可信度的讨论扩展到如卡尔沃（Calvo 1983）所述的以错叠和不协调的方式预先设定价格的情况。结果与上述分析一致，但是更丰富的环境有助于表明，不可信的通胀稳定计划面临着额外的强大挑战。如果无法说服主体相信当局有决心并且赢得了公众的支持来实施该计划，那么即便实施紧缩的货币政策，价格仍可能继续高速上涨。

从表面上看，卡尔沃和维格（Calvo and Végh 1993）的结果意味着如果价格/工资是灵活的，那么通胀可能会更加容易控制。然而，这个在决策者中具有广泛吸引力的结论十分草率。在下一节中，我将谈到，错叠价格可以在货币经济中发挥重要作用。它们可以为法定货币和记账单位提供稳定的产出锚，如果没有这个锚，货币经济可能会变得不稳定，除非货币能够可靠地锚定有弹性的外币，例如美元（但不一定与之挂钩）。这是新兴市场的常见做法（参见Calvo and Reinhart 2002），然而可信度通常要求持有大量昂贵的国际储备（参见Calvo, Izquierdo, and Loo-Kung 2013）。

突然停滞、长期通缩与复苏乏力：流动性的解释

上一节的讨论是在理性预期的假定下，以传统宏观理论为框架进行的。直到最近，决策者们一直高度信任相应的模型。然而，平静的海面之下，"大衰退"正在以令人震惊的力量崛起，使人们对包括从理性预期到资本主义的可行性等在内的一切都产生了怀疑。明斯基（Minsky 2008）的噩梦不折不扣地实现了！

在这一节中，我将开始探讨新的问题，并赋予"流动性"超越"大衰退"前主流宏观理论观点的更核心的作用。然而，除此以外，这些模型仍然坚持理性预期假定和传统经济理论的其他假定。这使得我们能够从上一节平稳过渡到这一节，但是读者必须准备好迎接急转，因为流动性路径所传达的新的前景绝不会普通。

直到最近，流动性才开始在文献中得到认真关注（参见，例如Holmström and Tirole 2011; Calvo 2016）。在某种程度下，造成这种情况的原因可能是主流模型在"大衰退"前似乎足以应对货币政策，至少对发达市场而言是如此。但是我不会放弃这样一种的可能性，即模型构建者不愿关注流动性问题，因为它们不容易被纳入规范的一般均衡模型之中。换句话说：知识惰性在起作用。

本节认为，流动性提供了一种颇有前途的见解，但是我们必须确保我们的分析有理有据。尽管"流动性"一词已无处不在，但是"时尚高于实质"的现象却似乎占据了主导地位。例如，一些观察家声称，2008年的雷曼危机涉及由不动产支持的金融资产〔如资产支持证券（ABS）〕的巨大流动性紧缩。与此同时，他们似乎仍然泰然自若地表示，伴随这种冲击而来的是涉及美元（一种法定货币）的安全投资转移。这里有些不对劲，我

们不得不深入研究法定货币在产出方面能够保持正值的原因，传统宏观经济学往往理所当然地认为这是法定货币的一个特征。

下文第一小节探讨弗兰克·哈恩（Frank Hahn 1965）的基本观点，即作为一般规则，传统的一般均衡货币模型不能排除易货均衡的存在。这一结果使得向美元寻求避险的现象更加令人费解，并且增强了为货币弹性寻找合理解释的相关性。向货币转移的现象是凯恩斯一般理论中的一个核心问题（与其他地方所说的"流动性陷阱"有关）。[1]在一个完全被忽视的独立段落中，一般理论提出了一个虽然简单但在我看来却很有见地的猜想，我称之为货币价格理论（PTM）。[2]货币价格理论认为，货币的流动性和正购买力源自错叠价格。错叠价格为货币提供了通常情况下政府不会提供的产出支持。请注意，这种产出支持并未延伸到其他具有灵活名义价格的流动资产。

尽管错叠价格为货币的流动性提供了一个有助于解释为何它仍能在金融危机期间保持弹性的真正平台，但是这并不能消除流动性的脆弱性或流动性短缺——因为货币的产出支持并非铁板一块。这自然会导致（下文第二小节）人们对于一个拥有多种货币与各种名义负债（例如，资产支持证券、新兴市场的美元计价债券）的世界进行思考。在这种情况下，弹性流动资产与脆弱的流动资产并存。顾名思义，流动资产是交易的推动者，因此流动资产子集的流动性紧缩会导致依赖这些资产的交易流突然减速。在实践中，表现为信贷突然停滞（即信贷流量大幅意外下降），这种停滞可

---

[1] 我搜索了Kindle版的《就业、利息和货币通论》，但是没有找到"流动性陷阱"这一表述。
[2] 参见Calvo (2012, 2016)。

能具有系统性，因为旁观者认为它具有流动性。[1]这些见解也可以作为货币政策的指南。例如，可以看出，标准的公开市场操作对于恢复潜在产出来说可能是无效的——而非常规货币政策工具则可以更好地为后者服务，因为这些工具不需要降低央行的政策利率。

下文第三小节重点讨论政府部门无法增加实际流动资金存量的情况。这可能是由于流动公债增长远远超过其产出支持所造成的。我认为，这种情况可能会产生长期通缩。最后，第四小节论证了流动性短缺也有助于将"复苏乏力"（也称作"长期停滞"）合理化。

哈恩问题、货币价格理论以及浮动恐惧

典型的主流宏观模型假定，存在一种能够提供流动性服务的名为"货币"的物体——通常表示为 M。文献中流行"货币先行"的假定，根据这一假定，为了进行市场交易，主体必须向市场推出数量与计划购买的货币（或名义）市场价值成比例的 M〔例如，Clower（1967）约束〕。简单模型假定比例系数为常数。尽管十分简单，但是货币先行的假定揭示了一个很容易被非货币经济学忽视的重要事实，即流动性服务对贸易而言至关重要。在这种情况下，如果 $M=0$，就不可能进行交易！

让我们用 c 表示计划购买（实际同质产出），用 Γ 表示货币的实际（或产出）价格（即价格水平的倒数）。设定比例系数 = 1，货币先行的条件可以表示为：

$$M\Gamma = c \tag{2}$$

---

[1] 正如本章开头所述，"突然停滞"指的是国际资本流动的严重收缩。"大衰退"时期，欧洲也曾出现过这种现象（参见 Merler and Pisani-Ferry 2012）。如今，这个词已经扩展到信贷流动。为了避免混淆，我选择将后者称作"信贷突然停滞"。

因此，如上所述，在均衡状态下，如果 $M = 0$，那么 $c = 0$，因此不可能进行交易。但是，如果 $\Gamma = 0$ 呢？显然，结果是一样的：主体注定要在完全自给自足的情况下运转。$\Gamma = 0$ 可能是均衡结果吗？哈恩（Hahn 1965）通过证明给出了肯定的答案。如果 M 没有内在的市场价值，那么这项证明就无甚价值，因为在这种情况下，货币买不到产出，这种情况相当于没有将货币带入市场。[1] 这是一个深刻的观察结果，但却不适用于普通商品：例如，如果就其他商品而言，面包的价格为零，那么很可能存在面包需求过剩的情况。

有人试图说明可以排除货币零产出价值的条件。例如，假定将实际货币余额（即 $M\Gamma$）引入满足稻田条件类型的效用函数。[2] 在这种情况下，这些条件听起来就显得不太自然；此外，我认为它们不足以排除 $\Gamma = 0$ 的情况。如果后者成立，那么 $M\Gamma = 0$，与价值 M 几何无关。无论货币余额对个体来说具有多大的价值，没有任何个体可以使得 $M\Gamma > 0$。事实上，正如上一段的注释所述，如果持有毫无价值的 M 只涉及一个小麻烦，主体就会抛弃 M，即使他们渴望 $M\Gamma > 0$！

一般理论为 $M\Gamma > 0$ 的情况提供了一种猜想。简而言之，这个猜想就是 $M\Gamma > 0$ 的原因是主体利用名义价格向市场传递记账单位（这里是指货币）的数量，而他们准备以该单位出售主要产品。此外，他们还准备在一段时间内保持这些价格的"活力"。因此，名义价格是第一位的：我们处于"价格先行"的世界。个体主体有动机提前设定自己的价格，大量其他主体已经以类似的方式公布了他们的价格，这对我们有所帮助，而且现在

---

1 请注意，如果持有 M 是一个小麻烦，其需求将为零，从而导致货币市场供给过剩。然而，根据瓦尔拉斯定律，这不会导致其他经济领域需求过剩，因为货币的实际价格 $\Gamma = 0$。
2 参见 Obstfeld and Rogoff (1983, 1986)。

的价格制定者可以认为大多数价格是理所当然的。因此，这也是一个"错叠价格"的世界。在这个世界里，个体价格制定者在制定其货币价格时有一个明确的参考，因为在时间 t, Γ_t（基本上）是预先确定且为正的。[1]此外，如果预期的通胀率较低，在一段时间内保持其价格报价不会导致价格失调的巨大风险。[2]

批评家可能会认为货币价格理论不过是一种同义反复：因为 $\Gamma > 0$，所以 $\Gamma > 0$。但是实际情况比这更加微妙。货币价格理论认为：$\Gamma_t > 0$，因为 $\Gamma_{t-1} > 0$，而且只有少数主体能够或将在 t 时改变其价格。这种机制是激励相容的：t 时的价格制定者没有动机设定货币价格 = ∞（相当于拒绝以货币报价）。与诸如现金先行模型等经典模型或实际货币余额是效用或生产函数参数的模型相比较，这种价格是完全灵活的。即使 $\Gamma_{t-1} > 0$，在这些经典模型中，个体也没有任何可能排除 $\Gamma_t = 0$ 的情况！请注意，货币价格理论并不依赖于实物货币。这一理论同样适用于记账单位的价格以错叠方式设定的无现金经济（参见 Woodford 2003）。可以肯定的是，探讨记账单位的建立过程十分有趣，但是这并不意味着经典模型比货币价格理论更有优势，因为锚定 M 而非 Γ 的模型也需要提出选择特定记账单位的理由。

货币价格理论有助于排除 $\Gamma = 0$ 的可能性，却无法保证 Γ 在现实情况下是稳定的，因为并非所有价格都以相同的记账单位设定。[3]也就是说，世界上存在许多受可变双边汇率影响的记账单位。然而，有趣的是，双边汇

---

[1] 然而，这并不一定意味着通胀先行。因此，货币的产出支持也将是通胀预期的一个函数，本章第二节中提出的问题仍然适用。

[2] 然而，在经济受贸易条件大幅波动冲击的时期，预先设定价格可能存在极大风险，这涉及在国内经济之外设定价格。

[3] 即使存在唯一的记账单位，货币价格理论也不能保证 Γ 路径的唯一性。唯一性可能需要泰勒法则那样的规则，这是新凯恩斯主义文献中的一个核心话题。参见 Woodford (2003) 和 Calvo (2016)，它们对新凯恩斯模型在这方面的相关性进行了质疑性评估。

率的稳定性比多货币引发的预期要高。例如，卡尔沃和莱因哈特（Calvo and Reinhart 2002）表明，新兴市场倾向于将其货币与所谓储备货币挂钩，这种现象被称为"浮动恐惧"。储备货币是在各种国际贸易和金融交易中作为计价单位的记账单位（参见Gopinath 2016）。因此，与储备货币挂钩可以加强新兴市场的货币产出支持，使其作为价值储存手段更加可靠，这反过来又增强了储备货币的流动性。美元是储备货币中的王者，并在雷曼危机期间展现出了自己的实力，因为尽管美国经济处于危机的中心，但相对于其他货币，美元依然实现了升值。美元的特权源自本章讨论范围以外的考虑，我在此不作讨论。然而，值得指出的是，小型新兴市场国家记账单位的范围十分有限。因此，除非与储备货币挂钩，否则它们的货币产出支持将非常有限，这可能会使它们很容易成为货币挤兑事件的目标或是遭受大规模的货币贬值或升值（回想一下2015年1月瑞士法郎的大幅意外升值事件）。

为了使前面的陈述更加直观，可以将货币看成一个T型账户，货币存量记为负债，"一罐子商品"（产出）记为资产。这些商品代表货币的产出支持。这类似于银行的资产负债表，右边是存款，左边是非流动性贷款。在目前的情况下，这些商品代表货币持有者可以换取货币的货物和服务（只要他们愿意）。这些商品的总量可能小于货币的产出价值ΓM。因此，与银行模型一样，可能存在多重均衡（参见，如Diamond and Dybvig 1983）。在"好"均衡中，ΓM可能远超"一罐子商品"的总量；在"坏"均衡中，ΓM可能正好等于总量。[1] 以储备货币的形式积累国际储备可以增加"一罐子商品"的总量。直观地说，钉住汇率制——尤其是在伴随着储

---

[1] 在ΓM是效用函数或生产函数（或两者都是）中的一个自变量并表现出正偏导数的模型中，均衡可以通过ΓM进行帕累托排序。

备积累的情况下——可能降低货币挤兑的概率，从而降低贸易对衍生品市场的依赖，而衍生品市场成本高昂，中小型企业不易获得。这有助于解释"浮动恐惧"和国际储备积累。

应该指出的是，浮动恐惧并不是新兴市场所独有的。例如，在雷曼危机期间，美联储与欧洲央行签署了一项大型货币掉期协议，以防止欧元区出现一波大规模破产浪潮（可能会对美国产生溢出效应），因为欧元区正在经历美元的严重短缺。因此，尽管各国货币种类繁多，但是世界经济似乎正在摸索一种以美元作为名义（因此也是实际）锚的类似布雷顿森林体系的方案。

一组更大的流动资产：突然停滞

实际上，各国货币本身的利率为零。因此，除非价格通缩猖獗，否则就会有创造准货币的动机。这个过程至少可以追溯到中世纪的银行业（参见 Cipolla 1989），并在"大衰退"之前迅速发展。这一现象在多种资料中均有涉及（例如，Brunnermeier 2009），因此我在此仅强调与上一小节讨论相关的一些显著特征。一个共同特点是，准货币采取以记账单位计价的固定收入债务。一个古老的例子是由可靠的最后贷款人（通常是能够印刷货币或以银行存款记账单位计价的公共负债的央行）支持的银行存款。最近的一例是抵押贷款支持证券（MBS），它是以记账单位计价的大型抵押贷款合同池。在没有系统性冲击的情况下，混同均衡允许抵押贷款支持证券利用大数定律，减少对每份合同信息的需求，并在相应的记账单位方面表现出低回报波动性。因此，像抵押贷款支持证券这样的证券化资产可与有息货币类似。

货币和准货币之间的相似性并不止于此。哈恩的问题也适用于准货币，因为它们会遭受与银行业文献（参见 Diamond and Dybvig 1983 以及上一节关于国家货币的说明）中所讨论的挤兑类似的挤兑。在这些模型中，银行存款提供了流动性服务，但是除非存在可信的最后贷款人，否则还将存在其他均衡，在这些均衡中，相当一部分储户试图同时从银行提款，导致银行破产，相关存款的流动性服务也随之消失。即使准货币的基本面在挤兑之前没有出现裂痕，也有可能发生挤兑，这与哈恩问题中提到的现象类似。除了由最后贷款人完全担保的银行存款外，大多数其他流动资产在记账单位方面都具有灵活的价格。因此，如果市场拒绝将它们作为交换手段，那么它们的价格可能会出现暴跌。价格也许不会归零，因为，比方说，最终抵押贷款支持证券涉及的债务至少能够得到部分履行，但是这些证券价格的下跌幅度仍然可能十分巨大。

准货币作为信贷抵押品发挥着重要作用（如回购协议或回购）。它们无法像法定货币或银行存款那样流通，但它们是跨期贸易交易的重要交易促进者。因此，准货币属于这里所定义的流动资产的范畴。鉴于信贷对现代资本主义经济体的贸易至关重要，稳定的流动资产所产生的积极福利效应必然非常巨大。没有流动资产，就很难从贸易中获得收益。不过，一个主要的问题是，这些资产会在毫无预警的情况下遭遇流动性紧缩，并有可能导致信贷流动严重中断。人们依然无法很好地理解流动性紧缩是如何发生的，这使得信贷市场任由难以或不可能防范的巨大冲击所摆布。鉴于流动性只与标准基本面存在部分关联，由市场某个角落的流动性紧缩引发的信贷紧缩很容易溢出到其他经济领域，这一事实加剧了这个问题。因此，局部流动性紧缩事件可能成为系统性事件，在这种情况下，保险市场是无效的。这种现象在1998年的俄罗斯危机和2007—2008年的次贷危机中十分明显（参见Calvo 2016）。如上所述，在这种情况下出现的大规模信贷流中断被称作"突然停滞"，它通常会导致金融部门损失大量资本，但更重要的是，使人们对流动资产的可靠性产生严重怀疑。后者尤其容易使这些危机高度持久化（参见Reinhart and Reinhart 2010; Calvo 2016: 第六章）。

"大萧条"就是一个很好的例子。

在"大萧条"之前，上述意见并不是发达市场政策讨论的核心。相反，与之相悖的观点占了上风。人们普遍认为，发达市场的金融体系就像钟表一样，在复杂的操作者的推动下运行（参见Andrews 2008）。此外，人们认为，如果危机爆发，储备货币的央行可以通过降低几个基点的利率来迅速稳定局势。在某种程度上，这种观点以弗里德曼和施瓦茨（Friedman and Schwartz 1963）提出的极具影响力的猜想为基础，即如果美联储能够保持价格水平不暴跌，"大萧条"本该成为美国一次常规的经济衰退（例如，在"大萧条"期间，批发价格指数从高峰到低谷跌了30%以上）。不幸的是，"大衰退"给弗里德曼-施瓦茨猜想打上了问号。美联储和其他储备货币的央行采纳了这一建议，从而避免了价格通缩。但是这些行动未能阻止一场深刻而持久的衰退。例如，直到2016年，欧元区的GDP才恢复到雷曼危机前的水平。可以肯定的是，证据表明货币扩张是有帮助的，也许是因为它在一定程度上阻止了费雪（I. Fisher 1933）债务通缩的重演，[1]然而，结果却比预期要糟糕得多。到底缺少了什么呢？上述讨论提供了一条线索：央行的流动性不一定能够解决流动性紧缩引发的流动性问题，除非这种流动性定向用于恢复遭受危机冲击的流动资产市场（参见Calvo 2012）。如果没有这种定向恢复政策，信贷流动就会停止，并有可能造成重大损失。事实上，流动资产并非天生就是平等的！

发达市场的央行意识到，一旦触及零下限，就会出现严重问题，而他们采取了旨在以更直接的方式疏通信贷渠道的政策。这项政策表现为量化宽松（QE）措施，如央行购买抵押贷款支持证券和直接刺激私营部门信贷的措施。例如，欧洲央行在2016年3月7日宣布了一种操作方式，除产

---

[1] 然而，美联储并未阻止房地产市场的债务通缩，市场上的美元价格下降了约30%。

生的其他作用外,这种方式扩大了一些公司债券的流动性窗口范围,并在事实上补贴了对私营部门的贷款。所有这些行动都与流动性紧缩要求央行采取非正统政策的观点相一致。(顺便说一句,这已经十分接近一种被列为财政政策的秘密形式,这是十分危险的。)

评论3:一些微观基础。为了澄清讨论,让我们考虑一个涉及资产支持证券的简单案例,我将其标的资产称作"土地"。用k表示的土地是定量供应且无需维护成本的。产出是作为标准生产要素的土地的函数,但是除此以外,土地还是企业的交易促进者;(以产出衡量的)土地的流动性也对产出具有积极影响。因此,我假定由计算得出产出$f(\theta qk)$,其中q和θ分别代表土地的产出价格和流动性系数;θ介于0和1之间。实际利率(即产出的自有利率)用r表示。那么,在稳定状态下,q预计在一段时间内是恒定的,在$k>0$时利润最大化,意味着以下关于k的一阶条件:$f'(\theta qk)\theta = r$。可以证明,如果函数f是柯布-道格拉斯函数,那么土地价格q随着流动性系数θ的增加而上升。因此,土地流动性紧缩可能导致土地相对于产出的相对价格暴跌。在这个简单的机制中,货币供给没有发挥任何作用。因此,如果土地价格会引发计划外的过度负债等副作用,标准货币政策也无济于事。我们需要能够对q产生影响的工具。非常规购买不良资产,如美联储最初的量化宽松计划,就是一个可能(尽管不是万无一失)的例子。[1]

如上所述,流动性紧缩并不是发达市场的专属产物。20世纪90年代的系统性新兴市场危机也可以用同样的方式加以描述。但是两者之间也存在重要的区别。1997/1998年的亚洲/俄罗斯危机中曾出现过在国际资本市场上挤兑流通的新兴市场债券的情况。首先,与发达市场不同,这些债券以美元或其他储备货币,而非新兴市场的国内资金计价。新兴市场债券

---

[1] Calvo(2012)和Calvo(2016:第三、五章)详细讨论了这些问题。

使用国际储备大规模购买信贷额度或从国际最后贷款人（如国际货币基金组织）那里获得信贷额度的做法原本可以防止这场灾难。然而，国际最后贷款人无处可寻，新兴市场既没有资源（即国际储备），也没有能力发动协同反击。因此，这就会导致突然停滞，借用前一小节的比喻，即减少了支持国内新兴市场货币的"一罐子商品"，从而引发货币贬值，而不是升值——这与雷曼危机期间的美国形成了鲜明的对比。此外，货币贬值削弱了新兴市场的资产负债表，因为以外币计价的债务被部分用于资助以本币计价的项目。因此，大幅贬值——新兴市场突然停滞的标志——造成了类似费雪债务通缩的有害影响，因为相对于本币收入的流动，债务的价值飙升，从而加剧了金融危机的深度。显然，高初始债务与低国际储备加剧了危机的严重性。这些条件在俄罗斯危机之前普遍存在，因为在我看来，很少有投资者和决策者预见到俄罗斯危机中发生的大规模系统性崩溃。

有趣的是，在亚洲/俄罗斯危机之后，导致一些亚洲与拉美经济体经常账户余额出现改善以及国际储备大量积累的有利环境，使这些经济体在面对2008年雷曼危机时有了更强的底气（参见International Monetary Fund 2010：第二章）。冲击确实存在，但是恢复也很迅速，随后又出现了一连串相对较高的增长率，这表明"一罐子商品"的规模十分重要。这一观点也得到了实证研究的证实（参见Calvo, Izquierdo, and Loo-Kung 2013; Calvo 2016; Calvo, Izquierdo, and Mejía 2016）。

如前一小节所述，漂浮恐惧可以追溯到新兴市场试图将其货币锚定在储备货币上的举动。这对常规冲击而言是有效的，但是要在突然停滞的情况下防止货币挤兑，成本可能太高。不过，可观的国际储备还是有助于遏制失控的通货膨胀。原因很简单：借用前一小节的比喻，贬值增加了资产负债表中资产（"一罐子商品"）一栏的名义价值，而原则上没有改变货币供应。因此，货币的产出支持变得更强，从而给了央行阻止通胀失控的证

II 宏观经济稳定与增长　　171

据。然而，很容易看出，如果央行出手干预并阻止货币贬值，那么在本币负债超过国际储备的正常情况下，货币的产出支持会减弱。这有助于解释为什么在最近资本流向新兴市场的大幅收缩期间，许多拉丁美洲国家决定以大幅贬值和适度牺牲国际储备的方式来应对冲击。20世纪80年代这些经济体的克星——螺旋式通货膨胀，并未成为一个主要问题（参见International Monetary Fund 2016：第二章）。

评论4：内生流动性——货币替代。流动资产历史悠久，暴君与战争在其中发挥了重要作用。然而，流动资产之所以能够存在，也要归功于更为友好的技术变革与普通的激励机制。新兴市场是一个丰富的实验室，例如，它可以说明高通胀会导致以外币形式出现的本地流动资产，这种现象称作"货币替代"（currency substitution）〔参见卡尔沃（Calvo 1996）中卡尔沃－维格的讨论〕。相关外币通常是储备货币，但是它们需要获得国内主体的一些帮助才能在地方层面成为流动资产。创造流动资产或相关措施的激励措施也可以采取非常不同的形式。例如，高尔顿和梅特里克（Gorton and Metrick 2012）声称，从某种程度上来说，影子银行出现的目的是为大型储户（如养老基金）提供更可靠的存款保险措施。

内生流动性这个话题仍处于起步阶段。货币替代文献呼吁人们关注这一现象给货币政策带来的一些约束，但是我认为这些文献都很肤浅。例如，采取与微观银行学文献（如Diamond and Dybvig 1983）类似的方式表明存在明显的不连续性或非线性，我认为货币替代文献没有充分研究这些问题。此外，更好地理解内生流动性有助于更好地理解低储备货币利率的影响，这是一个非常热门的话题。例如，这类理论可能有助于人们将经常听到的说法合理化，即低国际利率正在催生新兴市场脆弱的流动资产，而这些资产会受高成本挤兑的影响。

通货紧缩周期：长期通缩

价格通货紧缩将长期通胀推至聚光灯之外，而诸如流动性陷阱之类久已存在的问题却卷土重来。因此，至少在极短的时期之内，大量讨论通货膨胀的文献将被有关通货紧缩的老旧论文以及"大萧条"时期经济历史学家的一些论文所取代。然而，令人担忧的是，过去的通货紧缩事件是在截然不同的情况下发生的，而且相关数据甚少。此外，尽管在某种程度上可以认为长期通缩是由过度负债与资产负债表问题造成的（例如，Koo 2009），但是正如萨金特（Sargent 1982）所强调的那样，这些问题很可能是在恶性通胀的背景下出现的。这也促使我试着从其他角度加以解释。

我在本小节中探索了一种受货币价格理论启发的试探性方法。基本思路很简单。假定存在一个经济体，其中（法定）货币是唯一的流动资产。由于存在黏性价格，货币享有一些产出支持。在这种情况下，货币供给量每增加一倍就会使实际货币余额增加一倍，但是不一定会使货币的产出支持增加一倍。例如，如果货币的产出支持保持不变，货币的预期购买力也许无法实现翻番。卡尔沃（Calvo 2016）将这种效应称作"流动性紧缩"（liquidity deflation）。对于原子论的主体来说，这相当于一种金钱技术外部性。最初货币供给量的翻番可能会让人们觉得自己的货币财富实际上翻了一番，但是他们很快就会打消这个念头，因为他们意识到自己不得不与其他主体共享货币的产出支持，即使价格具有黏性也是如此。

将上述情况与货币理论中的传统情况进行比较是一件很有意思的事情。在传统情况下，个体通过其个人持有的实际货币余额来评价货币的流动性服务。为简单起见，我们假定价格是灵活的，而且对实际货币余额的流动性需求不变。因此，在传统模型中，如果货币供给量增加一倍，均衡价格水平也会增加一倍。相反，如果流动性紧缩在起作用，那么价格上涨可能不到一倍。因此，流动性紧缩为各国央行在通过扩大其资产负债表来阻止通货紧缩时可能遇到的困难提供了理由。这一推理尤其适用于储备货币，因为很难找到更可靠的替换性流动性资产。正式细节如下。

为了继续讨论我们熟悉的话题，我会开始关注庇古效应，这是反对流动性陷阱相关性的经典论据（如一般理论中的定义）中的一个关键概念，根据该论点，工资和价格灵活性有助于恢复充分就业。从形式上看，该论点认为实际货币余额的流动性 $M\Gamma$ 随价格水平的下降（即随着 Γ 的上升）而无限上升。在正常情况下，相关的财富效应将提升总需求（这就是庇古效应），在恢复充分就业之前这一过程不会停止。这一论点忽略了费雪（I. Fisher 1933）提出的债务通缩，但是我不会分心来讨论这个问题，因为我的重点是要说明这一论点可能仍然是错误的。

庇古效应依赖的假定是，经济主体会将 $M\Gamma$ 作为一个高度可靠的衡量标准，即用交换 $M\Gamma$ 产出可以在市场上获得多少产出，即使总量 $M\Gamma$ 远超非货币财富总量。在不存在货币挤兑的假定下，这一假定与个体理性一致。对于美元来说，前者听起来不像是一个强有力的假定，但是如果 M 包含准货币，即使它与美元挂钩，也不能折现挤兑（正如雷曼危机中资产支持证券的崩溃所体现的那样；参见 Gorton and Metrick 2012）。因此，如果发生挤兑，那么我们有理由认为，超过某个点以后，增加 $M\Gamma$ 可能相当于在挤兑情况下减少产出，因为个体急于用货币换取产出，并在价格黏性持续时利用价格黏性（回顾前面一小节的比喻）。因此，考虑到挤兑的主体会给 $M\Gamma$ 增加一个小于统一性的流动性系数。这就相当于上面提到的流动性紧缩效应。按照这些思路，我假定单个个体的货币流动性由以下表达式得出：

$$M\Gamma + Z((M\Gamma)^e), \quad Z' < 0, \tag{3}$$

其中，$(M\Gamma)^e$ 代表均衡实际货币总余额，而函数 Z 捕捉到了流动性紧缩。这相当于假定在原子环境下，单个个体将自己的 $M\Gamma$ 视作真实财富，但是将货币的流动性服务作为总函数 $M\Gamma$ 向下调整是理性的。流动性紧缩带来了一种可能性，即随着货币余额逐渐增加，实际货币余额存量的扩张效应会逐渐消失。

要想用更熟悉的术语进行讨论，请考虑现金先行等式（2），然后将其左侧的内容替换为等式（3）中关于流动性服务的新定义。因为在一个有代表性的个体理性预期均衡中，$(M\Gamma)^e = M\Gamma$，由此可以得到：

$$M\Gamma + Z(M\Gamma) = c \tag{4}$$

显然，现在可以假定庇古效应为零，因为财富效应与负流动性效应相互抵消。因此，在给定的价格水平下，价格水平下降或货币供给量增加可能不会对总需求产生影响。例如，假定实际流动性达到上限，相关的总需求低于满负荷产出。这往往会压低价格水平，从而加剧流动性紧缩——减少货币的产出支持，并最终引发对 M 的挤兑，从而破坏货币的流动性。请注意，这里强调的庇古效应失灵以及由此产生的流动性陷阱，是出于供给侧的考虑。我称之为"供给侧流动性陷阱"。这与一般理论截然不同，一般理论基于货币需求相对于"利率"具有无限弹性的假定。不过值得注意的是，一般理论中流动性陷阱和流动性紧缩为增加货币供给量难以刺激产出的情况给出了互为补充的理由。

评论5：欧洲央行之谜。在上一小节结束的时候，我提到欧洲央行通过一些策略非常成功地降低了一些欧元区主权债券的风险溢价，其中包括宣布欧洲央行将"不惜一切代价"实现这一目标。鉴于相对于脆弱经济体（如意大利和西班牙）的主权债券存量而言，欧洲央行的资本较小，一种流行的合理猜测是，该战略之所以能够获得成功，是因为人们预期德国会在必要时救助欧洲央行。这一猜想与上述讨论一致，因为德国将提供欧洲央行负债背后的"一罐子商品"。然而有趣的是，在2007/2008年，当"大衰退"达到顶点时，真正的最后贷款人恰好是美联储！在当时的情况下，美联储相对德国的比较优势在于，它有能力印制美元，这是全世界都在寻求的安全资产。这表明，即使欧洲央行在降低欧元区的风险溢价方面非常成功，但是如果联邦基金利率的上升速度超过预期，可能再次需要美联储的支持。因此，如果仅仅因为欧洲央行能够降低风险溢价，就认为欧元不会发生挤兑，那就错了。这一观察表明，上述流动性紧缩背后的假定并不空洞，即使是对于像欧元这样的储备货币而言也是如此。

评论6：关于供给侧流动性陷阱的更多信息。 熟悉货币理论标准路径的人可能会觉得上述结果令人困惑。〔参见，例如Patinkin 1965，个体在表达式（3）中内化了金钱外部性。〕因此，如果遵循标准路径，货币先行的约束将采取上述等式（4）。令 $\overline{M\Gamma}$ 代表能够使 $M\Gamma+Z(M\Gamma)$ 最大化的实际货币余额。如果 $\overline{M\Gamma}$ 不够大，不足以完全利用产能，就会出现实际货币短缺的情况。但是这并不对应流动性陷阱，因为货币供给量的增加会产生货币供给过剩，而且如果名义价格具有向上的弹性，就会导致 Γ 下降（即价格水平上升），从而将实际货币余额推回到 $\overline{M\Gamma}$。这将验证在训练有素的经济学家中流行的观点，即货币供给量增加会提高名义价格，除非一般理论流动性陷阱成立，并且货币需求具有无限的利率弹性。

相反，如果金钱外部性不像表达式（4）所假定的那样内化，当 $M\Gamma = \overline{M\Gamma}$，且给定 Γ 时，增加 M 当然意味着 $M\Gamma > \overline{M\Gamma}$。实际货币余额的存量 $M\Gamma$ 越大，产生的流动性服务就越低，而不是越高，因为 $M\Gamma+Z(M\Gamma)$ 在 $\overline{M\Gamma}$ 点最大，而个体将争夺更多的实际货币余额，而不是像标准路径所暗示的那样，争夺更少的货币余额。这种情况，如果有的话，会给价格水平带来下行压力，进一步推高 $M\Gamma$，使系统进入恶性的长期通缩循环。

该模型一个有趣的扩展也有助于使新结果更加直观，即假定 $(M\Gamma)^e$ 在 $M\Gamma$ 后面运行。考虑以下示例：

$$(M\Gamma)^e_{t+1} = M\Gamma_t, \tag{5}$$

考虑公式（3）和（5），这意味着

$$M\Gamma_t + Z(M\Gamma_{t-1}) = c_t. \tag{6}$$

因此，增加货币供给量将在时间 t 成功刺激总需求，但是货币存量必须继续上升，以防止流动性紧缩追赶上来。

在本例中，即使最初 $M\Gamma = \overline{M\Gamma}$（回顾评论6），央行也能够通过直升机撒钱来充分利用产能，但是它必须继续这样做，以防止再次出现衰退压力，并有可能出现价格通货紧缩。这种情况很有趣，因为这是通货紧缩成为一种持续的威胁，并且需要无休止地扩大货币供给的例子：庇古遇到了西西弗斯！

一个有趣的变化是将等式（4）替换为

$$M\Gamma + Z(M\Gamma) = L(i - i^m, y), L_{i-i^m} < 0, L_y > 0, \tag{7}$$

其中 L 是教科书上标准的流动性偏好函数，i^m 代表货币利率。后者是卡尔沃和维格（Calvo and Végh 1995）模型的快捷方式，其中货币是现金与国库券的混合体，而 i^m 可以解释为央行控制的利率（例如美国的联邦基金利率）。[1] 为了检验等式（7），请注意在IS/LM机构中，等式（7）对应LM曲线。因此，上升 i^m 会增加货币需求（即会使LM曲线上移）并造成产出收缩。请注意，即使在量化宽松无效的情况下，收缩也是成立的。这有助于合理解释当前辩论中的流行观点，即量化宽松不再有效，但是美联储加息会加深衰退的程度。

然而，增加 i^m 造成的影响可能会产生相反的效果。为了便于阐述，我将假定等式（5）。假定货币（包括其他安全资产）能够起到企业交易交换媒介的作用。这可以通过假定实际货币余额 $M\Gamma$ 进入生产函数来体现。用 $F(M\Gamma_t + Z(M\Gamma_{t-1}))$ 表示后者，其中函数 F 是严格凹的函数，并

---

[1] 技术性说明。如果根据标准的代表性个体模型推导〔即 $M\Gamma + Z(M\Gamma^e)$ 是效用函数的自变量〕，则等式（7）的需求侧缺乏流动性紧缩术语 Z 的说法成立。然而，如果函数 Z 乘以 $M\Gamma$，这一点就不成立了。

且满足稻田条件约为0的条件，代表性企业的利润（按实际价值计算）由以下公式计算：

$$F(M_t\Gamma_t + Z(M_{t-1}\Gamma_{t-1})) - (i-i^m)M_t\Gamma_t \quad (8)$$

因此，

$$F'(M_t\Gamma_t + Z(M_{t-1}\Gamma_{t-1})) = i-i^m \quad (9)$$

因此，降低央行利率 i^m 会导致产出下降（零下限不是问题），因为这会增加货币持有的机会成本。如果货币能够起到信用担保的作用，那么降低 i^m 带来的负面产出效应也将成立。我感到奇怪的是，尽管强调抵押资产（如 Kiyotaki and Moore 1997）以及抵押品崩溃在雷曼危机中发挥了核心作用（参见 Gorton and Metrick 2012）的文献很受欢迎，但是文献和政策性辩论却系统地假定"宽松货币"具有扩张性。[1]请注意，在这些假定下，$M\Gamma = \overline{M\Gamma}$ 时能够实现最大稳态输出。如果认为这一产出水平太低，仅靠利率政策无法帮助经济走出困境。与前一种情况一样，央行注定要永久依赖非常规货币政策。

总之，流动性紧缩可能会导致长期通缩。标准和非常规的货币政策可能无法产生恢复充分就业所需的流动性。此外，由于事实证明，通货紧缩比预期更具弹性，同时产出受到总需求不足的拖累，私营部门可能开始将货币视为一种有吸引力的投资工具，从而加剧价格通缩。如果经济在 $\overline{M\Gamma}$ 以下运行，这些影响将不会那么严重，但是人们也许能够感受到它们的存在，从而导致决策者将注意力转向财政政策等备选项。这可能是正确的做法。然而，考虑到信贷市场的困难，在分析财政政策影响的同时忽视金融约束将是一种误导。流动性短缺可能会对凯恩斯乘数的规模产生重大影响。例如，伊尔泽茨基、门多萨和维格（Ilzetzki, Mendoza, and Végh 2013）

---

[1] 关于这个问题的进一步讨论，参见 Calvo（2016）。

发现，高负债经济体的乘数为负。

评论7：溢出效应。发达市场的流动性短缺与通货紧缩可能会溢出到新兴市场，产生以新兴市场负债为中心的新流动资产（Gorton 2017; Calvo 2016）。对于显示出大量国际储备的新兴市场，这种情况可能会提高公共部门债务的流动性，例如，导致更低的传递系数，使通胀目标更容易实现。原则上，这对新兴市场来说是个好消息，但是和往常一样，也有其阴暗面：新兴市场负债的流动性可能会对发达市场的利率敏感。

最后，值得指出的是，这里讨论的供给侧流动性陷阱现象与迅速发展的安全资产短缺文献（参见Caballero, Farhi, and Gourinchas 2016）密切相关。两者都强调了由供给相关因素而导致的在刺激总需求或产出供给方面的困难。本章所述路径的附加值是，这些因素与流动性有关，可追溯到流动性大量损失（例如，在"大衰退"开始时）以及难以通过将公共部门债务引入储备货币领域的方式来增加流动性，或国际（例如，以美元计价的）价格水平下降。此外，讨论表明，储备货币的供给侧流动性陷阱与信贷渠道的抵押品问题有关，这种问题会降低流动资产的产出支持，这是接下来要讨论的话题。

复苏乏力

经验证据表明，经济体可能需要很长一段时间才能从严重的金融危机中恢复过来（例如，Reinhart and Reinhart 2010）。"大萧条"就是一个突出的例子。2016年，欧盟仍在努力恢复其2008年的产出峰值。美国取得了更大的成功，但是其目前的产出仍低于趋势水平。这种现象是由危机前的信贷繁荣和由此产生的过度负债（例如，Koo 2009; Reinhart and Reinhart 2010; Taylor 2015）造成的。理论研究很自然地将焦点落在了金融摩擦与不完全市场上——尽管应该指出的是，研究人员大多将它们视作放大器而

II 宏观经济稳定与增长 179

非主要的触发因素（参见，Queraltó 2013）。流动性的脆弱性——金融部门的先天缺陷——受到的关注较少。我担心这种偏见可能会导致我们忽视一些有价值的"低垂的果实"，这些果实不仅有助于解释造成复苏乏力的原因，还有助于解释系统性金融危机的其他核心特征（例如，名义价格通货紧缩）。卡尔沃（Calvo 2016, 第五章）就曾讨论过体现了这些特征的模型。我将在下文对其进行简要的概述。

假定存在一个具有完全价格弹性的封闭经济与代表性主体模型。产出可以一对一地分配给消费或原材料，家庭受到货币先行的约束，类似于上面的公式（2），现在 M 代表法定货币。代表性企业在采购原材料时也受到流动性先行的约束。此外，我按照现实世界的实践，假定企业可以同时持有法定货币和高流动性证券，例如资产支持证券。包括流动性服务在内的资产支持证券的回报也是其流动性系数的函数，在正式模型 ($0 \leq \theta \leq 1$) 中表示为 θ。显然，如果 $\theta = 0$，资产支持证券就无法满足企业的流动性约束，企业将完全以法定货币的形式保持流动性。相反，如果 $\theta = 1$，资产支持证券就将是法定货币的完美替代品，而且在正常情况下，资产支持证券的回报率将超过法定货币。因此，我假定在 $\theta = 1$ 的情况下，企业更愿意持有资产支持证券作为其唯一的流动性投资组合。正式模型考虑了中间情况，但是两种极限情况足以说明问题。

流动性紧缩定义为参数 θ 的突然外生性下降。为了说明问题，可以按照戴蒙德-戴维格（Diamond-Dybvig 1983）的思路将其视为对于资产支持证券的挤兑。考虑这样一种情况：最初，$\theta = 1$，但是在流动性紧缩的影响下，θ 逐渐降至 0。由于危机前资产支持证券的回报率高于法定货币的回报率，出现流动性紧缩之后，企业被迫预先持有的流动性投资组合的回报率将会下降。这就增加了原材料的成本，如果生产函数满足稻田条件，就会导致产量下降。如果消费者是法定货币的唯一持有者，并且货币供给量是给定的，那么经济下滑将导致价格水平上升，因为产出收缩将导致对法定货币的需求下降。但是在这个模型中，一种额外的影响却指向了相反的方向，因为如前所述，流动性紧缩会促使企业将流动性投资组合从资产支持型证券大量转为法定货币。这种转换可以抵消家庭对货币需求的下降，造成价格通货紧缩。因此，该模型可以合理地解释价格通货紧缩，尽管家庭受货币先行约束的假定对该模型不利。

该模型可以扩展到流动性先行约束适用于投资的增长背景。我们可以证明，在产出与资本存量成正比的模型中，资本积累率是流动性机会成本的负函数。因此，举例来说，流动性紧缩会导致增长下降（即复苏乏力）。此外，如果原材料采购也适用流动性先行约束，那么流动性紧缩将带来产出收缩的影响，价格通货紧缩也可能会随之出现（如上一段所述）。

卡尔沃（Calvo 2016：第五章）针对这一模型开展了一些政策实验。在此我只想说，尽管模型十分简单，但是它捕捉到了与流动性紧缩相关的几个现实特征。这表明，旨在于流动性紧缩后恢复经济活力的政策应该特别关注引起紧缩的因素，并且关注缓和其影响。实际上，一些未能解决这些问题的流行政策可能无法奏效。例如，增加货币供给量或政府支出的政策完全无效，除非它们既有助于恢复资产支持证券的流动性，又不会同时导致纯回报率（即不包括流动性服务的回报率）出现大幅下降。

参考文献

Andrews, Edmund L. 2008. "Greenspan Concedes Error on Regulation." *New York Times*, October 23.

Bordo, Michael D., and Athanasios Orphanides, eds. 2013. *The Great Inflation: The Rebirth of Modern Central Banking*. Chicago: University of Chicago Press.

Brunnermeier, Markus K. 2009. "Deciphering the Liquidity and Credit Crunch 2007–2008." *Journal of Economic Perspectives* 23 (1): 77–100.

Bruno, Michael, Guido Di Tella, Rudiger Dornbusch, and Stanley Fischer. 1988. *Inflation Stabilization: The Experience of Israel, Argentina, Brazil, Bolivia and Mexico*. Cambridge, MA: MIT Press.

Bruno, Michael, Stanley Fischer, Elhanan Helpman, and Nissan Liviatan, with Leora (Rubin) Meridor. 1991. *Lessons of Economic Stabilization and Its Aftermath*. Cambridge, MA: MIT Press.

Buffie, Edward F., and Manoj Atolia. 2012. "Resurrecting the Weak Credibility Hypothesis in Models of Exchange-Rate-Based Stabilization." *European Economic Review* 56 (3): 361–372.

Caballero, Ricardo J., Emmanuel Farhi, and Pierre-Olivier Gourinchas. 2016. "Safe Asset Scarcity and Aggregated Demand." *American Economic Review* 106 (5): 513–518.

Cagan, Phillip. 1956. "The Monetary Dynamics of Hyperinflation." In *Studies in the Quantity Theory of Money*, edited by Milton Friedman, 25–117. Chicago: University of Chicago Press.

Calvo, Guillermo A. 1978. "On the Time Consistency of Optimal Policy in a Monetary Economy." *Econometrica* 46 (6): 1411–1428.

Calvo, Guillermo A. 1983. "Staggered Prices in a Utility Maximizing Framework." *Journal of Monetary Economics* 12 (3): 383–398.

Calvo, Guillermo A. 1986a. "Fractured Liberalism: Argentina under Martínez de Hoz." *Economic Development and Cultural Change* 34 (3): 511–533.

Calvo, Guillermo A. 1986b. "Temporary Stabilization: Predetermined Exchange Rates." *Journal of Political Economy* 94 (6): 1319–1329.

Calvo, Guillermo A. 1988. "Servicing the Public Debt: The Role of Expectations." *American Economic Review* 78 (4): 647–671.

Calvo, Guillermo A. 1989. "Incredible Reforms." In *Debt, Stabilization and*

Development, edited by Guillermo A. Calvo, Robert Findlay, Pentti Kouri, and Jorge Braga de Macedo, 217–234. New York: Basil Blackwell.

Calvo, Guillermo A. 1991. "The Perils of Sterilization." *IMF Staff Papers* 38 (4): 921–926.

Calvo, Guillermo A. 1996. *Money, Exchange Rates, and Output*. Cambridge, MA: MIT Press.

Calvo, Guillermo A. 1998. "Capital Flows and Capital-Market Crises: The Simple Economics of Sudden Stops." *Journal of Applied Economics* 1 (1): 35–54.

Calvo, Guillermo A. 2012. "Financial Crises and Liquidity Shocks: A Bank-Run Perspective." *European Economic Review* 56 (3): 317–326.

Calvo, Guillermo A. 2016. *Macroeconomics in Times of Liquidity Crises: Searching for Economic Essentials*. Cambridge, MA: MIT Press.

Calvo, Guillermo A., and Allan Drazen. 1998. "Uncertain Duration of Reform: Dynamic Implications." *Macroeconomic Dynamics* 2 (4): 443–455.

Calvo, Guillermo A., and Pablo Guidotti. 1990. "Indexation and Maturity of Government Bonds: An Exploratory Model." In *Capital Markets and Debt Management*, edited by Rudiger Dornbusch and Mario Draghi, 52–82. New York: Cambridge University Press.

Calvo, Guillermo A., and Carmen M. Reinhart. 2002. "Fear of Floating." *Quarterly Journal of Economics* 117 (2): 379–408.

Calvo, Guillermo A., and Carlos A. Végh. 1993. "Exchange-Rate-Based Stabilisation under Imperfect Credibility." In *Proceedings of the IEA Conference on Open-Economy Macroeconomics*, edited by H. Frisch and A. Worgötter, 3–28. Hampshire, UK: Macmillan. Reprinted in Calvo (1996, chapter 18).

Calvo, Guillermo A., and Carlos A. Végh. 1995. "Fighting Inflation with High Interest Rates: The Small-Open-Economy under Flexible Prices." *Journal of Money, Credit, and Banking* 27 (1): 49–66.

Calvo, Guillermo A., Alejandro Izquierdo, and Rudy Loo-Kung. 2013. "Optimal Holdings of International Reserves: Self-Insurance against Sudden Stop." *Monetaria* 35 (1). 1–35.

Calvo, Guillermo A., Alejandro Izquierdo, and Luis-Fernando Mejía. 2016. "Systemic Sudden Stop: The Relevance of Balance-Sheet Effects and Financial Integration." In *Macroeconomics in Times of Liquidity Crises: Searching for Economic Essentials*, edited by Guillermo A. Calvo, 143–200. Cambridge, MA: MIT Press.

Cavallo, Eduardo A., and Jeffrey A. Frenkel. 2008. "Does Openness to Trade Make Countries More Vulnerable to Sudden Stops, or Less? Using Gravity to Establish Causality." *Journal of International Money and Finance* 27 (8): 1430–1452.

Cipolla, Carlo M. 1989. *Money in Sixteenth-Century Florence*. Berkeley: University of California Press.

Clower, Robert. 1967. "A Reconsideration of the Microfoundations of Monetary Theory." *Western Economic Journal* 6 (1): 1–9.

Corsetti, Giancarlo, and Luca Dedola. 2016. "The 'Mystery of the Printing Press': Monetary Policy and Self-Fulfilling Debt Crises." CEPR DP11089, Centre for Economic Policy Research, London.

Diamond, Douglas W., and Philip H. Dybvig. 1983. "Bank Runs, Deposit Insurance and Liquidity." *Journal of Political Economy* 91 (3): 401–419.

Dornbusch, Rudiger, and Mario Henrique Simonsen. 1983. *Inflation, Debt, and Indexation*. Cambridge, MA: MIT Press.

Eichengreen, Barry. 2015. *Hall of Mirrors: The Great Depression, the Great Recession, and the Uses—and Misuses—of History*. Oxford: Oxford University Press.

Fisher, Irving. 1933. "The Debt-Deflation Theory of Great Depressions." *Econometrica* 1 (4): 337–357.

Fontaine, Juan Andres. 1996. "La Construcción de un Mercado de Capitales. El caso de Chile." EDI Learning Resources Series. Washington, DC: World Bank.

Friedman, Milton. 1971. "Government Revenue from Inflation." *Journal of Political Economy* 79 (4): 846–856.

Friedman, Milton. 1977. "Nobel Lecture: Inflation and Unemployment." *Journal of Political Economy* 85 (3): 451–472.

Friedman, Milton, and Anna J. Schwartz. 1963. *A Monetary History of the United States, 1867–1960*. Princeton, NJ: Princeton University Press.

Gopinath, Gita. 2016. "The International Price System." In *Inflation, Dynamics and Monetary Policy, Proceedings of the Federal Reserve Bank of Kansas City, August 27–29, 2015, Jackson Hole, WY*, 71–150.

Gordon, Robert J. 2011. "The History of the Phillips Curve: Consensus and Bifurcation." *Economica* 78 (309): 10–50.

Gorton, Gary. 2017. "The History and Economics of Safe Assets." *Annual Review of*

Economics 9 (1): 547–586.

Gorton, Gary, and Andrew Metrick. 2012. "Securitized Banking and the Run on Repo." *Journal of Financial Economics* 104 (3): 425–451.

Guidotti, Pablo E., and Manmohan S. Kumar. 1991. "Domestic Public Debt of Externally Indebted Countries." IMF Occasional Paper 80, International Monetary Fund, Washington, DC.

Hahn, F. H. 1965. "On Some Problems of Proving the Existence of an Equilibrium in a Monetary Economy." In *The Theory of Interest Rates*, edited by F. H. Hahn and F. P. R. Brechling, 125–135. London: Macmillan.

Hicks, John R. 1937. "Mr. Keynes and the 'Classics'; A Suggested Interpretation." *Econometrica* 5 (2): 147–159.

Holmström, Bengt, and Jean Tirole. 2011. *Inside and Outside Liquidity*. Cambridge, MA: MIT Press.

Ilzetzki, Ethan, Enrique G. Mendoza, and Carlos A. Végh. 2013. "How Big (Small?) Are Fiscal Multipliers?" *Journal of Monetary Economics* 60 (2): 239–254.

International Monetary Fund. 2010. *World Economic Outlook (WEO): Recovery, Risk and Rebalancing*. Washington, DC.

International Monetary Fund. 2016. *World Economic Outlook (WEO): Too Slow for Too Long*. Washington, DC.

Keynes, John M. (1936) 1961. *The General Theory of Employment, Interest and Money*. London: Macmillan & Co.

Kiguel, Miguel A., and Nissan Liviatan. 1994. "Exchange-Rate Based Stabilizations in Argentina and Chile: A Fresh Look." In *Frameworks for Monetary Stability*, edited by Tomás J. T. Baliño and Carlo Cottarelli, 162–185. Washington, DC: International Monetary Fund.

Kiyotaki, Nobuhiro, and John Moore. 1997. "Credit Cycles." *Journal of Political Economy* 105 (2): 211–248.

Koo, Richard C. 2009. *The Holy Grail of Macroeconomics: Lessons from Japan's Great Recession*. Hoboken, NJ: John Wiley and Sons.

Krugman, Paul. 2011. "Mr. Keynes and the Moderns." Voxeu.org, June 21.

Kydland, Finn, and Edward C. Prescott. 1977. "Rules Rather Than Discretion: The Inconsistency of Optimal Plans." *Journal of Political Economy* 85 (3): 473–493.

Lara Resende, André. 2016. "A Teoria da Política Monetária: Reflexões sobre um caminho sinuoso e inconclusivo." In *A Crise Fiscal e Monetária Brasileira: Ensaios em homenagem a Fábio O. Barbosa*, edited by E. Bacha, 483–506. Rio de Janeiro: Editora Civilização Brasileira. English version online: http://iepecdg.com.br/wp-content / uploads/2016/03/The-Theory-of-Monetary-Policy5.pdf.

Lewis, Karen K. 2008. "Peso Problem." In *The New Palgrave Dictionary of Economics*, second edition, edited by Steven N. Durlauf and Lawrence E. Blume. New York: Palgrave-Macmillan.

Little, I. M. D., Richard N. Cooper, W. Max Corden, and Sarath Rajapatirana. 1993. *Boom, Crisis, and Adjustment: The Macroeconomic Experience of Developing Countries.* New York: Oxford University Press.

Lucas, Robert E., Jr. 1972. "Expectations and the Neutrality of Money." *Journal of Economic Theory* 4 (2): 103–124.

Lucas, Robert E., Jr. 1976. "Econometric Policy Evaluation: A Critique." *Carnegie-Rochester Conference Series on Public Policy* 1: 19–46.

McKinnon, Ronald I. 2013. *The Unloved Dollar Standard: From Bretton Woods to the Rise of China.* Oxford: Oxford University Press.

Merler, Silvia, and Jean Pisani-Ferry. 2012. "Sudden Stops in the Euro Area." Bruegel Policy Contribution 2012/6, Bruegel, Brussels; http://bruegel.org.

Minsky, Hyman P. 2008. *Stabilizing an Unstable Economy.* ebook, McGraw Hill.

Obstfeld, Maurice, and Kenneth Rogoff. 1983. "Speculative Hyperinflations in Maximizing Models: Can We Rule Them Out?" *Journal of Political Economy* 91 (4): 675–687.

Obstfeld, Maurice, and Kenneth Rogoff. 1986. "Ruling Out Divergent Speculative Bubbles." *Journal of Monetary Economics* 17 (3): 349–362.

Ohanian, Lee E. 2016, "The Great Recession in the Shadow of the Great Depression: A Review Essay on 'Hall of Mirrors: The Great Depression, The Great Recession and the Uses and Misuses of History'." NBER Working Paper 22239, National Bureau of Economic Research, Cambridge, MA.

Papageorgiou, Demetris, Michael Michaely, and Armeane M. Choksi. 1991. *Liberalizing Foreign Trade.* Oxford: Basil Blackwell.

Patinkin, Don. 1965. *Money, Interest, and Prices.* New York: Harper and Row.

Phelps, Edmund S. 1972. *Inflation Policy and Unemployment Theory.* New York: W. W. Norton.

Queraltó, Albert. 2013. "A Model of Slow Recoveries from Financial Crises." FRB International Finance Discussion Paper 1097, Federal Reserve Board, Washington, DC.

Reinhart, Carmen M., and Vincent R. Reinhart. 2010. "After the Fall." NBER Working Paper 16334, National Bureau of Economic Research, Cambridge, MA.

Rodríguez, Carlos Alfredo. 1982. "The Argentine Stabilization Plan of December 20th." *World Development* 10 (9): 801–811.

Sargent, Thomas J. 1982. "The Ends of Four Big Inflations." In *Inflation: Causes and Effect*s, edited by Robert E. Hall, 41–98. Chicago: University of Chicago Press.

Sargent, Thomas J. 1983. "Stopping Moderate Inflations: The Methods of Poincaré and Thatcher." In *Inflation, Debt, and Indexation*, edited by Rudiger Dornbusch and Mario Henrique Simonsen, 54–98. Cambridge, MA: MIT Press.

Sargent, Thomas J., and Neil Wallace. 1973. "The Stability of Models of Money and Perfect Foresight." *Econometrica* 41 (6): 1043–1048.

Sargent, Thomas J., and Neil Wallace. 1981. "Some Unpleasant Monetarist Arithmetic." *Quarterly Review* 5 (3): 1–17, Federal Reserve Bank of Minneapolis.

Shiller, Robert J. 1998. "Indexed Units of Account: Theory and Assessment of Historical Experience." NBER Working Paper 6356, National Bureau of Economic Research, Cambridge, MA.

Taylor, Alan M. 2015. "Credit, Financial Stability, and the Macroeconomy." *Annual Review of Economics* 7: 309–339.

Woodford, Michael. 2003. *Interest and Prices: Foundations of a Theory of Monetary Policy*. Princeton, NJ: Princeton University Press.

评（姬塔·戈皮纳特）

毫无疑问，2008—2009年的全球金融危机及其挥之不去的影响改变了宏观经济学家看待世界的视角。此前，人们认为发达市场是无摩擦的良性金融市场，然而，2008—2009年源自发达国家的金融危机却打消了所有与之相关的想法。因此，如果现在不明确描述经济主体与不完美的金融世界之间的相互作用，那么几乎不可能讨论宏观经济学。

然而，需要注意的是，对于国际宏观经济学家来说（其中以古勒莫·卡尔沃最为突出），金融市场的失灵一直是理解新兴市场经济体的核心，这些经济体经常遭受金融和债务危机的冲击。因此，作为新兴市场危机的主要专家之一，古勒莫在分析这场危机以及为未来的宏观经济学提出经验教训方面，比其他宏观经济学家更具优势。这就是为什么他对这一卷的贡献如此宝贵的原因，我非常喜欢他所撰写的章节。

古勒莫提出了几个重要观点，我会强调其中的几点，但我还是鼓励读者深入研究本章中的其他内容。古勒莫指出了决策者忽视的两个主要盲点，会对经济造成危害。第一个盲点是，一旦决策者遭受无法承诺所谓"预期支配"（expectations dominance）这一原罪时，预期的力量会推动危机的自我实现。第二，流动性稀缺会迅速出现并对经济产生长期影响，而传统的货币政策可能无法拯救经济。正如古勒莫继续描述的，从这些观察中可以得出两条重要的政策建议。一是需要确保安全资产和流动资产的充足供给。二是世界受益于政策的全球协调，因此预期在良好的均衡上得到协调。我将强调这两点。

正如古勒莫所强调的那样，即使是社会福利最大化的央行行长也无法对政策作出承诺，这是过去导致恶性通胀的一个主要因素。这与时间不一致性问题有关，货币当局希望事先承诺不通胀，但是事后却有各种动机来实现意外通胀以刺激经济，增加铸币税并降低名义债务的实际价值。前瞻性私人主体当然会预期这种行为，并在预期中提高价格，从而提高均衡通胀。

同样，预期可以产生暂时的繁荣，但是这种繁荣最终会每况愈下，而政府会误解繁荣产生的原因。例如，古勒莫指出，新兴市场基于汇率的稳定带来了消费繁荣。他认为，正是对稳定改革措施失败的预期导致了暂时的消费繁荣，因为主体会在预期未来会恢复高通胀的情况下提前购买商品。

预期主导和自我实现的危机的重要性在2012年欧元区的债务危机中显而易见。由于希腊的国债收益率迅速上升，并溢出到爱尔兰、葡萄牙、西班牙和意大利，欧洲央行（ECB）行长马里奥·德拉吉承诺将不惜一切代价拯救欧元，包括可能购买面临重重压力的政府债券。仅仅这一承诺就迅速降低了收益率，即使欧洲央行没有任何购买行为（见图4.1）。这一事件不仅凸显了预期主导在引发危机中的作用，而且还重要地指出了共同货币区制定者，他们使欧洲央行无法成为最后贷款人。阿吉亚尔等人（Aguiar 2015）描述了货币联盟中自我实现的危机，以及央行以状态依存的方式进行干预以缓解此类危机的重要作用。

II 宏观经济稳定与增长

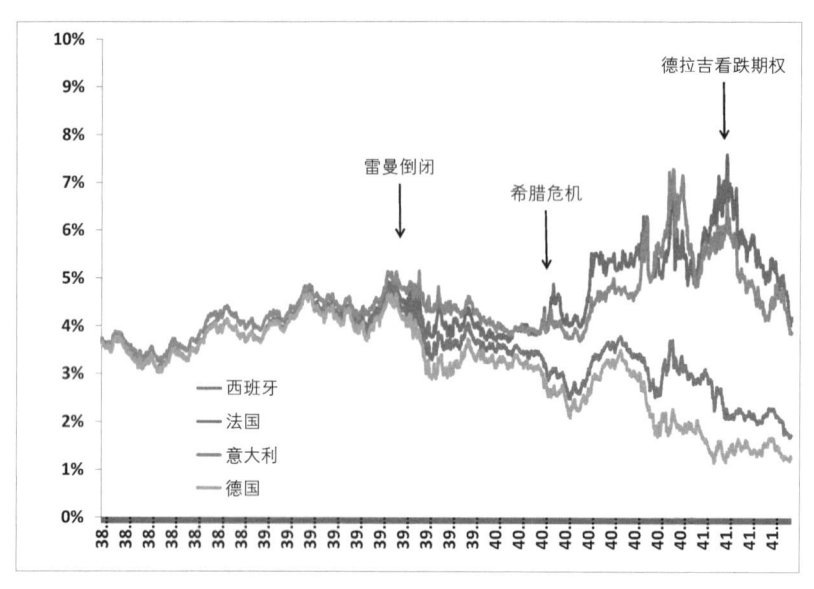

图4.1 主权国家10年期国债收益

阿吉亚尔等人还描述了膨胀的能力未必能够降低自我实现危机的可能性。几位主要经济学家认为，希腊危机期间之所以会出现问题，是因为希腊的债务是真实存在的，因为希腊人没有控制用作债务计价的货币供给，因此需要财政盈余来偿还债务。相比之下，如果债务以国家直接控制的货币计价，如美国和日本的债务，那么政府也可以选择对部分债务进行通胀，以使其更容易偿还。这种观点存在缺陷，因为它忽略了预期的作用。如果债务是名义上的，而贷款人期望利用通货膨胀来降低债务的实际价值，那么这种预期就会被定价为名义利率。因此，能够控制债务的计价货币不会带来额外收益。

古勒莫所写这一章的第二个主题是流动性及其脆弱性。显然，很难描述什么是流动资产，因此古勒莫详细讨论了这个问题。但是，相对于对流动性的需求而言，流动性可能会突然崩溃，这反过来又会对经济产生重要持久的负面影响，最近许多经济学家一直在强调这一点。卡巴莱罗和法尔希（Caballero and Farhi 2014）在关于"安全资产"的文献中指出，2008—2009年金融危机后安全资产的崩溃对于理解实际利率下降、产出下降和股票市场风险溢价增加而言非常重要。对安全资产的需求过剩也需要进行非常规货币干预，比如央行购买不良资产，而不是购买更常规的安全国债。

本章中我很少花时间讨论的一个主题是货币的价格理论。古勒莫认为，人们之所以持有某些货币，是因为以该货币计价的价格往往是预设且错叠的，因此能够提供可预测的产出。这是一个很有吸引力的论点，人们当然可以问什么应该排在第一位。价格之所以在一种货币中具有黏性，似乎是因为对管理货币以保持低通胀的货币当局的信任。

我期待能够读到今后古勒莫在这个问题和相关问题上的研究结果，以便获得对世界经济运作的重要见解，这也是古勒莫多年来的成果。

参考文献

Aguiar, Mark, Manual Amador, Emmanuel Farhi, and Gita Gopinath. 2013. "Crisis and Commitment: Inflation Credibility and the Vulnerability to Sovereign Debt Crises." NBER Working Paper 19516, National Bureau of Economic Research, Cambridge, MA.

Aguiar, Mark, Manuel Amador, Emmanuel Farhi, and Gita Gopinath. 2015. "Coordination and Crisis in Monetary Unions." *Quarterly Journal of Economics* 130 (4): 1727–1779.

Caballero, Ricardo, and Emmanuel Farhi. 2014. "The Safety Trap." NBER Working Paper 19927, National Bureau of Economic Research, Cambridge, MA.

评（路易斯·塞文）

2008—2009年的全球金融危机与随后的"大萧条"促使人们对主流宏观经济模型重新进行了严格的评价。许多观察家特别指出，人们对于这些模型的主要弱点的分析中忽略了金融体系。事实上，危机前的主流宏观模型对金融体系的描述基本局限于需求函数，而且人们假定对于定义明确的"货币"概念来说，这个函数是稳定的。然而，这个函数没有将金融摩擦与放大机制考虑在内，而人们普遍认为这两者是金融危机及其得以蔓延的核心因素。

这些处于宏观经济学与金融学交界处的主题一直吸引着古勒莫·卡尔沃的注意。本章汇集了一系列能够反映其对宏观经济思想广泛贡献的重大宏观金融问题，并展示了他从高度程式化的分析环境中汲取见解的高超能力。将这一章串联在一起的主线是预期，尤其是流动性及其在过去与近期的危机中所起的作用。这也是我下面评论的重点。不用说，这一直是古勒莫·卡尔沃长期关注的问题，例如，他关于"突然终止"的开创性工作就证明了这一点。

本章认为，应将流动性置于宏观经济学的中心，并将其视作造成全球危机以及危机之后经济萧条的根源。流动性的核心作用体现了两个关键事实。一是流动资产对现代经济的运行至关重要。它们促进了市场交易，（几乎）总是能够以全额面值转化为交换手段，并交换为商品和服务或其他资产。特别是它们在金融交易中被广泛用作抵押品，这使得它们对运作良好的信贷市场至关重要。然而，第二个关键事实却是流动性也十分脆弱：流动资产——尤其是私人创造的资产，银行存款就是典型的例子——很容易受到自我实现的挤兑。这使得人们将焦点放在研究预期和协调机制在触发流动资产估值突然发生转变的作用上。

大量文献探讨了这两个问题：流动资产是金融摩擦背景下信贷机制的关键，以及这些资产容易受到预期变化的影响，它们本可以在本章中占据更突出的位置。我想到的最近的例子是展示了泡沫如何释放信贷与增长的马丁和文图拉（Martin and Ventura 2012），以及分析了金融脆弱性内生本质的高尔顿和欧德内斯（Gorton and Ordoñez 2013）。

货币的支持

正如本章所提醒的那样，脆弱性是法定货币这一最终流动资产的基本特征。法定货币是一种本质上毫无价值的资产，只有在被（或预期能够被）他人重视的情况下才有价值。因此，它符合泡沫的标准定义。这反过来又为货币经济中存在的多重自我实现均衡打开了大门——包括货币价格为零的贸易均衡。

20世纪60年代和70年代，货币为什么有价值的问题引起了货币理论界的极大关注。然而，在现代社会，向货币转移的情况很少发生。这不是最近出现的危机的特征；事实上，情况恰恰相反。本章阐述了货币价格理论，以此来解释货币的这种弹性：锚定货币价值的是名义价格黏性。在实行错叠定价机制的世界里，货币的正值只是一种滞后性结果：货币在今天有价值，是因为它昨天是有价值的。因为在这期间，也许只有数量有限的个别价格发生了变化，因此总体价格水平（货币价值的倒数）不可能出现太大的变化。根据同样的推理，如果货币在今天是有价值的，那么可以预

II 宏观经济稳定与增长　　193

期它在明天仍然有价值。因此，错叠定价机制为货币提供了产出支持。

这条路径以不同寻常的角度看待名义刚性。在宏观经济文献中，名义刚性往往被视作阻碍冲击调整的元凶，但是货币价格理论却认为，名义刚性也有利于保持货币稳定。换句话说，大肆宣扬价格弹性毕竟不是一件好事，因为它有可能伴随货币脆弱性的增加而出现。

然而，货币价格理论的背后存在一些循环性。定价措施本身对于货币和总体价格稳定性的看法并非一成不变。例如，如果（无论出于什么原因）预计价格水平会迅速上升，更多主体可能会上调各自的价格，而且与预计整体价格水平缓慢上升时的情况相比，上调的幅度可能会更大（Burstein 2006）。因此，在个体主体的联合行动下，价格水平的黏性程度及其对货币支持的贡献，实际上取决于预期。最终，这表明货币价格理论之所以能够对货币支持（即货币与价格稳定的程度）做出解释，可能取决于它对货币及价格稳定的感知程度。换句话说，货币价格理论可能无法让我们在解决围绕货币价值的不确定性方面取得很多进展。

流动性与脆弱性

在现代经济中，法定货币以外的其他资产也能提供流动性服务。最近的大部分文献（例如 Gorton and Ordoñez 2013; Caballero and Fahri 2018）称其为"安全资产"。这些资产包括由政府税收能力支持的公债，以及由最后贷款人担保（如受保银行存款）或由可信抵押品（如资产支持证券）支持的私债。

安全资产与其他资产的不同之处在于，它们（几乎）总是能够按面值全额兑换。在大型系统性事件中，它们能够保有（大部分）价值。此外，它们的价值对信息不敏感——制造与其有关的私人信息没有任何好处。换句话说，它们不受逆向选择的影响，也就是说，不用担心交易对方可能拥有关于其价值的更优越的私人信息。

自有资产有助于满足对流动性的总体需求，但是使用此类资产也会增加金融的脆弱性。即便不是完全替代品，它们也可以成为安全公债的近似替代品。它们的价值会在系统性事件中受损。特别是，除非获得最后贷款人的全力支持，否则短期的自有安全资产很容易遭到挤兑，这一点在全球金融危机中得到了体现（Brunnermeier 2009；Gorton 2010）。

所有这些问题在古勒莫·卡尔沃撰写的这一章中都有不同程度的触及。然而，古勒莫没有讨论它们对公债的重要影响。私人流动性的脆弱性意味着安全公债在保护信贷机制方面发挥着关键作用。更具体地说，公债是净财富，因为它允许在危机时期维持信贷——当私人创造的资产不再被接受为抵押品时（Gorton and Ordoñez 2013）。即使在正常时期，为政府支出融资选择税收还是债务的决定可能无足轻重，只要发生金融危机，李嘉图等价定理仍然会崩溃。如果认识不到这一点，可能会导致安全公债供给不足。

另一个重要的政策问题是金融监管能否减轻私人创造的流动资产的脆弱性。危机发生后，这个问题成为全世界金融监管机构关注的焦点，尽管本章给予它的关注有限。然而，正如古勒莫·卡尔沃所指出的那样，危机后对于监管要求的收紧已经朝着提高金融机构的强制性流动性持有量的方向发展，这可能会造成安全资产总量短缺加剧的意外后果。

预期与脆弱性

人们通常认为导致投资者挤兑的原因是他们"情绪的转变"。然而，我们对于引发这些转变的原因仍然知之甚少。这也呼应了这样一个事实：

多重均衡模型的理论研究通常在什么促使一种模型向另一种模型转变这个问题上言之甚少——例如，在资产泡沫模型中，是什么导致了从有泡沫均衡到无泡沫均衡的转变。在实践中，即使是金融危机的事后取证分析，也往往难以确定责任因素。标志着危机开端的明斯基时刻，往往不会紧随巨大的基本面冲击，或是在关于未来路径的重大新闻之后出现。相反，它往往在相对次要、有时几乎无关紧要的消息之后出现。

次贷危机就是一个典型的例子。人们通常认为，美国次级抵押贷款违约率的急剧上升是引发全球危机的导火索。然而，难以理解的是，美国抵押贷款市场中相当小的一部分市场出现的恶化，怎么会使人们对各类资产未来价格的预期发生如此大的逆转，甚至引发了整个金融体系中各种杠杆投资者的挤兑？

是什么导致这种看似无伤大雅的新闻具有如此不成比例的影响？有关金融危机中放大机制的文献（例如，Brunnermeier and Oehmke 2013）为我们提供了一些提示。在古勒莫自己关于知情投资者与不知情投资者之间相互作用的研究中也能找到这样的例子（Calvo and Mendoza 2000）。不知情投资者根据知情投资者的行为推断基本面的状况。在适当的条件下，不知情投资者可能会仅仅因为知情投资者赎回资产以满足其流动性需求而进行挤兑，因为不知情投资者会将此误解为基本面突然出现恶化。

如果理性投资者因关于基本面的私人信息而持有异质预期，就会出现一个相关的机制。资产价格则反映了平均市场预期，而理性投资者不得不面对凯恩斯的"选美比赛"（即他们需要对他人的预期形成预期）。在这种情况下，关于基本面的嘈杂的公共信号会离间资产价格与基本面价值（Bacchetta and van Wincoop 2008）。特别是，资产价格可能会对公共信号反应过度（Allen, Morris, and Shin 2006），并在面对几乎无关的消息时作出突然的转变。

由此看来，我们似乎可以得出这样的结论：旨在提高公共信息的可靠性和准确性的措施——比如加强针对杠杆投资者的披露规则——也许有助于减少资产价格波动，遏制投资者恐慌。然而，这些措施能否对锚定投资者预期和阻止挤兑做出实质性贡献，依然值得怀疑。卡尔沃的文章指出了一个不同的方向。例如，他建议更多地使用钉住汇率来限制围绕灵活汇率的不确定性，或者使用反向指数化来锚定通胀预期。他并未讨论如何将这些措施转化为资产价格——从根本上来说，这些属于前瞻性措施——不过这似乎是一个很自然的后续问题。例如，政策是否应该更系统地利用资产价格水平或变化的下限（或上限）？

后危机时代

全球危机发生近10年之后，世界经济依旧增长乏力，发达经济体继续呈现通缩压力。人们对这种令人失望的表现做出了各种解释（参见 Teulings and Baldwin 2014），从将后危机时代描述为由缓慢变化的供给或需求因素驱动的新常态（即"长期停滞"的观点），到更多地从短期视角出发并将凯恩斯主义的总需求不足置于核心地位。然而，另一些人则认为，后危机时代的疲软与过去重大金融危机的历史十分吻合，这些金融危机之后通常会出现长期的经济衰退。

本章采取以流动性为中心的观点：流动资产的崩溃推动了这场危机，将金融体系推到了崩溃的边缘。随着信贷供给的枯竭，全球的产出和就业都在下降。后危机时代的低增长反映了持续的流动性短缺与信贷市场的功能失调。

几乎没有人质疑流动性紧缩在危机爆发中的关键作用，但是对于信贷短缺是否仍是随后增长乏力的主要原因，人们的看法就不太一致了。

随机观测表明，美国和日本的许多企业手握大量流动资金，但是投资却迟迟没有恢复。米安和苏菲（Mian and Sufi 2014）的实证检验表明，信贷紧缩无法解释美国的就业崩溃。总之，这些现象似乎暗示，总需求短缺也可能是导致增长复苏乏力的一个主要因素，无论这种短缺是现实的，或是预期中的。

大多数观察家认为，由于经济陷入了零利率下限造成的流动性陷阱，货币政策所具有的在后危机时代重振增长的力量被削弱了。尽管本章也赞同这一观点，但是它的显著特点是认为起作用的是供给侧流动性陷阱——与凯恩斯主义的需求侧流动性陷阱不同。后者源自对流动性贪得无厌的需求；而卡尔沃认为，前者是由于货币政策无法提高流动性服务的供给所造成的。

在这种叙述中，扩张性货币政策也许可以提高实际货币余额，但无法提高流动性，甚至无法降低流动性；这种政策也许会引发通货紧缩，而非通货膨胀，因为个体会争夺更多的流动性。导致这一耐人寻味的结果的机制尚未完善，但是它似乎依赖于主体在金钱外部性和预期的流动资产挤兑的情况下对流动性服务的竞争。一种大同小异的想法认为，央行或许能够提高流动性，从而提高产出，只要它能够无限期地扩大货币供给。

严格来说，目前尚不清楚这是否真的符合供给侧流动性陷阱的条件，因为其基本机制似乎依赖于需求侧流动性使用者的行为。总的来说，央行实施扩张性政策的尝试是否真的属于发达国家通货紧缩压力背后的主要因素，似乎值得怀疑。

然而，撇开这些问题不谈，卡尔沃对后危机时代的看法与最近提出的"安全陷阱"的观点存在很多共同之处（例如，Caballero and Fahri 2018）。在这种叙述中，安全资产市场见证了需求的长期增长，这些增长主要是由金融中介日益增长的流动性需求，以及全球新兴国家的政府在面对全球外部干扰时的自我保险需求所驱动的（Gourinchas and Jeanne 2012）。需求的增长远远超过了安全公债的现有供给，并通过证券化及类似机制导致了自有（准）安全资产供给激增。事实上，美国的证据证实，自有流动资产的净供给与政府债务供给呈负相关（Krishnamurty and Vissing-Jorgensen 2012）。

这些资产在危机中崩溃，从而导致大量此前安全的主权债务崩溃，尤其是正在努力挽救其金融体系的欧洲周边国家的债务。根据一些评估，安全资产的供给相对于全球GDP下降了一半，与其需求相比出现了巨大差距，并将其"自然"回报率（即与充分就业相一致的回报率；Caballero and Fahri 2018）拉至负值。由于实际利率受零下限的限制，经济陷入安全陷阱，安全资产市场的均衡通过产出下降得以恢复。

这个故事似乎与本章所概述的故事有着很多共同之处。安全陷阱与流动性陷阱类似，具有内生风险溢价的附加特征，可以形成宏观经济政策的产出效应。一些政策的影响似乎大同小异——特别是，在这两种叙述中，传统货币政策的范围都是有限的。然而，事实上，本章中的"供给侧流动性陷阱"观点并未得到足够详细的阐述，以便使读者能够了解复苏流动性的适当政策行动与需求侧流动性陷阱或安全陷阱下所需的政策行动有何不同，或为何不同。

例如，在安全陷阱中，发行（安全）公债、通过央行购买风险资产进行量化宽松，或者提高通胀目标，都能有效提高产出（详见Caballero and Fahri 2018）。反过来，卡尔沃撰写的本章似乎对购买风险资产持怀疑态度。因为这种购买本质上相当于改变了安全资产和风险资产的相对供给，人们可能会得出这样的结论：发行没有明确讨论的（安全）公债也可能是无效的——这与"安全陷阱"形成鲜明对比。这似乎令人费解，尽管严格来说，在传统的流动性陷阱中，购买风险资产和发行公债都应该是无益的。反过来，提高通胀目标也未被考虑在内，尽管人们猜测它们应该有所帮助，就像标准的流动性陷阱一样。

国际视角如何？许多央行，尤其是新兴市场的央行，目前持有大量安全资产，在大多数（但不是全部）情况下是为了自我保险。这往往会加剧全球资产短缺的情况。正如卡尔沃所指出的，通过国际货币基金组织或以其他方式改进储备－混同措施也许有助于减少自我保险需求。但是这些步骤也可能需要比目前更高的互信水平。罗格夫（Rogoff 2016）最近提出了一个更耐人寻味的方案，将新兴市场持有的部分储备重新分配给黄金（高流动性资产，其回报率不受零下限的限制）——从而可能有助于解除安全陷阱。此外，旨在增强新兴市场安全资产供给能力而不仅仅是需求能力的改革似乎也值得考虑，但是本章没有讨论这些改革。

结语

过去几十年间，流动资产的总体需求一直在稳步增长，其背后的主要推手是全球金融体系日益增长的流动性需求。需求的增速远超外部流动资产（即法定货币与安全公债）的供给，导致人们越来越多地求助于内部资产（即自有资产），而这恰恰被许多观察人士视为导致全球危机及其令人失望的后果的关键因素之一。大部分政策性辩论都集中在如何设计相应的资产供给增长来弥合供需之间的鸿沟。

这一观点引出了两个结论性问题。其一是，由于需求的增长在很大程度上源于不断扩张的金融体系对抵押品的需求日益增长，我们可能会怀疑这种扩张是否真的能够增加福利。换句话说，从社会福利的角度来看，金融中介及其所衍生的抵押品需求是否有可能变得"过大"？

在实践中，外部性很容易在一般均衡环境下导致过度的金融中介。伊登（Eden 2016）提供了一个例子，该例子基于以下事实：尽管法定货币和准货币都可以用来促进具有社会效率的交易，但是使用法定货币更加便宜，因为它的生产没有成本。将资源用于生产准货币的私人激励总是大于社会激励，因为它们没有将价格水平的均衡调整内在化。类似的推理也适用于信贷：尽管信贷能够促进高效的交易，但是其生产需要以监督服务的形式存在的现实资源。因此，生产信贷的私人动机有可能是过度的，因为它们没有将均衡价格调整内在化。

我们很容易想到金融中介因其他外部性而变得过于庞大的情况。一个显著的例子是，中介促进了社会过度冒险，这是由于个体中介没有考虑它们对系统性风险的贡献，因此也没有考虑到有可能出现不利的情况——宏观审慎文献探讨了这一主题。

撇开金融体系的规模不谈，第二个问题涉及其抵押品需求的根源。这些需求最终源于摩擦的存在，如信息不对称、监控成本与合同的不完全执行。自然产生的问题是，政策的主要重点是否应该仅仅是满足这些摩擦带来的抵押品需求，而这可能要以加剧金融脆弱性为代价。诚然，摩擦不可能完全消除。但是，监管和其他政策可能有足够的空间来大幅限制其范围，从而遏制金融中介不断扩大的抵押品需求。

参考文献

Allen, Franklin, Stephen Morris, and Hyun Song Shin. 2006. "Beauty Contests and Iterated Expectations in Asset Markets." *Review of Financial Studies* 19 (3): 719–752.

Bacchetta, Philippe, and Eric van Wincoop. 2008. "Higher Order Expectations in Asset Pricing." *Journal of Money, Credit and Banking* 40 (5): 837–866.

Brunnermeier, Markus K. 2009. "Deciphering the 2007–2008 Liquidity and Credit Crunch." *Journal of Economic Perspectives* 23 (1): 77–100.

Brunnermeier, Markus K., and M. Oehmke. 2013. "Bubbles, Financial Crises, and Systemic Risk." In *Handbook of the Economics of Finance*, volume 2B, edited by George M. Constantinides, Milton Harris, and Rene M. Stulz, 1221–1288. Boston: Elsevier.

Burstein, Ariel T. 2006. "Inflation and Output Dynamics with State-Dependent Pricing Decisions." *Journal of Monetary Economics* 53 (7): 1235–1257.

Caballero, R., and E. Fahri. 2018. "The Safety Trap." *Review of Economic Studies* 85 (1): 223–274.

Calvo, Guillermo A., and Enrique Mendoza. 2000. "Rational Contagion and the Globalization of Securities Markets." *Journal of International Economics* 51 (1): 79–113.

Eden, Maya. 2016. "Excessive Financing Costs in a Representative Agent Framework." *American Economic Journal: Macroeconomics* 8 (2): 215–237.

Gorton, Gary. 2010. *Slapped by the Invisible Hand: The Panic of 2007*. New York: Oxford University Press.

Gorton, Gary, and Guillermo Ordoñez. 2013. "The Supply and Demand for Safe Assets." NBER Working Paper 18732, National Bureau of Economic Research, Cambridge, MA.

Gourinchas, Pierre-Olivier, and Olivier Jeanne. 2012. "Global Safe Assets." BIS Working Papers 399, Bank of International Settlements, Basel.

Krishnamurty, Arvind, and Annette Vissing-Jorgensen. 2012. "The Aggregate Demand for Treasury Debt." *Journal of Political Economy* 120 (2): 233–267.

Martin, Alberto, and Jaume Ventura. 2012. "Economic Growth with Bubbles." *American Economic Review* 102 (6): 3033–3058.

Mian, Atif, and Amir Sufi. 2014. "What Explains the 2007–2009 Drop in Employment?" *Econometrica* 82 (6): 2197–2223.

Rogoff, Kenneth. 2016. "Emerging Markets Should Go for the Gold." Project Syndicate, May 3. https://www.project-syndicate.org/commentary/gold-as-emerging-market-reserve-asset-by-kenneth-rogoff-2016-05.

Teulings, Coen, and Richard Baldwin. 2014. *Secular Stagnation: Facts, Causes and Cures*. London: CEPR Press.

5 全球流动性与顺周期性[1]

申铉松

很荣幸能够加入这个杰出的组织并参与此次活动。能够邀请到茅瑞斯·奥伯斯法尔德与阿斯利·德米尔古茨-昆特作为本章的评论者,我感到特别荣幸。多年来,我从茅瑞斯与阿斯利那里学到了很多东西。毫无疑问,他们的评论也将令我受益匪浅。

汇率再度成为新闻焦点。世界之间的联系已经变得更加紧密,这是一

---

[1] 感谢拉斐尔·奥尔(Raphael Auer)、费尔南多·阿瓦罗斯(Fernando Avalos)、斯特凡·阿夫杰耶夫(Stefan Avdjiev)、莫滕·贝赫(Morten Bech)、克劳迪奥·博里奥(Claudio Borio)、迈克尔·楚伊(Michael Chui)、本·科恩(Ben Cohen)、迪特里希·多曼斯基(Dietrich Domanski)、彼得·霍德尔(Peter Hoerdahl)、克里斯塔·休斯(Krista Hughes)、乔纳森·卡恩斯(Jonathan Kearns)、凯瑟琳·科赫(Catherine Koch)、鲍勃·麦考利(Bob McCauley)、帕特·麦奎尔(Pat McGuire)、安德烈亚斯·施里普夫(Andreas Schrimpf)、伊尔希克·希姆(Ilhyock Shim)、弗拉德·苏什科(Vlad Sushko)和菲利普·特纳(Philip Turner)对之前几稿的评论。感谢巴特尔·伯杰(Bat-el Berger)、安娜玛丽亚·伊莱斯(Anamaria Illes)、埃梅斯·库鲁奇(Emese Kuruc)、丹尼斯·皮特里(Denis Petre)、杰夫·斯利(Jeff Slee)和阿格内·苏贝莱特(Agne Subelyte)对于该研究的出色协助。本文所述观点均为我的个人观点,不一定代表国际清算银行的立场。

个老生常谈的话题。然而最近，货币政策的外部维度在央行行长的讲话中占据了越来越突出的位置。金融市场与全球事件之间的联系似乎比以往任何时候都要紧密，而实体经济与全球金融的发展似乎十分合拍，而非受其阻碍。请允许我用一个相当夸张的比喻来描述这种情况，金融之尾似乎在摇着实体经济之犬。事情本不应该是这样的。按照国际金融的传统路径，金融流动只不过是储蓄和投资决策在会计上的体现。经常账户是整个国家的借贷需求，而汇率则引导净出口以恢复外部平衡。如果一个国家货币**升值**，则认为其采取了**收缩性**政策，因为净出口会出现下降。

然而，事情却未必总是能够按照这样的方式发展，新兴经济体尤是如此。在强劲资本流入的支持下，货币持续升值非但没有抑制经济活动，反而经常导致经济活动蓬勃发展。伴随这种蓬勃发展出现的可能是日渐积累的金融脆弱性。想一想新兴市场最近一轮金融动荡之前几年的情况。我的论文评论者茅瑞斯·奥伯斯法尔德与皮埃尔·奥利维耶·古兰沙（Gourinchas and Obstfeld 2012）合著的一篇著名实证论文就解释了这一现象。杠杆率快速上升，同时货币急剧升值，这两点是金融脆弱性与后续危机的有力指标。

在经常账户的问题上，还存在另一种声音。这种观点认为，如果一个国家的经常账户存有盈余，那么其货币就会倾向于升值，除非当局人为压低汇率。这是我们经常在20国集团会议上听到的观点，它针对的是经常账户盈余的经济体。同理，赤字国家的货币应该会**贬值**。然而，事情依然未必按照这样的方式发展。21世纪00年代中期，美国的经常账户赤字扩大至历史高位，许多评论家预计美元即将贬值。结果，美元走向与预期相反。危机爆发之后，美元强劲升值，令许多评论家大跌眼镜。随之而来的则是全球金融环境收紧。

兜了一圈又回到原点，金融市场再次对美元走强保持警惕。观察家敏锐地留意到了美国货币政策性辩论中的每一处转折。只要美国利率正常化出现暂时缓和，市场就会反弹，美元也会走弱，然而，一旦货币紧缩重新提上日程，情况就会出现逆转。

为什么全球金融状况如此适应美元强势的市场？为什么实体经济对全球金融状况如此敏感？这是本章要讨论的两个问题。

本章首先描述了货币市场的一种异常现象，这是当前全球资本市场面临压力的征兆。尽管表面看来风平浪静，但是表象之下却潜伏着紧张的局势。市场异常提供了一个了解这些压力的窗口。

泄露真相的市场异常

现在的外汇市场存在一种耐人寻味的市场异常：**抛补利率平价（CIP）**普遍失灵。抛补利率平价是指外汇市场的隐含利率应与市场利率一致。[1]

2008年之前，人们认为抛补利率平价是一种经验规律，很少有值得一提的例外。作为一名学者，我曾经告诉我的学生，抛补利率平价是国际金融中唯一可以依赖的关系。我知道现在不应该再这样说。虽然教科书上仍然写着抛补利率平价是适用的，但是事实已非如此。

图5.1给出了相关的证据。外汇掉期是一项措施，其中一方通过抵押另一种货币来借入美元，也就是说，借出另一种货币来换取美元。**远期利率**是约定好的偿还时的利率。我们可以根据远期利率和当前的即期利率，计算出美元的隐含利率。图5.1的顶部的两张图显示了来自嵌入外汇掉期中的远期利率所隐含的三月期美元利率。每个系列都标出了作为抵押品的

---

[1] 从形式上看，抛补利率平价是指 $1+r_A = \frac{F}{S}(1+r_B)$，其中 r_A 和 r_B 是两种货币 A 和 B 的市场利率，S 和 F 分别是 A 对 B 的即期和远期利率。

II 宏观经济稳定与增长 205

特定货币。图5.1比较了三月期的美元伦敦银行同业拆放利率（LIBOR），这是美元的市场利率。当外汇掉期的隐含美元利率高于伦敦银行同业拆放利率时，外汇掉期中美元借款人支付的利率就高于公开市场的利率。日元、瑞士法郎和欧元都是如此。

危机发生之前，抛补利率平价几乎没有出现过任何波动（Akram, Rime, and Sarno 2008）。在2008—2009年的全球金融危机和2011—2012年的欧元

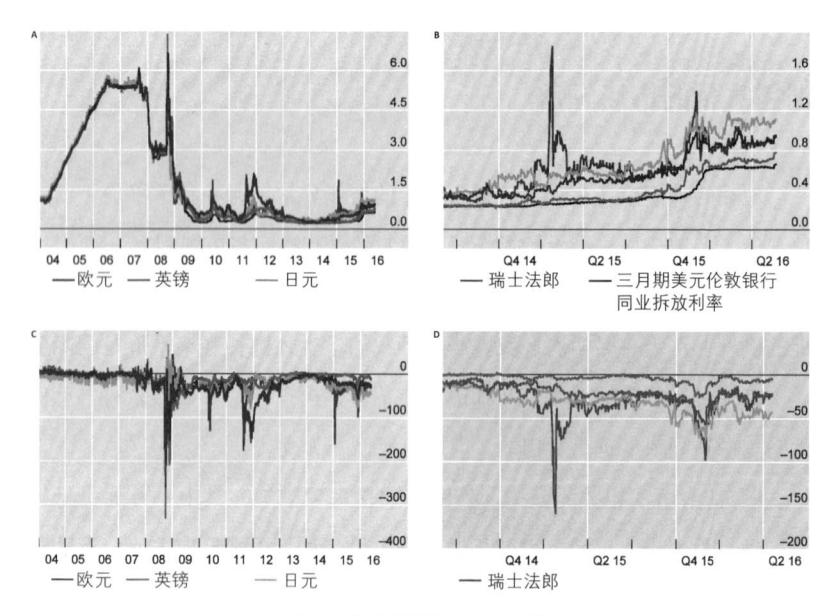

图5.1 外汇掉期隐含的美元利率

图A，图B：外汇掉期隐含的三月期美元利率[1]
图C，图D：三月期的外汇掉期利差[2]

1 涉及指定货币的外汇掉期中隐含的美元利率。附上三月期美元伦敦银行同业拆放利率用以比较。
2 三月期美元伦敦银行同业拆放利率和外汇掉期隐含的三月期美元利率之间的利差。

资料来源：Bloomberg; Datastream; BIS calculations.

区危机期间，确实出现了抛补利率平价大幅偏差的情况。然而，这两段时期都是金融中介面临严重压力的时期（Baba and Packer 2009; Baba and Shim 2010; Avalos and Moreno 2013）。现在值得注意的是，在相对平静的时期也出现了抛补利率平价偏差的情况。最近，日元的偏差尤其大，尽管在2015年1月瑞士法郎意外升值后，瑞士法郎也出现了较大偏差。图5.1底部的两张图显示了抛补利率平价的偏差程度，其偏差程度以美元伦敦银行同业拆放利率减去外汇掉期隐含的美元利率来衡量。这个差值称作"交叉货币基差"（cross-currency basis），图5.1所列货币的交叉货币基差为负，这意味着外汇掉期中美元借款人支付的利率高于伦敦银行同业拆放利率。

传统主义者会对抛补利率平价失灵感到惊讶，甚至震惊。然而这确实发生了，清清楚楚，明明白白。在过去18个月左右的时间里，不仅抛补利率平价出现了系统性失灵，而且观察到的抛补利率平价偏差也变得更加明显。[1]在教科书所述的环境中，如果有人能以现行市场利率无限制地借贷，那么交叉货币基差就不会偏离零，至少不会偏离太多，也不会偏离太久。这是因为有人能以较低的美元利率借入，再以较高的美元利率贷出。然而，要完成此类交易离不开一连串的交易，而且这些往往需要通过中介机构来实现。因此，它对交易银行和交易对手的风险承担能力提出了要求。[2]

违反抛补利率平价和美元之间有什么联系？我们可以把它与最近新兴市场的紧张局势作一比较。乍看之下，发达经济体的货币市场似乎根本无

---

[1] Du, Tepper, and Verdelhan（2016）研究了最近的证据，他们发现交叉货币基差并不仅限于伦敦银行同业拆放利率，许多市场利率中都会出现交叉货币基差。Borio et al.（2016）表明，交叉货币基差究竟为正还是为负，取决于银行部门的净掉期头寸。

[2] Gabaix and Maggiori（2015）提出了基于中间资产负债表约束的汇率决定理论。更普遍地说，正如我在最近两场演讲（Shin 2016a, 2016b）中所述，银行的风险承担能力受其资本的限制。

需考虑新兴市场的压力,然而,两类市场之间存在共同点,即美元走强与信贷条件收紧会同步出现。

图5.2显示了美元的价值(浅灰色),记为六种发达经济体货币汇率的简单平均值。浅灰色线条上升时,美元走强。图中深灰色线条代表平均交叉货币基差。请注意,交叉货币基差是美元强势的镜像。一旦美元走强,交叉货币基差就会变宽。过去18个月左右尤其如此,这反映出美元正在走强。

如果把汇率的变化与交叉货币基差的变化画出来,这种关系就更加清楚了。图5.3显示了欧元对美元的双边汇率。请看左图体现的对称性,就像山峰与其在湖水中的倒影一般,美元的走强与抛补利率平价偏差的扩大有关。右图反映了同样的信息,呈散点图状。负斜率十分明显;美元的走强与抛补利率平价偏差的扩大同时发生。

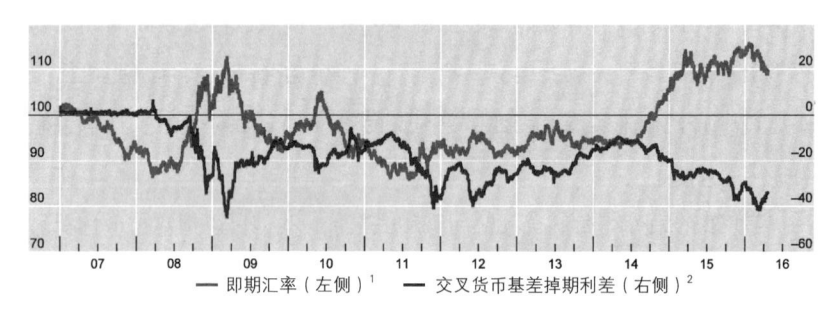

—— 即期汇率(左侧)[1]　　—— 交叉货币基差掉期利差(右侧)[2]

图5.2　美元汇率和交叉货币基差

[1] 美元对加元、欧元、英镑、瑞典克朗、瑞士法郎和日元的双边汇率的简单平均值。数值越高,美元走势越强。

[2] 相对于美元,五年期交叉货币基差掉期对加元、欧元、英镑、瑞典克朗、瑞士法郎和日元的简单平均值。

资料来源:Avdjiev et al. (2016)、彭博社、国际清算银行的计算。

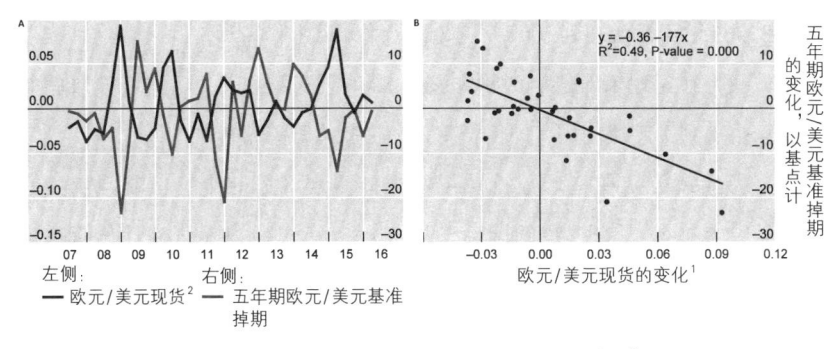

图5.3　欧元/美元汇率的变化与交叉货币基差的变化[2]

1　增加代表美元对欧元升值。
2　季度平均值的变化。

资料来源：Avdjiev, Du, Koch, and Shin (2016)、彭博社、国际清算银行的计算。

关键的启示是，美元走强与更严重的市场异常有关。令人惊讶的是，这不仅适用于新兴市场货币，也适用于日元和瑞士法郎等"避险"货币。为了理解这种关系的本质，我们需要打开思路，将有关美元在全球银行系统中作用的大局考虑进去。

全球银行体系与美元

美元的全球作用体现在其在全球银行体系中的卓越地位上。美元是债务合同的记账单位，借款人以美元借款，贷款人以美元放贷，不论他们是否身处美国境内。

图5.4给出了按地区排列且以美元计价的跨境银行债权规模。箭头的大小代表了债权的规模。2002年，从美国到欧洲的债权为4,620亿美元，这意味着在美国的银行对欧洲的借款人持有4,620亿美元的债权。到2007年，这一数字增长到1.54万亿美元。从欧洲到美国的回流从2002年

的8,560亿美元增加到2007年的2万亿美元以上。[1]

我将在讨论宏观影响时再回到图5.4。现在请注意，美元在全球银行体系中得到了广泛使用，即使贷款人和借款人都不是美国居民。

为什么美元在全球银行体系中如此重要？第一个答案是，美元在跨境交易中发挥着广泛的国际作用，包括其作为国际贸易计价货币的主导作用。[2] 贸易融资或相关的对冲活动可以解释一些以美元计价的银行信贷。

第二个答案建立在第一个答案之上。美元作为计价货币的角色延伸到了为实体资产融资的贷款的货币面额上。对于出口企业来说，如果发票以美元计价，以美元借款也许是有意义的。图5.4仅显示了银行债权，而新兴市场企业的一个重要资金来源是以美元计价的债券。石油和天然气行业尤其如此。卡鲁阿纳（Caruana 2016）和楚伊、库鲁奇和特纳（Chui, Kuruc, and Turner 2016）提供了进一步的证据。

然而，故事并未就此结束。这种推理还有第三个层次。美元作为首选融资货币意味着以美元计价的资产的范围已经延伸至美国国境之外。对于拥有全球资产组合的大型机构投资者来说，他们所持有的资产与他们对国内利益相关者的承诺之间可能存在货币错配。例如，养老基金和人寿保险公司对其受益人和投保人负有义务。这些义务以欧元、日元或瑞士法郎等本币计价。然而，大型投资者不会局限于国内资产，他会将目光投向国外，形成包括以美元发行的证券在内的多元化全球资产组合。

投资者会对冲自己面临的货币风险。我们知道，如果新兴经济体拥有

---

1 麦奎尔和塔拉舍夫（McGuire and Tarashev 2007）以及麦考利、麦奎尔和冯彼得（McCauley, McGuire, and von Peter 2010）绘制了跨境贷款的地理分布图。
2 Goldberg and Tille (2009) and Gopinath (2015).

图A（2002）

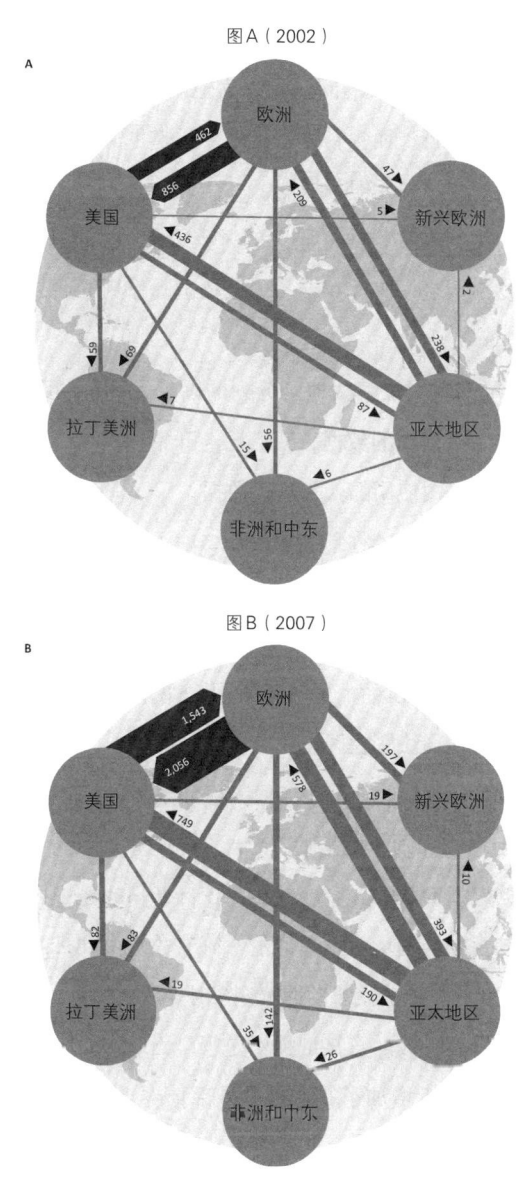

图B（2007）

图5.4 以美元计价的跨境债权（十亿美元）

资料来源：国际清算银行地方银行统计数据。

II 宏观经济稳定与增长 211

资金庞大的养老金体系，其投资者就会积极进行对冲。[1]然而，富裕经济体的机构投资者将面临最严峻的问题，因为他们拥有最大的全球资产组合。对冲的对手通常是银行，而银行通过借入美元来抵御自身的货币风险。这样一来，美元债权就被美元债务抵消了。

其结果是，银行在提供对冲服务的过程中承担了以美元计价的负债。这是论证的第三个层次。美元在交易中发挥国际作用的后果是，全球银行体系依赖美元运行。

图5.5能够帮助我们了解按地区分列的以美元计价的跨境银行信贷总额。为了努力提供更详细的数据，我们已经开始在国际清算银行网站上公布相关数据，这两张图使用的就是这类数据。[2]

在这两幅图中，向上的柱形表示资产，向下的柱形表示负债。上图按居住地分列总量，下图按国籍（即总部所在地）分列总量数。因此，举例来说，一家德国银行伦敦分行的跨境债权在上图中被归为"英国"，但是在下图中却被归为"欧元区"。通过比较图5.5的两幅图，我们发现瑞士和欧元区的银行在其他司法管辖区，尤其是英国和美国，十分活跃。

请留意跨境美元负债的波动是如何跟踪全球金融状况的。图5.5中的总额在2008年之前增长强劲，但是随着全球金融危机的爆发以及2011—2012年欧元区危机的爆发而收缩。有趣的是，在自2014年年中以来的最近一段时间内，美元的走强与跨境负债总额的下降有关。由此推断，银行不太愿意对由机构投资者在早期美元流动性较充裕时期所做的对冲进行展期。

关于机构投资者持股的直接证据不是很全面。然而，一些国家的国家数据显示，机构投资者增加了其所持的外部债券。图5.6收集了德国（图

---

[1] 关于智利的证据参见 Avalos and Moreno (2013)。
[2] 参见国际清算银行地方银行统计数据，表 A5 和 A7，www.bis.org/statistics/bankstats.htm。

A）、日本（图B）和瑞典（图C）的保险公司对外投资组合流动的一些证据。柱形表示流动，线条表示未偿金额（如有）。近年来，外国债券持有量有所波动，但总体趋势是上升的。

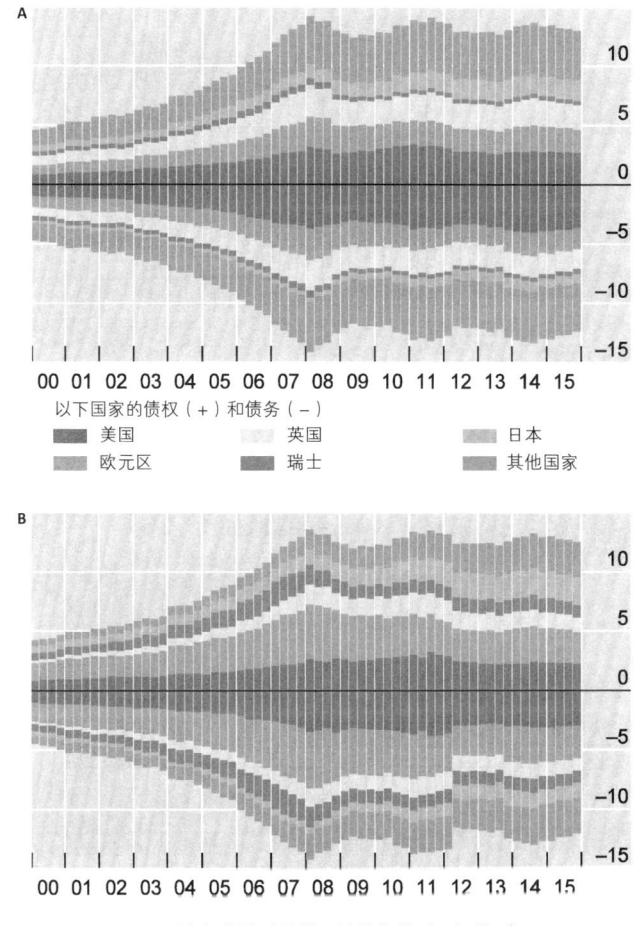

图5.5 所有行业的跨境美元计价信贷（万亿美元）

1 2012年第一季度和第二季度之间之所以出现骤断，是因为2012年第二季度引入了更全面的跨境头寸报告（更多细节，参见http://www.bis.org/publ/qtrpdf/r_qt1212v.htm）。

资料来源：国际清算银行地方银行统计数据，表A5（按居住地）和A7（按国籍）。

图A（德国[1]）

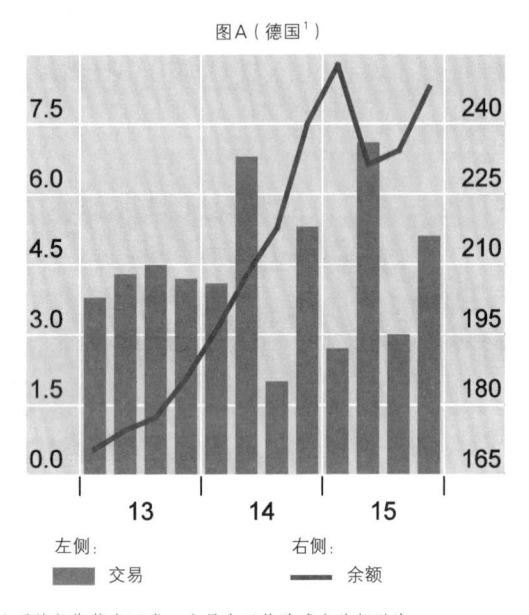

左侧：交易
右侧：余额

1 德国，保险公司的长期债务证券。交易表示收购减去外部融资。

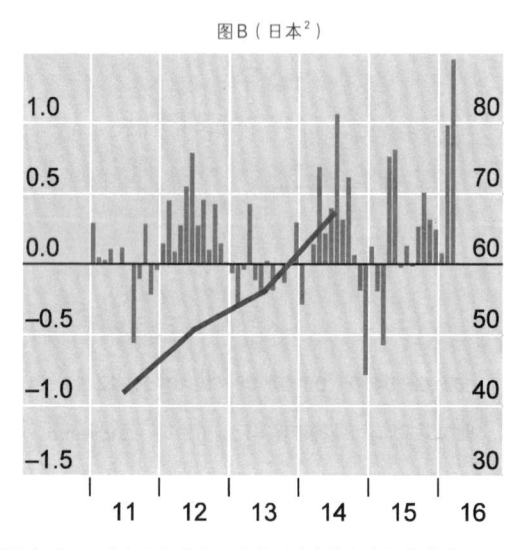

图B（日本[2]）

2 日本，人寿保险公司。正（负）交易表示净购买（出售）中长期债券。

图C（瑞典）

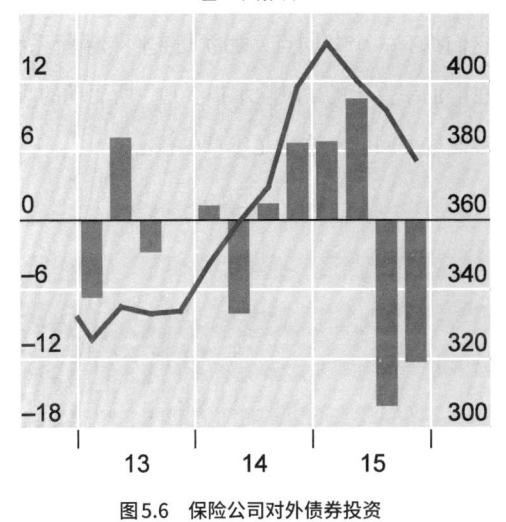

图5.6 保险公司对外债券投资

资料来源：德意志联邦银行、日本财务省、瑞典统计局、日本人寿保险协会、国际清算银行的计算。

外汇对冲的另一个信息来源是国际清算银行每年两次的场外外汇衍生品调查。图5.7的图A显示了按工具分列的未偿付名义金额，图B显示了按交易对手分列的细目。2008年危机期间出现了大幅回落，但是随后又出现了强劲增长。然而，我们发现，自2014年年底以来这个数字一直在下降，恰好与交叉货币基差扩大的时期相吻合。

自2014年年底以来，由非申报金融机构组成的类别在名义金额方面下降幅度最大。虽然在此之前曾经出现了一段强劲的增长，但这次下降与市场进入阶段（其中外汇衍生品存量下降）相一致，因为在美元走强和银行部门总体风险承担减弱的背景下，美国股市出现了下跌。

到目前为止，我们对发达经济体的银行活动与投资者活动进行了描述。但是，新兴经济体的事件也贯穿着一个一致的主题。出于这个原因，我们将考虑新兴经济体最近发生的事件，尤其是新兴市场经济体（EME）

企业以美元借款的活动。瑞士和日本的人寿保险公司与新兴市场的企业大不相同，但是它们都有一个共同点，那就是它们与银行系统有着紧密的联系，而且暴露在由汇率变化的"风险承担渠道"所驱动的顺周期趋势之下。现在让我们来考虑这个问题。这也是本章的核心。

图A：按工具分类

■ 远期和掉期　■ 货币掉期　□ 总期权

图B：按交易对手部门分类

■ 申报交易商　■ 非申报金融机构　□ 非金融机构

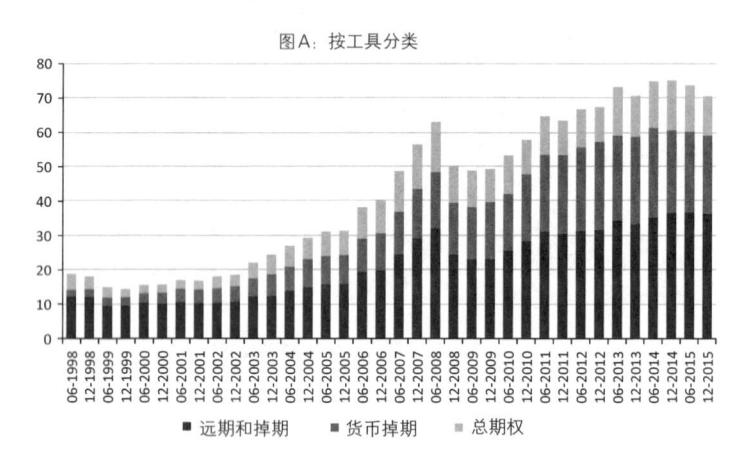

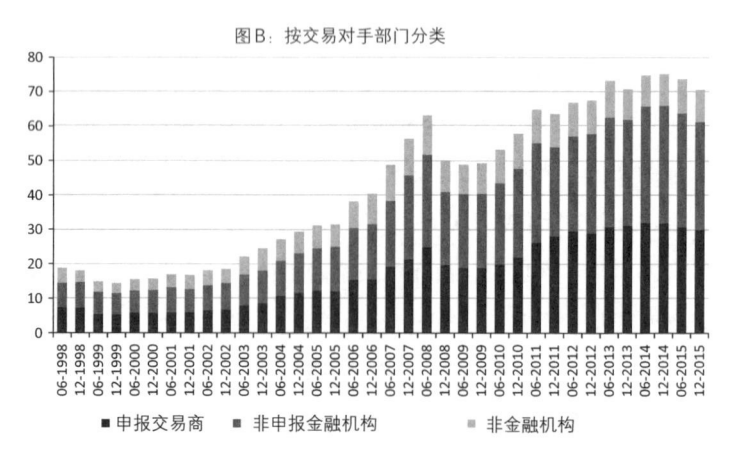

图5.7　场外外汇衍生品——名义本金额[1]

1　半年末（6月底和12月底）。以美元之外的货币计价的金额按参考日期的现行汇率换算为美元。

资料来源：国际清算银行场外衍生品统计。

风险承担渠道和汇率

简而言之，这个命题是这样的：**一种国际货币贬值时，外国人就会倾向于以该货币借入更多的钱。**图5.8摘自阿夫杰耶夫、科赫和申（Avdjiev, Koch, and Shin 2016）的论文，并且说明了美元的风险承担渠道。确切的机制取决于具体情况，然而风险承担渠道的关键特征是，当美元贬值时，银行会向美国以外的借款人发放更多美元贷款。同样，当美元升值时，银行会减少贷款，甚至直接缩减美元贷款。从这个意义上说，美元的价值是风险承担和全球信贷状况的晴雨表。

美元走弱与美元贷款增加、波动性降低和风险承担增加有关，但是美元走强却与波动性增加和风险承担减少有关。例如，标准的套利交易动机与风险承担渠道是一致的（Menkhoff et al. 2012）。

图5.8的图B显示了20个季度样本窗口的滚动回归系数。值得注意的是，该系数在最近的后危机时期负值增大。在2008—2009年危机之前，该系数在–0.2至–0.3之间徘徊，但在危机之后，该系数一直维持在–0.5左右。换句话说，美元名义有效汇率每升值1%，美元跨境信贷季度增长率就下降0.5%。从这个意义上说，美元的价值是全球美元信贷状况的关键晴雨表。

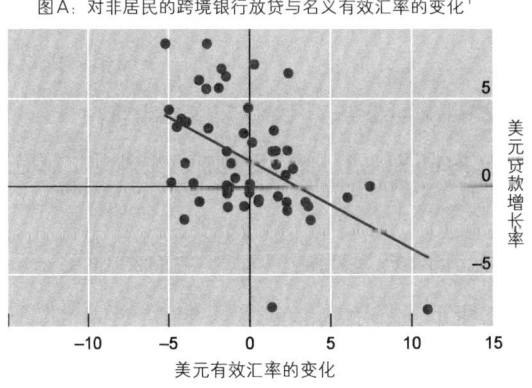

图A：对非居民的跨境银行放贷与名义有效汇率的变化[1]

图B：20个季度滚动窗口回归[2]

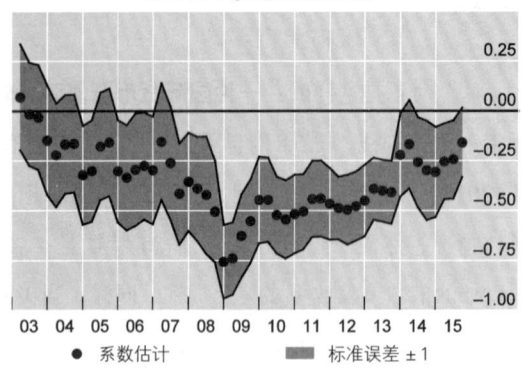

图5.8　美元跨境银行贷款和美元汇率

1　2003年第一季度至2015年第三季度，根据美元名义有效汇率的季度变化来发放美元贷款的跨境银行的季度增长率图。贷款是指国际清算银行申报银行向美国以外的所有（银行和非银行）借款人发放的贷款。这是一条拟合的回归线。正的变化表示美元升值。
2　20个季度窗口的回归系数。

资料来源：国际清算银行本地银行统计数据、国际清算银行的有效汇率指数、国际清算银行的计算。

我们在前面的图5.2和图5.3中看到，抛补利率平价偏差是如何密切跟踪美元价值的。现在，我们有了一种理解这种关系的方法。抛补利率平价崩溃是美元信贷环境收紧的一个征兆，它挤压了之前在美元信贷宽松时期积累的美元负债。在美元走弱时期，全球银行能够以合理的成本向机构投资者提供对冲服务，因为跨境美元信贷增长强劲且容易获得。然而，随着美元的走强，银行部门发现自己更难对此前提供的美元信贷进行展期。

总结这一发现的一种方式是，一个"三角形"将美元走强、美元跨境流动减弱和交叉货币基差对美元的扩大联系在一起。这也是阿夫杰耶夫等人（Avdjiev et al. 2016）探讨的主题。美元作为全球融资货币发挥着突出的作用，这意味着美国的货币政策在决定全球金融状况方面具有特别重要的地位。

欧元在经历了缓慢的起步之后，正显示出加入美元的行列，跻身国际融资货币的迹象。欧元区以外的借款人正在利用极低的长期利率借入更多欧元，就像一段时间以来美国以外的借款人一直在借入美元一样。可以肯定的是，对于欧元来说，这个数字仍然很小。欧元区以外的以欧元计价的非银行债务存量仅为同等美元金额的1/4。但是这条轨迹十分陡峭。美国企业在借入欧元方面尤为积极。这种类型的借款十分常见，甚至有了自己的名字："反向扬基"（reverse Yankee）借款。

图5.9显示，欧元的风险承担渠道开始明显体现出货币疲软与扩大该货币跨境贷款之间的负相关；而危机之前并不存在这样的关系。现在滚动回归系数为负，约为–0.7，其绝对值甚至比美元的绝对值还要大。对于日元来说，阿夫杰耶夫、科赫和申（Avdjiev, Koch, and Shin 2016）发现，过去几十年来，日元作为国际融资货币的角色时好时坏，但是近年来随着日本逐渐放松货币政策，日元再次显现出风险承担渠道的明显迹象。

随着欧元和日元加入美元的行列，成为国际融资货币，我们陷入了两难的境地。自金融危机以来，货币宽松政策一波接一波地出现，人们对国际资本市场提出的要求也越来越高。剩下的一项重要任务是调查观察到的市场异常可以在多大程度上归因于汇率压力和货币溢出效应造成的市场动态变化。溢出效应和"回溢效应"（spillbacks）一直是国际金融的一个重要主题，[1] 而目前看来这种状态暂时会持续下去。

---

1 Caruana (2012), Rajan (2014), Rey (2015), and Borio (2016) 已经探讨了这个主题。

图A：对非居民的跨境银行放贷与名义有效汇率[1]

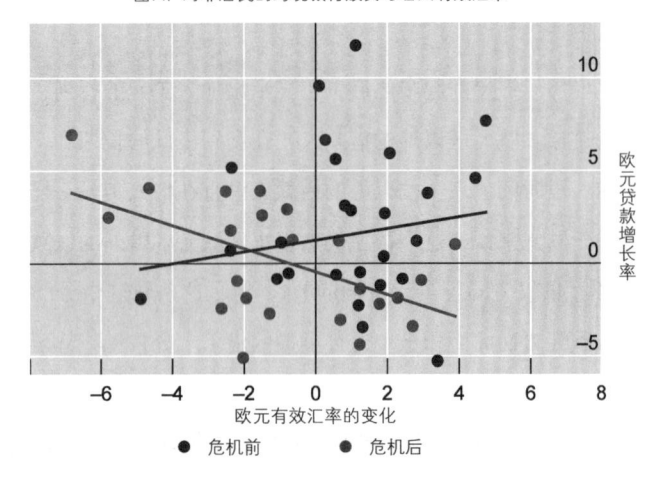

图B：20个季度滚动窗口回归[2]

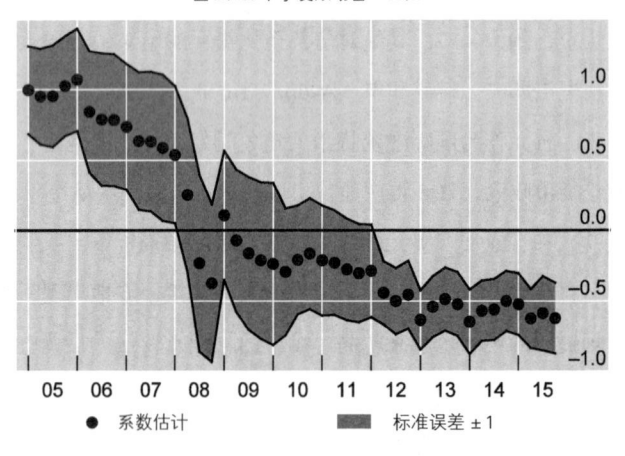

图5.9 以欧元计价的跨境银行贷款

1 2003年第一季度至2015年第三季度，以欧元计价的跨境银行贷款的季度增长率和欧元名义有效汇率的季度变化图。贷款是指国际清算银行申报银行向欧元区以外的所有（银行和非银行）借款人发放的贷款。正的变化表示欧元升值。
2 20个季度窗口的回归系数。

资料来源：国际清算银行本地银行统计数据、国际清算银行的有效汇率指数、国际清算银行的计算。

风险承担渠道的宏观影响

风险承担渠道也具有宏观影响，可以解释为什么新兴市场的货币升值有时可能是扩张性而非收缩性的。汇率波动通过实体和金融渠道影响经济。通过净出口渠道实现的实际影响众所周知，而且在诸如教科书中的蒙代尔－弗莱明模型等开放经济宏观模型中是标准的。然而，汇率波动通过金融放大渠道以及净出口影响经济。

如果货币升值导致借款人资产负债表的估值发生变化，汇率的金融渠道就会发挥作用。例如，如果借款人拥有本币资产却以美元借款，就会出现赤裸裸的货币错配。即使这些资产形成了美元现金流，美元走强和现金流走弱之间也可能存在经验关联，就像石油公司的情况那样。无论出于何种原因，如果估值错配的可能性源自汇率效应，美元走弱就会拉平美元借款人的资产负债表，因此其负债相对于其资产有所下降。从债权人的角度来看，即使存在固定的风险限额（例如通过风险价值约束实现的限额），如果借款人的信用状况较强，就能为信贷扩展创造剩余能力。闲置的贷款能力可以通过扩大美元信贷的供应来填补（参见Bruno and Shin 2015a, 2015b）。

风险承担渠道对政府的财政状况也有连带影响。信贷供应扩大时，投资项目集也会扩大，从而提高经济活动并改善财政状况（Turner 2014; Chui, Kuruc, and Turner 2016）。如果企业通过国有企业完成美元借款（许多新兴市场经济体的石油和天然气行业就是这种情况），那么通过向政府国库支付股息，可以实现更加直接的财政影响。

图5.10显示了一组新兴市场经济体的主权信用违约掉期（CDS）利差如何随对美元双边汇率的变化而变化。每幅图的横轴都是以百分比表示的

自2012年年底以来对美元双边汇率的变化。纵轴为本币五年期主权信用违约掉期利差的变化。气泡的大小表示该国非银行机构所欠的美元债务总额。

从图5.10可以看出，主权信用违约掉期利差和双边美元汇率之间存在时间序列与跨部门关系。就跨部门而言，气泡沿向下倾斜的线条排列，表明对美元贬值较多的国家的主权信用违约掉期利差往往较高。随着时间的推移，气泡随美元升值向图中的左上角移动；换句话说，随着本币对美元走弱，新兴市场经济体主权信用违约掉期利差趋于上升。

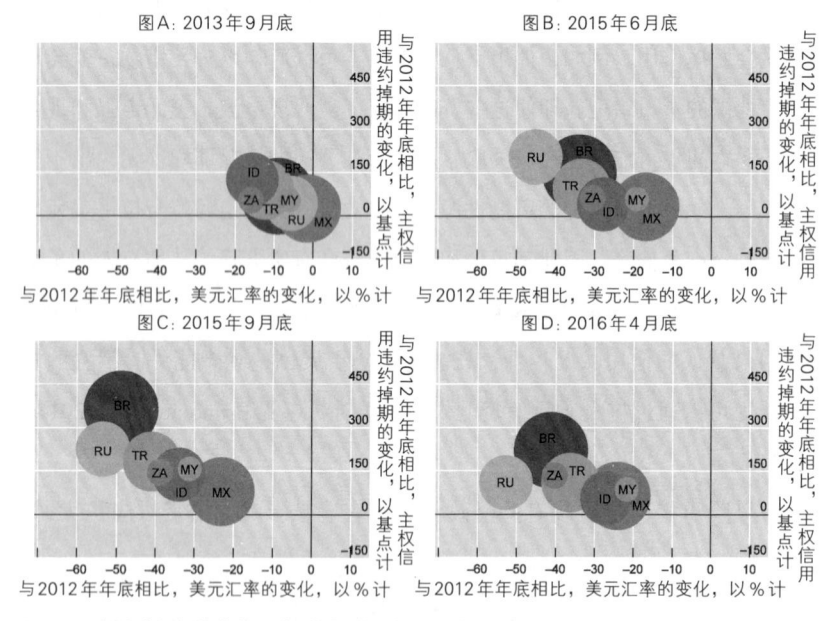

图5.10 新兴市场经济体的风险承担渠道：自2012年年底起，双边美元汇率和五年期主权信用违约掉期的变化

BR = 巴西；ID = 印度尼西亚；MX = 墨西哥；MY = 马来西亚；RU = 俄罗斯；TR = 土耳其；ZA = 南非。气泡的大小表示2015年第四季度各经济体以美元计价的非银行信贷规模。

资料来源：Avdjiev、McCauley and Shin (2016)、Datastream、Markit、国家数据、国际清算银行、国际清算银行的计算。

有趣的是，一旦开始考虑与美元无关的贸易加权有效汇率，这些结果就会消失（Hofmann, Shim, and Shin 2016）。如果考虑与美元无关的有效汇率的组成部分，则没有证据表明货币升值与宽松的金融条件有关。事实上，我们发现一些衡量金融状况的指标显示出了相反的结果。再次强调，我们得到的启示是，美元走强是新兴市场金融状况的关键。

经常账户之外

在传统观念中，资本流动被视为储蓄和投资决策的金融对应物，而汇率则是自动稳定器。在教科书模型中，当汇率贬值、净出口增加并且经常账户差额消失时，经常账户赤字就可以得到补救。

图5.4显示了追溯到2002年时，全球范围内以美元计价的跨境银行债权的概况。即使在那时，欧洲和美国之间的双向流动也相当活跃。这种双向流动是由欧洲大型银行居中调和的美元"迂回套利"（round-tripping）所造成的。这些银行通过其美国分行从美国货币市场基金借款来筹集批发资金，从而将资金送回总部，然后通过购买基于美国家庭抵押贷款的证券将收益送回美国。美国的很大一部分次级抵押贷款都是通过这种方式融资的。2002年，从美国流向欧洲的资金为4,620亿美元（见图5.4）。到2007年，这一数字增长到1.54万亿美元。回流的资金从2002年的8,560亿美元增加到2007年的2万多亿美元。

流出欧洲的资金与流入欧洲的资金大致相当，因此，与总流量相比，净流量很小。欧洲和美国之间的经常账户大致保持平衡，尽管从欧洲流入美国的资本总额出现了大幅增长。然而，贷款标准以资产负债表的规模为基础。因此，总流量才是贷款标准的依据。流动总额激增，贷款标准放宽，从而推动了次级借款人信贷的快速增长。博里奥和迪亚塔特（Borio and Disyatat 2011, 2015）详细阐述了为什么经常账户推理会导致一些评论家误入歧途。我的评论者茅瑞斯·奥伯斯法尔德是最早强调总流量重要性的人之一（Obstfeld 2010, 2012）。

为什么决策者未能察觉自欧洲的次级贷款激增？这一次，我们不能再怪罪于缺乏数据。图5.4是根据国际清算银行地方银行统计资料构建的，然而国际清算银行只是汇总了央行提供的数据。事实上，欧美之间的跨境头寸数据均来自这些地区的央行。

如果不是因为缺乏数据，那么我们为什么没有察觉呢？这个盲点很可能源自我们在国际金融中的会计惯例。我们往往会在处理国际金融时买入"三重符合"（triple coincidence），即GDP地区、决策单位与货币地区属于同一个地区（Avdjiev, McCauley, and Shin 2016）。因此，教科书首先假定，每个GDP地区都有自己的货币，并且该货币的使用主要局限于该经济区。蒙代尔－弗莱明模型是三重符合的经典例子，即使在复杂的宏观经济模型中，三重符合也很少受到质疑。因此，货币升值或贬值通过净出口的变化作用于经济。

三重符合推理之所以会将研究人员引入歧途，原因之一是经济学家在危机前犯下的另一个常见错误。随着美国经常账户赤字增至历史高位，三重符合推理指向美元贬值。许多评论者大声质疑是否会像新兴市场危机那样，出现对美资本流动的"突然停滞"（Summers 2004; Edwards 2005; Obstfeld and Rogoff 2005; Roubini and Setser 2005; Krugman 2007）。

结果，美元随着2008—2009年全球金融危机的爆发而大幅升值。美元的飙升与美国以外的金融市场参与者的去杠杆化有关，他们曾使用短期美元资金投资于高风险的长期美元资产，上述欧洲银行就是最突出的例子。随着危机的爆发，这些金融机构发现自己做空美元，而且杠杆率过高，它们试图减少美元负债，并在此过程中抬高美元价值。

回顾过去，展望未来

自2014年年中以来，美元的走强使我们重新回到了如今的运行机制。但是与此同时，市场的主角已经发生了改变。美元借款人不再是欧洲银行，而是变成了新兴市场企业。而且借贷是通过公司债券而非银行批发融资完成的。

目前，美国以外的非银行美元债务存量为9.7万亿美元。其中，新兴市场经济体的非银行美元债务为3.3万亿美元。自2014年美元开始走强以来，这种以美元计价的债务悬置一直在拖累新兴市场经济体的宏观经济状况。

当然，还有一些缓解的因素。首先，新兴市场经济体最近增加的大部分美元债务是以新兴市场企业发行的债务证券形式出现的。这些债务证券的期限很长。此外，许多新兴经济体持有大量外汇储备，这与他们在过去危机中的表现形成了鲜明对比。德米尔古茨-昆特和德特拉贾凯（Demirgüç-Kunt and Detragiache 1998）的文章是关于银行危机决定因素的经典参考文献，其中确定的许多因素目前并未出现。

尽管如此，我们依然没有自满的余地。即使债券的到期日很长，如果以美元计价的借款开始解除，也会对经济产生其他影响。非金融企业深植于经济之中，它们的金融活动会溢出到其他经济领域。布鲁诺和申（Bruno and Shin 2015c）发现，新兴市场企业的美元借款具有"套利交易"的性质，即对于通过发行债券筹集的每一美元而言，约1/4最终会成为公司资产负债表上的现金部分。这里的现金可以是本币银行存款或对影子银行系统的债权，或者是另一家公司发行的金融工具。因此，美元借贷将以更宽松的信贷条件的形式溢出到其他经济领域。美元借贷逆转时，这些更为宽松的国内金融状况也将逆转。

此外，即使一个国家拥有大量外汇储备，企业部门本身也可能发现自己缺乏财政资源，并有可能削减投资和缩减业务，从而导致增长放缓。因此，当全球金融条件收紧时，即使是持有大量外汇储备的央行也可能很难阻止实体经济的放缓。可以说，这种放缓只是目前我们在新兴市场经济体看到的部分情况。

所有这些都表明，必须将国际金融发展置于过去和预期的央行行动的大背景之下。在未来的几个月里，我们无疑会有更多机会在政策圈讨论这些问题。

参考文献

Akram, Farooq, Dagfinn Rime, and Lucio Sarno. 2008. "Arbitrage in the Foreign Exchange Market: Turning on the Microscope." *Journal of International Economics* 76 (2): 237–253.

Avalos, Fernando, and Ramon Moreno. 2013. "Hedging in Derivatives Markets: The Experience of Chile." *BIS Quarterly Review* (March): 53–64. www.bis.org/publ/qtrpdf /r_qt1303g.htm.

Avdjiev, Stefan, Catherine Koch, and Hyun Song Shin. 2016. "Exchange Rates and the Transmission of Global Liquidity." Paper presented at the Central Bank of the Republic of Turkey Conference on Global Liquidity, March, Istanbul.

Avdjiev, Stefan, Robert N. McCauley, and Hyun Song Shin. 2016. "Breaking Free of the Triple Coincidence in International Finance." *Economic Policy* 31 (87): 409–451.

Avdjiev, Stefan, Wenxin Du, Catherine Koch, and Hyun Song Shin. 2016. "The Dollar, Bank Leverage, and the Deviation from Covered Interest Parity." BIS Working Paper 592, Bank for International Settlements, Basel. https://www.bis.org/publ /work592.htm.

Baba, Naohiko, and Frank Packer. 2009. "Interpreting Deviations from Covered

Interest Parity during the Financial Market Turmoil of 2007–08." *Journal of Banking and Finance* 33 (11): 1953–1962.

Baba, Naohiko, and Ilhyock Shim. 2010. "Policy Responses to Dislocations in the FX Swap Market: The Experience of Korea." *BIS Quarterly Review* (June): 29–39. www.bis.org/publ/qtrpdf/r_qt1006e.htm.

Borio, Claudio. 2016. "More Pluralism, More Stability?" Speech at the Seventh High-Level SNB-IMF Conference on the International Monetary System, May 10, Zurich. www.bis.org/speeches/sp160510.htm.

Borio, Claudio, and Piti Disyatat. 2011. "Global Imbalances and the Financial Crisis: Link or No Link?" BIS Working Paper 346, Bank for International Settlements, Basel. www.bis.org/publ/work346.htm.

Borio, Claudio, and Piti Disyatat. 2015. "Capital Flows and the Current Account: Taking Financing (More) Seriously." BIS Working Paper 525, Bank for International Settlements, Basel. www.bis.org/publ/work525.htm.

Borio, Claudio, Robert N. McCauley, Patrick McGuire, and Vladyslav Sushko. 2016. "Covered Interest Parity Lost: Understanding Cross-Currency Basis." *BIS Quarterly Review* (September): 45–64. https://www.bis.org/publ/qtrpdf/r_qt1609e.htm.

Bruno, Valentina, and Hyun Song Shin. 2015a. "Cross-Border Banking and Global Liquidity." *Review of Economic Studies* 82 (2): 535–564.

Bruno, Valentina, and Hyun Song Shin. 2015b. "Capital Flows and the Risk-Taking Channel of Monetary Policy." *Journal of Monetary Economics* 71: 119–132.

Bruno, Valentina, and Hyun Song Shin. 2015c. "Global Dollar Credit and Carry Trades: A Firm-Level Analysis." BIS Working Paper 510, Bank for International Settlements, Basel. www.bis.org/publ/work510.htm.

Caruana, Jaime. 2012. "Policymaking in an Interconnected World." Speech at Federal Reserve Bank of Kansas City Economic Policy Symposium, August 31, Jackson Hole, WY. www.bis.org/speeches/sp120903.htm.

Caruana, Jaime. 2016. "Credit, Commodities and Currencies." Lecture at the London School of Economics, February 5. www.bis.org/speeches/sp160205.htm.

Chui, Michael, Emese Kuruc, and Philip Turner. 2016. "A New Dimension to Currency Mismatches in the Emerging Markets–Non-financial Companies." BIS Working Paper 550, Bank for International Settlements, Basel. www.bis.org/publ/work550.htm.

Demirgüç-Kunt, Aslı, and Enrica Detragiache. 1998. "The Determinants of Banking

Crises: Evidence from Industrial and Developing Countries." *IMF Staff Papers* 45 (1): 1–109.

Du, Wenxin, Alexande Tepper, and Adrien Verdelhan. 2016. "Deviations from Covered Interest Rate Parity." papers.ssrn.com/sol3/papers.cfm?abstract_id=2768207.

Edwards, Sebastian. 2005. "Is the US Current Account Deficit Sustainable? If Not, How Costly Is Adjustment Likely to Be?" *Brookings Papers on Economic Activity* 1: 211–288.

Gabaix, Xavier, and Matteo Maggiori. 2015. "International Liquidity and Exchange Rate Dynamics." *Quarterly Journal of Economics* 130 (3): 1369–1420.

Goldberg, Linda, and Cedric Tille. 2009. "Macroeconomic Interdependence and the International Role of the Dollar." *Journal of Monetary Economics* 56 (7): 990–1003.

Gopinath, Gita. 2016. "The International Price System." In *Inflation, Dynamics and Monetary Policy, Proceedings of the Federal Reserve Bank of Kansas City, August 27–29, 2015, Jackson Hole, WY*, 71–150.

Gourinchas, Pierre-Olivier, and Maurice Obstfeld. 2012. "Stories of the Twentieth Century for the Twenty-First." *American Economic Journal: Macroeconomics* 4 (1): 226–265.

Hofmann, Boris, Ilhyock Shim, and Hyun Song Shin. 2016. "Sovereign Yields and the Risk-Taking Channel of Currency Appreciation." BIS Working Paper 538, Bank for International Settlements, Basel. http://www.bis.org/publ/work538.htm.

Krugman, Paul. 2007. "Will There Be a Dollar Crisis?" *Economic Policy* 22 (51): 436–467.

McCauley, Robert, Patrick McGuire, and Goetz von Peter. 2010. "The Architecture of Global Banking: From International to Multinational?" *BIS Quarterly Review* (March): 25–37. www.bis.org/publ/qtrpdf/r_qt1003e.htm.

McGuire, Patrick, and Nikola Tarashev. 2007. "International Banking with the Euro." *BIS Quarterly Review* (December): 47–61. www.bis.org/publ/qtrpdf/r_qt0712f.htm.

Menkhoff, Lukas, Luciano Sarno, Maik Schmeling, and Andreas Schrimpf. 2012. "Carry Trades and Global Foreign Exchange Volatility." *Journal of Finance* 67 (2): 681–718.

Obstfeld, Maurice. 2010. "Expanding Gross Asset Positions and the International Monetary System." Panel Remarks at Federal Reserve Bank of Kansas City Economic

Policy Symposium at Jackson Hole, August 27.

Obstfeld, Maurice. 2012. "Does the Current Account Still Matter?" *American Economic Review* 102 (3): 1–23.

Obstfeld, Maurice, and Kenneth S. Rogoff. 2005. "Global Current Account Imbalances and Exchange Rate Adjustments." *Brookings Papers on Economic Activity* 1: 67–146.

Rajan, Raghuram. 2014. "Competitive Monetary Easing: Is It Yesterday Once More?" Remarks at the Brookings Institution, April 10, Washington, DC.

Rey, Hélène. 2015. "International Channels of Transmission of Monetary Policy and the Mundellian Trilemma." Mundell-Fleming Lecture presented at the International Monetary Fund Fifteenth Jacques Polak Annual Research Conference: Cross-Border Spillovers, November 13–14, Washington, DC. *IMF Economic Review* 64 (1): 6–35.

Roubini, Nouriel, and Brad Setser. 2005. "Our Money, Our Debt, Our Problem." *Foreign Affairs* 84 (4): 194–200.

Shin, Hyun Song. 2016a. "Bank Capital and Monetary Policy Transmission." Panel remarks at the ECB and Its Watchers XVII Conference, April 7, Frankfurt. www.bis.org/speeches/sp160407.htm.

Shin, Hyun Song. 2016b. "Market Liquidity and Bank Capital." Remarks at the Perspectives 2016: Liquidity Policy and Practice Conference, April 27, London Business School. www.bis.org/speeches/sp160506.htm.

Summers, Lawrence H. 2004. "The US Current Account Deficit and the Global Economy." Per Jacobsson Lecture at the International Monetary Fund, October 3, Washington, DC.

Turner, Philip. 2014. "The Global Long-Term Interest Rate, Financial Risks and Policy Choices in EMEs." BIS Working Paper 441, Bank for International Settlements, Basel. www.bis.org/publ/work441.htm.

评（阿斯利·德米尔古茨-昆特[1]）

很高兴能够读到申铉松撰写的关于全球流动性与顺周期性的章节。事实上，所有在开篇强调了金融对实体经济的重要性的论文于我而言都正中下怀，因为我在职业生涯的大部分时间里都在论证"金融对经济发展而言十分重要"，而不仅仅是反过来。申在本章开头说道，"金融之尾似乎在摇着实体经济之犬"。对于许多金融和发展领域的学者来说，金融是大脑而非尾巴，因此从这个角度来看，这并不奇怪。[1]所以，我喜欢强调金融体系在国际经济中的作用，以及金融体系和中介过程中的问题如何溢出到其他经济领域。因此，我倾向于赞同本章的论点和主要结论。

然而，评论者的工作是想办法突出论点，强化本章内容，这也正是我要通过这篇评论实现的目标。我的第一个看法是，尽管这一章存在很多值得称赞的地方，但是也有很多值得探讨之处。它汇集了来自不同研究的大量数据和分析。事实上，我认为它更像是一个有趣且具有挑衅性的假定集合，而不是一个论证充分的论点。因此，尽管文章提供的数据和证据很有说服力，但却不能总是清晰地展现出这些联系是如何建立的，有时也未能给出足够的可能备选解释以呈现出连贯的逻辑线。因此，它留给读者的问题多于答案。然而，文章提出的观点发人深省，这无疑将引出针对这些领域的更多研究。

---

1 例如，参见 Levine (2005); Demirgüç-Kunt and Levine (2008, 2009); Cull, Demirgüç-Kunt, and Morduch (2011); Ayyagari, Demirgüç-Kunt, and Maksimovic (2013); and Cihak and Demirgüç-Kunt (2014); 等等。

识别问题

本章首先提出了两个主要问题。为什么全球金融状况如此适应美元的强势？为什么经济对全球金融状况如此敏感？这些都是重要且复杂的问题，而且根据我的专业知识，它们直接受制于识别问题。换句话说，当我们试图从均衡结果的角度来回答这类问题时，很难找出因果关系的方向。这可能只是因为全球金融状况对经济十分敏感，或者我们观察到的情况可能只是反映出其他因素在起作用。

这里并没有什么不同。以美元在全球银行体系中的中心地位为例。尽管美元无疑在世界经济中扮演着重要角色，但是正如本章提到的那样，以其他货币进行的交易的数量也在增长。因此，美元可能不是唯一的驱动因素。

申观察到，每当一种国际货币贬值时，外国人就会倾向于借入更多的这种货币。因此，当美元走弱时，银行会发放更多的国际贷款。但是同样，这种趋势在多大程度上只是反映了其他货币的走强？例如，随着新兴市场的繁荣，资本流入，其货币升值，美元相对于这些货币贬值。这一过程未必是由美元推动的；相反，美元汇率只是这一过程的反映。

本章提出的另一个观点是，在2008—2009年全球金融危机期间，尽管美国经常账户赤字巨大，美元还是随着危机的爆发强劲升值。但是，我们需要再次记住，这些发展恰好与安全资产（特别是美国国债）的上涨同时发生，因此不可能分清有多少升值是由美元本身造成的，而美元本身的吸引力肯定来自其他原因。

总的来说，尚不清楚美元与其他市场的因果关系；美元可能并不像申所说的那样属于核心因素，而可能只是反映出一系列完全不同的因素在发挥作用。事实上，申还提到，诸如日元和瑞士法郎等其他货币也存在类似的模式。

对套利、投资组合与外国直接投资流动的限制，总流量与净流量

本章中更详细的解释也会对其他观点有所帮助。第一，一个有趣的市场异常是抛补利率平价（CIP）失灵。我们通常期望市场利率和嵌入外汇掉期的远期利率中的隐含利率或多或少是一致的。但是正如申所述，近年来的情况并非如此，尤其是在美元走强的时期。不幸的是，很少有人就造成这种现象的原因作出解释。这一章顺便提到了风险承担能力（或套利限制）以及交易对手风险的问题，这些问题在解释这种异常时可能发挥着重要作用。但是鉴于这一问题在很大程度上是由金融市场无法对冲风险造成的，本章给予它的关注似乎还不够。例如，为什么美元升值会导致交叉货币基差利差出现更多的负面影响？

第二，为什么这一章的重点是银行流动，而不是其他流动？申主要关注银行流动的重要性，当然，这二者也高度相关。然而，很大一部分日渐增加的流动是证券投资和外国直接投资。对世界上许多国家来说，这两个组成部分增长更快，现在可能已经超过了银行流动。本章至少应该承认这一点并对其影响加以讨论。

第三，申区分了净流量和总流量，这是可喜的。[1]然而，很大一部分问题与净融资有关。随着家庭偏见的减少以及居民可供投资的财富增多，总流量将随着个体将其投资组合分散到国际市场并持有彼此的投资组合而扩

---

[1] 申依靠国际清算银行的数据进行分析，但是总流量也可以从按流量类型分列的国际收支数据中获取。投资总额、发行量和投资组合头寸的数据也是可以获取的。例如，见世界银行（World Bank 2015）。

大。图5.11显示，随着国家变得更加富裕，我们预计总流量将出现增长，尽管净流量的变化趋势不是那么明显（Broner et al. 2013）。

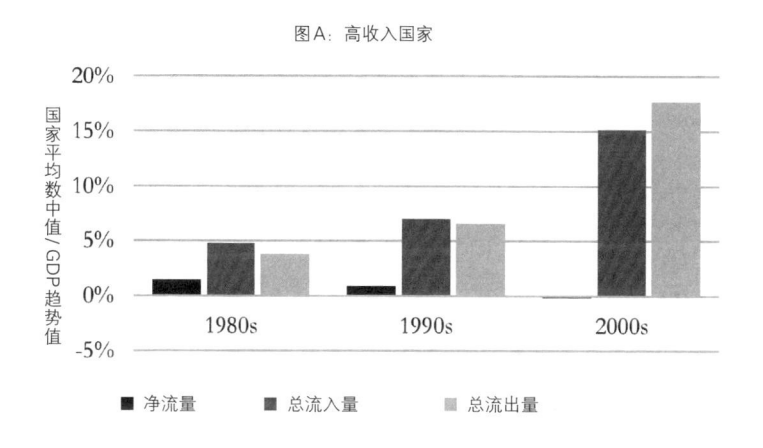

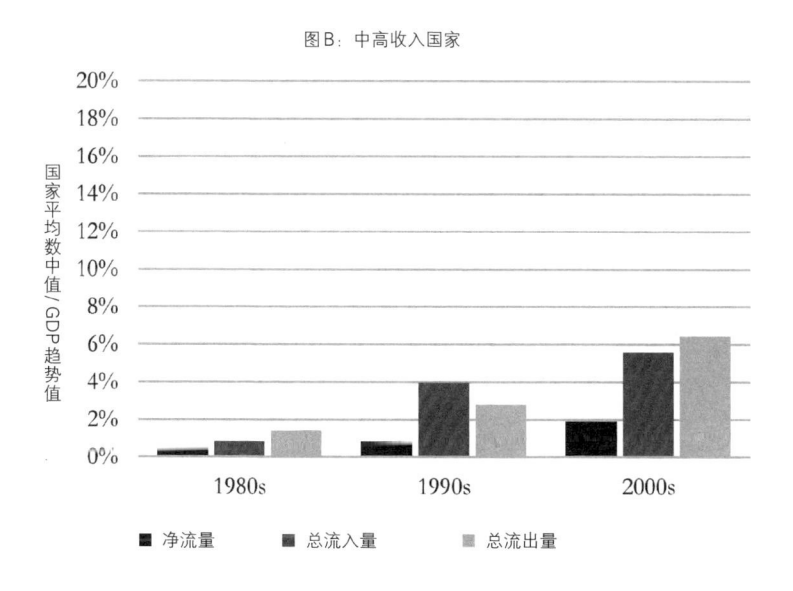

图A：高收入国家

图B：中高收入国家

图C：中低收入国家

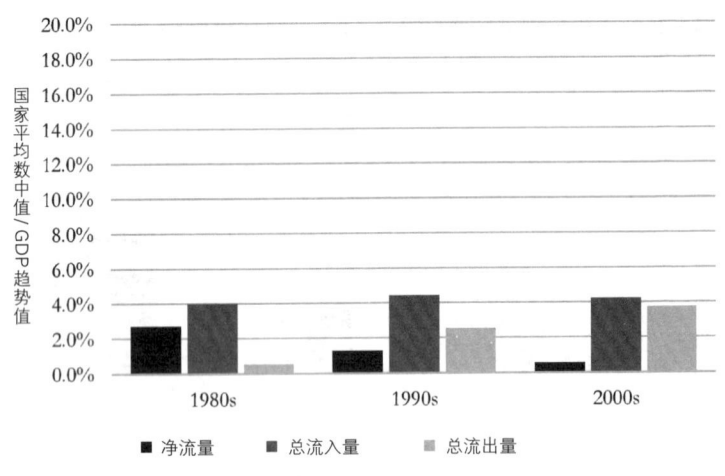

图5.11 净资本流动和总资本流动

冲击造成的影响可能大不相同，这取决于外国和国内投资者在扩张期收缩时的再分配。在总流量扩大的情况下，重要的是如何扩大资产和负债头寸。由于许多新兴市场经济体积累了储备，减少了主权借款，并获得了外国直接投资和股本流入，在美元升值和市场崩溃的同时，其净外国头寸逐渐增强。

新兴市场企业过度借贷？

本章还试图展望未来，找到脆弱性的根源。一个有趣的猜想是，新兴市场企业是否会引发下一场危机。申问道，是否会出现另一场东亚危机，在这场危机中，企业是问题的核心。虽然这一章并未花太多的篇幅来讨论这个问题，但还是值得加以评论。全球流动性状况可能会加剧为高风险投资融资的过度借贷，这可能是一个值得担忧的问题。然而，也存在一些缓解因素，需要回答一些问题以确定这种担忧是否严重。

第一，很难衡量金融市场的风险承担，因为头寸可以对冲。因此，一个重要的问题是，未平仓或未对冲的头寸所占比例如何？在讨论企业是否存在过度借贷这一问题时，负债的基准水平同样难以确定。[1]

第二，正如《2015/2016年全球金融发展报告：长期金融》（World Bank 2015）中详细讨论的那样，新兴市场企业是通过发行外币债券来实现境外借款的，但是这意味着它们同时也延长了债券的期限，因为国外公司债券市场的期限要比国内长。事实上，如图5.12所示，在发展中国家，国际债券发行的期限往往比国内要长，尽管发达国家的情况正好相反（Cortina, Didier, and Schmukler 2016）。本章对此仅是一笔带过。

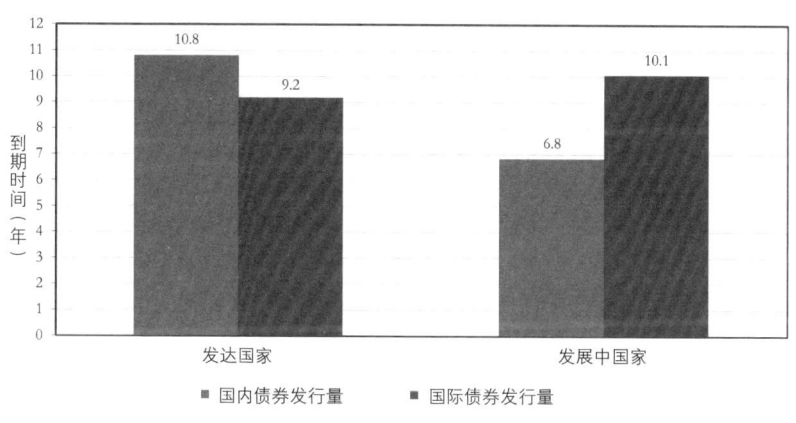

图5.12 国内和国际债券的到期日，公司债券市场

注：本图报告了发达国家和发展中国家企业发行的国内和国际公司债券的加权平均到期日。样本期为1991—2014年。

资料来源：Cortina, Didier, and Schmukler (2016)。

---

[1] 例如，参见阿尔法罗等人（Alfaro et al. 2016）论文中对不同基准的讨论以及其结论对选择这些基准的敏感性。

第三，本章也顺便提到了新兴市场储备积累的重要作用，但是这个问题值得进一步阐述。在政府持有外汇储备的情况下，它们会从美元升值中受益，从而弥补企业可能遭受的潜在损失。美元升值可能存在财政成本（因为需要潜在的救助），但是政府会有额外的资源。这是否足够取决于政府资产相对于未对冲企业负债的规模。否则从净值上看，并不清楚美元因海外融资而升值的最终结果是带来收益还是损失。无论如何，在新兴市场中，只有极少数最大的企业才能进入国际市场。

第四，本章表达的主要担忧是，企业从事套息交易（即以低利率发行债券以积累现金，并在本国从事高风险的金融中介活动）。但是根据布鲁诺和申（Bruno and Shin 2015）的说法，企业最多只能积累通过发行债券筹集到的每一美元的23%（评估值差别很大，可能低至4%）。这个数字似乎不足以令我们关注这种影响。显然，正如预期的那样，筹集的大部分资金被用于通过资本投资、就业增长、并购等方式为增长机会融资。

第五，大公司确实可以使用部分现金来资助其他公司，比如他们的供应商。这一中介过程可能会将资金从大公司引向因信息不对称而无法直接进入资本市场的中小企业；因此，这可能会放松它们的融资约束。如果大公司拥有更好的信息，并且能够克服这些小公司经常面临的信息不对称问题，这种活动可能是有益的。

最后，布鲁诺和申（Bruno and Shin 2015）的结果是由新兴市场推动的，这一事实让读者想知道这些国家有什么特别之处。另一个重要问题是金融公司的作用是什么。有人会认为，从事套利交易对它们有利。

权衡与平行

本章的一个影响是，尽管金融全球化可能是经济利益的一个重要来源，但是它也存在潜在的负面影响。这加剧了货币政策在多个国内目标之间的权衡问题。通货膨胀和失业之间存在一个基本的权衡。但是对于金融稳定性的考虑也很重要。因此，例如，最佳货币政策可能不得不从价格稳定和充分就业的传统宏观经济目标中抽离出来，以抑制债务积累，尤其是在缺乏有效的宏观审慎工具的情况下。

这些问题在开放经济中只会变得更糟，因为对全球金融市场的开放将不可避免地降低现有宏观审慎工具的有效性。因此，宏观稳定和金融稳定之间的权衡变得更加困难。如果需要更大的利率变化来实现开放经济中的特定需求响应，可能会加剧银行的脆弱性，并鼓励金融总流量，从而加剧宏观审慎问题。

这一讨论与《2017/2018年全球金融发展报告》（World Bank 2018）的主题银行业全球化有着重要的相似之处。它还描述了由于资本从低回报国家流向高回报国家所造成的风险分散和风险分担之间固有的紧张关系，以及含蓄地将自己暴露在国外冲击和趋势下的必要性。

这种做法益处多多：除了资源调动和风险分担之外，重要的是，国际银行的进入可以增加国内银行业的竞争，提高资源配置效率，这是促进经济发展的关键。如果通过实体企业进入，外国银行往往会带来新的技术知识，改善行业的人力资本，产生改善监管和监督的需求，并且通常较少受到政治操纵。这些发现在文献中得到了很好的证实。

但是也存在潜在成本。与全球金融危机一样，东道国可能会受到国际银行所传递的外部冲击，从而危及其稳定。同样，国际银行也可能会助长东道国的过度信贷繁荣，这种繁荣的泡沫最终会破灭，因为国内金融体系没有能力处理这种流动。这种行为会被全球流动性状况放大，可能对母国和东道国的金融稳定有害，最终导致代价高昂的繁荣和萧条周期以及跨境传染风险。

例如，我们在最近的一篇论文中，使用1999—2010年期间100多个国家银行层面的数据来研究商业周期中的银行放贷款行为（Bertay, Demirgüç-Kunt, and Huizinga 2015）。在样本的所有银行中，外国银行的贷款是最顺周期的，与国内银行相比，它们在上升期增加的贷款要多得多（见图5.13）。这可能是因为它们可以从其国际母公司获得资金，以便在经济增长期间利用当地的贷款机会。

发展中国家研究议程

将这一讨论置于银行国际化的近期趋势（即20世纪90年代外国银行业务急剧增长）的背景下是有益的，随后危机导致了缩减，而南南流动的增加，至少可以部分地弥补这一缩减。由此看来，这一讨论为发展中国家提出了重要的政策问题并制定了研究议程。决策者心中存在几个问题。

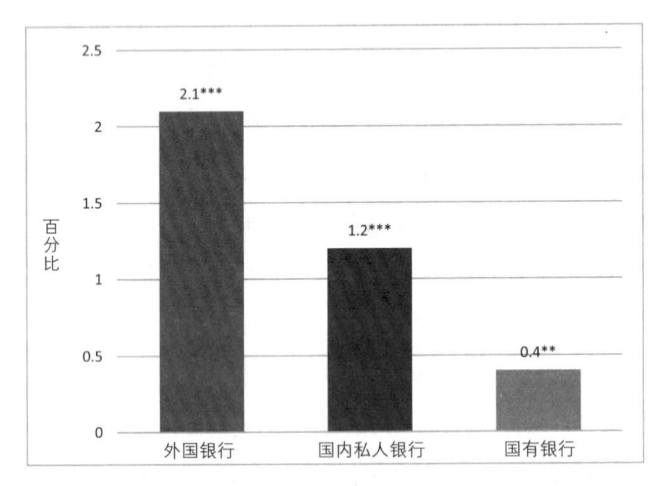

图5.13　1999—2010年人均GDP增长1%对应的银行放贷款变化

注：该图显示了银行放贷款对人均GDP增长和控制变量数量回归的边际效应，评估使用的是111个国家的，1,633家银行的样本。显著性水平：**5%，***1%。

资料来源：Bertay, Demirgüç-Kunt, and Huizinga (2015)。

第一，国际银行是否太过善变，以至于发展中国家无法太过依赖它们？尤其是如果它们通过收购进入，是否有可能通过取代外国总部在当地提供的关键职能而掏空现有银行？如果是这样，如果银行决定退出该国，那么信息技术、支付能力的某些方面，甚至风险管理技能都可能在当地丧失或大幅削弱。尽管这个问题由来已久，但是自全球金融危机以来，随着许多欧美国际银行的资本监管促使它们缩减国际业务（例如，巴克莱银行最近撤出了非洲市场），这一问题已受到越来越多的政策关注。随着危机后的缩减，我们对发展中国家外国银行业务的政策建议是否有所改变？

第二，鉴于南南进入的兴起，发展中国家当局是否应该在承认南南国际银行活动的时候特别谨慎？例如，中国的银行可能开始向非洲、东南亚和拉丁美洲扩张。

在一些南南合作的案例中，是否应该担心缺乏经验，以及母国审慎监管和反洗钱-打击资助恐怖主义监管不足？还是成本基础和特定区域的知识使这些银行更有可能在东道国提供稳固的银行服务？

第三，国际银行业对发展有什么影响，特别是当其涉及准入和包容时？允许外国银行占有更大的份额，是否有可能减少中小企业和低收入家庭获得银行服务的机会并提高其价格？这是一个老生常谈的问题了，但是对于这个问题的投入程度不如针对分析效率和稳定性问题的研究。然而，这仍然是一个重大的政策问题。

第四，未来会是什么样子？我们期待技术进步和金融科技如何改变全球银行业？跨境银行和实体银行的潜在模糊性将如何改变我们对上述问题的答案？在一个国际银行业规模更大的世界里，金融监管应该是什么样子？

包括银行全球化在内的整体金融全球化可能会导致重要的权衡。政策的挑战将是最大限度地发挥银行国际化的好处，同时将成本降到最低。这是一个令人振奋的议程，我们将在未来几年内致力于此。

参考文献

Alfaro, Laura, Gonzalo Asis, Anusha Chari, and Ugo Panizza. 2016. "Lessons Learned? Corporate Debt in Emerging Markets." NBER Working Paper 3407, National Bureau of Economic Research, Cambridge, MA.

Ayyagari, Meghana, Asli Demirgüç-Kunt, and Vojislav Maksimovic. 2013. "Financing in Developing Countries." In *Handbook of the Economics of Finance*, volume 2B, edited by George Constantinides, Milton Harris, and Rene Stulz, 683–757. Boston: Elsevier.

Bertay, Ata, Asli Demirgüç-Kunt, and Harry Huizinga. 2015. "Bank Ownership and Credit over the Business Cycle: Is Lending by State Banks Less Procyclical?" *Journal of Banking and Finance* 50 (C): 326–339.

Broner, Fernando, Tatiana Didier, Aitor Erce, and Sergio L. Schmukler. 2013. "Gross Capital Flows: Dynamics and Crises." *Journal of Monetary Economics* 60 (1): 113–133.

Bruno, Valentina, and Hyun Song Shin. 2015. "Global Dollar Credit and Carry Trades: A Firm-Level Analysis." BIS Working Paper 510, Bank for International Settlements, Basel.

Cihak, Martin, and Asli Demirgüç-Kunt. 2014. "Revisiting the State's Role in Finance and Development." In *Handbook of Banking*, second edition, edited by Allen N. Berger, Philip Molyneux, and John O. S. Wilson, 777–806. New York: Oxford University Press.

Cortina, Juan Jose, Tatiana Didier, and Sergio L. Schmukler. 2016. "How Long Is the Maturity of Corporate Borrowing? Evidence from Bond and Loan Issuances across Markets." Policy Research Working Paper 7815, World Bank, Washington, DC.

Cull, Robert, Asli Demirgüç-Kunt, and Jonathan Morduch. 2011. "Microfinance Tradeoffs: Regulation, Competition, and Financing." In *Handbook of Microfinance*, edited by Beatriz Armendariz and Marc Labie, 141–157. Hackensack, NJ: World Scientific.

Demirgüç-Kunt, Aslı, and Ross Levine. 2008. "Finance, Financial Sector Policies, and Long Run Growth." M. Spence Growth Commission Background Paper 11, Washington, DC.

Demirgüç-Kunt, Aslı, and Ross Levine. 2009. "Finance and Inequality: Theory and Evidence." *Annual Review of Financial Economics* 1: 287–318.

Levine, Ross. 2005. "Finance and Growth: Theory and Evidence." In *Handbook of*

Economic Growth, volume 1A, edited by Philippe Aghion and Steven Durlauf, 865–934. Amsterdam, Boston: Elsevier, North-Holland.

World Bank. 2015. *Global Financial Development Report 2015/16: Long-Term Finance*. Washington, DC: World Bank.

World Bank. 2018. *Global Financial Development Report 2017/18: Banker without Borders*. Washington, DC: World Bank.

评（茅瑞斯·奥伯斯法尔德[1]）

谢谢你，考施克，感谢你邀请我对申铉松所撰写的这一章进行评论。穿过19号大街来到世界银行总是一件愉快的事情。这一章写得很好，它总结并汇集了一段时间以来申铉松与国际清算银行（BIS）一直呼吁我们注意的关于全球流动性和信贷的普遍材料。文章主要有两个主题：一是美国的金融状况推动了全球状况。二是美元的价值是全球流动性状况的关键晴雨表，因此也是风险承担的晴雨表。[1] 在建立上述第一和第二个命题时，本章考察了一些证据，如抛补利率平价偏差、以美元计价的银行放贷款数据和主权信用违约掉期（CDS）利差。为解释这些事实而提出的潜在驱动因素是，美元作为一种国际货币具有独特的作用：发票货币、融资货币、工具货币和储备货币。

我的评论将基于四个观点，其中一些是宏观评论，另外一些是金融评论。在阐述这些观点之前，请允许我标注一下本章中关于抛补利率平价偏差的重要观点。鉴于我所用的教科书（Krugman, Obstfeld, and Melitz 2017）错误地宣称信用违约掉期始终有效（更确切地说，在2008—2009年全球金融危机之前大约30年的时间里，抛补利率平价一直十分有效），我很自然地会对这一点感兴趣。我们必须确保该书在再版时能够更充分地承认，在危机结束后很长一段时间里，似乎一直存在套利机会；下文将作详细介绍。

---

[1] 本章没有强调的一个次主题是，欧元和日元的国际重要性可能正在增长。我没有时间讨论这个问题，但是鉴于这些经济体目前面临的挑战，我对此有些怀疑。

我的**第一个**观点与汇率和经常账户之间的关系有关。即使在理论上，经常账户赤字未必预示着未来在任何特定的时间范围内会出现贬值。即使是在资产之间可以完全替代的最简单的模型中，以及在投资组合效应因此变得不重要的情况下，这种关系也不简单。国外需求下降与国内需求上升都有可能导致经常项目赤字，而短期内这两个事件对汇率和产出的影响完全相反。问题是，汇率变动是内生的，因此我们不能真的说汇率变动会导致收缩效应。这真的要看是什么在驱动它。现在，如果我们进入申所说的那种世界，那里也有双向总资本流动和丰富的不同资产和负债交易，那么，生活确实会变得更加复杂。我们可以考虑资产类别之间的投资组合转移，这可能是由于偏好、政策流动性条件等方面的变化而造成的。但是在这里，货币升值同样未必具有收缩性，就像更传统的国际经济学路径可能通过其对净出口效应的特别关注所表明的那样。例如，申等人强调的一个非常重要的渠道来自美元负债，这样，一旦货币升值，国内资产净值就能得以增加。任何由此导致的放宽约束性信贷约束都具有扩张性。最近，奥利维尔·布兰查德等人（Blanchard et al. 2016）提出了另一种渠道。他们研究了非债券流入，并表明它们可能具有扩张性。因此，更广泛地说，我认为这里有一个非常有趣的研究议程，它能更深入地了解经常账户、汇率和宏观经济形势之间的复杂联系。

现在来谈一谈我的**第二个**观点，即关于违反抛补利率平价的问题。这是一个令人着迷的反常现象。客观来看，自2008年以来出现了许多其他的资产市场异常现象，其中一些显然与国际经济没有太大关系，但是很可能与流动性以及一般资产市场有关。自全球金融危机以来，我们一直在进行的部分反思集中在弄清楚我们认为是真实和明显的事情如何变得不再真实、不再明显。不过，抛补利率平价是一个特别吸引人的案例，因为自凯恩斯（Keynes 1923）在1923年首次对抛补利率平价做出解释以来，它一直是一种信念（尽管在货币市场与国际套利受到限制时，长期存在偏差）。但是从图5.14（即申所作章节中的图5.2）可以发现，自全球金融危机以来，抛补利率平价便无法很好地发挥作用。上线（浅灰线）是对美元的平均汇率，曲线上升时美元升值。下线（深灰线）是掉期基差，正如申所解释的那样，掉期基准是伦敦银行同业拆放利率利率总额（表示为$1+i_{us}$）与抛补外币利率总额之间的差额。自金融危机以来，这个差额一般都为负数，而且绝对量级很大。为什么会这样？申认为，如果美元走弱，差额就会减少——大概也是美联储政策相对宽松的时候——因为随之而来的全球流动性条件会更宽松。然而，我的猜测是，不同因素在不同时期的重要性或大或小。[1]

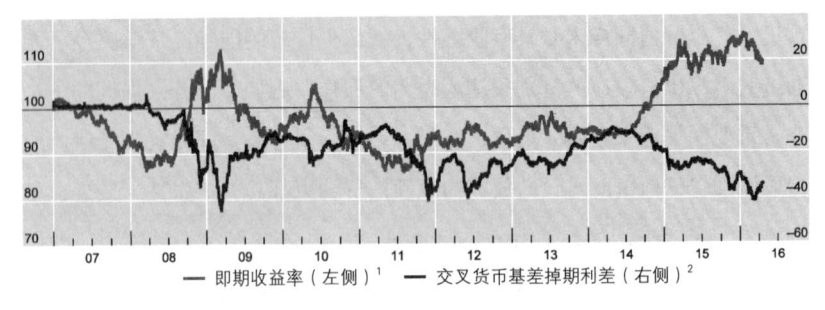

图5.14 美元汇率与交叉货币基差

1 美元对加元、欧元、英镑、瑞典克朗、瑞士法郎和日元的双边汇率的简单平均值。数值升高表明美元走强。
2 加元、欧元、英镑、瑞典克朗、瑞士法郎和日元对美元的五年期交叉货币基差掉期的简单平均数。

资料来源：彭博社；国际清算银行的计算。本图取自 S. Avdjiev, W. Du, C. Koch, and H. S. Shin, 2016。

例如，我们发现在欧元危机期间，掉期基差大幅扩大。在此期间，相对于其长期均值而言，美元实际上有些疲软，因为这也是在美元恐慌之间

---

[1] 想要了解导致抛补利率平价随时间而产生偏差的变化因素，参见 Cerutti, Obstfeld, and Zhou (2019)。

的时期。因此，事实也许比申的叙述更加复杂——期间也许还有其他事情发生。伊瓦希纳、沙尔夫斯泰因和斯泰因（Ivashina, Scharfstein, and Stein 2015）提出了一个非常有趣的专注于欧元危机的理论。有趣的是，它基于一个结构性因素，而这个因素恰恰在申的叙述中占据着极为核心的地位：美元金融中介在世界经济中的巨大作用。伊瓦希纳及其合著者指出，欧洲银行存在美元融资的结构性赤字，因为它们想借出大量美元，然而，它们的自然（明确和隐含被保险的）存款基础是欧元（因此使用起来更便宜一些）。请看图5.15，该图是根据尤金尼奥·塞鲁蒂及其合著者在国际货币基金组织研究部发表的一篇论文绘制的。可以看到，很多银行向新兴市场提供贷款，欧元区的银行发挥了关键作用，而且它们提供的贷款主要是美元。这张图与申的叙述十分吻合。

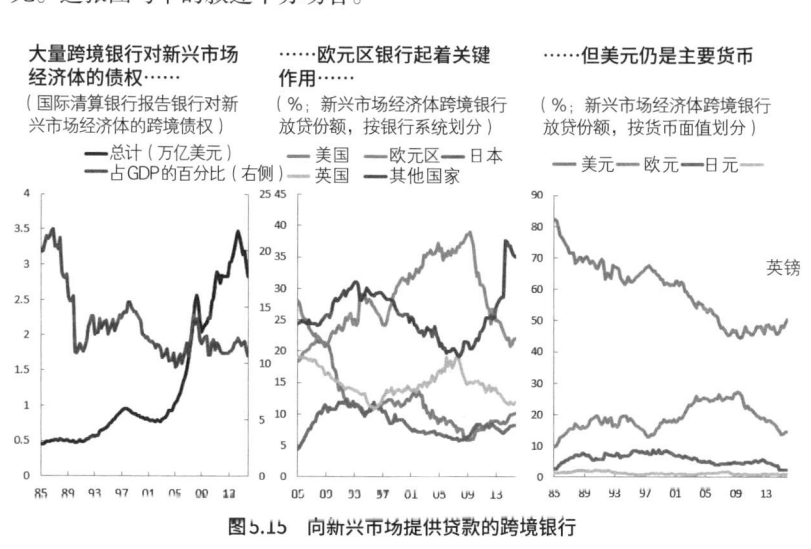

图5.15 向新兴市场提供贷款的跨境银行

资料来源：国际清算银行银行业务统计；以及Cerutti, Claessens, and Ratnovski (2017)。新兴市场的样本包括49个大型新兴市场。

那么，如果这些银行的存款基础是欧元但却想借出美元，它们会怎么做呢？它们会借入欧元，并将其转换成美元，然后对这些掉期合约进行展期。然而，这种不平衡会导致远期美元结构性供给过剩，从而引发申向我们展示的抛补利率平价偏差模式。为什么经典套利无法消除这些差额？考虑到即使还款摩擦很小，但是在自全球金融危机以来截然不同的环境中，对套利的限制（可能是由于流动性、有限的资本、市场结构等原因）会使得抛补利率平价差额始终存在。根据伊瓦希纳、沙尔夫斯泰因和斯泰因（Ivashina, Scharfstein, and Stein 2015），如果欧元区银行面临的压力增大，就像现在看起来的那样，它们可能会发现欧元相对于美元融资的比较优势上升，这将促使他们通过掉期市场进行更多的美元借款。这基本上是一种需求效应，其结果将推高这种融资的成本。

申并未在这一章中作详细说明，然而我的解读是，他更强调这些掉期的供应商，很可能是其他银行。这些银行还面临资本有限与其他套利障碍等问题，这些障碍在美国货币政策比较宽松时就会消退。因此，需求和供给这两种力量都将发挥作用。大型央行最近通过在它们之间引入长期掉期额度，大大改变了其中一些市场架构，但是尚不清楚是否会在非常短的时间内出现干扰。我想和申一起呼吁人们对这个一般性话题进行更多的研究，并在发展一般均衡的情况下进行更多的工作。

我还想说，再加上宏观的限制，可能存在一个与申的假定机制相反的真正渠道。当美元因美联储政策收紧而走强时，欧元就会走弱，这会对欧元区的实体经济产生积极影响，从而帮助欧元区银行。因此，一系列复杂的宏观和金融效应正在发挥作用。从本章的数字中可以明显看出，申没有解决一个有趣的问题：一些货币（如英镑）的基础偏差相当小，但是对其他货币来说，这个数字却相当大。瑞士法郎的曲线出现了一些巨大的峰值，因为它现在是一个避风港，瑞士国家银行对货币市场的干预一直与相当大的动荡有关。各种货币之间发生了什么？我们没有很好地理解这一点，但是欧元区的银行似乎受到了特别大的挑战，这一事实不应令我们感到惊讶。

我的**第三个**评论也是一条宏观评论：美联储真的无所不能吗？强大的全球力量在起作用，但是它们也隐藏在全球自然实际利率水平的背后，可以说后者正在全球范围内推动货币政策。当然，美元的作用十分重要；然而，它真的是这里的核心事实吗？我回想起2005年前后，当时艾伦·格林斯潘（Alan Greenspan）曾感叹过提高短期美元利率，同时对长期美元利率几乎没有明显影响的难题。与此同时，人们广泛讨论了全球储蓄过剩和全球失衡，以及美国货币政策在面对这些全球流动时的局限性，认为这些流动压低了全球的实际利率。考虑到目前关于美联储在全球经济中的作用的争论，回顾过去十年的辩论是有益的。

同样，申提到了他的同事克劳迪奥·博里奥（Claudio Borio）的一些工作，申本人也做了一些类似的工作。我认为申的这一章是宏观金融分析的一个分支，它淡化了维克塞尔式自然或中性实际利率的作用，支持融资条件的首要地位。这条路径确实有助于理解美元融资和流动性等问题，对短期市场动态至关重要，当然也阐明了全球金融危机前宏观经济学家忽略的问题。然而，传统的宏观经济问题仍然很重要。例如，除了衡量金融状况的其他指标之外，我们还发现，如图5.16所示，至少自20世纪90年代以来，主要由名义利率驱动的全球实际利率一直呈现出强劲的下降趋势，而宏观经济流动因素似乎是关键的驱动因素。

我在思考复杂的融资和宏观问题的相互作用时发现，托宾的研究很有帮助，当时他的研究极具影响力，但是在某种程度上却从未真正成为主流。托宾的研究计划旨在调和具有丰富资产类别的模型中的存量和流量平衡现象（参见，例如Tobin 1981）。认真思考托宾的观点，人们会承认存量均衡和流量均衡，以及它们随着时间的推移而相互作用的趋势存在相互一致性，从而决定经济的动态路径。存量均衡的条件十分重要，因为那里的变化（例如，对安全资产的投资组合需求上升）会改变资产价格，影响储

(季度；百分比)

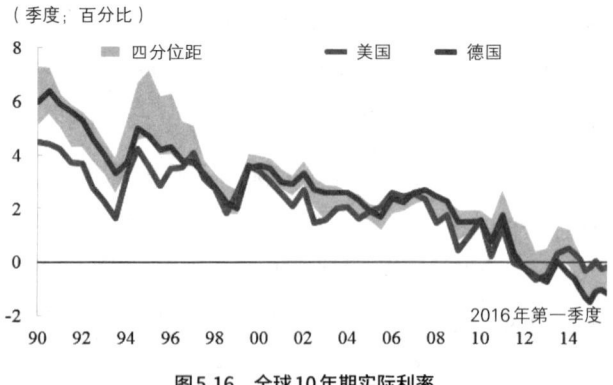

图5.16 全球10年期实际利率

注：计算方式为10年期名义债券收益减去未来10年CPI通胀预估（市场平均预估）。样本包括澳大利亚、加拿大、法国、德国、意大利、日本、荷兰、新西兰、挪威、西班牙、瑞典、瑞士、英国和美国。

资料来源：国际货币基金组织，全球数据来源；彭博有限合伙企业；市场平均预估。

蓄和投资的流动，从而改变整个经济的未来路径。相比之下，在全球储蓄和投资的流动均衡中建立起来的基本的维克塞尔式自然利率，是经济中可用资产提供的一系列风险回报率的基础。如果托宾本人在这里，他肯定会赞同在我们使用的模型中加入现实的金融约束和融资摩擦，因为这些也会影响流动均衡。我在呼吁建立一般均衡模型时，是在提倡调和存量和流量的观点，因为我认为它们并不矛盾。然而，必须认识到，在某些情况下，对流量均衡的冲击将占主导地位。例如，中国进入世界经济是一个存量问题，但是它也代表了一个巨大的流量冲击。首先，这是一次流量冲击，因为一开始中国并未融入世界市场。现在，中国正在进行再平衡，并且在金融方面更加一体化，我们看到了来自中国的大量存量冲击，有些是通过中国的直接金融关系体现的，大多数则是通过外国资产市场的预期效应反映出来的。

我的**第四个**也是最后一个评论是关于申的发现对新兴市场货币独立性的影响。我将对以下论点的现实相关性持开放的态度，但这意味着我们要认真思考申所提出的关于抛补利率平价的问题。假定申所描述的模式——较之通过借入外币、用外币购买美元以及使用远期交易抵消货币风险来借入美元，在美国货币市场借款的成本较低，那么 $1+i_{us} < \frac{F}{S}(1+i^*)$，其中 F 是外币的远期美元价格，S 是外币的现货美元价格，$1+i^*$ 是外币利率总额。但是在这种情况下，你会得到另一个不等式：

$$\left(\frac{F^{-1}}{S^{-1}}\right)(1+i_{us}) < 1+i^*$$

这个表达式指出，如果你身处新兴市场，而且申的远期利率、即期利率和利率模式对新兴市场货币来说是成立的，那么借入美元并换成本币会比借入本币更便宜。然而，重要的是，之所以会出现这种情况，并不是因为美元借贷利率低，而是因为国内金融摩擦导致有效的本币借贷利率较高。这个想法也与其他关于一些新兴市场中普遍存在的掉期复制的外国借款的研究相一致（例如，Munro and Wooldridge 2009），显然还需要进一步的研究，但是其中的一种影响涉及美国货币政策变化对新兴市场的影响。想象一下，如果美国提高利率：i_{us} 上升，新兴市场央行相应提高短期利率。如果申的经验规律成立（即美国货币政策收紧时，掉期基差上升），那么基础鸿沟将会扩大，借入美元并换成本币相对更具吸引力。反过来，这种扩大具有缓冲国内利率上升对国内金融状况影响的作用。这是否正确？如果正确，它是否可能十分重要？事实上，我不知道。但是这种可能性表明，在这个抛补利率平价不成立的世界里，美元流动性状况的跨境传导过程——尤其是向新兴市场的传导——可能是复杂而微妙的，涉及我们尚未完全理解的传导机制。

总而言之，申的这一章非常有用且发人深省，它肯定有助于鼓励更多的未来研究。

参考文献

Blanchard, Olivier, Jonathan D. Ostry, Atish R. Ghosh, and Marcos Chamon. 2016. "Capital Flows: Expansionary or Contractionary?" *American Economic Review, Papers and Proceedings 106* (5): 565–569.

Cerutti, Eugenio, Stijn Claessens, and Lev Ratnovski. 2017. "Global Liquidity and Cross-Border Banking Flows." *Economic Policy* 89 (32): 81–125.

Cerutti, Eugenio, Maurice Obstfeld, and Haonan Zhou. 2019. "Covered Interest Parity Deviations: Macrofinancial Determinants." IMF Working Paper 19–14, January.

Ivashina, Victoria, David S. Scharfstein, and Jeremy C. Stein. 2015. "Dollar Funding and the Lending Behavior of Global Banks." *Quarterly Journal of Economics* 130 (3): 1241–1281.

Keynes, John Maynard. 1923. *A Tract on Monetary Reform*. London: Macmillan.

Krugman, Paul, Maurice Obstfeld, and Marc Melitz. 2017. *International Economics: Theory and Policy*, eleventh edition. New York: Pearson.

Munro, Anella, and Philip Wooldridge. 2009. "Motivations for Swap-Covered Foreign Borrowing." BIS Symposium on Internationalisation of Asia-Pacific Bond Markets, Paper One.

Tobin, James. 1981. "Money and Finance in the Macroeconomic Process." Nobel Memorial Lecture, December, Stockholm. http://www.nobelprize.org/nobel_prizes / economic-sciences/laureates/1981/tobin-lecture.pdf.

6　从熊彼特经济学说看增长与发展

菲利普·阿吉翁

　　30年前，我与彼得·豪伊特（Peter Howitt）共同提出了一种新的经济增长理论，现在，人们称之为"熊彼特理论"。我们为什么需要一种新的经济增长理论？我们发现当时的主流理论在理论上和经验上都存在哪些不尽如人意之处？

　　本章将透过熊彼特增长范式的视角，重新审视当前关于增长和发展进程以及增长政策设计的一些争论。

　　因此，本章第一部分列出了四个可以通过熊彼特范式获得新思路的开放性问题：竞争与创新驱动的增长之间的关系、关于长期停滞的争论、最近顶层群体收入不平等问题的加剧，以及企业动态。

　　第二部分提出，可以通过熊彼特增长范式进一步弥合增长经济学与发展经济学之间的现有差距。

　　第三部分将展示如何利用该范式来设计增长政策（或对其进行重新思考）。

为什么要提出新的经济增长理论？

在我的学生时代，增长经济学的主流范式是新古典增长模型。我们最先学到的假定是储蓄率不变（索洛模型），然后是代表性消费者通过最大化其跨期效用来决定消费、储蓄和投资的经济背景（拉姆齐-卡斯-库普曼斯模型）。

索洛模型是增长经济学的真正样板，就像莫迪利安尼-米勒模型是公司财务的基准一样。这首先是因为它是一个精妙、简约的模型：用两个方程来描述整个经济的动态。第二个原因是，该模型非常清楚地表明了为什么没有技术进步就不可能有长期增长。该模型发表于1956年（我于同年出生），其作者于1987年获得诺贝尔奖。

无需赘述经济学家都了然于胸的模型细节。简而言之，该模型描述了以资本为投入而生产最终产出的经济，因此，在这种经济中，资本的积累带来了产出的增长。这符合模型的第一个方程。那么问题来了：资本积累从何而来？这个问题又可以利用模型的第二个方程来回答：来自储蓄（在均衡状态下，总储蓄等于总投资），而且索洛模型中的储蓄在最终产出（即总的国内生产总值）中所占的份额是恒定的。

你可能会认为，在这样的经济中，一切都应该十分顺利：更多由储蓄所提供的资本存量将产生更多的最终产出，这些产出将转化为更多的储蓄（因为储蓄与最终产出成正比），从而产生更多的资本存量，以此类推。

问题是，当我们试图通过增加资本存量来提高产出时却遇到了收益递减的问题：现有的资本存量（机器数量）越高，增加一个单位的资本存量（即增加一台机器）所带来的边际产出的增量就越低。因此，储蓄的增量就越少，从而导致资本存量的增量也就越少。

资本积累的过程终将在某一时刻失去动力（当资本折旧逐渐增加并最

终与边际储蓄相等时，这个过程就会停止），此时，经济增长就会停止。要想实现持续的长期经济增长，就需要依靠持续的技术进步来提高机器的质量（生产率）。然而，索洛并未告诉我们技术进步从何而来。

此外，虽然该模型能够预测条件收敛，但它没有为我们提供合适的工具来理解为什么人均收入分配会随时间的推移而不断扩大，为什么一些国家能够收敛至发达国家的生活水平（人均GDP）而其他国家却未能收敛，或者为什么一些国家在开始收敛之后却在中途停止收敛。它没有解释为什么一些资本存量较低的国家比其他资本存量较高的国家增长更慢，或者为什么资本未必会从富国流向穷国（所谓卢卡斯悖论）。

此外，该模型没有从企业和企业家的角度来看待增长问题：增长与企业的规模分布、增长与企业和工作岗位的创造及破坏，以及增长与更广泛的企业动态之间有何关系？它没有提供了解制度或政策如何通过影响创新与创业来影响增长的关键。

这些缺点促使我和彼得·豪伊特提出了一个新的范例。

熊彼特范式

我和豪伊特于1987年秋正式提出的范式围绕奥地利经济学家约瑟夫·熊彼特（Joseph Schumpeter）提出的三个重要观点展开。[1]

一、长期增长主要由创新产生（这与索洛的结论是对应的，即没有持续的技术进步，就不可能实现长期增长）。

二、创新源自创业投资（研发、培训、购买计算机等），而企业家会对经济政策和经济体制带来的经济激励（不论积极或是消极）做出反应。

---

1 参见Aghion and Howitt (1992)。

因此，基于创新的增长通常会在产权保护不力或恶性通胀的环境中受到阻碍，因为这些条件会损害创新的盈利能力。换句话说，基于创新的增长是一个社会过程，我们可以讨论增长的政策与制度。

三、创造性破坏。新的创新取代了旧的技术，熊彼特式的增长是一个新旧冲突的过程：它介绍了一直试图阻止或推迟新的竞争对手进入其所在行业的所有现有企业和利益集团。因此，存在一种叫作"增长的政治经济学"的东西。

因此，熊彼特增长模型的第一个独特预测是，企业或员工流动率应与生产率的增长呈正相关。另一个独特影响是，在自由放任政策下，创新驱动增长可能会过度。如果与创造性破坏相关的商业窃取效应主导（或被后者所主导）从当前创新者到未来创新者的跨期知识溢出，自由放任政策下的增长就会过度（或不足）。

四大增长之谜

本节将展示如何通过熊彼特范式来揭示与增长过程相关的四个重要谜团：（1）竞争与创新驱动的增长之间的关系；（2）关于长期停滞的争论；（3）收入不平等的动态；（4）企业动态。

竞争与创新驱动的增长

根据我们最初的模型，竞争增多应该不利于增长，因为它首先会削减创新的垄断租金，从而减少企业家投资创新的动机。（顺便说一句，比尔·盖茨在面对反垄断诉讼时也曾这样说过。）然而，布伦德尔、格里菲斯和范里南（Blundell, Griffith, and Van Reenen 1995, 1999）利用英国企业层面的数据，根据企业所在行业产品市场的竞争程度，对企业层面的创新强度和/或生产率增长进行回归。他们发现，竞争与创新/增长之间存在正相关。

怎样才能使理论与证据保持一致？是否应该摒弃熊彼特范式，从头再来？还是应该简单地忽略实证证据？我选择了第三条路：更仔细地研究模型，试图找出导致竞争与增长呈负相关这一反事实预测的一个或多个假定。[1]

在尝试了几个备选项之后，[2]我们终于找到了罪魁祸首：在我们最初的模型中，只有当前不活跃的企业（即不是当前的技术领导者）才会创新，当前活跃的企业不会这样做。因此，我们模型中的创新企业会从零利润（创新前）转向正利润（创新后）。那么，竞争会阻碍创新也就不足为奇了：竞争会削减创新后的利润，也就是这里的创新的净利润。

然而，我们在实践中发现大多数经济部门中至少存在两类企业，而这两类企业对竞争加剧的反应并不相同。第一类是"前沿企业"，也就是接近本行业当前技术前沿的企业。这些企业目前相当活跃，即使在这一时期进行创新之前，它们就已获得了可观的利润。第二类是"落后企业"，即远远落后于当前技术前沿的企业。这些企业利润微薄，并试图赶上当前的技术前沿。

要想理解这两类企业对竞争的反应为什么不同，可以想象一下，你看到的不是企业，而是坐在教室里的学生，其中既有尖子生，也有垫底的学生。假定班级里加入了一位新学生，而且事实证明，这位学生非常优秀。在这种情况下，这就代表竞争加剧。学生们对这位新同学会做出怎样的反应？答案是，新同学的加入会激励其他尖子生更加努力地学习以保住自己的领先地位，同时进一步打击垫底的学生，因为他们发现自己更难以赶上

---

1 参见 Aghion, Harris, and Vickers (1997) 和 Aghion et al. (2001)。
2 例如，参见 Aghion, Dewatripont, and Rey (1999)。

尖子生。〔这里我参考了卡罗琳·霍克斯比（Caroline Hoxby）的重要研究，她研究的正是这种情况。〕

最令人惊叹的是，企业的反应与班级里的学生无异：由于行业内竞争加剧，接近技术前沿的企业会通过增加创新来逃避竞争，而远离技术前沿并试图追赶的企业则会因竞争变得更为激烈而气馁，并会因此减少创新：落后企业的行为与熊彼特基本模型中的企业类似。

总的来说，竞争对创新和生产率增长的影响是倒U型，它综合了正逃避竞争效应和负挫折效应。理查德·布伦德尔（Richard Blundell）、尼克·布鲁姆（Nick Bloom）和雷切尔·格里菲斯（Rachel Griffith）的联合研究（参见 Aghion et al. 2005）利用与上文提及的实证研究相同的企业级数据，检验和证实了之前的预测：前沿与非前沿企业对竞争的反应截然相反；而且这种影响呈现出倒U型。

为了使理论与证据相一致，我们扩展了熊彼特基本模型，允许对熊彼特增长模型进行循序渐进的创新。[1]也就是说，在同一部门或行业中，目前落后于技术领导者的企业必须先赶上这些领导者才能成为领导者。这种循序渐进的假定意味着在某些行业内，各家企业均势发展。反过来，在这些行业中，产品市场竞争的加剧会使这些企业的日子更不好过，从而鼓励他们进行创新，以便能够领先于行业内的竞争对手。这就是我们所说的"逃避竞争效应"。相比之下，在企业未能得到均势发展的非均衡行业，产品市场竞争的加剧往往会阻碍落后企业的创新，因为它削减了追赶领先企业的短期额外利润。我们称之为"熊彼特效应"。最后，均势行业的稳态份额本身就取决于均势行业与非均衡行业的创新强度。我们称之为"复合效应"（composition effect）。

---

[1] 参见 Aghion, Harris, and Vickers (1997) 和 Aghion et al. (2001)。

总体而言，根据该扩展模型，竞争与创新之间的关系应遵循倒 U 型模式。直观地说，当竞争程度较低时，均势行业内部的创新强度也较低。因此，大多数经济部门都属于均势部门（复合效应）。但恰恰是在这些部门，逃避竞争效应占据了主导地位。因此，如果竞争水平较低，总体创新总量会随竞争的加剧而增加。如果竞争较为激烈，均势部门的创新强度也很高。因此，大多数经济部门都是非均衡部门，熊彼特效应在总体上占主导地位。阿吉翁等人（Aghion et al. 2005）利用英国企业的面板数据证实了这种倒 U 型预测。

阿吉翁等人（Aghion et al. 2009a）再次利用英国企业的面板数据，检验了更激烈的竞争会促进前沿企业的创新，但可能会阻碍非前沿企业的创新这一预测。

扩展模型的另一项预测是，在促进创新方面，专利保护与产品市场竞争之间存在互补。直观地说，竞争会减少非创新型均势企业的利润流，而专利保护则可能增加创新型均势企业的利润流。两者都有助于提高创新型均势企业的净利润收益；换句话说，这两类政策往往都能加强逃避竞争效应。

在促进增长方面，竞争与专利保护应该是互补而非互斥的，这与我们的第一个模型以及罗默（Romer 1990）的观点均不一致，即竞争总不利于创新和增长（正如我们上面所讨论的那样），其原因与表现为专利保护形式的知识产权有利于创新的原因完全相同：也就是说，竞争减少了创新后的租金，而专利保护则会增加这些租金。但是这也与鲍尔德林和莱义（Boldrin and Levine 2008）的观点不一致，他们认为在他们所提出的竞争有利于增长的模型中，专利保护总是不利于创新和增长。

阿吉翁、豪伊特和普朗特（Aghion, Howitt, and Prantl 2013）利用经合组织的国家–行业面板数据检验了我们对于竞争和专利保护之间互补性的预测。

围绕长期停滞的争论

1938年，经济学家阿尔文·汉森（Alvin Hansen）在美国经济学会的会长就职演说中解释说，[1]他认为，从长期来看，美国面临不可阻挡的增长疲软。当时，美国刚刚走出"大萧条"，汉森并未预料到另一场世界大战会刺激公共支出反弹，从而刺激总需求反弹。

此后，我们又经历了一场重大的金融危机，即2008—2009年的危机，这场危机导致拉里·萨默斯（Larry Summers 2013）等人重新提出了"长期停滞"（secular stagnation）的说法来描述与汉森在1938年的描述相同的情况。萨默斯认为，由于投资需求十分疲软，为了恢复充分就业，有必要采取负利率。

然而，罗伯特·戈登（Robert Gordon 2012）认为，长期停滞的风险反映了供给的问题。戈登提出，伟大创新的时代已经过去。他用果树打了一个比方：低垂的果实是最好的果实；其余的果实更难采摘，汁水也更少。

对于未来，熊彼特经济学家比萨默斯和戈登更加乐观。第一个理由是，信息和通信技术革命（ICT）持久、彻底地改进了IT生产技术；同时，（与ICT革命相伴而生的）全球化大大增加了创新的潜在回报，即规模效应，以及不创新的潜在弊端，即竞争效应。乔根森（Jorgenson）反对长期停滞观点的第二个理由是，过去几十年来，我们见证了创新加速，而可衡量的生产率增长并未充分反映出这一点。

尤其是，阿吉翁等人（Aghion et al. 2017）认为，当前对于全要素生产率（TFP）增长的度量并未适当考虑涉及创造性破坏的创新。每当生产者

---

1 参见 Hansen (1939)。

物价指数中的旧产品被新产品取代时，统计局通常都会采用插补法。对于经济中的所有产品类别，插补法通过该类别中一组现存产品（即不受创造性破坏的产品）质量调整后的价格增长来计算整个产品类别的通货膨胀率。

阿吉翁等人（Aghion et al. 2017）利用熊彼特增长范式，同时假定统计局无法观察到源自创造性破坏的创新，而是将整体经济的质量调整后的价格增长总量，计算为不受创造性破坏的现有产品的平均价格增长，从而为整个经济范围内因创造性破坏而缺失的增长提供了一种明确的表达式。然后，他们根据两种不同的方法，利用这个表达式来量化缺失的增长。在第一项工作中，他们使用了美国人口普查局关于所有非农业商业部门的在职者、进入者和退出者的就业份额的微观数据。在第二项工作中，他们通过专利流量和质量的数据（利用专利的引用信息）直接评估各种创新的到达率与步长（step sizes），由此根据插补法计算出缺失的生产率增长。这两项工作得出了相当规模的缺失的增长，在过去30年中平均每年约为0.5个百分点。

我对未来增长前景持乐观态度的第三个也是最后一个原因也是基于这样的观察：许多国家只是迟迟未充分利用技术进步（例如，由于结构僵化或不适当的经济政策）。

我们并不怀疑存在长期技术浪潮及其加速和减速的阶段。这些浪潮通常与新通用技术的传播有关，这些技术被定义为影响大多数经济部门的通用技术。[1]典型的例子包括19世纪早期和中期的蒸汽能源、20世纪早期的电力和化学，以及80年代的信息和通信技术。

事实上，贝尔乔、塞特和莱卡特（Bergeaud, Cette, and Lecat 2014）利用1890—2012年13个发达国家（七国集团外加西班牙、荷兰、芬兰、澳

---

[1] 参见Bresnahan and Trajtenberg (1995)。

大利亚、瑞典和挪威）以及重组后欧元区的劳动生产率与全要素生产率的年度和季度数据，显示了此间出现的两波较大的生产率增长浪潮。两波浪潮分别于1941年和2001年达到高潮。第一波对应的是第二次工业革命：电力、内燃和化学的革命。第二波则是信息和通信技术浪潮。

然而，塞特和洛佩斯（Cette and Lopez 2012）表明，与美国相比，欧元区和日本经历的浪潮有所滞后。因此，直到二战结束之后，第一波浪潮才完全延伸至当前的欧元区、日本和英国。到目前为止，欧元区和日本尚未出现第二波生产力浪潮，此外，塞特和洛佩斯通过计量经济学分析表明，与美国相比，欧洲和日本在信息和通信技术传播上的滞后是由制度方面的原因造成的：劳动年龄人口的平均教育水平较低，对劳动力和产品市场的监管较多。这反过来表明，这些国家可以通过实施结构性改革，从旨在追赶美国信息和通信技术传播水平的生产率加速中受益。与美国相比，欧元区和日本的研究与高等教育质量较低，这似乎也是传播滞后的重要原因。

我们可以对比一下过去几十年间瑞典和日本的全要素生产率的变化。尤其是1990年以后，瑞典的全要素生产率增长出现了正突破，而日本的情况则恰好相反，日本没有出现这样的突破。自1980年以来，日本的全要素生产率增长逐渐放缓。我们认为这是因为瑞典在20世纪90年代初实施了全面的结构性改革：尤其是旨在减少公共赤字的公共支出体系改革与鼓励劳动力供给和创业的税收改革。而过去30年间，日本没有进行任何重大改革。

最后，让我们对围绕长期停滞的讨论稍作总结。尽管我们并不怀疑存在长期技术浪潮，但是出于下列原因，我们比戈登更乐观：（1）信息和通信技术革命改进了技术，想法得以产生，全球化增加了成功创新者的潜在租金；（2）度量的全要素生产率增长并未适当考虑涉及创造性破坏的创新；（3）一些发达国家，尤其是欧洲国家，尚未实施能够帮助它们充分利用最近的创新浪潮的结构性改革。

创新、不平等与社会流动

近几十年来，发达国家的收入不平等现象加剧，顶层收入群体尤其如此，前1%的高收入人群在总收入中所占的份额迅速增长。[1] 如何解释这种变化？

图6.1比较了20世纪60年代以来美国的创新演变（以每年在美国专利及商标局注册的专利数量来衡量）与极端不平等现象（前1%的高收入人群所占的收入份额来衡量）。两条曲线（创新与前1%的高收入人群所占收入份额）惊人地相似。

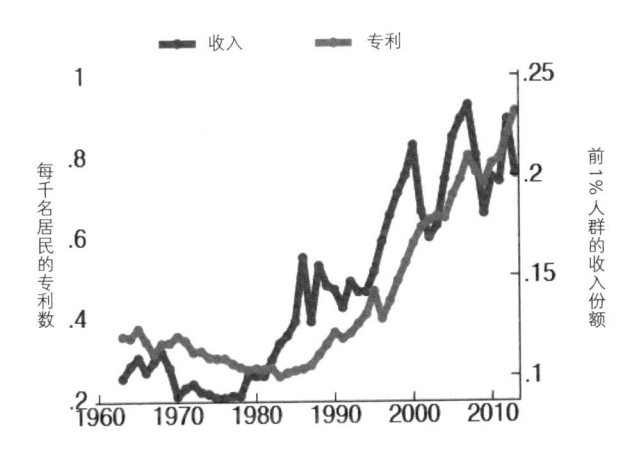

图6.1 美国最高收入份额与人均专利数量的变化

资料来源：Aghion et al. (2015b)。

我与安东宁·贝尔诺（Antonin Bergeaud）、理查德·布伦德尔、乌富克·阿基吉特（Ufuk Akcigit）以及戴维·赫莫斯（David Hemous）的

---

[1] 参见 Atkinson, Piketty, and Saez (2011) and Piketty (2013)。

一项新研究表明，[1]这种强烈的相关性反映了创新与极端不平等之间的因果关系：来自创新的收入极大地增加了前1%所占的份额。

观察到的前1%的增长中有一部分来自创新，而不仅仅是来自房地产与投机的回报，这为我们提供了一个重要的见解，因为创新具备其他高收入来源未必拥有的优点。首先，如前所述，创新是发达经济体增长的主要动力。其次，虽然短期内创新有利于那些创造或促成创新的人，但是从长远来看，其回报会因模仿和创造性破坏而消散。换句话说，创新导致的不平等是暂时的。再次，由于创新和创造性破坏之间的联系，创新造成了社会流动：新的人才得以进入市场并（部分或全部）取代现有的企业。因此，就流向前1%的收入不平等现象与社会流动而言，加利福尼亚（目前美国最具创新力的州）远超阿拉巴马（目前美国创新力最弱的州之一）。

下面的两个数字特别有说服力。图6.2通过比较美国各城市的情况，描述了创新与社会流动之间的关系。社会流动指的是一个背景普通的人（即1996—2000年，父母处于收入水平后1/5群体的人）成年后于2010年进入收入前1/5群体的概率。根据切蒂等人（Chetty et al. 2014）的研究，创新是以该市每位居民向美国专利及商标局申请的专利数量来衡量。由此得出的图表显示，创新与社会流动之间存在很强的正相关。

图6.3显示，创新与基尼系数等更广泛的不平等衡量标准之间不存在相关性，基尼系数衡量的是经济体中收入的实际分配与与完全平等分配之间的偏差。

将方方面面均考虑在内之后，我们可以回答这样一个问题：我们是否应该以创新会导致收入不平等为由而反对创新。答案是否定的，因为创新可以带来增长。从更广泛的角度来看，它不会增加不平等，反倒能够刺激

---

1 参见Aghion et al. (2015a)。

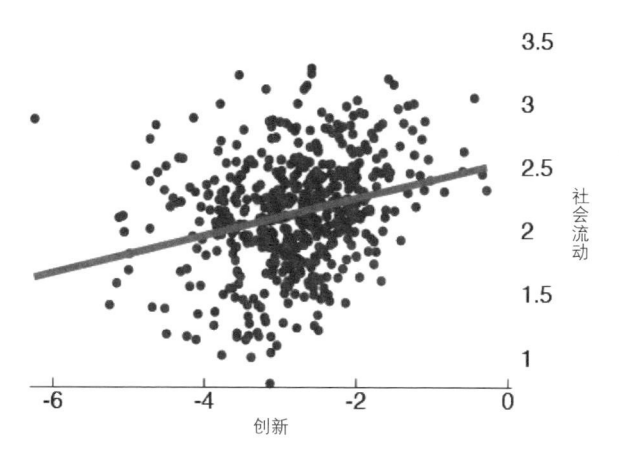

图6.2 美国各市的创新与社会流动关系

资料来源：Aghion et al. (2015b)。

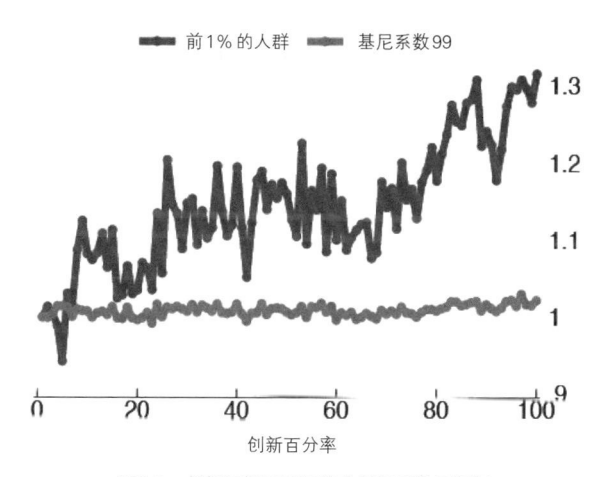

图6.3 创新与衡量不平等的基尼系数不相关

资料来源：Aghion et al. (2015b)。

II 宏观经济稳定与增长 263

社会流动。相关讨论必然会得出一个结果，必须针对创新和其他顶层收入来源来制定不同的税收政策。换句话说，我们必须将苹果公司创始人史蒂夫·乔布斯与墨西哥美洲电信首席执行官卡洛斯·斯利姆区分开来。不鼓励创新的税收政策不仅会抑制增长，还会降低社会流动，而创新并不会增加广义上的不平等。

企业动态与经济发展

实证文献利用微观企业层面的数据，记录了关于企业规模分布和企业动态的各种程式化事实。尤其是：（1）企业的规模分布高度偏斜；（2）企业规模与企业年龄正相关；（3）小企业的退出更加频繁，但是存活下来的企业的增长速度往往高于平均增长率。

这些都是非熊彼特增长模型无法解释的事实。尤其是所列的前三项事实要求新企业进入市场、不断扩张，然后随时间的推移不断萎缩，最终被新进入者所取代：这些事实与最后一个关于再分配重要性的事实在熊彼特的创造性破坏思想中均有体现。

克莱特和科图姆（Klette and Kortum 2004）提出的熊彼特模型可以解释这些事实。该模型在基准模型的基础上增加了两个要素：一是创新源自进入者与现有企业；二是企业被定义为生产单位的集合，现有企业的成功创新使其得以拓展自己的产品空间（参见后文图6.4）。

这个模型能够解释上述程式化事实。

预测1：企业的规模分布高度偏斜。

别忘了，在这个模型中，企业的规模概括为企业的产品线数量。因此，企业要想做大，许多新产品的创新尝试就必须取得成功，同时还要顶住潜在进入者与其他现有企业试图取代它的多次尝试。这反过来解释了为什么如大量实证文献所示，鲜有非常大型的企业能够处于稳态均衡状态

（即为什么企业的规模分布高度偏斜）。

预测2：企业规模与企业年龄正相关。

在该模型中，企业创建时的规模为1。企业规模的增长离不开企业创立后所取得的成功，因此企业的规模与年龄自然呈现正相关。各类文献广泛记载了这种规律性。

预测3：小企业的退出更加频繁，但是存活下来的企业的增长速度往往高于平均增长率。

在上述模型中，只需有一家企业成功进入市场，就能迫使一家单一产品企业退出市场；而潜在进入者需要实现两次成功的创新才能迫使一家双产品企业退出市场。各类文献广泛记载了小企业的退出更加频繁，存活下来的小企业增长更快的事实。

伦茨和莫滕森（Lentz and Mortensen 2008）、阿齐默鲁等人（Acemoglu et al. 2013）以及阿基吉特和克尔（Akcigit and Kerr 2010）利用微观层面的数据对该框架的各种版本进行了评估。[1]

在最近的研究中，阿齐默鲁等人（Acemoglu et al. 2013）在对上述框架进行扩充后，分析了包括准入补贴和研发补帖在内的各种产业政策对均衡生产率增长的影响。他们的扩展框架也为是否或如何实施产业政策提供了新的思路。尤其是考虑到高能和低能创新者，他们认为对现有企业进行补贴会对总创新与总生产率增长产生不利的影响，因为它会牺牲高能力进入者，从而导致市场向现有（低能）企业倾斜。

---

[1] 更多参考资料参见 Aghion, Akcigit, and Howitt (2014) and Akcigit and Kerr (2010)。

增长与发展相遇

迈克尔·克雷默、阿比吉特·班纳吉和埃丝特·迪弗洛引入制药科学中的随机实验分析来评估新药与疫苗的有效性,从而彻底改变了发展经济学。[1]他们的工作尤其使我们能够更好地了解极端贫困个体与家庭的行为,以及他们会对不同的援助与协助政策做出怎样的反应。

然而,这种研究思路存在两种主要的局限。首先,企业和企业动态在这些发展过程的分析中发挥不了什么作用。其次,没有完全阐明微观与宏观发展之间的联系。然而,我认为,如果我们的目标是在国家或地区层面消除贫困,就不能忽视宏观经济因素与系统因素,或是企业动态和资源再分配的影响。

要了解宏观经济学的重要性,请思考下面的例子。印度城市地区的贫困率(每天生活费不足1美元的人口比例)从1987—1988年的39%降至1999—2000年的12%。印度的经济也于同一时期开始起飞:GDP增长率从20世纪80年代中期的不到0.8%,攀升至90年代的3.2%。与其说此间经济的上行趋势与地方政府的行为有关,不如说这是系统性改革的结果,如贸易自由化、商品和服务市场自由化以及"许可证制度"的废止。[2]

但是,从系统性和宏观经济的角度研究一个问题绝不意味着我们应该忽视微观经济,尤其是企业或部门层面的研究。具体而言,我们在上一节对增长之谜的讨论,有助于我们理解熊彼特增长理论如何帮助弥合增长经济学与发展经济学之间的差距,这些讨论包括:首先,抓住促进增长的政策或制度因各国的技术发展水平而异的观点;其次,分析制度发展(或缺乏制度发展)将如何影响企业的规模分布与企业动态。

---

[1] 参见Banerjee and Duflo (2012)。
[2] 参见Aghion et al. (2008)。

适当的制度与转型陷阱

1890年，阿根廷的人均GDP约为美国的40%，是巴西与哥伦比亚的三倍，与日本相当，属于中等收入国家。整个20世纪30年代，阿根廷的人均GDP一直维持在美国的40%这一水平。准确地说，邹氏检验（一种统计检验）显示，1938年前后出现了转折点，此后相对于美国的生产率，阿根廷的生产率年均下降幅度达到约21%。是什么原因导致了这种下降？

熊彼特增长理论给出了如下解释。像阿根廷这样的国家或是拥有通过资本积累和经济赶超来促进增长的制度，或是实施了此类政策（尤其是进口替代）。然而，他们并未调整这些体制，使其能够成为创新型经济体。正如达隆·阿齐默鲁（Daron Acemoglu）和法布里吉奥·齐里博蒂（Fabrizio Zilibotti）的联合研究所表明的那样：[1]一个国家的发展水平越高（即越接近技术前沿），前沿创新取代积累和技术赶超，成为增长动力并发挥的作用就越大。

亚洲也存在这种现象。一直严格控制竞争的日本就是另一例：日本的经济产业省限制了进口许可证的数量，并通过大型产业金融财团"经连会"对投资给予补贴。因此，1945—1985年高速发展的日本经济——令其他发达国家羡慕不已——在1985年之后几乎停滞不前也就不足为奇了。

上一节讨论了竞争与自由进入应该进一步促进更多前沿企业的增长这一预测，这意味着它们应该进一步促进更多发达国家的增长，因为前沿企业在这些国家中所占的比例更大。同样，阿齐默鲁、阿吉翁和齐里博蒂（Acemoglu, Aghion, and Zilibotti 2006）利用1960—2000年100多个国家的跨国面板数据，检验了熊彼特对于模仿与创新驱动增长之间关系的预测。

预测1：如果一个国家的开放程度低，当其接近世界前沿时，平均增长水平会迅速下降。

---

1 参见Acemoglu, Aghion, and Zilibotti (2006)。

阿齐默鲁、阿吉翁和齐里博蒂（Acemoglu, Aghion, and Zilibotti 2006）用新企业面临的进入成本而非开放度重复了同样的操作。他们表明：

预测2：国家越接近世界前沿，高进入壁垒就会对增长越不利。

这两项实证研究表明了制度或政策与技术变量的相互作用在增长回归中的重要性：在更接近技术前沿的国家中，开放尤其有助于增长；在更接近技术前沿的国家或部门里，进入更能促进增长。

其次，如果说前沿创新更多利用的是研究型教育而非模仿，那么相关的预测是：

预测3：一个经济体的前沿性越强，其增长就越依赖于研究型教育。

事实上，阿吉翁等人（Aghion et al. 2009b）表明，在美国更具前沿性的州，研究型教育总是更能促进增长，而在生产率远低于前沿州的各州，更加重视社区学院则更能促进增长。同样，范登布希、阿吉翁和梅尔吉（Vandenbussche, Aghion, and Meghir 2006）利用跨国面板数据表明，在更接近世界技术前沿的国家，高等教育与生产率增长的正相关性更强。

我们可以本着同样的精神研究技术发展、民主和增长之间的关系。一个重要的渠道就是熊彼特范式，即民主缩小了剥夺成功创新者或现有企业利用政治压力或贿赂来阻止新进入的范围。换句话说，民主促进了创造性破坏，从而鼓励了创新。[1]

如果说在更具前沿性的经济体中，创新对于增长而言更为重要，那么相关的预测是：

预测4：在更接近前沿的经济体中，民主与创新/增长之间更加正相关，这种相关性也更加显著。

---

[1] 阿齐默鲁和罗宾逊（Acemoglu and Robinson 2006）正式提出了另一个熊彼特式理由来解释为什么民主对创新而言十分重要，即新的创新不仅会破坏现有生产者的经济租金，而且会威胁到现任政治领导人的权力。

阿吉翁、阿莱西纳和特雷比（Aghion, Alesina, and Trebbi 2007）利用不同国家、不同时期行业层面的就业和生产率数据证实了这一预测。

发展中国家的创新、制度与企业动态

下面的两张图来自谢长泰和彼得·克列诺夫（Chang-Tai Hsieh and Peter Klenow 2009）的研究，说明了企业动态和企业规模分布在经济发展过程中的重要性。图6.4比较了印度企业与美国企业的生产率分布情况。请注意，印度低生产率企业的数量比美国多。图6.5展示了在印度、墨西哥和美国，企业的平均规模随其年龄发生的变化。图中显示，美国企业持续增长，而印度企业的增长则有所下降。事实上，谢和克列诺夫表明，美国企业在30岁时的规模已是其刚进入规模时的五倍，而印度企业的规模却几乎没有任何增长。

这两张图表都着眼于微观经济特征。然而，如果将它们放在一起，就能了解到一个影响了整个印度经济的现象：印度企业的发展规模存在上限，即便是最具创新性和生产力的企业也是如此，生产率低下的企业因此得以生存。但是总的来说，创新，乃至印度经济的整体增长都因此受到影响。

要解释这两张图表，就必须考虑印度经济的系统性特征。为什么印度的企业没有增长？布鲁姆等人（Bloom et al. 2013）表明，缺乏信任和法治薄弱是企业增长的主要障碍。

最近，阿基吉特、阿尔普和彼得斯（Akcigit, Alp, and Peters 2014）拓展了上一节讨论过的克莱特-科图姆企业动态模型，在其中增加了两个主要因素：（1）生产离不开管理者，因为所有者时间有限，不得不面临负担过重的限制；（2）企业所有者的能力存在高下之分，高能力所有者更具创造力，因而企业的扩张速度可能比低能力所有者的企业更快（但是授权的范围越大，扩张的潜力就越明显）。

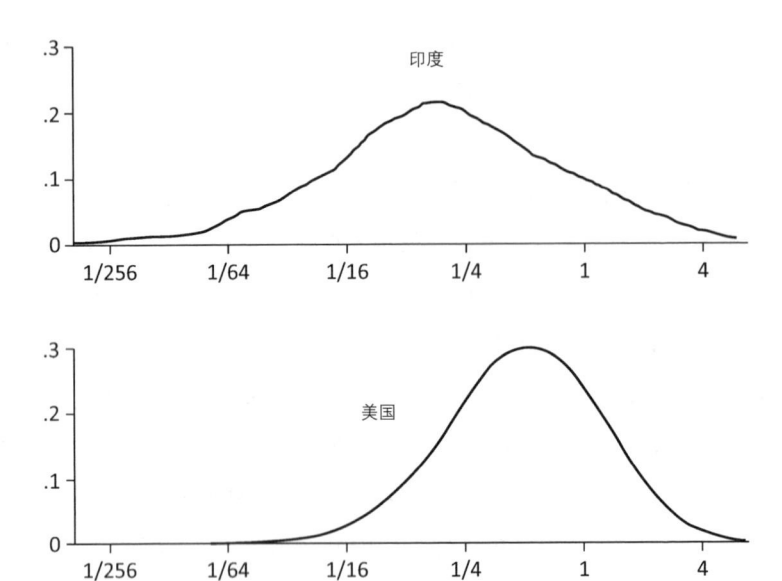

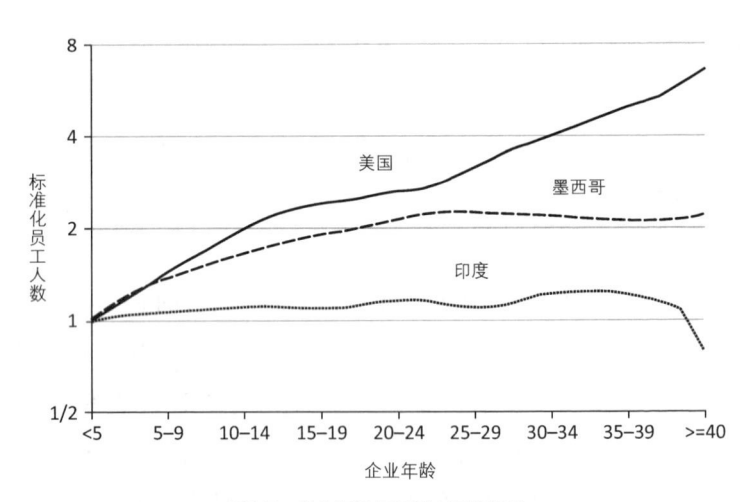

图6.4 印度和美国企业的企业生产率分布

资料来源：Hsieh and Klenow (2009)。

图6.5 企业年龄与规模之间的联系

资料来源：Hsieh and Klenow (2009)。

他们的模型产生了如下预测。

预测1：外部管理人员的预期数量随企业规模的扩大而增加，以及随法治的完善而增加。

企业越大，所有者的负担就越重，这反过来又提高了雇用外部管理人员的回报。最后，法治越强，授权的净回报就越高。阿基吉特、阿尔普和彼得斯（Akcigit, Alp, and Peters 2014）以印度制造企业为例，为这些预测提供了实证支持。

预测2：平均企业规模随法治的完善而扩大。

企业价值随所有者时间的增加而升高，因此，企业愿意在自身价值较高时进行更多的创新和扩张。布鲁姆等人（Bloom et al. 2013）为这一预测提供了实证支持。各类文献广泛记载了企业规模与法治之间的正关联，例如，参见 Bloom, Sadun, and Van Reenen（2012）的详细讨论。最后，阿基吉特、阿尔普和彼得斯（Akcigit, Alp, and Peters 2014）表明，在印度的高信任度地区，企业规模与家庭规模之间的联系较弱。

预测3：企业增长随着企业规模的扩大而减少，而法治越弱，越是如此。

事实上，大型企业内部的控制幅度更大，因此，所有者分配给每条产品线的时间也更少。这反过来又意味着，任何限制授权幅度的制约因素都会对大企业产生更显著的影响。尤其是，法治越弱，大企业的增长动力就越弱，这又意味着，在法治较弱的国家，大企业和小企业之间的增长动力差异会更大。阿基吉特、阿尔普和彼得斯（Akcigit, Alp, and Peters 2014）表明，在印度的低信任度地区，企业规模的增长下降得更快。

预测4：在其他条件相同的情况下，经济体的法治越强，企业之间的创造性破坏和再分配就越多。

显然，最后一个预测与谢和克列诺夫的主要研究发现是一致的，这些发现表明发展中国家缺少增长和再分配。在设计适当的发展政策时，理解造成再分配与创造性破坏不足的原因至关重要。熊彼特增长框架为反事实政策演练提供了一个有用的框架，从而阐明了这一重要争论。

我认为这种方法可能颇有成效。例如，我们也可以研究一些特征（如教育质量、基础设施或劳动力市场法规）会在多大程度上影响企业动态和表现较好的企业快速增长的能力。更笼统地说，更好地理解企业的增长过程以及企业或部门之间的资源再分配必将为理解增长与发展之间的关系，以及为世界上的不发达和贫困问题找到持久的补救措施提供新的解决方案。

反思增长政策

对于究竟应该参与经济政策性辩论，还是只专注于基础研究的问题，经济学家的回答各不相同。我的研究介于两者之间。尽管我首先是一名研究人员和教师，但是我发现经济政策性辩论很有说服力，原因有二。首先，作为一个严格的科学问题，分析公共政策与行动能够帮助我们更好地理解增长的机制。其次，理论和实证经济分析可以澄清政策性辩论术语，从而驳斥"假的好主意"，并有助于提出增长政策设计的指导方针。

增长诊断法

豪斯曼、罗德里克和维拉斯科（Hausmann, Rodrik, and Velasco 2005，以下简称"豪罗维"）在一篇题为"增长诊断法"的颇有影响力的论文中提出了一种值得一试的简单方法来设计增长促进政策。本节首先对该方法进行了总结，指出它的一些潜在局限性，然后提出一个基于增长回归的替代方法，这种回归本身就是理论（尤其是上述的熊彼特范式）所提出的。

豪罗维的出发点是促进增长的政策应依国家或地区而异这一相关观察。例如，美国和其他工业化国家在过去十年间的增长似乎得益于市场管制放松与私有化。然而，亚洲国家（包括中国）的高增长率却是在有限竞争或有限私有化的背景下实现的。那么，接下来的问题就是，能否利用现有的新增长理论为增长政策的制定提供一个充分考虑跨国差异的灵活指导？豪罗维为这个问题提供了一个积极、简单且值得一试的答案，即利用价格比较来推断每条潜在增长约束的重要性。为了说明他们的方法，豪罗维考虑了包括巴西和萨尔瓦多在内的几个拉丁美洲的例子。

巴西的资本回报率很高（2001年的净息差为11.5）。豪罗维因此指出，储蓄水平低（公共储蓄为负）和税率高是当地增长的主要约束（随着时间的推移，利率与经常账户赤字之间显著的正相关进一步支持了前者的重要性）。巴西的教育回报率也很高，这表明可以通过加大教育投资来进一步提高资本回报率，从而提高增长率。然而，有人认为，由于资本回报率已经很高，投资教育可能无法成为巴西的优先事项。

萨尔瓦多的利率很低（2001年的净息差为3.7），但是资本的税率也很低。教育不足是导致资本回报率低的原因吗？豪罗维的答案是否定的，因为萨尔瓦多的教育回报率很低，而且也不存在因合同执行能力不足而导致盈利下降的情况。储蓄不足也不可能成为具有约束力的制约因素，否则息差就会很高。由于未能找到影响萨尔瓦多增长的真正障碍，豪罗维认为"缺乏有利可图的投资机会"是另一个需要考虑的潜在原因。

现在，让我们用同样的增长诊断法来分析欧盟增长缓慢的问题。欧盟的教育回报率比美国低，豪罗维可能认为这表明教育是对增长最具约束力的制约因素。他们可能会认为欧洲的高税率也许是主要原因，因而主张降低税率是解决欧盟增长问题的主要方法。

豪罗维提出的简单而巧妙的方法至少引出了两个问题。首先，均衡价格未必能够反映对增长的约束。以利率为例，低利率并不意味着当地信贷市场不受约束。事实上，正如阿吉翁和博尔顿所示（Aghion and Bolton 1997），低利率可能反映了高度的信贷配给。事实上，获得信贷的限制越多（也就是说，禁止越多的个体开展自己的项目），经济中可贷资金的供给就越多，因为所有获得信贷配给的个体最终都会贷款给少数企业家。但是这反过来又会导致国内均衡利率下降。接下来考虑由所谓明瑟工资（Mincerian Wage）来衡量的劳动回报率，即根据在不同教育水平上多接受一年教育所放弃的工资收入来衡量的劳动回报率。当然，明瑟工资可以就不同领域、不同教育水平的私人教育投资的边际价值提供一些有用的信息。然而，明瑟工资法一个很大的缺点就是没有考虑外部性，尤其是导致教育与增长之间正相关的跨期知识外部性。教育对增长的巨大影响证明了跨期外部性的重要性。

更笼统地说，当前价格反映了经济现状。它们无法直接说明各类政策能够带来的增长动态。

豪罗维方法的第二个问题是，它无法带来能够同时影响市场需求端和供给端的增长处方。因此，举例来说，豪罗维绝不会建议一个国家在投资教育（从而增加研究劳动力的供给）的同时，投资能够提高创新盈利率的结构改革（从而促进企业对研发劳动力的需求）。[1]

一种替代之法是利用理论来构建旨在直接体现不同制度或政策对增长的影响的增长回归。

创新驱动增长的支柱

为了促进创新驱动的增长，从而避免中等收入陷阱，根据熊彼特范式

---

[1] 顺便说一句，豪罗维绝不会推荐更积极的竞争政策，因为在他们看来，在简单的增长范式中，此类政策只会降低资本回报率。

与我们在前两节的讨论可以得出一些政策重点，例如：

（1）放宽准入，加大现有企业之间的竞争。这项政策有利于创造性破坏，也鼓励现有企业通过创新避开来自对手的竞争。

（2）放开劳动力市场，使劳动力更容易从旧活动再分配到新活动。这项政策反过来又需要能够结合失业援助与再培训计划的积极的劳工政策。这种方法相当直观：一个国家越是先进，其生产率增长就越依赖前沿创新。但是，前沿创新需要更多的创造性破坏，因而与技术追赶相比，会导致员工流动率升高。

（3）投资资金充足且拥有自主权的大学，以促进前沿研究和创新驱动的增长。事实上，前沿创新需要前沿研究人员，因此需要好的大学和研究中心。而模仿只需要好的本科教育就够了。

（4）如果对欠发达国家而言，基于银行的金融体系更能提高生产率的增长，那么，对那些由前沿创新驱动增长的更具前沿性的国家而言，更加市场化的金融体系更能提高生产率的增长。直观地说，前沿创新可以开拓新领域，比已经得到明确界定的模仿活动具有更大的风险。但是这反过来又意味着，参与前沿创新的外部投资者会要求更高的收益份额与更高的控制权；因此，股权在前沿创新融资中能够发挥更大的作用。

中国大陆、印度或亚洲四小龙的例子表明，要提高欠发达（追赶型）国家基于模仿或适应的生产率增长，再分配和技术转让是关键。这些特性又似乎得益于有利于要素流动和新商业活动的创建与增长的良好的基础教育系统和制度特征——能够使用基础设施、获得（银行）资金、享受劳动力市场的灵活性。因此，阿吉翁等人（Aghion et al. 2008）表明，废止许可证的改革刺激了印度，尤其是其劳动力市场灵活性较高省份的生产率增长。

结论

本章展示了熊彼特增长理论如何揭示关键的增长之谜：尤其是竞争与创新驱动的增长之间的关系、过渡陷阱的存在、长期停滞、增长与不平等之间的关系以及增长和企业动态之间的关系。我们还讨论了如何利用增长理论指导增长政策的设计。最后，我认为该理论可以进一步促进增长与发展经济学之间的协调：首先，提出适当的增长制度和政策的概念；其次，研究制度发展如何塑造企业规模分布、再分配和增长之间的关系。

要更好地理解增长之谜、增长与创新之间的关系，以及机构和经济政策在发展过程中所起的作用，还有许多路径有待探索。理解这一过程不仅有利于科学研究，也有利于整个社会，因为我们对自己所理解的东西都不那么恐惧。

参考文献

Acemoglu, Daron, and James A. Robinson. 2006. "Economic Backwardness in Political Perspective." *American Political Science Review* 100 (1): 115–131.

Acemoglu, Daron, Philippe Aghion, and Fabrizio Zilibotti. 2006. "Distance to Frontier, Selection, and Economic Growth." *Journal of the European Economic Association* 4 (1): 37–74.

Acemoglu, Daron, Ufuk Akcigit, Nicholas Bloom, and William R. Kerr. 2013. "Innovation, Reallocation and Growth." NBER Working Paper 18993, National Bureau of Economic Research, Cambridge, MA.

Aghion, Philippe, and Patrick Bolton. 1997. "A Theory of Trickle-Down Growth and Development." *Review of Economic Studies* 64 (2): 151–172.

Aghion, Philippe, and Peter Howitt. 1992. "A Model of Growth Through Creative Destruction." *Econometrica* 60 (2): 323–351.

Aghion, Philippe, Ufuk Akcigit, and Peter Howitt. 2014. "What Do We Learn from Schumpeterian Growth Theory?" In *Handbook of Economic Growth*, volume 2, edited by Philippe Aghion and Steven N. Durlauf, 515–563. Amsterdam: Elsevier.

Aghion, Philippe, Alberto Alesina, and Francesco Trebbi. 2007. "Democracy, Technology, and Growth." NBER Working Paper 13180, National Bureau of Economic Research, Cambridge, MA.

Aghion, Phillipe, Mathias Dewatripont, and Patrick Rey. 1999. "Competition, Financial Discipline, and Growth." *Review of Economics and Statistics* 66(4): 825–852.

Aghion, Philippe, Christopher Harris, and John Vickers. 1997. "Competition and Growth with Step-by-Step Innovation: An Example." *European Economic Review* 41 (3–5): 771–782.

Aghion, Philippe, Peter Howitt, and Susanne Prantl. 2013. "Patent Rights, Product Market Reforms, and Innovation." NBER Working Paper 18854, National Bureau of Economic Research, Cambridge, MA.

Aghion, Philippe, Robin Burgess, Stephen J. Redding, and Fabrizio Zilibotti. 2008. "The Unequal Effects of Liberalization: Evidence from Dismantling the Raj License in India." *American Economic Review* 98 (4): 1397–1412.

Aghion, Philippe, Christopher Harris, Peter Howitt, and John Vickers. 2001. "Competition, Imitation and Growth with Step-by-Step Innovation." *Review of Economic Studies* 68 (3): 467–492.

Aghion, Philippe, Nick Bloom, Richard Blundell, Rachel Griffith, and Peter Howitt. 2005. "Competition and Innovation: An Inverted-U Relationship." *Quarterly Journal of Economics* 120 (2): 701–728.

Aghion, Philippe, Richard Blundell, Rachel Griffith, Peter Howitt, and Susanne Prantl. 2009a. "The Effects of Entry on Incumbent Innovation and Productivity." *Review of Economics and Statistics* 91 (1): 20–32.

Aghion, Philippe, Leah Boustan, Caroline Hoxby, and Jerome Vandenbussche. 2009b. "The Causal Impact of Education on Economic Growth: Evidence from the U.S." Unpublished manuscript, Harvard University, Cambridge, MA.

Aghion, Philippe, Ufuk Akcigit, Antonin Bergeaud, Richard Blundell, and David Hemous. 2015a. "Innovation and Top Income Inequality." NBER Working Paper 21247, National Bureau of Economic Research, Cambridge, MA.

Aghion, Philippe, Ufuk Akcigit, Antonin Bergeaud, Richard Blundell, and David Hemous. 2015b. "Innovation, Income Inequality, and Social Mobility." https://voxeu.org/article/innovation-income-inequality-and-social-mobility.

Aghion, Philippe, Antonin Bergeaud, Timo Boppart, Peter J. Klenow, and Huiyu Li. 2017. "Missing Growth from Creative Destruction." NBER Working Paper 24023, National Bureau of Economic Research, Cambridge, MA.

Akcigit, Ufuk, and William R. Kerr. 2010. "Growth Through Heterogeneous Innovations." NBER Working Paper 16443, National Bureau of Economic Research, Cambridge, MA.

Akcigit, Ufuk, Harun Alp, and Michael Peters. 2014. "Lack of Selection and Limits to Delegation: Firm Dynamics in Developing Countries." Unpublished manuscript, University of Pennsylvania, Philadelphia.

Atkinson, Anthony B., Thomas Piketty, and Emmanuel Saez. 2011. "Top Incomes in the Long-Run History." *Journal of Economic Literature* 49 (1): 3–71.

Banerjee, Abhijit V., and Esther Duflo. 2012. *Repenser la Pauvreté*. Paris: Seuil.

Bergeaud, Antonin, Gilbert Cette, and Remy Lecat. 2014. "Productivity Trends from 1890 to 2012 in Advanced Countries." Working Paper 475, Banque de France, Paris.

Bloom, Nicholas, Raffaella Sadun, and John Van Reenen. 2012. "The Organization of Firms across Countries." *Quarterly Journal of Economics* 127 (4): 1663–1705.

Bloom, Nicholas, Benn Eifert, Aprajit Mahajan, David McKenzie, and John Roberts. 2013. "Does Management Matter? Evidence from India." *Quarterly Journal of Economics* 128 (1): 1–51.

Blundell, Richard, Rachel Griffith, and John Van Reenen. 1995. "Dynamic Count Data Models of Technological Innovation." *Economic Journal* 105 (429): 333–344.

Blundell, Richard, Rachel Griffith, and John Van Reenen. 1999. "Market Share, Market Value and Innovation in a Panel of British Manufacturing Firms." *Review of Economic Studies* 66 (3): 529–554.

Boldrin, Michele, and David K. Levine. 2008. *Against Intellectual Monopoly*. Cambridge: Cambridge University Press.

Bresnahan, Timothy F., and M. Trajtenberg. 2005. "General Purpose Technologies: 'Engines of Growth'?" *Journal of Econometrics* 65 (1): 83–108.

Cette, Gilbert, and Jimmy Lopez. 2012. "ICT Demand Behavior: An International Comparison." *Economics of Innovation and New Technology* 21 (4): 397–410.

Chetty, Raj, Nathaniel Hendren, Patrick Kline, and Emmanuel Saez. 2014. "Where

Is the Land of Opportunity? The Geography of Intergenerational Mobility in the Uniteed States." *Quarterly Journal of Economics* 129 (4): 1553–1623.

Gordon, Robert J. 2012. "Is U.S. Economic Growth Over? Faltering Innovation Confronts the Six Headwinds." NBER Working Paper 18315, National Bureau of Economic Research, Cambridge, MA.

Hansen, Alvin H. 1939. "Economic Progress and Declining Population Growth." *American Economic Review* 29 (1): 1–15.

Hausmann, Ricardo, Dani Rodrik, and Andrés Velasco. 2005. "Growth Diagnostics." Working Paper, John F. Kennedy School of Government, Harvard University, Cambridge, MA.

Hsieh, Chang-Tai, and Peter J. Klenow. 2009. "Misallocation and Manufacturing TFP in China and India." *Quarterly Journal of Economics* 124 (4): 1403–1448.

Klette, Tor Jakob, and Samuel Kortum. 2004. "Innovating Firms and Aggregate Innovation." *Journal of Political Economy* 112 (5): 986–1018.

Lentz, Rasmus, and Dale T. Mortensen. 2008. "An Empirical Model of Growth Through Product Innovation." *Econometrica* 76 (6): 1317–1373.

Piketty, Thomas. 2013. *Le Capital au XXIe Siècle*. Paris: Seuil.

Romer, Paul M. 1990. "Endogenous Technical Change." *Journal of Political Economy* 98 (5): S71–S102.

Summers, Lawrence H. 2013. "Why Stagnation Might Prove to Be the New Normal." *Financial Times*, December 15.

Vandenbussche, Jérôme, Philippe Aghion, and Costas Meghir. 2006. "Growth, Distance to Frontier, and Composition of Human Capital." *Journal of Economic Growth* 11 (2): 97–127.

评（弗朗西斯科·卡塞利）

菲利普·阿吉翁的这篇论文极好地概括了过去30年间他为增长理论与经验学领域所做的一些贡献。当然，我们都知道菲利普是该领域的重要人物。然而，即使是那些相当密切关注他的研究的人，也依然会因论文前几页体现出的雄心、凝聚力与最终的成功而再次受到激励。事实上，菲利普并未在此提及他的其他重要贡献，我们的敬畏之心也因此更甚。

这一章阐述了对增长过程的理解，这一过程涵盖了一系列广泛的现象，包括竞争在促进（或在某些情况下阻碍）创新上所起的作用、修改制度以保持增长过程的必要性、创新和增长对收入不平等及企业规模分布演变的影响等。菲利普所做研究的标志之一就是提高了增长理论需要解决的一系列规律的标准。本着这种精神，尽管菲利普的论文恰当且令人信服地赞颂了现代增长议程的成功，以及他对这一议程的许多贡献，但是我仍打算在这篇短评中展望未来的工作。增长理论还需解决哪些挑战，或者借用菲利普的说法，揭开哪些"谜团"？可以把它们视作我对菲利普未来30年研究内容的期待。

经过一些大型的过度简化工作，有可能对增长经验进行分类。据我们所知，世界各地都经历了几个世纪的马尔萨斯式或近马尔萨斯式增长。在马尔萨斯时代，总产出的大部分增长转化为人口的增加，导致在很长的一段时间内生活水平能够得到相对适度（如果有的话）的提高。人均GDP与时间的关系曲线看起来几乎没有什么变化。我之前提到的增长经验分类法基于国家是否以及何时退出马尔萨斯体制，以及它们抛弃该制度后发生了什么。不同国家的增长经验可以分为四类。

第一类是少数在19世纪初经历了工业革命的经济体。工业革命后,这些经济体的人均收入的增长速度明显加快。从那时起,以十年或二十年的均数计算的增速基本保持稳定。我们在人均收入与时间的(对数)曲线图中发现,工业革命时期出现了"拐点"(kink),此后出现了一条几乎笔直上升的曲线。我们可以将这些国家称作"先驱国家"(pioneers)。

第二类国家后来也经历了类似的工业革命,随后(大体上)向先驱国家靠拢。这些国家步入工业化的时间相距甚远。一些欧洲国家在19世纪中期实现了工业化,而一些东亚国家直到20世纪中期才成为工业化国家。然而,这些国家的共同特点是,工业革命之后,它们都经历了一段持续的增长速度超越先驱国家的时期。因此,第一类国家与第二类国家的最终生活水平趋于一致。人均收入与时间的(对数)曲线图中存在一个拐点,之后是一条逐渐逼近先驱国家且近乎直线的上凹轨迹。这些国家可以称作"趋同国家"(convergents)。

第三类国家与趋同国家类似,在工业化之后有过一段增长速度超越领先国家的时期,但与趋同国家不同的是,它们的收敛过程结束得有些早。也就是说,这些国家能够弥补与先驱国家之间的一些收入差距,但是在赶上先驱国家的生活水平之前,它们的增长率便已稳定在与先驱国家相当的速度上。它们的人均收入与时间的(对数)曲线图与趋同国家相似,只不过其线性部分远低于先驱国家的线性路径。我们可以说这类国家陷入了"中等收入陷阱"。[1]

---

[1] 我含蓄地使用了相对于先驱国家的收入,而不是绝对收入来定义"中等收入陷阱"。中等绝对收入陷阱的假定甚至经不起适度的推敲:大多数陷入中等收入陷阱的典型国家(如巴西、南非)的长期平均增长率相当稳定。它们只不过是没能缩小与高收入国家的差距而已。

第四类，也是最后一类，指的是那些从未经历过适当工业化阶段的国家。因此，这些国家甚至没有表现出陷入中等收入陷阱的国家所经历的暂时的收敛阶段。我并不是说大多数此类国家仍然保留着马尔萨斯体制。它们正在经历从农业到服务业的一些结构性转变与相当程度的城市化进程。然而，这些变化似乎无法引发持续的追赶过程，因此，在最好的情况下，这一类国家往往能够保持其相对地位，在最坏的情况下则会与领先国家相背离。更形象一些的描述就是，这些国家的人均GDP曲线没有拐点。我们可以说这类国家是陷入了"贫困陷阱"的国家。

现代增长理论对于这四类国家个体与整体的解释如何？我认为，某些方面能够获得满分，某些方面仅仅及格，个别方面甚至不及格。

现代增长理论的最大成就是它能够合理地解释先驱国家（以及追赶阶段已结束的趋同国家）持续、稳定的增长模式——曲线中的线性增长。（在某些情况下）能够在两个世纪内保持人均收入稳步增长是一个惊人的事实，而增长理论成功解释了使之成为可能的机制，这是宏观经济学最伟大的成就之一。该理论以创新为中心，阐明了研发、产权保护、竞争以及其他许多要素的作用。不用说，菲利普一直是推动这项工作不断发展的关键力量。

就增长前景而言，增长理论处理得相当好的另一部分是晚期的工业化国家向先驱国家靠拢的趋势。现代的理解仍然在很大程度上建立在以"后发优势"为中心的旧传统上，这种传统已被成功地纳入当代增长模型（就像前沿增长理论吸纳了基于创造性破坏的旧论点一样）。这种观点似乎难以反驳，它认为晚期工业化国家增长得更快，因为他们可以模仿和采用领先国家已经发明的技术。

总的来说，现代增长理论在解释先驱国家与趋同国家的后工业化经验这一方面能够获得满分。这可能是因为这些都是成功的故事，而经济学往往更擅长解释成功而非失败。

至于对于一些国家来说，为什么一些最初很有希望的追赶经验会逐渐消失，使它们最终陷入中等收入陷阱，我们有一些想法，但尚未达成共识，也没有什么证据。菲利普确实提出了一个假定，其他人也提出了他们自己的假定。好消息是，该研究领域十分活跃，我乐观地认为，在不太遥远的未来，会出现更合理的解释。

我想对为什么一开始会出现工业革命（第一个"拐点"）这个问题进行类似的评估。这当然是宏观经济学与经济史上的经典问题，相关书籍和文章数不胜数。尽管仍未达成共识，但是我确实感觉到近年来的相关研究取得了相当大的进展。新出现的观点认为，工业革命的出现是知识发展（科学发现与启蒙思想相结合）、政治发展（尤其是贵族地主与新兴城市资产阶级之间权力关系的发展）以及可能的进化力量相结合的产物。

总之，无论是就中等收入陷阱的问题，还是就从马尔萨斯增长制度向现代增长制度过渡的原因而言，我都会给增长理论打一个及格分——它即便没有完全成功，也至少为此付出了努力。

现在来说一说糟糕的失败：后来的"拐点"，尤其是拐点缺失。为什么有些国家能够成功实现工业化，而另一些国家却从未这样做？趋同国家与（最终）陷入中等收入陷阱的国家以及陷入贫困陷阱的国家之间分别有何不同？我们不仅不知道，而且甚至从未试图去了解，希望这种说法不会显得太苛刻。也许，正如我所提到的，现代宏观经济学极不擅长解释失败，以至于我们甚至不愿意去尝试。但是工业化失败的问题太重要了，我们不能放弃。研究微观经济发展的朋友们知道这一点，并且正在努力研究如何让陷入贫困陷阱的国家做得更好。宏观经济学家应该加入他们的行列，努力找出能够帮助整个国家实现"拐点"的方法。

评（阿特·克雷）

菲利普·阿吉翁为本次会议撰写的论文就其在过去25年间对经济增长的理论与经验主义所做的基本贡献进行了简明而深刻的总结。对菲利普来说，要在短短的会议发言中公允地介绍如此多的研究成果并非易事，但是他成功地做到了这一点。对讨论者来说，跟上菲利普的思路更具挑战性，因此，我对这次讨论的期望是适度的。

自20世纪50年代索洛和斯旺提出了基本模型之后，我们就已知晓，在收益递减的情况下，从长远来看，产出的持续增长离不开技术的持续发展。但是直到30年后，学界才提出了阐明技术进步机制的理论。20世纪80年代，菲利普·阿吉翁与彼得·豪伊特一道，走在了这一运动的前沿，将早先约瑟夫·熊彼特提出的关于创造性破坏过程的观点正式确定为简洁、明确的创新与增长模型。

通过阐明创新的激励机制，这些模型不仅为技术发展提供了理论基础，而且还为决策者考虑修改影响产权、竞争以及企业进入和退出市场的法律法规提供了一系列丰富且深刻的见解。正如菲利普在论文中所讨论的那样，熊彼特增长理论的观点对当前关于长期停滞、不平等趋势等问题的辩论也产生了影响。

我的讨论集中在菲利普这篇论文的基本主题上——技术发展对经济增长的重要性以及熊彼特创造性破坏对创造导致技术发展的创新而言的重要性。作为世界银行的经济学家，我尤其想探讨这些主题与发展中国家的决策者之间的相关性。我将围绕三个问题展开讨论：（1）技术的跨国和跨期差异有多重要？（2）我们可以从总体水平中分离出的技术差异"包括"什么？（3）对发展政策而言，这些问题的答案意味着什么？

"A"差异有多重要？

菲利普研究的一个基本前提是，必须了解推动各国技术水平出现差异以及技术随时间而变的力量，通常表示为新古典生产函数 $Y = AF(K, H)$ 中的 A。函数中的 K 和 H 分别代表物质资本和人力资本。最近的各种核算工作使人们认为 A 存在较大的跨国差异。例如，参见 Caselli（2005），此处沿用了他所用的符号。这些工作通常基于对富国和穷国之间收入差异的分解，其思路大致如下：

$$\frac{Y_{RICH}}{Y_{POOR}} = \frac{A_{RICH}}{A_{POOR}} \times \frac{F(K_{RICH}, H_{RICH})}{F(K_{POOR}, H_{POOR})}$$

根据"富"与"穷"的定义，我们经常需要在这样的分解中解释富国和穷国之间高达约40倍的收入差异，即 $\frac{Y_{RICH}}{Y_{POOR}} \approx 40$。三项基线假定——（1）生产函数是柯布–道格拉斯生产函数；（2）物质资本存量与可观察到的过去投资的积累有关；（3）人力资本存量是一些工人的直接线性总量，其生产力差异需要根据某些观察到的教育程度加以调整——可用于评估生产要素的跨国差异对这些差异的贡献。根据这些基线假定，生产要素对跨国收入差异的贡献通常能够产生约5至8倍的跨国差异，即 $\frac{F(K_{RICH}, H_{RICH})}{F(K_{POOR}, H_{POOR})} \approx 5\sim8$。**这反过来意味着技术水平 A 的跨国差异**也必须落在5至8倍的范围内才能解释观察到的跨国产出差异。

因此，从表面上看，这些数据说明跨国技术差异发挥着巨大的作用，所以通过导致各国技术水平差异的创新理论对这些差异进行结构调整，具有相当重要的意义。尽管我在这里没有详细说明，但是当然可以在不同时间对各国进行类似的分解，从而度量出各国在不同时间的 A 的增长率。这种增长（相对于发展而言）核算工作往往能够揭示出在度量技术发展率方面的巨大跨国差异。

然而，与许多事情一样，令人感到棘手的是细节问题。不必深入研究文献就能发现人们对于度量问题的细致思考，这表明如果想要适当解决这些问题，就应该更加细致地研究 A 中的跨国与时间差异的重要性。一个早期非常著名的例子是阿尔温·扬（Alwyn Young）对快速增长的东亚经济体所做的细致的增长核算。他的研究表明，一旦生产要素的增长得到更全面的度量，这些国家超常产出增长背后的生产率增长实际上相当普通（Young 1995）。也许最鲜明的例子是扬所研究的新加坡在 1966—1990 年这 25 年间的情况：尽管产出以每年近 9% 的速度增长，但是一旦将劳动力参与率的增加、人力资本的增长与各部门间资源更有效的分配等因素考虑在内，生产率的增长就接近于零。

说起最近的例子，琼斯（Jones 2014）以及曼努埃利和塞萨德里（Manuelli and Seshadri 2014）以不同方式解决了人力资本对各国人均产出差异的贡献问题。琼斯（Jones 2014）强调了考虑标准线性人力资本聚合器备选项的影响。标准聚合器合理地假定技术工人的生产率是非技术工人的 X 倍，但是又不合理地假定，在考虑到生产力水平的重新调整之后，技术工人和非技术工人完全可以相互替代——一项技术任务可以由一名技术工人或 X 名非技术工人完成。无需太多内省就能意识到这项基准假定不太可信，琼斯（Jones 2014）阐述了各种更现实的人力资本信息汇集公司，他们认识到不同技能类型之间存在互补性。这反过来又导致各国人力资本总量出现更大的差异，这又意味着跨国生产要素差异的作用更大，而跨国生产力差异的作用则相应较小。

在一篇相关的论文中，曼努埃利和塞萨德里（Manuelli and Seshadri

2014）认真研究了投资人力资本的激励措施。尽管他们的论文内容非常丰富，但是基本见解十分简单——如果个体理性地将通过教育投资形成的人力资本的质量考虑在内，那么观察到的低教育投资不仅表明人力资本水平较低，而且表明人力资本质量较低。根据跨国数据认真校准他们的模型，表明人力资本差异对各国人均产出差异的作用要大得多，因而生产力差异的作用也较小。

所有这些并不是说生产力的跨国或跨期差异不重要。相反，它强调：（1）对生产要素进行与理论相一致的细致度量十分重要；（2）从政策的角度来看，理解为实物资本和人力资本投资创造激励的力量，至少与更好地理解导致 A 增长的创新激励同样重要。

A 的"内部"是什么？

如上所述，细致的度量表明，A 的跨国差异可能并不像第一眼看到数据时认为的那样大。然而，即使在细致的度量之后，它们也可能微不足道，因此值得更深入地了解。菲利普对关于熊彼特创新的文献做出了开创性的贡献，这些文献让我们可以从创新的角度来看待这些差异。但是社会允许创新出现并结出果实的能力的跨国差异并不是 A 可能不同的唯一原因。这些备选解释值得认真对待，因为它们可能提出能够促进持续增长的备选政策杠杆。

过去十年间，第一套解释吸引了相当多的实证关注，它完全取决于资源在企业或经济部门之间的不合理分配，尤其是在对有利于某些企业或部门的政策做出反应时。如果这些政策阻碍了要素的边际产品在替换用途上的平等化，就会造成 A 的跨国差异，即使衡量的总生产要素（如 K 和 H）是相同的。谢和克列诺夫（Hsieh and Klenow 2009）对这些文献做出了开创性的贡献，在一篇相关的文章中，他们记录了狭义产业中各制造企业的资本边际产品差异。他们的研究结果表明，像中国这样的国家，只要将其资源错配水平降至美国的水平，就可以有效地将其制造业的总生产力水平提高一倍。

另一种对于可能导致 A 值偏低的原因分析涉及管理不力，而不是缺乏获得最佳技术的途径或在技术前沿创新的动力减弱。布鲁姆等人（Bloom et al. 2013）记录了一系列印度公司管理不善的极端情况，例如库存和材料管理基本失灵，或未能在工厂内部和周围保持最低清洁和安全标准。布鲁姆等人（Bloom et al. 2013）继续表明，向企业提供管理培训的实验性干预措施使这些企业的生产力得到了显著提高。

平心而论，分配不当和管理不善也许并不是造成 A 处于较低水平的完全独立的因素，事实上，人们可能会认为，它们在一定程度上是同样缺乏竞争压力的表现，而竞争压力也是造成低创新的原因。在竞争不激烈的环境中，确保资源在企业内部和企业之间有效配置的激励措施也可能很弱。然而，这种机制与熊彼特学派所强调的竞争对创新激励的影响存在一些不同。

最后，尽管缺乏熊彼特式的创新也许并非发展中国家生产力低下的主要原因（这也许并不令人惊讶），但这是发达经济体一个重要因素的说法似乎更有说服力。然而，在最近的一篇论文中，加西亚－马西亚、谢和克列诺夫（Garcia-Macia, Hsieh, and Klenow 2016）研究了美国企业层面的创新动态，并记录了一些似乎与熊彼特动态不一致的模式。例如，与熊彼特关于"创造性破坏"的观点（即创新的新企业取代未能创新的现有企业）相反，他们记录了美国的大部分增长似乎来自现有企业的增长，而不是新企业取代旧企业。他们还记录了大部分创新似乎表现为改进现有产品，而非创造新产品。这两项观察都表明，有必要对熊彼特强调的创新和创造性破坏进行更细致的解释。

对发展政策的影响?

菲利普在论文最后提出了一套旨在释放熊彼特式增长的政策处方。这份清单简短、合理,也很有道理:(1)放宽准入并鼓励竞争;(2)放宽劳动力市场;(3)促进有助于研究的自治大学等机构的发展;(4)制定政策框架,鼓励对靠近技术前沿的较富裕国家的研发风险投资进行股权融资。粗粗一看就能发现"华盛顿共识"中所包含的传统政策建议的关键要素,也不难对"华盛顿共识"中的关键要素进行熊彼得式的解释。例如,约翰·威廉姆森(John Williamson)清单上的经典要素——没有出现在菲利普的清单上——如竞争性汇率、贸易自由化和放松管制,都可以被认为是推动熊彼特式的创新和增长的要素。

事实上,这就提出了一个问题,即菲利普论文中的四个政策处方究竟是熊彼特式的独特见解,还是普通的明智之举。例如,可以说,放宽劳动力市场的准入并解除对其的管制对资源错配有直接的影响,通过这个渠道可以提高生产力,即使它们不会直接促进竞争。相反,"华盛顿共识"对产权保护的强调,可以被解释为促进熊彼特式创新的一个关键因素(因为创新者需要对他们创造的新思想拥有产权保证)。但是与此同时,这也不是熊彼特式的独特政策处方——通过保护产权来促进经济增长的渠道还有很多,未必只能通过创新渠道来运作。

菲利普清单提出的另一个问题是优先次序的问题,尤其是在考虑发展中国家的时候,特别是那些远低于前沿水平的国家,它们面临着比缺乏创新更严峻的挑战。对于发达经济体和少数接近前沿的新兴经济体来说,促进自主大学发展的处方可能是明智的建议,但是对于许多甚至难以为孩子们提供最低限度的教育和医疗保健的发展中国家来说,这些处方不太可能成为优先事项。

在将熊彼特的见解转化为发展政策建议时,最后一个值得认真考虑的难题是这一建议的政治可行性。回想一下，熊彼特主义的基本观点是，企业在面临竞争压力时不得不进行创新以摆脱这些竞争压力，从而释放出创新、竞争和进一步创新的良性循环，进而提高增长。但现实情况是，尤其在许多面临治理挑战的发展中国家，除了创新以外，人脉广泛的企业还有其他工具可以逃避竞争压力，而这些工具带来的良性结果较少。存在许多这样的可能性，但是里克斯、弗雷恩德和努西福拉（Rijkers, Freund, and Nucifora 2014）的最新研究给出了一个特别生动的例子。他们细致地记录了突尼斯不同部门政策导致的进入壁垒的发生率，然后表明这些壁垒的存在与总统本·阿里家族的企业密切相关。更广泛地说，如果现有企业拥有强大的政治势力，并且正是从缺乏竞争的环境中获益，那么如何在这样的环境中实施有利于竞争的熊彼特式增长政策，对发展中国家的决策者来说仍然是一个极具挑战性的问题。

参考文献

Bloom, Nicholas, Benn Eifert, Aprajit Mahajan, David McKenzie, and John Roberts. 2013. "Does Management Matter? Evidence from India." *Quarterly Journal of Economics* 128 (1): 1–51.

Caselli, Francesco. 2005. "Accounting for Cross-Country Income Differences." In *Handbook of Economic Growth*, volume 1A, edited by Phillipe Aghion and Steven Durlauf, 679–741. Amsterdam: Elsevier.

Garcia-Macia, Daniel, Chang-Tai Hsieh, and Peter J. Klenow. 2016. "How Destructive Is Innovation?" Unpublished manuscript, University of Chicago.

Hsieh, Chang-Tai, and Peter J. Klenow. 2009. "Misallocation and Manufacturing TFP in China and India." *Quarterly Journal of Economics* 124 (4): 1403–1448.

Jones, Benjamin F. 2014. "The Human Capital Stock: A Generalized Approach."

American Economic Review 104 (11): 3752–3777.

Manuelli, Rodolfo, and Ananth Seshadri. 2014. "Human Capital and the Wealth of Nations." *American Economic Review* 104 (8): 2736–2762.

Rijkers, Bob, Caroline Freund, and Antonio Nucifora. 2014. "All in the Family: State Capture in Tunisia." World Bank Working Paper 6810, World Bank, Washington, DC.

Young, Alwyn. 1995. "The Tyranny of Numbers: Confronting the Statistical Realities of the East Asian Growth Experience." *Quarterly Journal of Economics* 110 (3): 641–680.

III

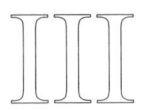

研究与探索的新领域

7 气候变化、发展、贫困与经济学[1]

萨姆·范克豪泽、尼古拉斯·斯特恩

过去30年间,全球生活水平空前提高,而且就许多基本维度而言,贫困率也有所下降。由于人们对可能实现的目标更有信心,对道德责任的接受程度也日渐增加,联合国在世纪之交通过了千年发展目标,为国际合作与发展提供了真正的基础。2015年9月商定的可持续发展目标(SDGs)为下一阶段的减贫行动提供了一个共同平台。

可持续发展目标明确指出,环境保护将是下一阶段的一个关键特征,因为它与减贫之间的联系日益紧密。17项可持续发展目标中有13项与自然环境、气候或可持续性直接相关。千年发展目标并未凸显环境、气候与可持续性的重要性。现在看来,这种忽视是一个错误。

---

[1] 感谢盖尔·吉拉德(Gael Girard)、迈克·托曼(Mike Toman)、鲍勃·沃德(Bob Ward)以及世界银行"经济状况,世界状况"会议(2016年6月,华盛顿特区)与会者们提出的考虑周详的意见。感谢帕特里克·柯伦(Patrick Curran)与伊莎贝拉·纽威格(Isabella Neuweg)出色的研究支持。也感谢格兰瑟姆环境保护基金会和英国经济和社会研究委员会(ESRC)通过其对气候变化经济学和政策中心(CCCEP)的支持所提供的财政支持。

其中的一个关键因素就是气候变化。气候变化不是我们面临的唯一环境问题，也不是全球繁荣的唯一威胁。然而，气候变化的幅度及其带来的巨大风险却是独一无二的。它会导致生境丧失、疾病、全球安全等其他紧迫问题造成的威胁翻倍（IPCC 2014），而且会将过去几十年的发展成就置于风险之中（Hallegatte et al. 2016）。如果不加以控制，气候变化可能会从根本上改变全球地貌，以及人类和其他物种生活的地点与方式。

气候变化所需的应对规模也是独一无二的。降低气候风险需要所有发达国家和发展中国家合作，以调整其经济体系，摆脱化石燃料和有害的土地使用方式。这种调整迫在眉睫。未来20年的活动将决定我们在发展上所取得的成功究竟是得以延续或推进，还是将在不利的环境中遭到破坏或逆转。

气候问题的本质会对经济分析产生影响。经济学做出了许多贡献，而且确实也在继续提供重要的见解，但是存在一种强行用狭隘的传统思维方式看待气候变化的危险趋势。必须改变这种情况。我们需要构建能够反映这一问题的结构、规模及其背景的理论和模型。

气候变化对发展政策也有影响。2015年年底商定的《巴黎协定》搭建了一个可以推进和协调全球气候行动的国际平台。截至2019年4月，《巴黎协定》已经获得185个国家的批准。它设定了一项旨在将全球平均气温升幅控制在工业化前水平之上的"远低于"2℃，甚至低至1.5℃的进程。2018年，政府间气候变化专门委员会（IPCC）建议，较之2℃，1.5℃将为人类和自然环境带来巨大利益（IPCC 2018）。

实现《巴黎协定》的目标需要几十年的持续行动，也需要调整投资方向。在未来二三十年里，至少要在建筑和城市基础设施、公路、铁路、港口和新能源系统上投资100万亿美元。这些投资决策必须将气候变化考虑在内。

如果能够做到这一点，将为发展和减贫工作带来巨大的好处——我们将拥有一片生活空间，可以在其中移动、呼吸和生产，更好地保护脆弱的生态系统，以及从根本上降低气候变化的风险。

2015年的协定将可持续发展目标（SDGs）与《巴黎协定》结合在一起，首次为我们提供了一个适用于所有国家的全球可持续发展议程。本章阐述了这一议程，尤其是气候变化对发展经济学和发展政策的影响，强调了所需变革的性质及其影响。我们首先审视经济学对于经济繁荣和环境之间联系的看法，然后解释为什么气候变化是一个不同的问题，以及为什么它需要一种全新的分析和政策方法。最后两节探讨了这种新方法可能呈现的形式。

繁荣与环境

发展政策开始考虑环境问题的时间相对较晚。世界银行于1970年设立了环境顾问办公室，但在早期，它在很大程度上承担的是一种咨询职能。随着时间的推移，这个角色的职能不断发展，环境问题变得越来越重要，最终，世界银行于1993年设立了环境可持续发展副主席一职。[1]与此同时，环境经济学这一新兴的学术研究领域开始出现（Pearce 2002）。

理解经济增长和环境保护之间的相互作用对所有国家，尤其是贫困国家的发展至关重要。谨慎的环境管理是一切可行的减贫道路的关键因素。不良的环境管理会导致环境退化、公共卫生状况不佳和经济产出损失。穷人是这些趋势的主要受害者，尽管我们应该认识到贫穷也是造成这些趋势的原因（Pearce and Warford 1993）。

---

[1] 参见 https://archivesholdings.worldbank.org/。

环境与增长

当然,关于经济发展与环境之间联系的知识的历史可以追溯到20世纪70年代。18世纪和19世纪的经济学先驱们非常清楚环境资源是财富的重要来源,也是经济增长的潜在制约因素。大卫·李嘉图认为,土地所有者之所以能够收取租金,主要得益于土地质量的差异。托马斯·马尔萨斯(Thomas Malthus)的预测则更为悲观,他认为人口的增长与农业收益的减少将导致普遍贫困。孟德斯鸠详细推测了气候对社会与"精神的气质"的影响〔Montesquieu (1748, Book XIV) 2011〕,但仅仅粗略阐述了气候与经济表现之间的联系。早期的经济学家对资源禀赋的兴趣胜过气候因素。

与孟德斯鸠的气候理论不同,马尔萨斯对自然资源约束的关注一直是增长辩论的一大特点。19世纪60年代,威廉·斯坦利·杰文斯曾对英国工业的未来表示忧虑,因为其煤炭储备将会耗尽。20世纪70年代,罗马俱乐部[1]凭借其研究报告《增长的极限》上了新闻头条(Meadows et al. 1972)。受肯尼斯·波尔丁(Kenneth Boulding 1966)提出的"宇宙飞船"概念的启发,生态经济学这一交叉学科继续探索科学规律加诸经济过程之上的自然边界(如Rockström et al. 2009)。

到目前为止,马尔萨斯和资源悲观主义者的观点似乎是普遍错误的。人类的聪明才智大多突破了自然资源约束。这并不意味着人类没有过度开发环境资源。人类确实这样做了。然而,在大多数情况下,这种过度开发在很大程度上似乎是政策管理不善和市场失灵的结果,而不是由资源稀缺本身造成的。

---

[1] 罗马俱乐部:一个关于未来学研究的国际性民间学术团体,也是一个研讨全球问题的全球智囊组织。——译者注

自然资源管理

从一开始，经济学家就给予了自然资源的有效管理极大的关注。19世纪，努特·维克塞尔（Knut Wicksell）和马丁·福斯特曼（Martin Faustmann）是第一批研究森林等成熟缓慢资源最佳收获周期的学者（Hedlund-Nyström et al. 2006）。然而，关于自然资源管理的决定性论文则是由哈罗德·霍特林（Harold Hotelling 1931）撰写的。根据霍特林规则，在得到最佳利用的情况下，自然资源的价值增长率应与利率增长率相等。这一观点现已成为自然资源经济学的基础，也为气候变化等存量污染问题的分析提供了参考。

20世纪70年代，霍特林法则再次进入人们的视线。显然，当时它也许与可持续发展这一新兴的发展概念不符。布伦特兰环境与发展委员会提出并推广了可持续发展的概念，并将其定义为"既满足当代人的需求，又不损害后代人满足其需求的能力"（World Commission on Environment and Development 1987）。

对于经济学家来说，这意味着消费（或效用）不能随时间的推移而减少。罗伯特·索洛（Robert Solow）与约翰·哈特威克（John Hartwick）研究出效用不减会造成资源枯竭。自然资源开采的租金必须重新投资于其他形式的资本，这样，环境、物质和人力资本的总存量才能保持不变（Solow 1974; Hartwick 1977）。世界银行一直站在将哈特威克－索洛规则转化为实际政策建议的最前沿（World Bank 2011）。

环境管理与公共政策

如果哈罗德·霍特林是自然资源经济学的鼻祖，那么亚瑟·塞西尔·庇古（Arthur Cecil Pigou）就是将环境问题纳入福利经济学的功臣。庇古借鉴了其老师阿尔弗雷德·马歇尔的思想，在经济学中系统地引入了外部性的概念，即未能在商品市场价格中体现的成本或收益。后来的作者陆续增加了一些细微的差别和延伸——如开放性问题、公共产品资源和公共产品——完善了我们对环境相关市场失灵的理解，但外部性这一概念依然是现代环境经济学的核心。

庇古对环境的观察颇具预见性。他详细讨论了污染造成的负面影响，指出污染将"给社会带来不可估量的重大损失"〔Pigou（1920），引自Sandmo（2015, 53）〕。这种担忧至今仍然存在。与颗粒物及其他污染物相关的城市大气污染仍然是大多数国家面临的一个主要问题〔《2014年新气候经济报告》（New Climate Economy 2014）〕。庇古在另一个颇有见地的评论中称赞了森林的外部价值，认为森林"对气候的有益影响往往超越了森林负责人拥有的地产的边界"，尽管他当时考虑的可能是当地的气候（引自Sandmo 2015, 55）。

庇古还确定了解决这些市场失灵问题的必要补救措施：按外部性比例征收矫正税。后来罗纳德·科斯（Ronald Coase）的研究对此进行了补充，他表示外部性问题也可以通过更清晰的（也许是可交易的）产权进行管理（Coase 1960）。两位学者都借鉴了约翰·斯图尔特·密尔的观点。早在1848年，密尔就呼吁政府加以干预，以确保人们能够"共同享有"世界自然财富（Sandmo 2015）。如今，世界各地都在使用各种类型的庇古税和科斯交易体系（相关概述参见Sterner 2003; Freeman and Kolstad 2007）。

约翰·希克斯与尼古拉斯·卡尔多（Nicholas Kaldor）追随庇古的脚步，进一步发展了这一理论，对政策干预的成本和效益加以比较。詹姆斯·米德（James Meade 1955）在其开创性著作《贸易与福利》（*Trade and Welfare*）中给出了最典型的一般均衡方法和分析（另见Drèze and Stern 1987, 1990）。成本–效益分析很快成为包括世界银行等发展组织在内的项目评估的标准工具（例如，Little and Mirrlees 1974）。

在环境经济学中，关于福利经济学的大量工作催生了环境估值领域——利用技术将环境的外部价值货币化，从而使其在成本效益分析中得到适当的反映（相关概述参见 Hanley and Barbier 2009）。

人们很快就明白了，大自然对人类福祉的贡献远远超出了马尔萨斯与罗马俱乐部所认为的提供食物和物资的范围。现代生态系统服务理论（如 TEEB 2010）对供给服务（食物、水、材料）、文化服务（精神价值、娱乐、身心健康）、调节服务（空气质量、水处理、碳汇）和支持服务（遗传多样性、生境）进行了区分。决策者们尚未完全理解其丰富的服务范围，或者说，并非总能理解这一点。它仍然是跨学科研究中一个活跃而重要的领域。

所有环境管理的经济解决方案都必须接受的核心测试就是自然环境是否健康。根据这一标准，霍特林、庇古、米德以及他们的后继者提出的经济学存在严重的局限性。虽然取得了显著的成功，但是总的来说，现实中的环境保护工作比简单理论提出的解决方案要难得多。贫困和环境的政治经济背景特别复杂，必定包括权力、排斥、土地权利、市场准入和性别关系等因素。

不幸的是，环境与发展之间的关系变得更加复杂。与过去的环境问题相比，21世纪的环境问题可能在数量级与普遍性上均有所不同，而其中差异最大的当属气候变化。

为什么气候变化有所不同

就规模、风险程度和行动的紧迫性等方面而言，气候变化有别于以往的环境问题。我们都促成了问题的产生，也造成了我们在其影响下的脆弱。气候变化在复杂性和确定"解决方案"的难度方面也有所不同。

为了理解这一挑战的性质和规模，有必要介绍一些关于气候变化的基本科学知识。

科学

气候变化科学建立在近两个世纪的理论与证据的基础之上。19世纪下半叶，让·巴普蒂斯特·傅立叶（Jean-Baptiste Fourier）与约翰·丁达尔（John Tyndall）发现了温室效应的基本物理学原理——大气中存在导致地球保持热量的截热气体。傅立叶通过研究地球的热平衡，说明有东西阻止了能量的逃逸，而丁达尔则确定了其中起作用的关键气体。20世纪初，斯万特·阿伦尼乌斯（Svante Arrhenius）证明化石燃料的排放加剧了自然温室效应的程度，从而将其与化石燃料的排放联系起来。20世纪上半叶，随着量子理论的兴起，人们确定起作用的机制是温室气体分子的振荡频率，它干扰了红外能量的振荡频率。对大气中二氧化碳浓度的系统监测始于1958年。

关于大气的这部分物理和化学知识既基础又清晰。重要的不确定性仍然存在，但我们越来越了解地球气候这一复杂且混乱的固有系统的主要驱动力。我们从这些不断收集、公布和展示的证据中了解到，当前这种史无前例的气候变化始于人类，也终于人类。

开采和燃烧化石燃料、砍伐森林或者农业活动等人类活动，导致了温室气体的排放（或"流动"）。流动的增加导致大气中温室气体的数量（或"存量"）增加，从而导致大气截留的热能的增加。随着热能的增加，全球陆地和海洋的平均温度也在上升。随着温度升高和能量增加，全球气候系统的强度和可变性增加，从而引发当地和区域天气模式的波动或变化。

风险

我们很难完全理解这个复杂因果链所造成的影响，也无法百分之百地预测具体的情况。但是，它显然有可能对人类的生产和生活造成严重影响。

自19世纪中叶工业革命兴起以来，全球平均地表温度上升了约0.9℃（IPCC 2018）。主要温室气体的大气浓度已从约285ppm二氧化碳当量增加到今天超过450ppm二氧化碳当量，其中超过400ppm是二氧化碳。大约70年前，二氧化碳当量的年均增量仅为0.5ppm，而现在这一数字增长到了2.5ppm。长此以往，在未来一两个世纪，温度上升中值将达到4℃左右，甚至很有可能远超4℃（IPCC 2013）。

让我们联系大环境来看看这些数字。大约9,000或1,0000年前，最后一个冰河期结束，地球进入全新世，人类文明便始于这个气候温和的时期。全新世的气温相对稳定，较之19世纪末的基准温度，其波动范围为±1—1.5℃。我们现在已经接近这个范围的边缘。如果温度上升达到3或4摄氏度，迎接我们的气温将超出已经在地球上生活了25万年的智人的经验范围。在大约300万年内，地球从未出现3℃的升温（届时海平面将上升20米左右，IPCC 2013），几千万年内没有出现过4℃的升温。

随着物理学的发展，自然科学和社会科学正在迅速研发模型，以研究升温给经济、生态系统、文化和社会结构带来的风险。虽然无法确定具体情况，但是升温超过1.5℃对人类和环境的风险将迅速上升（IPCC 2018）。升温到达临界点（Drijfhout et al. 2015），以及诸如生境丧失、政治不稳定和疾病等其他威胁加剧、恶化的风险均会增加（IPCC 2014）。

穷国和穷人将遭受特别严重的打击。他们更加依赖农业等对气候敏感的经济活动，有效适应气候变化的能力不足。穷人也更有可能生活在洪泛区等危险地带，他们的资产更有可能在极端天气事件中受损。他们也更容易受到热浪、洪水和干旱带来的虫害与疾病的影响（Hallegatte et al. 2016）。

紧迫性

将升温幅度限制在特定水平需要限制长效温室气体在大气中的积累。大气中温室气体的浓度不能超过某一阈值，必须稳定在一个较低的水平。温度目标越低，阈值和稳定水平就越低，排放就越早能达到峰值。

最终，全球年排放量必须达到"净零"，也就是说，必须在人类活动造成的温室气体排放量与温室气体清除量（例如，通过重新造林清除温室气体）之间建立起平衡。

全球平均地表升温的2℃上限与最重要的温室气体二氧化碳的剩余"预算"有关。到2100年前可能有600—1,100千兆吨的二氧化碳预算，具体取决于我们试图保持2℃目标的概率；概率越高，预算越低。1.5℃的目标涉及的预算较低，约为400—750千兆吨二氧化碳，并要求在2050年左右达到净零（IPCC 2018）。

要使二氧化碳的排放预算维持在600—1,100千兆吨内，全球排放量需在2020年前达到峰值，并从那时起迅速下降。为避免升温超过2℃，21世纪晚些时候可能需要负排放技术（不仅仅是扩大森林覆盖率，还包括与碳捕获和碳封存技术相结合的生物能源等）。

全球排放预算营造了一场零和博弈。某个国家的排放量越高，其他国家的排放量就必须越低。分歧便出现在这里。发达国家对历史上的大部分温室气体排放负有责任。但是近年来，年排放量的平衡已经发生了变化。发展中国家现在占年总排放量的60%左右，而且将对未来的大部分排放增长负责（New Climate Economy 2014）。十大排放国中有六个是发展中国家（World Resources Insititute 2014）。

合作

因此，应对气候变化需要所有国家共同努力、通力合作。经验告诉我们，此类合作可能难以实现。在气候变化方面开展国际合作历来困难重重。

减少气候风险带来的益处是一种全球公共利益。如果各国认为减排对自己来说代价高昂，同时无视其他国家的利益，就不能被排除在获利国以外，并且有搭便车的动机。此外，受益的群体庞大且多样，而气候变化加速对各国的影响并不均衡。这些都是难以达成协议的有力理由，同时也是需要开展国际合作的理由（Barrett 2003）。

在此背景下，《巴黎协定》便成为国际气候合作的一个重大突破。为了说明这一点，我们可以将《巴黎协定》与另一项在当时看来也几乎不可能达成的协议加以比较。《布雷顿森林协定》将44个国家聚集在一起，试图在二战后以更加合作的形式重建国际经济和金融体系。

1944年，凯恩斯（引自Braithwaite and Drahos 2001: 98）将其描述为"44个国家……能够在友好且连续的和谐状态下共同完成一项建设性工作。很少有人认为它能够实现。如果我们能够像在这个有限的任务中开始的那样，继续从事一项更大的任务，世界就有希望了。"

尽管《布雷顿森林协定》应被视为一项重要成就，但是我们也必须认识到，在二战后的时代，对合作与国际协调的强烈需求几乎无处不在。我们在30年中经历了两次世界大战和一次大萧条，从这些惨痛的经历中学到了清晰而深刻的教训。事实证明，合作失败会造成灾难性的后果；证据确凿且真实。此外，美国当时处于主导地位。相比之下，《巴黎协定》将180多个国家聚集在一起，以期应对未来的伤害，这使得它更加引人注目。而且，没有任何国家处于主导地位。

之所以能够达成协议，不仅有赖于人们对风险严重性的了解加深，更加至关重要的是，人们理解了可持续发展替代途径的吸引力。这改变了自私行动的计算方式。然而，《巴黎协定》还通过提高合作的利益以及更快地实现这些利益来增强合作的意愿，例如在低碳研究和开发方面开展国际

III 研究与探索的新领域 305

合作（Keohane and Victor 2016）。此外，国家联盟之间（以资金、承诺等形式开展的）转移有助于使协议对参与者而言更有利可图。不过，我们也不应低估共同的责任感。许多动机似乎超越了狭隘的自我利益，而变得关乎对后代的责任。

然而，无论《巴黎协定》多么引人注目，我们都必须将其视为漫长的国际合作进程的开端。协议的有效性还有待检验。促成协议的基石仍需扩大和深化。即便能够充分实现巴黎会议之前提交的承诺，世界仍将走上一条更接近升温3℃的道路，而非"远低于"2℃，更不用说1.5℃的巴黎目标了（Rogelj et al. 2016）。如果所有国家无法在未来10—15年内更紧密地合作与行动，保持远低于2℃的机会就很渺茫。

分析的挑战：超越边际主义的路径

经济学家迟迟未能认识到气候变化的严重性及其与经济发展的相关性。气候变化尚未成为许多经济部门的主流研究内容。然而，少数先驱在早期阶段便参与了这一话题（Nordhaus 1982, 1991a, 1991b; Edmonds and Reilly 1983; Cline 1992; Manne and Richels 1992; Schelling 1992）。

这些早期研究的作者运用了自己所在行业的工具。威廉·诺德豪斯（William Nordhaus）的开创性工作受到了拉姆齐和索洛的增长理论的启发。[1] 霍特林将大气中温室气体的积累理解为可耗竭资源的问题。气候变化可能产生的影响可以进行列举、货币化，并按照庇古和米德的传统进行汇总。为了纠正外部性，经济学家主张征收庇古碳税或科斯排放交易计划（参见Fankhauser 1995中关于早期气候经济学的概述）。

---

[1] 诺德豪斯在气候变化经济学方面的工作获得了2018年诺贝尔经济学奖的认可。

他们的贡献对于建立行动的论据而言至关重要。然而，经济学家将重点放在了福利经济学的边际工具上，因而往往会低估气候变化的潜在影响和向低碳增长过渡的更广泛的利益，以至于他们的模型与科学越来越不一致。虽然眼前的问题是巨大的风险和长期的管理，但他们关注的却是对长期增长影响相当微弱的干扰。增长本身可能会遭到严重破坏和逆转——而不仅仅是在边缘受到干扰。

气候变化风险的预防经济学

针对气候变化经济成本的初步评估始于20世纪90年代。这些评估既源自综合评估模型，也为综合评估模型提供了输入。这些模型试图结合生物物理与经济系统的关键因素，代表从社会经济活动到排放、温度变化和影响的整个周期，然后再将结果反馈给社会经济学。这是一次勇敢的尝试，然而，早期的模型证据不足。许多重要的影响要么被人忽略，要么是由单一数据点推断出来的（Tol and Fankhauser 1998）。这导致了对科学家所发现的一些最令人担忧的风险的忽视。

今天，我们的证据基础则要扎实得多（IPCC 2014）。更多关于适度气候变化影响的可靠实证证据开始出现，例如，对于农业的影响（如Schlenker, Hanemann, and Fisher 2005; Schlenker and Lobell 2010）和对于劳动生产率的影响（如Heal and Park 2013; Burke, Hsiang, and Miguel 2015）。案例研究证据也将气候与冲突联系在一起（Hsiang and Burke 2014; Kelley et al. 2015）。

然而，针对气候对人类的严重影响的实证研究存在固有的局限性。这个问题的本质恰恰在于，它能够将我们带到"智人"历史上的经验观察范围以外（参见上文）。为了理解气温巨变造成的后果，我们可能必须追溯到更远的过去，研究来自古气候学的证据，例如，关于海平面的证据。

因此，政府间气候变化专门委员会认为，综合评估模型的结果取决于一些"有争议的"假定（IPCC 2014）。人们很难对此产生异议，因为根据常见的规范，气温升高5℃所带来的损失仅相当于GDP的5%—10%。该水平的气温已经有数千万年未曾出现过了。这种转变很有可能会造成创伤。

综合评估模型仍然可以发挥一定的作用。然而，因为可能会产生严重的误导，它们的价值并不在于评估具体的经济损失，而在于记录我们所面临的高风险水平。多次模型运行以及对于遗漏的影响的一些理解表明，不确定性的天平向下行严重倾斜。相对于所包含的影响，负面的意外比正面的意外更有可能出现。经济工具可以用来将这些不确定性转化为风险管理的处方。

马丁·韦茨曼（Martin Weitzman）开创的一项重要研究表明，不仅要关注最有可能的结果，还要关注分布的尾部（Weitzman 2012）。然而，尽管对尾部的关注受人欢迎，但是对于长期潜在变化的中心评估——超越人类过去的经验——本身就令人深感担忧，并为采取强有力的行动提供了充分的理由（Stern 2016）。

低碳转型的动态经济学

从结构和路径上看，可用于研究低碳发展道路的经济模型的出现往往早于关于气候变化的讨论，并且源自能源部门的规划。许多模型的核心是评估边际减排成本，也就是减少一吨排放的增量成本。基于边际减排成本的模型有助于为许多国家的低碳战略提供信息。然而，由于专注于边际减排工作，这些战略往往忽略了转型变革的内在系统性与动态力量。

一些全系统范围内的影响将使碳减排的成本高于未受这些影响时的情况。我们不应低估深层结构性变革的难度。一个关键问题是体现在劳动力流动与工资上的劳动力市场的僵化（Bowen and Kuralbayeva 2015）。资本存量也存在僵化现象。碳密集型资本通常寿命较长，除非投资决策具有足够的前瞻性，否则资产可能会遭到搁浅（Pfeiffer et al. 2016）。最后，惰性与创新有关，而创新似乎又严重依赖路径（Aghion et al. 2016）。到目前为止，这些影响很少得到正确建模，但是它们指出了锁定高碳资本与基础设施的危险。

然而，未来在更便宜的可持续道路上进行创新有可能获得巨大的收益。我们拥有利用低碳创新的巨大动态效益的潜力——开启"创造性破坏"的过程，早在20世纪40年代，约瑟夫·熊彼特就曾提到过这一点。这不仅包括技术创新，还包括商业惯例与社会行为的变化（Stern 2016）。由于工程师学会了如何以廉价的方式安装、连接和维修技术，许多新技术的单位成本比现有技术的成本下降得更快。新网络的出现同样具有影响力，例如将电动汽车的储能并入智能电网。迪切兹勒普雷、马丁和莫南（Dechezleprêtre, Martin, and Mohnen 2014）发现，清洁技术创新的溢出效应高于传统创新，与信息技术及纳米技术等转型部门的溢出效应相当。新技术再加上明智的管理和投资都可以在能源效率方面产生巨大的收益。事实上，气候变化所需的近半数行动均可源自能源效率。

从减少化石燃料污染（大气污染和水污染）到保护世界森林，低碳转型还有其他环境效益。在印度，每年可能有近200万人因空气质量差而死亡（New Climate Economy 2014）。这些都是具有重大意义且应单独推进的环境优先事项，但是低碳转型提供了协同增效与协调的机会。

干预的伦理

无论在今天还是在未来，气候风险的规模与政策选择对生活和生计的持久影响，都向我们提出了公平和正义的问题，这些问题比我们在政策分析中常常遇到的问题意义更为重要，也更加难以解决。

尽管指导个体与社区行动的道德路径不尽相同，但这些路径都为强有力的行动提供了一致的规范支持（Stern 2007, 2015）。它们对主要宗教的教义也提供了道德指导。对子孙后代的关注、对环境深深的尊重，以及当代人作为地球管理者的责任都是不同宗教的一致主题。[1]

在大多数情况下，经济学中的伦理话语几乎没有为这些更广泛的哲学、伦理和宗教视角提供任何空间。它主要关注定义异常狭窄的技术问题，尤其是贴现的代际问题与责任共担或分割剩余碳空间的代内问题。

贴现当然是一个核心问题，需要从经济、哲学和政治的角度进行细致的分析审查。其他地方也详细讨论了这一问题，读者可以参考斯特恩（Stern 2007, 2015）。这些研究强烈反对纯粹的时间折扣，因为这在本质上是刑事法庭、投票程序和人权等领域均不可接受的"出生日期歧视"（discrimination by date of birth）。如果要将这一概念作为伦理标准引入，就需要令人信服的直接论证，而此类论证通常明显缺少伦理标准。

这些研究还指出，将"贴现率"（discount rate）说成是完全从辩论之外引入的东西的做法是一种严重的概念错误。贴现因子是现在与未来的商品之间的相对价格，取决于具体的商品与日期。它是逻辑上先于贴现率出现的相对价格，而贴现率则是贴现因子的下降速度。与其他价格和价值一样，贴现因子以及贴现率，取决于我们的最终结果，而这些结果又取决于我们的决策。它们是我们决策的内生因素。

"责任共担"（burden sharing）的伦理也常被误解。一种有力的论点是，从其历史、财富和技术的角度出发，发达国家拥有在减排上发挥有力带头作用的道德义务。然而，目前的论点倾向于仅从温室气体排放的角度看待

---

[1] 这一点可以从教皇通谕《愿你受赞颂：照顾我们共同的家园》《关于全球气候变化的伊斯兰宣言》《关于气候变化的印度教宣言》以及《佛教致世界领导人的气候变化声明》等文件中窥见一斑。

权利与分配的问题。对这一方面的关注忽视了许多其他相关的影响因素，以及替代低碳转型的动态与共同利益。

没有证据表明温室气体的排放是发展的需要。尽管能源是发展的基本要求（Fankhauser and Jotzo 2017），但是至少从技术的角度来说，它未必与温室气体的排放有关，因为我们有可能获得低排放或零排放的能源。可以说，所有国家或个体都拥有发展权、能源权以及人类基本需求权，然而，不论是单独来看还是放在一起，这些权利都不代表排放或破坏环境的权利。

政策挑战：超越渐进式行动

发展学界日益意识到气候变化的风险（例如，World Bank 2010, 2012; Hallegatte et al. 2016）。然而，它尚未以足够的目的及规模来应对这一威胁。气候政策并非可以附加在现有发展计划上的渐进式举措，而是需要在几十年内实施深层次的结构性和系统性变革，以减少排放、适应余下的气候风险。

气候适应力的发展

众所周知，即便是适度的气候变化也会给发展带来风险。然而，人们不太了解的是，许多发展中国家正在经历的快速发展——例如，海岸线城市（Hanson et al. 2011）——在多大程度上影响着未来它们在气候变化面前的脆弱性。

发展速度意味着，实现气候适应力的最大机会在于对这些趋势施加影响。决策者应将气候风险纳入长期发展、基础设施与空间规划决策。传统分析倾向于将适应气候变化作为一套针对具体威胁的独立的应对措施，如海岸保护计划等，而宏观层面的路径则与传统分析大相径庭。

气候适应力的发展与传统的发展有何不同？托马斯·谢林（Thomas Schelling）是最早研究气候变化的经济学家之一，他认为经济发展是适应气候变化的最佳模式。这一著名言论表明，传统发展与气候适应力发展是同一回事（Schelling 1992, 1997）。

气候适应力与经济进步确实紧密交织在一起。然而，不同的发展形式对气候适应力的影响却不尽相同。各国的经济结构随其国家的发展而不断演变，通常逐渐脱离农业。经济部门更具生产力，经济活动的地点可能会转移到城市中心。人均收入增加，而随着收入的增加，对气候保护的需求也随之增加。

在这些变化之中，只有增加适应的需求才能明确降低气候变化的风险。尚不清楚其他趋势的净影响。尽管农业对气候变化高度敏感，但是只有在工业部门和城市工业区遭遇的气候风险少于农业的情况下（这种情况未必能够实现），向工业化与城市化的结构性转变才能提高适应力（Fankhauser and McDermott 2014, 2016）。例如，许多城市发展都涉及洪泛区的建设。

在宏观层面追求气候适应力的发展能够产生制度性后果。适应的责任从环境部门和水文气象部门转移到规划部门和经济部门。这些部门往往权力更大，也更有能力推动必要的改革。这种转变是在由项目层面的适应转向气候适应力发展的过程中产生的一个重要但有时却会被忽视的副作用。

我们应在整合发展与气候行动时认识到，发展（传统意义上的发展）、减排与适应紧密交织在一起。例如，低耕农业与水稻集约化（Sustainable Rice Intensification）等路径可以节约能源和水、减少排放，并具有更强的适应性。能源、城市规划与建筑设计等领域也有很多例子。

低碳转型

化石燃料能源一直是促进增长与减贫的强大力量，因此似乎可以借用德尔康（Dercon 2012）的话问一句："绿色增长是否对穷人有利？"这是一个长期问题。《联合国气候变化框架公约》的原始文本广泛涉及谁将承担增量成本的问题，这意味着增长与环境责任之间存在"赛马算法"问题。

现在，我们已经知道"赛马算法"的概念是一种错误的二分法。我们在上文强调了创新驱动增长模式的动态效益，在这种模式下，学习过程与规模经济可以创造投资和就业机会。我们对此类行动方针的环境效益（如空气质量方面）与提高资源效率的巨大空间进行了概述。我们还强调了发展、减排与适应之间的相互关联。

发展政策面临的挑战是如何引导经济决策朝这个新方向发展。结构转型绝非易事，即便这种转型于人类有益。决策者不得不解决基本的市场失灵问题，这些问题不仅与温室气体有关，而且与网络、资本市场、清洁创新信息提供以及地方、区域和全球环境有关。当前存在有害的政策扭曲，尤其是化石燃料补贴与过低的能源定价，每年政府在这两项政策上的投入高达数千亿美元（Coady et al. 2015; OECD 2015）。既得利益者可能非常强大。政治技能与制度将受到严峻的考验。

政策的选择十分重要。事实证明，碳定价是激励减排的有效工具，而且到目前为止，对竞争力的影响非常有限（Dechezleprêtre and Sato 2014）。突破低碳技术需要对清洁研究和早期部署提供额外的支持（Dechezleprêtre, Martin, and Bassi 2016）。深思熟虑的监管（及其执行）也可以发挥作用，例如，以效率标准、规划规则和建筑规范等形式。政策组合的另一个重要部分是通过支持劳动力流动、提供社会安全网以及保护低收入家庭来降低结构调整成本的战略。

刺激低碳增长需要重新调整资金流与投资方向。只有在风险和收益的平衡具有吸引力且发展方向明确的情况下，私人投资者才会这样做。因此，气候政策的一致性、明确性与可信度至关重要。当前的政治进程未必总是能够做到这一点。政府引发的政策风险是全球的一大抑制因素。然而，有可能通过由立法规定并受独立的非政治机构监督的法定碳目标等措施来减少政策的不确定性（Fankhauser 2013）。

一个关键问题就是基础设施。在未来20年里，基础设施所需的投资将达到100万亿美元或以上（Bhattacharya, Oppenheim, and Stern 2015）。此类新资本将是持久的，而我们现在的选择将对增长、发展和气候产生持久的影响。目前，全球每年约有60%的温室气体排放是由基础设施的投资和使用造成的。城市化进程的迅速推进（可能从现在的约35亿人增长到本世纪中叶的约65亿人）表明，继续使用浪费资源、污染环境的基础设施存在巨大的危险。这些数字表明，未来20年的投资将深刻塑造未来：它将决定我们是否拥有可以移动和呼吸的城市，以及我们是否能够将全球升温控制在2℃以下。

结论

人类凭借自身的聪明才智成功克服了曾经制约经济发展的自然资源的限制。这一巨大进步仍不足以消除全球贫困，自然环境也因此受到了影响，但是，人类福祉却得到了显著的改善。然而，21世纪所面临的环境与发展挑战可能比以往更难以解决。

气候变化就是最明显的例子。气候变化是一种规模及性质与过去完全不同的威胁。为了能够在面对气候风险时继续取得进展，我们既需要强有力的政策行动，也需要彻底深化经济分析。我们需要构建能够反映眼前所面临的独特挑战及其产生背景的理论和模型。

气候威胁的应对之法并非终结经济增长（Jackson 2011; Klein 2015）。我们有可能在推进经济繁荣的同时应对气候变化。我们认为，由清洁创新与投资驱动的增长路径可以创造新的增长机会与就业机会。可持续增长面临着巨大的经济、结构和技术挑战，然而，它所带来的机遇也是真实且极具吸引力的。

然而，时间紧迫。在未来的20年里，亚洲、非洲和拉丁美洲的新兴市场将建设自己的城市、基础设施和能源系统。发达国家需要对自己的系统进行重大的革新。我们在这些问题上的决策方式将决定我们是否有机会将升温的幅度保持在2℃以下。

我们有理由保持乐观。通过2015年12月签订的《巴黎协定》与2015年9月制定的《可持续发展目标》，国际社会已经构建了一个能够将气候变化、环境和发展纳入规划、融资和投资决策的平台。我们第一次有了一个几乎所有国家均参与其中的全球议程。

为了对这些决定提供指导，我们呼吁**彻底深化经济分析**。气候变化是系统性全球风险最大也是最重要的例子，但它却不是唯一的例子，经济学界必须学会更仔细地思考和调查这些问题。标准增长理论、一般均衡与边际方法将一如既往地做出许多贡献。但是这些还远远不够。我们应该创建一个动态的经济学，在重大和系统性风险的背景下，直接解决涉及变革速度与规模的问题。

我们也呼吁**摒弃一切照常的发展模式**。穷国对现代的能源、运输和基本消费品形式有着大量被抑制的需求，现在，我们必须以低碳的方式满足这些需求。他们所承受的气候变化的不利影响最为严重，因而需要一种能够管理其气候暴露度并提高其适应能力的经济发展形式。其中一个关键的重点一定是投资可持续基础设施。世界需要明确且有力的政策来促进这些投资，需要大力扩大资金投入来开展这些投资。开发银行不仅拥有一系列能够激发人们信心的工具，而且有能力从长计议，因此可以发挥至关重要的作用。

应对气候变化和减少贫困是21世纪的决定性挑战。这两个问题都可以解决，而且实现可持续增长的其他途径也极具吸引力。我们知道需要做些什么，我们知道如何开始，我们也将一路学习。

参考文献

Aghion, Philippe, Antoine Dechezleprêtre, David Hémous, Ralf Martin, and John Van Reenen. 2016. "Carbon Taxes, Path Dependency, and Directed Technical Change: Evidence from the Auto Industry." *Journal of Political Economy* 124 (1): 1–51.

Barrett, Scott. 2003. *Environment and Statecraft: The Strategy of Environmental Treaty-Making*. Oxford: Oxford University Press.

Bhattacharya, Amar, Jeremy Oppenheim, and Nicholas H. Stern. 2015. "Driving Sustainable Development through Better Infrastructure: Key Elements of a Transformation Program." Global Working Paper 91, Brookings Institution, Washington, DC.

Boulding, Kenneth E. 1966. "The Economics of the Coming Spaceship Earth." In *Environmental Quality in a Growing Economy: Essays from the Sixth RFF Forum*, edited by Henry Jarrett, 3–14. Baltimore: Resources for the Future, Johns Hopkins University Press.

Bowen, Alex, and Karlygash Kuralbayeva. 2015. "Looking for Green Jobs: The Impact of Green Growth on Employment." Policy brief, Grantham Research Institute on Climate Change and the Environment, London School of Economics and Political Science, London.

Braithwaite, John, and Peter Drahos. 2001. *Global Business Regulation*. Cambridge: Cambridge University Press.

Burke, Marshall, Solomon M. Hsiang, and Edward Miguel. 2015. "Global Non-Linear Effect of Temperature on Economic Production." *Nature* 527 (7577): 235.

Cline, William. 1992. *The Economics of Global Warming*. Washington, DC: Peterson Institute for International Economics.

Coady, David, Ian Parry, Louis Sears, and Baoping Shang. 2015. "How Large Are Global Energy Subsidies?" IMF Working Paper 15/105, International Monetary Fund, Washington, DC.

Coase, Ronald H. 1960. "The Problem of Social Cost." *Journal of Law & Economics* 3 (October): 1–44.

Dechezleprêtre, Antoine, and Misato Sato. 2014. "The Impacts of Environmental Regulations on Competitiveness." Policy brief, Grantham Research Institute on Climate Change and the Environment, London School of Economics and Political Science, London.

Dechezleprêtre, Antoine, Ralf Martin, and Samuela Bassi. 2016. "Climate Change Policy, Innovation and Growth." Policy brief, Grantham Research Institute on Climate Change and the Environment, London School of Economics and Political Science, London.

Dechezleprêtre, Antoine, Ralf Martin, and Myra Mohnen. 2014. "Knowledge Spillovers from Clean and Dirty Technologies: A Patent Citation Analysis." Working Paper 135, Grantham Research Institute on Climate Change and the Environment, London School of Economics and Political Science, London.

Dercon, Stefan. 2012. "Is Green Growth Good for the Poor?" Policy Research Working Paper 6231, World Bank, Washington, DC.

Drèze, Jean, and Nicholas H. Stern. 1987. "The Theory of Cost-Benefit Analysis." In *Handbook of Public Economics*, volume 2, edited by Alan J. Auerbach and Martin Feldstein, 909–989. Amsterdam: North-Holland.

Drèze, Jean, and Nicholas H. Stern. 1990. "Policy Reform, Shadow Prices, and Market Prices." *Journal of Public Economics* 42 (1): 1–45.

Drijfhout, Sybren, Sebastian Bathiany, Claudie Beaulieu, Victor Brovkin, Martin Claussen, Chris Huntingford, Marten Scheffer, Giovanni Sgubin, and Didier Swingedouw. 2015. "Catalogue of Abrupt Shifts in Intergovernmental Panel on Climate Change Climate Models." *Proceedings of the National Academy of Sciences* 112 (43). E5777–E5786.

Edmonds, Jae, and John Reilly. 1983. "A Long-Term Global Energy-Economic Model of Carbon Dioxide Release from Fossil Fuel Use." *Energy Economics* 5 (2): 74–88.

Fankhauser, Sam. 1995. *Valuing Climate Change: The Economics of the Greenhouse*. London: Earthscan.

Fankhauser, Sam. 2013. "A Practitioner's Guide to a Low-Carbon Economy: Lessons from the UK." *Climate Policy* 13 (3): 345–362.

Fankhauser, Sam, and Frank Jotzo. 2017. "Economic Growth and Development with Low-Carbon Energy." *Wiley Interdisciplinary Review Climate Change*: e495.

Fankhauser, Sam, and Thomas K. J. McDermott. 2014. "Understanding the Adaptation Deficit: Why Are Poor Countries More Vulnerable to Climate Events Than Rich Countries?" *Global Environmental Change* 27 (Supplement C): 9–18.

Fankhauser, Sam, and Thomas K. J. McDermott, eds. 2016. *The Economics of Climate-Resilient Development*. Cheltenham, UK: Edward Elgar.

Freeman, Jody, and Charles D. Kolstad. 2007. *Moving to Markets in Environmental Regulation: Lessons from Twenty Years of Experience*. Oxford: Oxford University Press.

Hallegatte, Stephane, Mook Bangalore, Laura Bonzanigo, Marianne Fay, Tamaro Kane, Ulf Narloch, Julie Rozenberg, David Treguer, and Adrien Vogt-Schilb. 2016. *Shock Waves: Managing the Impacts of Climate Change on Poverty*. Washington, DC: World Bank.

Hanley, Nick, and Edward B. Barbier. 2009. *Pricing Nature: Cost-Benefit Analysis and Environmental Policy*. Cheltenham, UK: Edward Elgar.

Hanson, Susan, Robert Nicholls, N. Ranger, S. Hallegatte, J. Corfee-Morlot, C. Herweijer, and J. Chateau. 2011. "A Global Ranking of Port Cities with High Exposure to Climate Extremes." *Climatic Change* 104 (1): 89–111.

Hartwick, John M. 1977. "Intergenerational Equity and the Investing of Rents from Exhaustible Resources." *American Economic Review* 67 (5): 972–974.

Heal, Geoffrey, and Jisung Park. 2013. "Feeling the Heat: Temperature, Physiology & the Wealth of Nations." NBER Working Paper 19725, National Bureau of Economic Research, Cambridge, MA.

Hedlund-Nyström, Torun, Lars Jonung, Karl-Gustaf Löfgren, and Bo Sandelin. 2006. "Knut Wicksell on Forestry: A Note." In *Swedish Economic Thought: Explorations and Advances*, edited by Lars Jonung, 46–65. London and New York: Routledge.

Hotelling, Harold. 1931. "The Economics of Exhaustible Resources." *Journal of Political Economy* 39 (2): 137–175.

Hsiang, Solomon M., and Marshall Burke. 2014. "Climate, Conflict, and Social Stability: What Does the Evidence Say?" *Climatic Change* 123 (1): 39–55.

IPCC (Intergovernmental Panel on Climate Change). 2007. *Climate Change 2007:*

Synthesis Report. Contribution of Working Groups I, II and III to the Fourth Assessment Report of the Intergovernmental Panel on Climate Change. Geneva: Intergovernmental Panel on Climate Change.

IPCC (Intergovernmental Panel on Climate Change). 2013. *Climate Change 2013: The Physical Science Basis: Working Group I Contribution to the Fifth Assessment Report of the Intergovernmental Panel on Climate Change.* Cambridge: Cambridge University Press.

IPCC (Intergovernmental Panel on Climate Change). 2014. *Climate Change 2014: Impacts, Adaptation and Vulnerability. Part A: Global and Sectoral Aspects. Contribution of Working Group II to the Fifth Assessment Report of the Intergovernmental Panel on Climate Change.* Cambridge: Cambridge University Press.

IPCC (Intergovernmental Panel on Climate Change). 2018. *Global Warming of 1.5°.* An IPCC Special Report, Intergovernmental Panel on Climate Change, Geneva.

Jackson, Tim. 2011. *Prosperity without Growth: Economics for a Finite Planet.* London: Routledge.

Kelley, Colin P., Shahrzad Mohtadi, Mark A. Cane, Richard Seager, and Yochanan Kushnir. 2015. "Climate Change in the Fertile Crescent and Implications of the Recent Syrian Drought." *Proceedings of the National Academy of Sciences* 112 (11): 3241–3246.

Keohane, Robert O., and David G. Victor. 2016. "Cooperation and Discord in Global Climate Policy." *Nature Climate Change* 6 (6): 570–575.

Klein, Naomi. 2015. *This Changes Everything: Capitalism vs. The Climate.* New York: Simon & Schuster.

Little, Ian, Malcolm David, and James A. Mirrlees. 1974. *Project Appraisal and Planning for Developing Countries.* New York: Basic Books.

Manne, Alan Sussmann, and Richard G. Richels. 1992. *Buying Greenhouse Insurance: The Economic Costs of Carbon Dioxide Emission Limits.* Cambridge, MA: MIT Press.

Meade, James Edward. 1955. *Trade and Welfare.* London, New York: Oxford University Press.

Meadows, Donella H., Dennis L. Meadows, Jørgen Randers, and William W. Behrens. 1972. *The Limits to Growth.* New York: Universe Books.

Montesquieu, Charles Baron de. (1748) 2011. *The Spirit of Laws.* Translated by Thomas Nugent. New York: Cosimo Classics.

New Climate Economy. 2014. *Better Growth, Better Climate: The New Climate*

Economy Report. London: Global Commission on the Economy and Climate.

Nordhaus, William D. 1982. "How Fast Should We Graze the Global Commons?" *American Economic Review* 72 (2): 242–246.

Nordhaus, William D. 1991a. "A Sketch of the Economics of the Greenhouse Effect." *American Economic Review* 81 (2): 146–150.

Nordhaus, William D. 1991b. "To Slow or Not to Slow: The Economics of the Greenhouse Effect." *Economic Journal* 101 (407): 920–937.

OECD (Organisation for Economic Co-operation and Development). 2015. *OECD Companion to the Inventory of Support Measures for Fossil Fuels 2015*. Paris: OECD Publishing.

Pearce, David W. 2002. "An Intellectual History of Environmental Economics." *Annual Review of Energy and the Environment* 27: 57–81.

Pearce, David W., and Jeremy J. Warford. 1993. *World without End: Economics, Environment, and Sustainable Development*. Oxford: Oxford University Press.

Pfeiffer, Alexander, Richard Millar, Cameron Hepburn, and Eric Beinhocker. 2016. "The '2℃ Capital Stock' for Electricity Generation: Committed Cumulative Carbon Emissions from the Electricity Generation Sector and the Transition to a Green Economy." *Applied Energy* 179 (Supplement C): 1395–1408.

Pigou, Arthur C. 1920. *The Economics of Welfare*. London: Macmillan.

Rhode, Robert A., and Richard A. Muller. 2015. "Air Pollution in China: Mapping of Concentrations and Sources." *PLoS ONE* 10 (8): e0135749.

Rockström, Johan, Will Steffen, Kevin Noone, Åsa Persson, F. Stuart Chapin III, Eric F. Lambin, Timothy M. Lenton, et al. 2009. "A Safe Operating Space for Humanity." *Nature* 461 (7263): 472–475.

Rogelj, J., M. Den Elzen, N. Höhne, T. Fransen, H. Fekete, H. Winkler, R. Schaeffer, F. Sha, K. Riahi and M. Meinshausen. 2016. "Paris Agreement Climate Proposals Need a Boost to Keep Warming Well Below 2 C." *Nature* 534 (7609): 631–639.

Sandmo, Agnar. 2015. "The Early History of Environmental Economics." *Review of Environmental Economics and Policy* 9 (1): 43–63.

Schelling, Thomas C. 1992. "Some Economics of Global Warming." *American Economic Review* 82 (1): 1–14.

Schelling, Thomas C. 1997. "The Cost of Combating Global Warming." *Foreign Affairs* 76 (6): 8–14.

Schlenker, Wolfram, and David B. Lobell. 2010. "Robust Negative Impacts of

Climate Change on African Agriculture." *Environmental Research Letters* 5 (1): 014010.

Schlenker, Wolfram, W. Michael Hanemann, and Anthony C. Fisher. 2005. "Will U.S. Agriculture Really Benefit from Global Warming? Accounting for Irrigation in the Hedonic Approach." *American Economic Review* 95 (1): 395–406.

Solow, Robert M. 1974. "Intergenerational Equity and Exhaustible Resources." *Review of Economic Studies* 41 (5): 29–45.

Stern, Nicholas H. 2007. *The Economics of Climate Change: The Stern Review.* Cambridge: Cambridge University Press

Stern, Nicholas H. 2015. *Why Are We Waiting?: The Logic, Urgency, and Promise of Tackling Climate Change.* Cambridge, MA: MIT Press.

Stern, Nicholas H. 2016. "Economics: Current Climate Models Are Grossly Misleading." *Nature News* 530 (7591): 407–409.

Sterner, Thomas. 2003. *Policy Instruments for Environmental and Natural Resource Management.* Washington, DC: Resources for the Future.

TEEB (The Economics of Ecosystems and Biodiversity). 2010. *The Economics of Ecosystems and Biodiversity.* London: Earthscan.

Tol, Richard S. J., and Sam Fankhause. 1998. "On the Representation of Impact in Integrated Assessment Models of Climate Change." *Environmental Modeling & Assessment* 3 (1–2): 63–74.

Weitzman, Martin L. 2012. "GHG Targets as Insurance Against Catastrophic Climate Damages." *Journal of Public Economic Theory* 14 (2): 221–244.

World Bank. 2010. *World Development Report 2010: Development and Climate Change.* Washington, DC: World Bank.

World Bank. 2011. *The Changing Wealth of Nations: Measuring Sustainable Development in the New Millennium.* Washington, DC: World Bank.

World Bank. 2012. *Turn Down the Heat: Why a 4 ℃ Warmer World Must Be Avoided.* Washington, DC: World Bank.

World Commission on Environment and Development (Brundtland Commission). 1987. *Our Common Future.* Oxford. Oxford University Press.

World Resources Institute. 2014. "CAIT Climate Database." http://cait.wri.org/.

评（迈克尔·托曼）

范克豪泽与斯特恩（以下简称"范-斯"）的论文出色地论证了应对全球气候变化威胁的迫切性，我非常赞同他们的观点。气候变化将是世界银行部分成员国家面临的一项特殊威胁，这些国家因不同原因而更易受到气候变化的影响：处于特殊的地理位置（例如，位于低洼的沿海地区）；经济活动中存在大量风险行业（例如，生产力低下的自给农业），获得更具弹性的技术的机会较少；以及适应气候变化的制度能力（例如，提供公共卫生项目）不发达等。世界银行在其关于气候变化与贫困风险的旗舰报告中也提出了类似的观点（Hallegatte et al. 2016）。尽管许多主要的风险直到未来才会浮现，但地球气候系统的惰性与经济中资本存量的调整惰性意味着，现在就需要认真采取行动来遏制风险，尽管风险规模尚不确定。

范-斯还认为，是时候通过快速、大幅削减全球温室气体排放来遏制气候变化的风险了。出于下述原因，我不太看好这种可能性，但是我希望有朝一日，事实证明我的判断是错误的。范-斯的结论建立几个前提之上：

1. 这一代人有责任保护子孙后代免受气候变化带来的严重不利影响，这一道德论点明确无疑。
2. 就旨在减缓温室气体排放的协调行动达成国际协议而言，政治局面变得更加有利〔《2015年新气候经济报告》（New Climate Economy 2015）〕，尤其是联合国气候变化大会于2015年年底通过了《巴黎协定》（UNFCCC

2015, Addendum）。
3. 快速脱碳途径同样可以通过技术进步与创造新商品及服务市场的新机会，为发展中国家和发达国家创造中长期经济机会（New Climate Economy 2014）。
4. 减缓温室气体排放也有近期的好处——最明显的是，在转向可再生能源和提高能源效率时获得的"共同效益"（co-benefits）可以减少因燃烧化石燃料而产生的对人类健康与环境有害的当地污染物的数量。

关于第1点，我认为就承担代际责任的实际意义而言，人们尚未达成广泛的共识。当代人是否有义务如巴雷特（Barrett 2013）所述，尽最大努力减少累积排放，以防气候变化产生灾难性的影响？降低非灾难性风险的责任是什么？减缓温室气体排放与加强气候适应力这两者的道德义务是否存在不同？

如何在这一代成员国之间分摊减排与提高气候适应力的近期成本，这一问题必须得到解决，而此类问题更为复杂。近25年的分析工作与政策争论仍未能实际解决费用分摊问题，仅仅达成了富裕国家应该分摊更多费用的普遍共识。用于费用分摊的资金仍然不足，而且仍然有人主张在对全球排放水平贡献甚微的低收入发展中国家推行昂贵的低碳能源项目。

关于第2点，发展中国家与发达国家在2015年《巴黎协定》中的参与程度确实是一项重大成就。展望未来，各国在实现其减少全球温室气体排放的"国家自主贡献"（NDC）方面表现如何，还有待观察。此外，要缓解气候变化带来的严重风险，就需要大幅削减排放，削减幅度甚至要超过全面实现"国家自主贡献"时的情况。国际协议的基本悖论是，极难找到在许多国家之间达成一致并兑现重大减排承诺的方法。

关于第3点，IPCC最新评估报告中的分析表明，**如果**一切顺利，随着时间的推移，温室气体减排对消费的累积影响相对较小（IPCC 2014，表

SPM2）。这意味着成本效益高的脱碳技术（尤其是地质固碳，以及大规模扩张的核电）的可用性和公众接受性仍然存在争议。这也意味着以极具成本效益的方式协调国家政策的实施，以遏制温室气体排放。如果这些强有力的假定不成立，成本就会大大增加。

除却这些挑战，还应谨慎对待快速大规模推广脱碳项目的经济性。提高能源效率可以完成大量的工作。另一方面，尽管如今太阳能发电似乎越来越便宜，但也必须将削减间歇性成本的费用考虑在内，例如利用备用化石燃料发电，选择智能电网（仅对不相关的间歇性有帮助），以及使用不断发展但仍然昂贵的储能等方式所需的花销。

《2014年新气候经济报告》充分讨论了更严格的温室气体排放限制带来的"创造性破坏"的广泛可能性，从而通过增加创新和新市场带来经济收益。我认为，这一观点是否具有广泛的适用性仍需进一步验证。尽管淘汰大量以化石燃料为基础的发电容量将扩大替代技术市场，并为一些供给商带来竞争优势，但是这样的政策不可能在短期内取得全面胜利。能够取得多少创新，关键也取决于温室气体定价的合理程度，以及支持基础和应用型研发的配套政策的部署情况。

第4点是气候政策性辩论中的流行观点，但我认为，我们需要从经济和道德的角度更加仔细地考虑将环境共同利益算作温室气体减排的理由。目前，发展中国家面临众多环境挑战，包括大气污染造成的重大公共健康威胁。然而，可以利用现有技术以经济有效的方式减少大气污染，而不会因为将低污染的可再生替代能源推广到化石能源领域而出现延迟或不确定成本。无论在低碳能源方面做了什么，为什么不从经济角度出发，不提出有力的减排理由呢？从伦理的角度来看，为保护子孙后代的福祉，在谁更有责任为削减当前温室气体的措施买单这一问题上，存在着激烈的争论。对于今天不推动相对负担得起且现成的拯救生命的污染控制措施的道德问题，我们能说什么呢？

"范-斯"提出了一个重要且有效的观点，即为了评估温室气体减排的可能性与提高气候变化适应力，需要更好地结合宏观分析与微观分析。我们需要的是"环境宏观经济学"，而不是目前的环境与自然资源经济学的范畴。他们还认为，在这个关键时刻，"做出正确的重大决定"十分重要，例如，如何实施碳定价，如何增加对适应措施的援助。

要想获得"范-斯"所倡导的大幅削减未来全球温室气体排放的现实机会，营造一个有利的技术环境至关重要。尤其是有必要提供更具成本竞争力的低碳能源技术选择。到2100年，低碳能源（可再生能源、核能以及带有碳捕获与封存技术的化石能源）在总能源使用中所占的比例必须从不足20%增加到70%，甚至是90%以上，具体取决于所寻求的升温限制的严格程度（IPCC 2014，见第七章图7.16）。如果不从根本上改变低碳能源技术的成本和性能，这种转变就不可能实现。

一些著名的观察家（包括斯特恩在内）呼吁制订"应对气候变化的全球阿波罗计划"（King et al. 2015），这引起了人们对大幅扩大温室气体减排的国际研发需求的关注。观察家们建议，各国通过自愿加入某种"低碳技术创新俱乐部"来制订这一计划。基欧汉和维克托（Keohane and Victor 2016）更为详细地描述了一种开展国际合作，以开发大幅削减温室气体排放所需技术的路径，作为旨在协调不同类型气候变化政策的大框架的一部分。然而，金等人（King et al. 2015）提出的每年150亿美元或约占全球GDP的0.02%的最初目标，约比国际能源署所计算的低碳转型所需的年投资水平低一个数量级（IEA 2014）。如何调动如此庞大的资金，以便迅速地大幅削减全球温室气体排放，是一个紧迫但仍未得以解决的问题。

参考文献

Barrett, Scott. 2013. "Climate Treaties and Approaching Catastrophes." *Journal of Environmental Economics and Management* 66 (2): 235–250.

Hallegatte, Stephane, Mook Bangalore, Laura Bonzanigo, Marianne Fay, Tamaro Kane, Ulf Narloch, Julie Rozenberg, David Treguer, and Adrien Vogt-Schilb. 2016. *Shock Waves: Managing the Impacts of Climate Change on Poverty*. Washington, DC: World Bank.

IEA (International Energy Agency). 2014. *World Energy Investment Outlook*. Paris: International Energy Agency. https://www.iea.org/publications/freepublications/publication/WEIO2014.pdf.

IPCC (Intergovernmental Panel on Climate Change). 2014. *Climate Change 2014: Mitigation of Climate Change. Contribution of Working Group III to the Fifth Assessment Report of the Intergovernmental Panel on Climate Change*. Cambridge: Cambridge University Press.

Keohane, Robert, and David Victor. 2016. "Cooperation and Discord in Global Climate Policy." *Nature Climate Change* 6 (6): 570–575.

King, David, John Browne, Richard Layard, Gus O'Donnell, Martin Rees, Nicholas Stern, and Adair Turner. 2015. "A Global Apollo Programme to Combat Climate Change." London: London School of Economics, Centre for Economic Performance. http://cep.lse.ac.uk/pubs/download/special/Global_Apollo_Programme_Report.pdf).

New Climate Economy. 2014. *Better Growth, Better Climate: Charting a New Path for Low-Carbon Growth and a Safer Climate*. London: Global Commission on the Economy and Climate. http://newclimateeconomy.report/2014/.

New Climate Economy. 2015. *Seizing the Global Opportunity: Partnerships for Better Growth and a Better Climate*. London: Global Commission on the Economy and Climate. http://newclimateeconomy.report/2015/.

UNFCCC (United Nations Framework Convention on Climate Change). 2015. "Report of the Conference of the Parties on Its Twenty-First Session," Paris, November 30–December 15, Addendum. Document FCCC/CP/2015/10/Add.1. http://unfccc.int/resource/docs/2015/cop21/eng/10a01.pdf.

评（盖尔·吉劳德[1]）

气候经济学的问题

我在此简要地评论一下萨姆·范克豪泽和尼古拉斯·斯特恩（以下简称"范-斯"）在这篇发人深省的优秀论文中提出的主要观点。第1节将讨论正在进行的关于气候变化造成的经济损失严重性的辩论。我在第2节中指出，物理风险的严重性会引发资金问题，很难指望仅靠国家预算等常规手段来解决这一问题。第3节简要思考了范-斯提出的伦理问题。第4节附和了他们的强烈呼吁，即"彻底深化"旨在评估全球变暖影响（以及如何避免其灾难性影响）的综合经济模型。为此，最后一节初步提出了一个可作为更多传统模型的补充或备选方案的动态模型。

气候：问题很严重！

范-斯论文的第一个也是最主要的结论相当清晰：全球变暖造成的经济损失可能远高于目前经济模型的预测。因此，采取紧急、严厉的行动，通过减少碳排放来抑制温度变化的做法比以往任何时候都更加重要。更

---

[1] 本研究得益于风险基金会（Institut Louis Bachelier, 28 place de la Bourse, 75002 Paris, France）资助的能源与繁荣讲座（Energy and Prosperity Chair）的支持。当然，如有错误，都是我的责任。

重要的是，作者强调了困扰应对气候变化挑战的"双重不平等"（double inequity）现象：富裕国家对目前大气中的大部分温室气体存量负有责任，但是南方各国的贫穷人口却将最先遭受最严重的打击（其次是北方各国的贫穷人口）。在这个问题上，气候变化物理脆弱性指数为衡量贫穷国家对全球变暖后果的暴露度提供了一个有趣但待完善的工具（Guillaumont 2013）。图7.1显示了根据该指数评估的物理气候风险的地理分布。

即使是像法国这样的国家也非常关注这一问题，当然主要缘于其海外领土（Goujon, Hoarau, and Rivière 2015），但是也涉及其大都市地区（Le Treut 2013）。哈尔加特等人（Hallegatte et al. 2016）估计，到2030年，全球约有1亿人的生活水平可能会因气候变化而降至贫困线以下。显然，正如范-斯所强调的那样，"发展、减排与适应紧密交织在一起"，因此，气候政策与发展之间的"赛马算法"代表了一种"错误的二分法"。一些具体的经验证实，发展与气候政策可以——而且实际上应该——同时实现。从制定城市规划（贝宁首都波多诺伏或菲律宾各城市）和解决海平面上升的问题，到在瓦尔扎扎特（摩洛哥）附近建设太阳能发电厂，法国开发署（AFD）参与的许多项目均体现了这种结合。其他的例子还包括津巴布韦的农业生态微型项目，或是圣多明哥市巴基塔区贫民窟旨在帮助钩端螺旋体病患儿的卫生项目，这种疾病常在干旱与极具破坏性的台风交替出现的时期传播。因此，对南方国家来说，适应全球变暖与气候适应力至关重要，而减缓气候变化应是新兴经济体与发达经济体的优先事项。不幸的是，这并不意味着发展中国家无需为减缓气候变化做出任何努力。目前，撒哈拉以南非洲的温室气体排放量在世界排放量中所占的比例不到3.4%。然而，利塞斯等人（Liousse et al. 2014）认为，到2030年，非洲大陆的排放量可能会占全球排放量的20%，甚至更多——至少在一切照常的情况下是如此。因此，即使对一些尚未崛起的国家来说，简单模仿西方"肮脏"

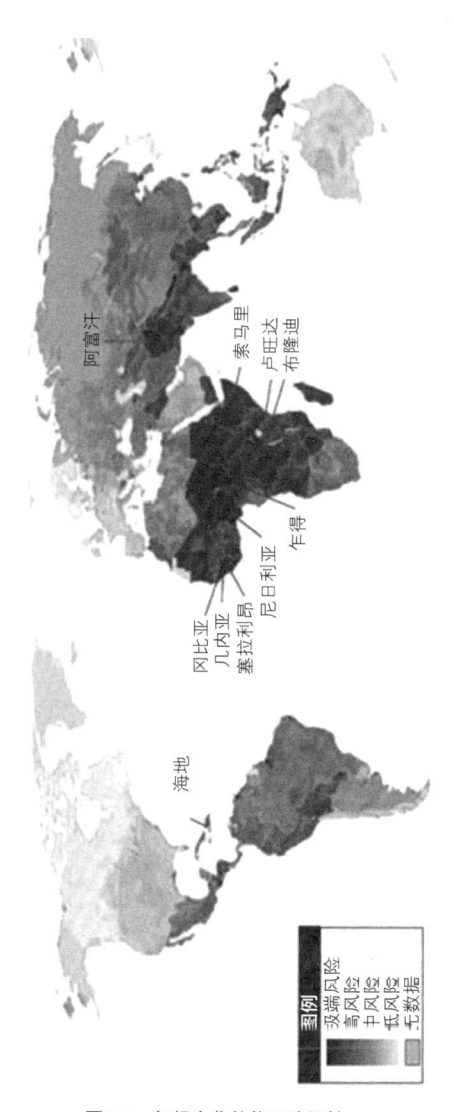

图7.1 气候变化的物理脆弱性

资料来源：Guillaumont（2013）。

的生产模式与生活方式的崛起之路，也不应被视为有效的选择。在亚洲尤其如此，如果我们希望有机会将全球平均升温维持在2℃以下，那么已经规划好的亚洲燃煤电厂——如果它们真的会在不久的将来投入运营——就必须吸收世界范围内剩余的全部碳预算。

在这一点上，我的感觉是，我们迫切地需要掌握更多关于气候变化对区域和地方所造成的影响的数据：无论全球综合评估模型多么强大，如果无法提高我们对全球变暖后果的理解程度，这些模型对政治议程的帮助就十分有限。气候学家正在为这一核心问题付出宝贵的努力：沃塔尔等人（Vautard et al. 2014）以及勒·特雷（Le Treut 2013）等人表明，至少对于某些地区来说，只要采取真正跨学科的方法，就有可能对在可预见的未来发生的气候变化的后果有一个相对清晰的认识。

减少温室气体远非易事，然而有效的适应其实是一项更具挑战性的任务，因为气候变化适应力意味着塑造基础设施与机构，使其能够根据一种本身便是高度非线性的动态现象而逐渐演变。一个简单的例子就可以说明这一点：海平面上升严重侵蚀了越南岘港与会安的海岸。我的脑海中浮现出一个直接的解决方案——比方说，受荷兰圩田的世俗经验的启发——就是建造堤坝，保护海岸。然而，事实证明，这可能是一个目光短浅，甚至适得其反的答案。事实上，随着海平面的上升，未来几十年内水流与波浪的方向可能会发生改变。这些变化是与非线性纳维-斯托克斯偏微分方程相关的复杂湍流现象所造成的，因而难以预测。建造堤坝在短期内有效，但是在中期可能会引发灾难。因此，一个明智的解决方案需要某种适应性过程。在我看来，我们似乎刚刚开始意识到这是一项多么艰巨的挑战。

本节讨论了由即将到来的气候和天气相关事件的频率与严重性不断增加所带来的物理风险。允许我在本节结束的时候强调读者在匆忙阅读范-斯论文时很可能忽略但特别重要的观点。两位作者在提到关于马尔萨斯式悲观主义的著名辩论时，公正地指出:"到目前为止，马尔萨斯和资源悲观主义者的观点似乎是普遍错误的。人类的聪明才智大多突破了自然资源约束。"

如此谨慎的措辞不只是一种修辞上的防范措施，罗马俱乐部第33份报告（Bardi 2014）的结论就证实了这一点：如今，全球的采矿业已经开始显示出令人担忧的困难迹象。开采和加工成本最低的矿产资源大多已被开采和耗尽。[1]尽管还有大量矿产可供开采，但是它们的财务成本和能源成本将越来越高，开采难度也会越来越大。因此，在规划通往以可再生能源为基础的社会的道路时，必须权衡矿物的枯竭问题（从经济而非地质意义上来说的枯竭，这意味着如今对地球的掠夺是不可持续成本）(Vidal, Goffé, and Arndt 2013; Giraud 2014)。[2]

调动气候融资

保险公司处于物理风险的第一线。保险发展论坛就体现了这种参与，该论坛是联合国开发计划署、世界银行与保险业于2015年建立的伙伴关系，旨在利用保险业的专业知识，为不受保护但却易受气候变化风险影响的发展中国家民众提供保险。根据英格兰银行行长马克·卡尼（Mark Carney）的说法，"目前，此类保护缺口占未投保的自然灾害经济成本的90%"。[3]

---

[1] 以铜（一种广泛使用的矿物，在许多工业应用中仍然难以被替代）为例，迄今为止，已开采的铜矿床平均含铜量超过5%。而剩余矿床的平均含铜量不足1%（Vidal, Goffé, and Arndt 2013）。
[2] 枯竭不是唯一的问题，采矿会引发多种形式的污染并造成包括加剧气候变化在内的众多后果。
[3] Carney (2016).

III 研究与探索的新领域　331

然而，除了物理风险以外，金融风险也因其严重性而不容忽视。正如卡尼所言，如果向低碳经济的转型速度过快，金融稳定可能会遭到严重的损害，"由于气候相关风险得到重新评估，对前景的全面重新评估可能会破坏市场稳定，引发顺周期损失，并导致金融形势持续收紧：这是气候的明斯基时刻"（Carney 2016）。反之，如果无法充分使用足够的金融工具，就可能会阻碍世界经济按照所需规模进行投资。

范-斯表达的强烈警示与英格兰银行行长的警告一致，也与《2014年新气候经济报告》提出的信息一致。根据这份报告，未来15年内，全球需要90万亿美元的清洁基础设施资助；高收入国家每年需要资助2万亿美元，中低收入国家需要资助3—4万亿美元。这些数字引出了一个令人生畏的问题：世界经济如何为此类货币流提供资金？第一个困难可能在于巨大的奈特氏不确定性，当今为应对气候变化挑战而付出了代价高昂的努力的所有机会的成本-效益分析，均受这种不确定性的困扰。

范-斯公正地表明，国际社会现在需要"做出正确的重大决定"。然而，有人可能会反驳说，鉴于我们面临着普遍的深度不确定性，重大决定也有可能导致重大错误。至少在分析层面，这个问题在金融风险度量领域已成功得到解决。众所周知，风险价值无法很好地衡量风险分布的尾部。然而，阿茨纳等人（Artzner et al. 1999）为一系列替代的一致性风险度量方法奠定了公理基础，其本质如下：在甚至无法足够准确地掌握风险的概率分布的情况下，我们可以根据一种包括设想最差的风险分布的理性方法来优化预期结果。因此，我认为，认为深度不确定性使我们无法遵循范-斯所倡导的方式采取行动的观点并不公正。

尽管如此，国际社会将如何为所需的财政努力提供资金的问题仍未解决。2011年在坎昆举行的缔约方会议（即COP 16）上设立的绿色气候基金是一个相当有前途的工具，然而，按照目前的设计，其规模也许还不足以达到足够的数量级，即便将额外的私人资本市场的杠杆效应适度考虑在内也是如此。因此，需要补充的解决方案。《巴黎协定》前后发表的两份报告（Canfin et al. 2015; Canfin, Grandjean, and Mestrallet 2016）考虑了一些备选建议。我打算只提一提其中的两项。

坎芬、格兰让和梅斯特雷（Canfin, Grandjean, and Mestralle 2016）提出了支持将国际谈判引向碳价格走廊的强有力的理由。事实上，寻求一个普遍适用的独特价格可能会走入死胡同：为什么不同国家生产一吨碳的（实际）边际成本必须相同？除了国家工业和农业部门之间存在明显的横向差异外，围绕购买力平价计算的方法缺乏稳健性，以及长期以来这些比率与市场汇率不一致等都是众所周知的情况。例如，在马普托、布宜诺斯艾利斯或大阪，找到能够为高效脱碳提供恰当激励的"市场"碳价的希望可能微乎其微。此外，从北方国家向南方国家转移资金，以补偿南方国家所遭受的损失的做法似乎超出了任何在政治上合理的交易的限度。相比之下，走廊路径需要国际社会就三个变量达成一致：上限、下限，以及管状邻域的斜率（即在保持上限和下限直径不变的情况下，中间价格的增长速度）。在我撰写这几句话的时候，20—50美元的区间与5%的年增长率似乎是国际社会能够达成共识的合理数字。

随后，坎芬等人（Canfin et al. 2015）建议创建一种融资工具，利用国际货币基金组织的能力，以特别提款权（SDR）的形式创造新的国际储备货币。与一些涉及特别提款权的提案（如Bredenkamp and Pattillo 2010）相比，坎芬等人（Canfin et al. 2015）的计划并非额外创造新的特别提款权，而是对已有的特别提款权加以利用。事实上，国际货币基金组织在2009年"印制"了约3,000亿美元，以援助被2008—2009年全球金融危机造成的金融风暴桎梏的国家。如今，这笔"钱"中有很大一部分以货币储备的形式被储存起来，只要2009年收到这笔捐助的国家同意兑换这种货币，从而在行使特别提款权的选择权时向国际货币基金组织支付其应得的（低）利息，就可以将这笔钱变成完全成熟的货币。[1]诚然，这是一项非常规提议，仍需进行更多的分析来理解其宏观经济影响。[2]然而，范-斯的论文清楚表明，克服气候挑战代价不菲。由于大多数目前面临巨额公共赤字的国家都不愿意在中期气候相关问题上花钱，一项真正能够尽可能减少全球变暖的有效的气候政策也许不得不依赖非常规工具。

伦理传统能否合作？

正如范-斯所述，在评估与向低碳经济转型相关的金融风险时，道德问题会不可避免地凸显出来。事实上，由于污染者和受害者之间存在代际差距，[3]标准的激励措施（如碳税）仍是关键工具，但也许不足以提供恰当的动力。我们需要一些精神或道德资源——然而，代价是我们不得不在全球化的后世俗社会中面对激增的精神实验（Giraud 2015）。丰富多样的伦理传统是否会妨碍这些努力在气候变化这一"悲剧"的面前团结一致（Camey 2016），从而无法发出明确的行动呼吁？

从气候变化问题的这个方面来说，社会选择理论可能会有所帮助。事实上，至少就第一个分析性近似值而言，分配正义的现代后果主义理论可以概括为两种极端。一是功利主义的观点，声称正义包括将归一化效用

---

1 特别提款权可被视为对可兑换特别提款权的四种货币（美元、欧元、英镑和日元）之一的看涨期权，且该期权没有指定的期限。
2 参见这些评论中有关"宏观经济学的问题"一节。
3 还可以加上直到最近一直在污染者（大部分在北方）及其同时代的受害者（大部分在南方）之间普遍存在的地理差距。然而，正如范-斯提醒我们的那样，由于新兴经济体对温室气体排放的贡献超过了旧世界国家，目前这种差距的规模正在缩小。

函数的平均福利最大化（参见Dhillon and Mertens 1999等）；[1] 二是罗尔斯（最大化分配原则）的方法，主张公平的最佳体现是优化弱势公民的命运（Fleurbaey and Maniquet 2008）。可以设想一系列介于这两种极端观点之间的正义的中间理论（Giraud and Gupta 2016）。这些理论中的每一个都可以关联一个特定的社会福利函数，其（在标准约束下的）优化可能会促成不同的行动准则。

让我们结合选择"正确的"贴现率，以此来评估未来的预期利润和损失这一具体（却具有决定性的）问题来具体阐述这一点。正如思德纳和佩尔森（Sterner and Persson 2008）所论证的那样，实际上没有理由先验地假定贴现率不会随时间而变。不过，为了简单起见，我们还是假定它是不变的（因为这仍然是当今金融行业的现行做法）。那么，对于功利主义者〔这里指的是让-弗朗索瓦·默滕斯（Jean-François Mertens）的相对功利主义〕而言，我们应该采用的贴现率r必须等于经济的实际增长率g。[2] 在当前辩论的背景下，这一选择意味着关于"正确"贴现措施的讨论可以归结为长期停滞的合理性。如果有充分的理由相信g在未来将保持在较低水平（甚至接近于零），那么我们就同样有充分的理由——至少根据功利主义的世界观是如此——选择一个较低（甚至为零）的贴现率。相反，对于坚持罗尔斯观点的人来说，情况可能完全不同。然而，事实并非如此。事实上，罗默（Roemer 2011）已经表明，应从规范的最大化方法中推导出

---

1 公民的效用函数需要以某种方式进行归一化，否则，序数偏好的基数表示的任意性可能会导致每个个体效用各自权重出现扭曲。从广义上说，迪隆和默滕斯（Dhillon and Mertens 1999）基本上提供了能够形成一套独特且定义明确的规范化程序的相当普遍的公理。

2 换句话说，公民效用函数的归一化可以归结为风险规避溢价（或者从几何学上讲，效用函数的曲率）γ的单一归一化，在"黄金法则"公式中，$r = \theta + \gamma g$，其中θ是今天几代人的福利与未来几代人的福利之间的规范汇率（或者相当于时间偏好的心理率）。在这里，我假定$\theta = 0$。

III 研究与探索的新领域 335

的"正确"贴现率为零。因此，明显对立的两种伦理立场（如功利主义与罗尔斯观点）之间的实际差异也许并不像最初怀疑的那么大。

宏观经济学的问题

范克豪泽和斯特恩（Fankhauser and Stern 2016：23）警告说，排放量可能会非常高，而且温度变化造成的经济损失也可能比大多数文献迄今承认的要严重得多。除此以外，他们还认为，用于计算气候变化造成的财政影响的经济模型严重不足，而且严重低估了威胁的规模："这就是我们呼吁彻底深化经济分析，包括开始了解和纳入气候变化的发展经济学的原因。标准增长理论、一般均衡与边际方法将一如既往地做出许多贡献。但是这些远远不够。这关乎巨大风险与彻底变革，而时间对于它们而言至关重要。我们应该创建一个动态的经济学，在重大和系统性风险的背景下，直接解决涉及变革速度与规模的问题。"

事实上，迄今为止用于评估全球变暖影响的几个标准经济模型所依据的假定根本没有反映出目前对气候变化的认知。然而，今天物理学家在与经济学家的科学部落（例如联合国政府间气候变化专门委员会的圈子）的对话中所遇到的困难并不是什么新鲜事。瓦西里·里昂惕夫（Wassily Leontief）在20世纪80年代初就已承认，"在相邻领域工作的研究人员还要多久……才能不对学术经济学现在所处的辉煌的孤立状态表示高度关切？"（Leontief 1982, 104）。

范－斯对"彻底深化"的呼吁也符合纳拉亚纳·柯薛拉柯塔（Narayana Kocherlakota 2016）最近针对宏观经济本身所做的更严厉的思考：

"严肃"建模的前提是，宏观经济研究可以而且应该以既定的理论体系为基础。我自己的观点是，在见证了过去十年间数据流所具备的令人极为震惊的性质之后，我们发现"严肃"建模的这个基本前提是错误的：我们根本就没有一套成功的既定的宏观经济理论。25—40年前做出的选择——当时有充分的理由做出这样的选择——不应被视为亘古不变的真理。因为这样一来，我们就切断了理解宏观经济的途径。

这位前明尼阿波利斯联储主席总结说，我们应该选择玩具模型而非"严肃的建模"。两者之间的区别在于它们与数据的关系及其规范用法，"玩具模型用户通常可以利用简单的计算来衡量关键力量的大小。（Mehra and Prescott 1985是我心目中的一个很好的例子。）然而，玩具模型的目的并非为了让用户就感兴趣的政策问题得出明确的量化答案"（Kocherlakota 2016）。

罗默（Romer 2016）对其口中的"后现实宏观经济学"的批评极好地补充了柯薛拉柯塔的观点。罗默批评的核心在于，"基德兰德和普雷斯科特（Kydland and Prescott 1982）推出了真实经济周期（RBC）模型后，宏观经济学家对宏观经济总量的波动是由想象中的冲击，而非人们所采取的行动造成的这一观点感到满意"。至于动态随机一般均衡（DSGE）模型，布兰查德（Blanchard 2016）最近提出的严厉判断表明，尽管这一特定类别的量化工具在为决策者提供建议时被广泛使用，也不能躲过根据过去十年的证据对同时期宏观经济学的深入质疑。尽管据我所知，DSGE模型很少被用于评估全球变暖的经济影响，但是布兰查德（Blanchard 2016）对它们提出的一些批评也适用于备选的（可计算）均衡模型——尤其是难以为价格惰性提供令人信服的理由、某些贝叶斯估计缺乏稳健性，以及对财富分配相关问题的相对忽视。这些批评意见表明，范-斯呼吁的"彻底深化"实际上是对当前宏观经济学更大修正的一部分。然而，在这种情况下，它提出了与气候和发展经济学有关的具体挑战。如果要将现实的宏观模型用于与气候相关的评估,它们应该具备哪些共同特征?

第一,也许它们应该基于一些非线性动力学。[1]为什么是动力学?因为,正如范-斯所强调的,缓解的时机至关重要:我们需要找到经济向低碳制度转型的适当速度。这个问题很难在静态框架内得以解决。我们可以补充第二个原因:正如我在上面所述,因为经济的弹性(resilience)需要一个适应的过程。还有第三个原因:因为大多数宏观经济变量的波动微不足道,而且正如罗默(Romer 2016)所主张的那样,不应该用假想的冲击对其加以解释——假定冲击会暂时扰乱一些原本稳定的固定点——而应该通过内生力量的相互作用进行解释。

为什么是非线性的?因为,正如范-斯所强调的,很不幸,单凭边际调整无法解决气候问题。我们需要的经济转型规模有可能相当之大。虽然线性往往是小变化的很好的代表,但在研究大规模干扰的可能性时,需要适当考虑所涉现象的全部非线性。

第二,无论是公债还是私债,我们显然需要这些模型来明确债务的动态。如前所述,向后碳经济转型的能源成本可能高达90万亿美元。毋庸置疑,如此巨大的财富量需要世界经济的重要领域承担更多债务。如果想对能源转型进行一个现实的描述,就需要解决这种额外的杠杆可能会带来的令人沮丧的后果。此外,考虑到货币和债务所发挥的重要作用,我们的模型应该能够捕捉到费雪的债务通缩(参见 Eggertsson and Krugman 2010; Giraud and Pottier 2016)与明斯基的不稳定假说(Minsky

---

[1] 我的意思是,在庞加莱之后的动力系统数学中,或者在热力学的最新发展中赋予这个词特定意义的非均衡动力学。事实上,尽管经典热力学中的玻尔兹曼-吉布斯定律是一种均衡理论,但是直到最近由于翁萨格的线性形式主义,人们才逐渐理解了均衡附近的非均衡热力学系统。据我所知,第一个远离任何平衡(因此也是非线性的)一致的热力学理论要追溯到马利克(Mallick 2009)(另见其中的参考文献)。

1992）。至少出于两个原因，这一点十分重要。首先，因为日本、南欧，也许还有更多的发达经济体都陷入了流动性陷阱（主要是由金融危机造成的），或者即将陷入流动性陷阱的边缘。这种特殊情况可能会阻碍上文第三节提到的所需绿色投资的资金。针对世界经济可能解决气候问题的方式的分析，如果忽视了当今"新常态"（负利率、储蓄过剩等）的本质，确实没有什么帮助。

第三，尽管它在大约40年的时间里对文献产生了巨大的影响，但是我们也许不得不放弃理性预期假说的数学优雅性。为什么呢？因为气候变化问题存在巨大的（奈特）不确定性。我已经在前文第三节谈到了这个话题，但是由于放松理性预期如此具有争议，让我用一个（众所周知的）例子来说明这一点。正如范-斯所回顾的那样，科学界仍未就气候敏感性达成共识，气候敏感性可以将大气中二氧化碳浓度的增加与地球表面平均温度的变化联系起来。体现这种敏感性的参数（经济学家会用弹性来表示）在1至6之间浮动，具体取决于我们参考的气候模型。[1]

今天，没有明确的迹象表明哪个值最有可能。也没有元模型可以提供概率分布，来告诉我们这个参数取任何给定值的可能性有多大。我们不知道。[2] 那么，价格如何公开传递无人掌握的信息呢？由于公开传递私人持有的信息是理性预期的全部（Dubey, Geanakoplos, Shubik 1987），这表明理性预期不能作为分析气候变化问题的相关概念。

第四，不应根据表象假定市场会自动结算。正如约瑟夫·斯蒂格利茨在本书第三章中所述，信息不对称，即价格黏性，可能会阻止市场，尤其

---

[1] 斯奈德（Snyder 2016）最近甚至提出，气候敏感性可能达到灾难性的数值9。
[2] 这甚至与量子力学形成了鲜明的对比。在量子力学中，海森堡不确定性原理与粒子运动的位置和速度的概率理论相辅相成。

是劳动力市场进行即时结算。同样，一个简单的例子也许有助于解释为什么这对全球变暖问题而言至关重要。一些新兴国家利用大型可计算模型来评估它们在2015年12月前为巴黎峰会做出的国家自主贡献意向。现在，这些贡献大多已不再仅仅是一种意象，而是成为真正的贡献。几乎所有用于这项工作的宏观模型都没有明确私债，（通常只是因为它们依赖"代表性消费者"假定，尽管经济学中普遍存在涌现（Emergence）现象；下文将详细介绍）而且自始至终都假定充分就业。现在，如果其中一个国家为信守承诺而采取的道路会导致私债飙升至GDP的400%，同时失业率高达70%（很难相信这完全出于自愿），会发生什么？这个国家根本不会将国家自主贡献付诸实施，因为实现这一目标的道路在政治上根本不可行。因此，最重要的是检查我们关于向低碳经济转型的叙述是否与实际的政治可行性相符。这可能需要放弃优雅的拓扑定点理论（例如，Giraud 2001），但这可能是将经济科学与当今气候挑战联系起来要付出的代价。

即便如此，我们当然也不应该弃沙抛金，在摒弃不尽人意的宏观经济学的同时将一般均衡理论也拒之门外。事实上——这也是我的第五点——也许我们不应该忘记老式的阿罗-德布鲁理论，即经济学确实承认涌现现象的存在——与统计物理学完全相同。在这里，我们应该或多或少将"涌现"理解为复杂性的同义词，也就是说，在以下相当弱的意义上：聚合的微观行为可能导致宏观行为，而这些行为不能被先验地简化为任何"代表性"生物的行为。这正是索南谢恩、曼特尔和德布鲁在20世纪70年代发表的知名研究结果的内容（例如，Sonnenschein 1972）：正向（归一化价格）单位范围内所有的内指连续矢量场均可视作某些精心选择的经济体的需求过剩总量。我的观点是，至少有两条路径可以摆脱这种困境：对基于主体的模型进行数值模拟（参见，例如Axelrod 1997），或基于聚集行为函数的经验估计的更偏向现象学的观点。最后，我将简要介绍这里的第二种观点。

债务的非线性动力学与全球变暖经济学

吉劳德等人（Giraud et al. 2016）介绍了一种基于存量流量一致的非线性动力学的玩具模型（根据柯薛拉柯塔的观点；参见上文）。它的组成部分由将名义工资增长率与就业不足关联在一起的短期菲利普斯曲线（Mankiw 2001, 2014）以及总投资函数所提供。仅仅将总投资函数简化为由某个跨期利润最大化计划导致的个体产出的有限总和的做法是有问题的，因为，根据马斯-科莱尔（Mas-Colell 1989）的观点，与索南谢恩-曼特尔-德布鲁定理类似的定理也适用于生产侧。因此，我们让数据说话，并且从经验上对总投资进行评估。当然，投资可能碰巧超过当前的利润，我们知道这大概是未来几年所需绿色投资的规则。因此，私债为超过利润的投资提供资金。在货币领域，古勒莫·卡尔沃所指的黏性价格（参见本书第四章）沿着（内生决定的）单一生产成本动态放松，再加上一些加价，就可以反映商品市场的不完全竞争力。最后，利用联合国世界人口增长的中位数假定来完成该模型。

该模型归结为科尔莫戈洛夫型的三维非线性动力学，其中工资份额与就业不足率发挥着关键作用。因此，正如布兰查德（Blanchard 2016）所建议的那样，福利问题——而不仅仅是GDP的演变——是动态的核心。更准确地说，该动态系统可以通过以下三种几乎没有争议的说法来解释：

1. 如果产出增长超过（或始终低于）人口与劳动生产率增长的总和，就业率将会上升（或下降）。
2. 如果工资增长超过（或始终低于）劳动生产率的增长，工资在产出中所占的比例将上升（或下降）。
3. 如果债务增长率超过（或始终低于）GDP的增长率，私债在GDP中所占的比率将上升（或下降）。

这种对核心动态的简单描述与DSGE模型截然不同，例如，用布兰查德（Blanchard 2016）的话说，DSGE模型"是糟糕的交流工具"。更重要的是，它的长期分析表明，在一般情况下，它承认存在几种局部稳定的均衡，其吸引区域可以用几何学方法加以描述。

根据初始条件，在没有任何外生冲击的情况下，经济状态将陷入其中的吸引区域之一，并最终向相关的吸引子（attractor）靠拢（Grasselli and Costa Lima 2012; Bastidas, Fabre, and Mclsaac 2016）。这种方法上的简单性与货币经济的均衡文献形成了鲜明的对比，正如古勒莫·卡尔沃在本书第四章中提醒的那样，多重均衡也是一种规则，但人们往往不厌其烦地解释静态经济是如何从一种均衡转换到另一种均衡的。接下来，吉劳德等人（Giraud et al. 2016）指出的货币和实体经济领域之间的相互作用可以在不依赖外生冲击的情况下，形成内生的货币商业周期。此外，该模型在世界范围内的实证估计为我们提供了一个好消息，如果没有气候变化，世界经济可能会收敛到某个相对安全的长期均衡状态。然而，模拟结果表明，全球变暖引起的气候反循环可能会使世界经济脱离这种安全稳定状态的吸引力范围，这是一种具有灾难性后果的情况。

为了掌握这种情况可能发生的环境，首先让我们假定劳动生产率以每年1.5%的速度呈指数级增长，根据诺德豪斯和斯托克（Nordhaus and Sztorc 2013）所述，气候损害函数是二次函数，气候敏感性是2.9（根据IPCC的平均估计）。随后，如图7.2所示，我们对地球的未来有了一个令人放心的看法：全球实际GDP呈指数级增长，到本世纪末将达到2010年的4.62倍。通胀率稳定在2%左右，就业率在70%—75%附近波动（接近当前值），私债与GDP之比慢慢向略低于200%的稳定水平靠近。到2050年，人均年

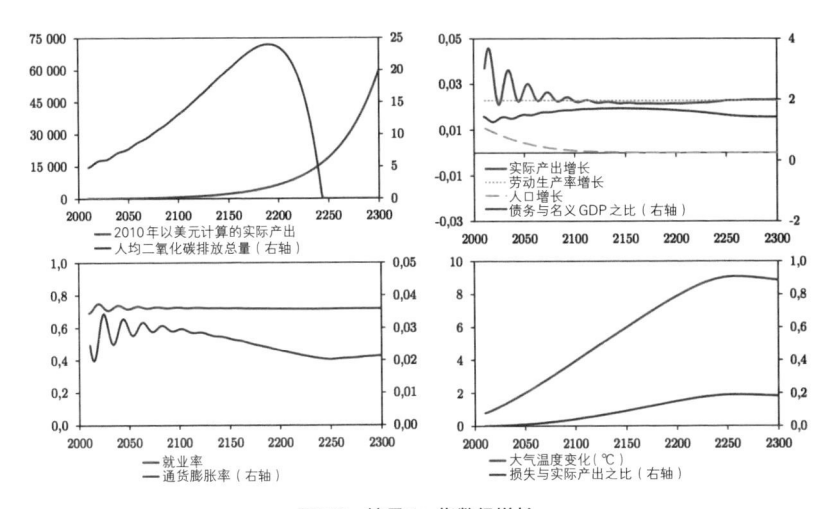

图7.2 情景1：指数级增长

资料来源：Giraud et al.（2016）。

二氧化碳当量为5.6吨。2100年的气温变化为+4.95℃，二氧化碳浓度为732.8ppm。尽管这些数字令人恐惧，但是世界经济似乎表现不俗：全球变暖造成的损失最终仅使全球实际GDP减少了1/4——比斯特恩（Stern 2007）最初设想的5%的损失稍高，但是要比20世纪90年代俄罗斯遭遇的相对损失要小得多。由于这种难以置信的指数级增长情景，二氧化碳排放当量大约要到22世纪中叶才会达到峰值，一个世纪后才能达到零排放水平！

一旦增长内生，情况就会发生巨大的变化。事实上，正如伯克等人（Burke et al. 2015）根据经验评估的那样，假定劳动生产率的增长率受到温度上升的影响，地球越热，平均生产率的增长就越慢。在保持模型所有其他参数不变的情况下，这种技术进步的内生性足以引发强制的去增长（见图7.3）：全球实际GDP将于2100年左右达到峰值，即2010年的225%，随后将不可避免地下降。到22世纪末，这一数值甚至将低于2010年的数值。与之相对应的是，债务与GDP之比呈爆炸式增长：到2100年，

III 研究与探索的新领域　343

这一数值将超过300%，并在此后呈指数级增长。由于增速较慢，2100年的升温幅度将低于指数增长的情况（+4.92℃）。然而，去增长对劳动力市场没有破坏性影响，因为到22世纪末，就业率仅略低于70%。通货膨胀仍将稳定在接近2%的水平。[1]如果认为这种情况是一种合理的结果，那么它在逻辑上意味着，超过一定期限以后，长期贴现率应该为负（参见第4节的讨论）。如今金融市场呈现的负利率是否反映出投资者正确预测了世界上大多数经济依旧遵循的"一切照常"的道路的潜在灾难性后果？

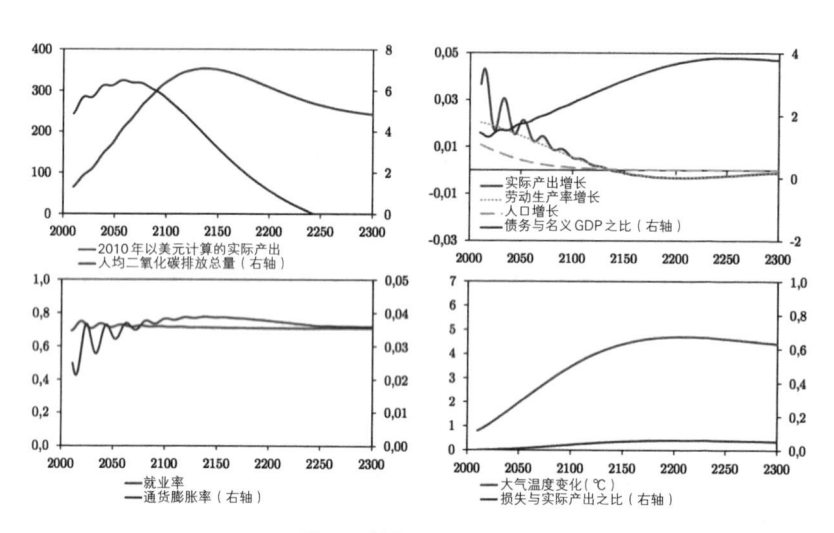

图7.3　情景2：强制去增长

资料来源：Giraud et al.（2016）。

那么，如果按照迪茨和斯特恩（Dietz and Stern 2015）的主张，适当

---

[1] 当然，鉴于发达经济体，尤其是过去20多年来的信息和通信技术（ICT）革命所具有的惊人的创新特性，去增长似乎并不可能出现。然而，罗伯特·戈登与拉里·萨默斯等人所发起的关于长期停滞的持续辩论并未将气候变化考虑在内。由未来几十年内缺乏实质性的技术创新，再加上气候变化引发的破坏，可能会导致（由灾难而非由设计造成的）去增长，这至少听起来像是一个警告。

考虑损害函数可能的强凸性,以及等于6的气候敏感性,会发生什么呢?这一次,数值模拟显示,世界经济将在21世纪50年代之前出现债务型通货紧缩崩溃(见图7.4)。直到本世纪中叶,就业率一直在70%左右波动,随后在2100年左右骤降至50%以下。由于通胀率在世纪之交稳定在-5%左右,世界于20年前进入了强烈的通货紧缩阶段。此时,债务-产出比超过了800%。然而,这场灾难对气候来说甚至不是一个好消息,因为2045年左右的排放峰值并不能阻止气温在2100年上升到+4.62℃——这主要是因为世界生态系统对碳排放的反应具有很强的惰性。

同样,考虑到目前发达经济体与新兴经济体中有许多富裕的国民,似乎很难想象会出现这种崩溃。吉劳德等人(Giraud et al. 2016)也并不打算声称可能会出现这样的模拟情景。但是它可以作为一种能够更好地理解世界经济如何避免此类崩溃的工具。特别是在吉劳德等人(Giraud et al. 2016)所设想的模型中并无公共领域。至少,这种相当悲观的观点意

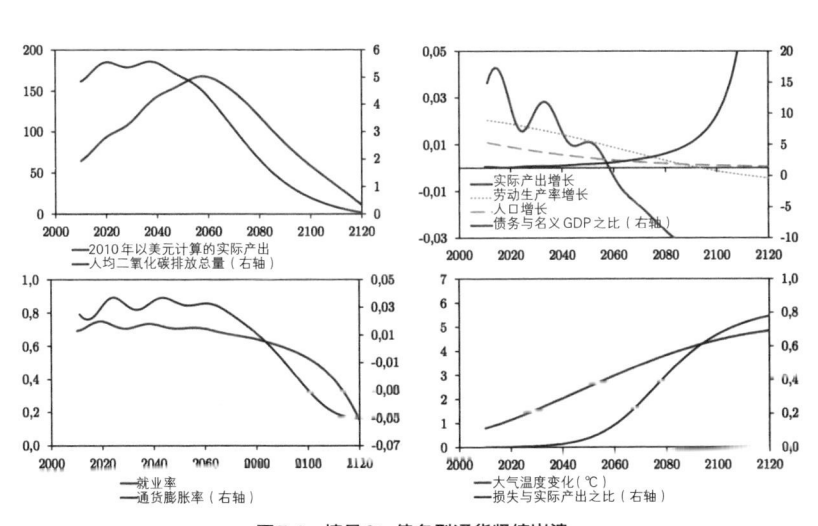

图7.4 情景3:债务型通货紧缩崩溃

资料来源:Giraud et al.(2016)。

味着,《2014年新气候经济报告》中确定的90万亿美元投资资金也许无法完全依赖私营部门。公共领域不得不在某个阶段参与进来。吉劳德等人（Giraud et al. 2016）的数值模拟也表明,强劲上涨的碳价足以使人们摆脱崩溃——至少在该模型明显狭窄的限度内是如此。换算成2005年的美元,2015年每吨二氧化碳当量的价值为74美元,而2055年为306美元,这足以在上述第三种情况下推动世界经济走上安全轨道。请注意,这意味着在本世纪中叶之前,每吨碳的价格约为900美元。

当然,吉劳德等人（Giraud et al. 2016）提出的绝对是一个玩具模型:它旨在"利用简单的计算来衡量关键力量的大小",而不是"为了让用户就感兴趣的政策问题得出明确的量化答案"（Kocherlakota 2016）。不应将其视作预测21世纪世界经济走向的工具。不仅是因为它具有明显的建模局限性,还因为制度变革、技术冲击以及政治复杂因素很有可能像过去那样,在未来发挥重要作用。然而,从这个适度的角度来看,吉劳德等人（Giraud et al. 2016）无疑证实了范–斯提出的一些有力的观点:一切照常的情况也许比我们许多人想象的还要糟糕;宏观经济学的"彻底深化"也许能够阐明迄今为止基本上被标准方法所忽视的问题,例如私债在强韧经济发展道路上的作用;"恰当的碳价",或者说,价格走廊恰当的重心（参见第3节）也许比更标准的模拟所显示的还要高。

参考文献

Artzner, Philippe, Freddy Delbaen, Jean-Marc Eber, and David Heath. 1999. "Coherent Measures of Risk." *Mathematical Finance* 9 (3): 203–228.

Axelrod, Robert. 1997. *The Complexity of Cooperation: Agent-Based Models of*

Competition and Collaboration. Princeton, NJ: Princeton University Press.

Bardi, Ugo. 2014. *Extracted: How the Quest for Mineral Wealth Is Plundering the Planet*. White River Junction, VT: Chelsea Green Publishing.

Bastidas, Daniel, Adrien Fabre, and Florent McIsaac. 2016. "Minskyan Classical Growth Cycles: Stability Analysis of a Stock-Flow Consistent Macrodynamic Model." Mathematics and Financial Economics website, https://doi.org/10.1007/s11579-018-0231-6

Blanchard, Olivier. 2016. "Do DSGE Models Have a Future?" Policy Brief 16-11, Peterson Institute for International Economics, Washington, DC.

Bredenkamp, Hugh, and Catherine A. Pattillo. 2010. "Financing the Response to Climate Change." IMF Staff Position Note 10/06, International Monetary Fund, Washington, DC.

Burke, Marshall, Solomon M. Hsiang, and Edward Miguel. 2015. "Global Non-Linear Effect of Temperature on Economic Production." *Nature* 527 (7577): 235.

Canfin, Pascal, Alain Grandjean, and Gérard Mestrallet. 2016. "Proposals for Aligning Carbon Prices with the Paris Agreement." Ministère de l'environnement, de l'énergie et de la mer, July. https://www.ladocumentationfrancaise.fr/rapports-publics/164000418/index.shtml.

Canfin, Pascal, Alain Grandjean, Ian Cochran, and Mireille Martini. 2015. "Mobilizing Climate Finance—A Road Map to Finance a Low-Carbon Economy." Report of the Canfin-Grandjean Commission, June (INIS-FR--15-0680), France.

Carney, Mark. 2016. "Resolving the Climate Paradox." Arthur Burns Memorial Lecture, September 22, Berlin. http://www.bankofengland.co.uk/publications/Documents/speeches/2016/speech923.pdf.

Dhillon, Amrita, and Jean-François Mertens. 1999. "Relative Utilitarianism." *Econometrica* 67 (3): 471–498.

Dietz, Simon, and Nicholas H. Stern. 2015. "Endogenous Growth, Convexity of Damage and Climate Risk: How Nordhaus' Framework Supports Deep Cuts in Carbon Emissions." *Economic Journal* 125 (583): 574–620.

Dubey, Pradeep, John Geanakoplos, and Martin Shubik. 1987. "The Revelation of Information in Strategic Market Games: A Critique of Rational Expectations Equilibrium." *Journal of Mathematical Economics* 16 (2): 105–137.

Eggertsson, Gauti B., and Paul Krugman. 2010. "Debt, Deleveraging, and the

Liquidity Trap: A Fisher-Minsky-Koo Approach." Mimeo, Princeton University, Princeton, NJ.

Fankhauser, Sam, and Nicholas Stern. 2016. "Climate Change, Development, Poverty and Economics." Grantham Research Institute on Climate Change and Environment.

Fleurbaey, Marc, and Francois Maniquet. 2008. "Fair Social Orderings." *Economic Theory* 34 (1): 25–45.

Giraud, Gaël. 2001. "An Algebraic Index Theorem for Non-smooth Economies." *Journal of Mathematical Economics* 36 (4): 255–269.

Giraud, Gaël. 2014. "Le Découplage Énergie-PIB, Ou Le Rôle (Sous-Estimé) de l'Energie dans la Croissance du PIB." In *Produire Plus, Polluer Moins: L'Impossible Découplage?* by Thierry Caminel, Philippe Frémeaux, Gaël Giraud, Aurore Lalucq, and Philippe Roman, 27–43. Paris: Les Petits Matins.

Giraud, Gaël. 2015. "Préface." In *L'Économie En Question. Regards et Apports des Spiritualités et des Religions*, edited by Jan-Luc Castel and Vincent Pilley, 1–35. Paris: L'Harmattan.

Giraud, Gaël, and Rakesh Gupta. 2016. "Coherent Multidimensional Poverty." Chair Energy and Prosperity Working Papers. http://www.chair-energy-prosperity .org/publications/coherent-multidimensional-poverty-measurement/.

Giraud, Gaël, and Antonin Pottier. 2016. "Debt-Deflation versus the Liquidity Trap: The Dilemma of Nonconventional Monetary Policy." *Economic Theory* 62 (1): 383–408.

Giraud, Gaël, Florent McIsaac, Emmanuel Bovari, and Ekaterina Zatsepina. 2016. "Coping with the Collapse: A Stock-Flow Consistent Monetary Macrodynamics of Global Warming." AFD Research Paper 2016/29, Agence Française de Développement, Paris.

Goujon, Michaël, Jean-François Hoarau, and Françoise Rivière. 2015. "Vulnérabilités Comparées Des Économies Ultramarines." AFD Working Paper 45, Agence Française de Développement, Paris.

Grasselli, Matheus R., and B. Costa Lima. 2012. "An Analysis of the Keen Model for Credit Expansion, Asset Price Bubbles and Financial Fragility." *Mathematics and Financial Economics* 6 (3): 191–210.

Guillaumont, Patrick. 2013. "Measuring Structural Vulnerability to Allocate Development Assistance and Adaptation Resources." FERDI Working Paper 68, Fondation por les Etudes et Recherches sur le Développement International, Paris.

Hallegatte, Stephane, Mook Bangalore, Laura Bonzanigo, Marianne Fay, Tamaro Kane, Ulf Narloch, Julie Rozenberg, David Treguer, and Adrien Vogt-Schilb. 2016. "Shock Waves: Managing the Impacts of Climate Change on Poverty." Washington, DC: World Bank.

Kocherlakota, Narayana. 2016. "Toy Models." July 17. https://t.co/8dS85Nlpg9.

Kydland, Finn E., and Edward C. Prescott. 1982. "Time to Build and Aggregate Fluctuations." *Econometrica* 50 (6): 1345–1370.

Leontief, Wassily. 1982. "Academic Economics." *Science* 217 (4555): 104–107.

Le Treut, Hervé. 2013. *Les Impacts du Changement Climatique en Aquitaine: Un Etat des Lieux Scientifique*. Pessac, France: Presses Universitaires de Bordeaux.

Liousse, Catherine, Eric Assamoi, Patrick Criqui, Claire Granier, and Robert Rosset. 2014. "Explosive Growth in African Combustion Emissions from 2005 to 2030." *Environmental Research Letters* 9 (3): 035003, doi:10.1088/1748–9326/9/3/035003.

Mallick, K. Pramana. 2009. J Phys 73: 417. https://doi.org/10.1007/s12043-009-0098 -4 -----source: https://link.springer.com/article/10.1007/s12043-009-0098-4#citeas.

Mankiw, N. Gregory. 2001. "The Inexorable and Mysterious Tradeoff between Inflation and Unemployment." *Economic Journal* 111 (471): 45–61.

Mankiw, N. Gregory. 2014. *Principles of Macroeconomics*. Boston: Cengage Learning.

Mas-Colell, Andreu. 1989. "Capital Theory Paradoxes: Anything Goes." In *Joan Robinson and Modern Economic Theory*, edited by George R. Feiwel, 505–520. London: Palgrave Macmillan.

Mehra, Rajnish, and Edward C. Prescott. 1985. "The Equity Premium: A Puzzle." *Journal of Monetary Economics* 15 (2): 145–161.

Minsky, Hyman P. 1992. "The Financial Instability Hypothesis." Levy Economics Institute Working Paper 74, Levy Economics Institute, Annandale-on-Hudson, NY.

New Climate Economy. 2014. "Better Growth, Better Climate: The New Climate Economy Report." London: Global Commission on the Economy and Climate.

Nordhaus, William D., and Paul Sztorc. 2013. DICE 2013R: Introduction and User's Manual. https://www.google.com/url?sa=t&rct=j&q=&esrc=s&source=web&cd=1&ved =2ahUKEwjkzZ2poPLgAhXn2eAKHX58CVkQFjAAegQICRAC&url=http%3A% 2F%2Fwww.econ.yale.edu%2F~nordhaus%2Fhomepage%2Fhomepage%2Fdocument s%2FDICE_Manual_100413r1.pdf&usg=AOvVaw2D1La96WGlSgoIm2Ka-Q1a.

Roemer, John E. 2011. "The Ethics of Intertemporal Distribution in a Warming Planet." *Environmental and Resource Economics* 48 (3): 363–390.

Romer, Paul M. 2016. "The Trouble with Macroeconomics." *American Economist* 20: 1–20.

Snyder, Carolyn W. 2016. "Evolution of Global Temperature over the Past Two Million Years." *Nature* 538 (7624): 226–228.

Sonnenschein, Hugo. 1972. "Market Excess Demand Functions." *Econometrica* 40 (3): 549–563.

Stern, N. H. 2007. *The Economics of Climate Change: The Stern Review*. Cambridge: Cambridge University Press.

Sterner, Thomas, and Martin U. Persson. 2008. "An Even Sterner Review: Introducing Relative Prices into the Discounting Debate." *Review of Environmental Economics and Policy* 2 (1): 61–76.

Vautard, Robert, Françoise Thais, Isabelle Tobin, François-Marie Bréon, Jean-Guy Devezeaux de Lavergne, Augustin Colette, Pascal Yiou, and Paolo Michele Ruti. 2014. "Regional Climate Model Simulations Indicate Limited Climatic Impacts by Operational and Planned European Wind Farms." *Nature Communications* 5, doi:10.1038/ncomms4196.

Vidal, Olivier, Bruno Goffé, and Nicholas Arndt. 2013. "Metals for a Low-Carbon Society." *Nature Geoscience* 6 (10): 894–896.

8 以行为为依据

凯斯·R. 桑斯坦

近几十年来，行为经济学家一直在将有关人类行为的经验发现纳入经济模型（Kahneman 2011; Thaler 2015）。这些发现改变了我们对经济理论的理解，也极大地影响了我们对经济激励的作用（Chetty et al. 2012）以及政策工具内容的理解。与此同时，它们也为设计适当的"助推"提供了有益的经验——低成本、保留选择权并以行为为依据的旨在解决监管问题的方法，包括披露要求、默认规则与简化（Thaler and Sunstein 2008; Halpern 2015）。

长期以来，经济学家一直在强调激励机制的重要性。行为经济学家认可激励机制的重要性，但是他们强调，有必要认识到选择架构（可以理解为做出决策的背景）可以对决策和结果产生重大影响（Thaler 2015）。在对设计进行适度的更改之后，小规模、低成本的政策举措可以对健康、能源、环境、储蓄等领域产生极为有益的巨大影响。本文的主要目的是探索相关证据及其对标准经济理论的影响，对以行为为依据的实践和改革进行分类，并对一些政策教训加以讨论。美国的许多政策都直接参考了行为学的研究结果，行为经济学也在无数领域发挥了明确无误的作用（Sunstein 2013）。

相关举措包括披露、警告、规范和默认规则等工具。在包括燃料经济性、能源效率、消费者保护、金融监管、环境保护、医疗保健以及预防肥胖等在内的领域，均可找到相关工具与举措（Sunstein 2013）。因此，行为学研究结果已经成为美国监管与其他政策制定的重要参考点（Sunstein 2016）。

卡梅伦在担任英国首相期间曾创建了"行为洞察团队"，其具体目标是将对人类行为的理解纳入政策举措（Halpern 2015）。该团队已经利用这些洞察力推动了包括戒烟、能效、器官捐赠、消费者保护以及总体合规策略在内的众多领域的举措（Halpern 2015），从而节省了大量资金。其他国家对该团队的工作表现出了浓厚的兴趣，其业务也在不断扩大（Halpern 2015）。

行为经济学已经在欧洲引起了更广泛的关注。经合组织推出了一款消费者政策工具包，建议使用者采取基于行为学研究结果的举措（OECD 2010）。欧盟卫生与消费者保护总理事会也展示了行为经济学的影响（DG SANCO 2010）。欧盟委员会出具的一份题为"绿色行为"的报告引用行为经济学来概述旨在保护环境的政策举措（European Commission 2012; iNudgeYou.com n.d.）。民间组织也在创造性地利用行为学的见解来促进各种环境目标、与健康相关的目标以及其他目标（参见 iNudgeYou.com n.d.）。

显然，行为学研究结果极大地影响了经济理论（Thaler 2015），并对全世界的监管、法律和公共政策产生了巨大影响（Sunstein 2016）。随着全球对低成本工具的兴趣逐渐加大，未来几十年内，这种影响将不可避免地逐渐增长。在这种情况下，了解我们知道什么、不知道什么，以及新出现的理解将如何为合理的政策与改革提供信息，就显得尤为重要。

我们的所知

发现

让我们一起来思考一个简单的观点：人类试图实现效用最大化。要理解人类的行为，就必须回答两个问题。一是他们关心什么？二是他们受到了哪些激励？有一种观点认为，如果能够回答这两个问题，那么你（多多少少）已经掌握了在地球上生活所需要知道的一切。

行为经济学严重质疑了这种观点。即使分析师掌握了关于这两个问题的全部信息，对于人们将会做出的选择，他们可能依然知之甚少或一无所知。我们至少还需要回答两个问题。一是人类是如何偏离完全理性的？二是相关的选择架构是什么？离开了这两个问题的答案，我们可能会茫然无措，或是做出极其错误的预测。

就政策而言，行为经济学的核心发现可分为四类。下文并非全面概述，而是着重阐述了对政府工作而言尤为重要的行为经济学发现。

惰性与拖延

1. 默认规则往往会对社会结果产生很大影响。 私人与公共机构通常都会创建"默认规则"，规定在人们根本没有做出肯定选择的情况下将出现何种结果（Sunstein 2015）。根据经济学与法律经济分析中的一个著名观点，默认规则毫无作用，至少在交易成本为零时是如此。人们会通过讨价还价来获得有效的结果，而无论默认的规则是什么，结果都是一样的。

这种观点是错误的。在某种程度上，由于惰性的作用，默认规则可能极其重要，因为人们往往会遵守默认规则。如果目标是影响行为，正确的建议往往十分简单：创建一个默认规则，让人们处于你所赞成的情况。从一开始,他们就已经站在了终点线上。

例如,在退休金储蓄领域,默认规则具有重大影响。调查显示,人们选择加入退休金计划的意愿远低于选择退出的意愿。"自动注册"机制显著提高了人们的参与度(Thaler 2015)。环境领域也存在类似的情况。如果默认选择绿色能源,可能会对污染水平产生重大影响(Sunstein 2016)。

更笼统地说,人们可能会拒绝改变现状,即使改变的成本很低(或基本为零),而且收益可观。例如,就能源和环境而言,可以预测人们可能不会改用节能替代品,即使这样做符合他们的利益(Sunstein 2015)。由此可见,复杂性会加大惰性,从而造成严重的负面影响,而简单便捷(包括减轻文书工作的负担)可以带来巨大的益处。这些益处包括更好地遵守法律,以及更多地参与公共项目。人们往往无法以明智的方式行事,不是因为他们不想这样做,而是因为最好的路径或是模糊不清或是难以把握。行为经济学家认为,人们经常使用GPS设备,即使理性的人可能并不需要这些设备。

2. 拖延会造成严重的不利影响,即使不拖延才符合人们的利益。根据标准经济理论,人们会同时考虑短期影响和长期影响。他们会考虑相关的不确定性;未来也许不可预测,而且随着时间的推移,可能会出现重大变化。他们会对未来进行适度的贴现;一周之后兜里有钱或是遇到好事,可能比十年后再遇上这些事情要好。然而,在实践中,一些人会拖延或忽视采取措施,即便这些措施会产生较小的短期成本,但却能产生较大的长期收益(Thaler 2015)。例如,他们可能会推迟加入养老金计划、推延锻炼计划、推迟戒烟,或是采用一些有价值且能够节省成本的技术。

如果拖延造成了重大问题,自动加入相关计划可能会有所帮助。此外,复杂的要求、不便和冗长的表格很可能会使情况变得更糟,也许还会出乎意料。

3. 如果在告知人们采取某些行动所能获得的好处或风险的同时,还能清晰、明确地告诉他们应该如何行动,他们就更有可能根据这些信息

行事（Leventhal, Singer, and Jones 1965; Nickerson and Rogers 2010）。一种观点认为，此类信息无关紧要，至少在容易找到的情况下是如此。人们当然会考虑信息搜索的成本，但是如果成本很低，而潜在利益很高，他们就会搜寻信息。

然而，事实并非总是如此。例如，如果在告知人们接种疫苗的益处的同时告知他们具体的接种计划与接种地点，他们就更有可能接种疫苗（Leventhal, Singer, and Jones 1965）。同样，如果不是抽象地告知人们"健康饮食"的价值，而是具体地告知他们购买脂肪含量为1%的牛奶而非全脂牛奶的益处，人们的行为也会受到显著影响（Heath and Heath 2010）。在许多领域，确定具体、明确、毫不含糊的路径或计划能够对社会结果产生重要影响；复杂性或模糊性都会导致人们不采取行动，即使人们已经获悉了风险与可能的改进。看似怀疑或顽固的态度，实际上可能是模糊性的产物。

框架与呈现

1. 人们会受到信息呈现方式或"框架"的影响（Levin, Schneider, and Gaeth 1998）。根据标准理论，"框架"应该无关紧要，重要的是预期价值。然而，心理学家和行为经济学家发现情况并非如此（Kahneman 2011）。

例如，如果人们被告知使用节能产品可以获得一定数量的金钱，那么他们改变自己行为的可能性，就会比被告知不使用此类产品会损失同样数量的金钱要小。如果患者被告知接受某项手术的患者中有90%在5年后仍然存活，他们会比被告知5年后10%的患者已经死亡时更有可能选择接受手术（Redelmeier, Rozin, and Kahneman 1993）。由此可见，标有"90%无脂肪"的产品很可能比标有"脂肪含量10%"的产品更有吸引力。这也说明，选择往往不是仅仅基于其结果；评估可能受到相关框架的影响。

2. 生动、醒目的信息通常比统计和抽象的信息对行为的影响更大。就公共卫生而言，生动的展示可能比抽象的统计风险介绍更有效。这一点关系到有效警告的设计。注意力是一种稀缺资源，生动、醒目、新颖的展示方式能够以抽象的或惯见的展示方式所无法实现的方式来引起人们的注意。

特别是，显著性非常重要——远比标准经济理论的预测重要。例如，为什么会有人支付信用卡透支费？许多可能的答案之一是，这些费用对人们来说不够醒目，而之所以会产生这些费用是因为人们的疏忽或无意中犯下的错误。一项研究表明，注意力有限确实是造成问题的一个根源，一旦透支费变得醒目，人们支出的相关费用就会大幅减少（Stango and Zinman 2011）。如果参与了针对此类费用的调查，他们在下个月产生透支费用的可能性就会降低，如果多次参与相关调查，这个问题就会变得足够醒目，透支费用支出的持续时间最多可以减少两年。在许多地区，只要接受过调查就可以对行为产生影响，例如，增加水处理产品的使用（从而促进健康）和购买健康保险；原因之一是接受调查增加了相关行动的显著性（Zwane et al. 2011）。

一种更普遍的观点是，许多成本（或利益）不如购买价格那么醒目；它们是"被掩盖的属性"，一些消费者对此并不太关注。这种附加成本可能十分重要，但却很少被考虑，因为它们并不醒目。

3. 人们表现出损失厌恶；较之喜爱相应的收益，他们可能更不喜欢损失（Thaler, Kahneman, and Knetsch 1991; McGraw et al. 2010; Card and Dahl 2011）。标准经济理论强调了预期价值的重要性。拥有90%的机会获得500美元，并不比拥有90%的机会失去500美元更好。然而事实证明，人类厌恶损失；他们非常不喜欢损失，而且会尽最大努力避免损失（Kahneman 2011）。

一个变化究竟算作损失还是算作收益，取决于参考点，参考点可能会受到单纯的描述或政策决定的影响，而现状往往就是如此。一项小额税收，例如，对购物袋征收的税收，可以对行为产生很大的影响，即使承诺给予奖金的做法无法造成任何影响，原因之一就是损失厌恶。由此可见，非常小的收费或费用可以成为令人惊讶的有效政策工具。在某种程度上，由于损失厌恶，合法权利的初始分配会影响人们的评价。那些拥有初始分配的人可能会比没有享受这些分配的人更重视一件商品，从而显示出禀赋效应（Thaler 2015）。

社会影响

1. 在多个领域中，个体行为受其他人感知行为的影响极大（Hirshleifer 1995）。在肥胖、适度运动、饮酒、吸烟、接种疫苗等方面，他人的感知决定对个体行为和选择具有极大影响。已经发现同龄人的行为对青少年的危险行为具有重大影响，包括吸烟、吸食大麻和逃学（Bisin, Moro, and Topa 2011; Card and Giuliano 2011）。

尤其是食物消费受他人的影响很大。事实上，相关群体中他人的体形会影响人们对食物选择的反应，来自苗条者的影响要大于来自肥胖者的影响（McFerran et al. 2011）。相关群体对规范的感知可以影响其风险承担、安全和健康观念（Sunstein 2015; Thaler 2015）。规范传达了关于应该做什么的重要信息；为此，那些缺乏私人信息的人可能会模仿相关他人明显表现出来的信念和行为，有时会产生信息追随。

此外，人们关心自己的声誉。因此，他们可能会受到他人的影响，以免招致他人的反对。在某些情况下，社会规范可能有助于创造一种自愿遵守的现象——例如，人们之所以愿意遵守禁止在室内吸烟或要求系安全带的法律，部分原因是社会规范或这些法律所具有的表达功能。在许多领域，这些观点关系到公私合营的价值与重要性。

2. 在某种程度上，在社会影响的作用下，人们会比标准经济理论的预测更有可能相互合作，并为解决集体行动问题做出贡献（Camerer 2003）。人们的合作意愿在一定程度上是对公平的独立承诺的产物，但在另一种程度上也是相信他人能够发现并惩罚不合作或不公平行为的产物。互惠准则可能极其重要。在许多情况下，结果是人们在假定他人也会合作的情况下进行合作，并有可能惩罚那些不合作的人。

评估概率方面的困难

1. 人们会在许多领域表现出不切实际的乐观态度（Jolls 1998; Sharot 2011）。标准的经济理论并不认为人类具有系统性偏差的概率判断。但是存在一种系统性的乐观主义倾向（Sharot 2011）。"中等偏上效应"十分常见（Weinstein 1987）；许多人认为，他们比其他人更不可能遭受包括车祸和不良的健康结果在内的各种不幸。一项研究发现，尽管吸烟者没有低估吸烟者群体所面临的统计风险，但他们还是认为落到自己身上的个体风险低于普通吸烟者（Slovic 1998）。不切实际的乐观主义有其神经学的基础，人们更容易接受好消息而不是坏消息（参见 Sharot 2011 的概述）。这种乐观带来的一种可预见的结果就是未能采取适当的预防措施。

2. **人们经常在评估风险时使用启发式或心理捷径**（Kahneman and Frederick 2002; Kahneman 2011）。例如，对概率的判断常常受到最近发生的事件是否容易在脑海中浮现的影响（Tversky and Kahneman 1973）。如果一个事件在认知上是"可得的"，人们很可能会高估风险。但是，如果某一事件在认知上不可得，人们可能会低估风险。简而言之，"可得性偏差"会导致人们对不良结果的概率作出不准确的判断。

3. **人们有时不会根据预期值做出判断，他们可能会忽略或无视概率问题，强烈情绪被触发时尤其如此**（Loewenstein et al. 2001）。情绪强烈时，人们可能会关注事件的结果，而不是它发生的概率（Loewenstein et al. 2001）。（这一点显然与对各种极端事件的反应有关。）完全不依赖情绪的前景理论表明，对于低度和中度变化，人们可能在收益方面存在厌恶风险，在损失方面寻求风险；对于非常大的变化，人们可能在收益方面寻求风险，而在损失方面存在厌恶风险（Kahneman and Tversky 1979; Kahneman 2011）。

激励与选择架构

这些不同的发现与传统经济学所强调的物质激励的重要性并不矛盾，实际与感知的成本和收益当然很重要。当一种产品价格上涨，或者当使用一种产品会带来严重的健康风险时，对该产品的需求可能会下降（至少，这是一个重要的限定，如果这些影响十分显著的话）。但是，除了这种严格意义上的物质激励外，有证据表明，社会环境和普遍的社会规范也具有独立的重要性。例如，如果健康食品十分醒目且易于获取，人们就更有可能选择它们；一项研究发现，仅仅通过增加食物的获取难度（例如，通过将其改置于10英寸以外或是更换餐碟；Rozin et al. 2011），人们对其的摄入量就会减少8%—16%。至少在某种程度上，儿童肥胖问题是由不健康食品易于获取造成的。吸烟和酗酒问题也是如此。

事实上，微小的助推可以产生惊人的巨大影响（Halpern 2015; Thaler 2015）。例如，自动加入储蓄计划的效果远远大于重大经济激励措施的效果——这清楚地证明了选择架构的潜在力量及其偶尔比标准经济工具更大的影响（Chetty et al. 2012）。一些证据表明，如果要求人们首先而不是最后签署表格——这是一个特别小的变化——那么人们表现出的诚实度就会提高。

市场、政府和令人困扰的家长制问题

人们自然想知道，对上述发现的理解究竟是证明了家长制的合理性，还是对于更多监管的一种辩护（Conly 2013）。尤其是在家长制方面，一些相关发现确实为市场失灵的标准说法提供了补充，表明在某些情况下市场可能会失灵，也就是说，即使在完全竞争和完全信息的情况下，市场也可能无法促进社会福利。我们现在能够确定一系列的行为市场失灵，而且这些行为似乎可以证明监管控制是合理的（Sun-stein 2016）。对行为市场失灵的反应可能被视为家长式的反应。

例如，如果人们关注短期成本而忽视长期收益，那么特别强调长期披露政策，甚至是监管要求（例如涉及能源效率），可能是合理的。也有可能确定"内在性"——自我控制的问题和会导致个体内在伤害的判断错误，例如，当吸烟行为因短期考虑胜过长期考虑而导致严重风险时。这些也算行为市场失灵，而且人们可能会做出家长式的反应。

我和理查德·塞勒曾为"自由主义家长制"辩护（Thaler and Sunstein 2008；另见 Sunstein 2013），认为它既维护了选择自由，又引导人们朝着（从他们自己的角度出发）可以改善他们生活的方向前进。我们可以认为，至少有一些行为市场失灵可以证明更具强制性的家长制的合理性。

无需强调，政府官员也会犯错。事实上，这种错误可能源自上述的一个或多个发现；官员也是人，也会犯错。行为主义的公共选择探讨了这个问题。政治进程的动态可能会也可能不会朝着正确的方向发展。如果认为以行为为依据的监管比不那么知情的监管更积极，或者对于最近的经验性发现的理解要求更多而非更少的监管，这些想法都是荒谬的。相反，这种理解有助于为监管项目的设计提供信息。

行为信息披露

实际告知选择

案例。许多法定项目认识到，信息披露可以成为有用的监管工具，可以替代其他路径或对其加以补充。最近的倡议直接借鉴了行为经济学的观点，强调了语言通俗、清晰和简单的重要性。

1. 信用卡。2009年的《信用卡问责、责任和信息披露法案》（简称《2009年信用卡法案》）在很大程度上旨在确保信用卡用户能够充分知情。除其他事项外，该法案禁止在未提前45天通知的情况下提高年费率，禁止对现有余额追溯适用费率提高，还要求在提高年费率时明确告知消费者其拥有注销信用卡的权利。

该法案还要求对信用卡协议进行若干电子披露。具体而言，它要求：(1)"各债权人应建立并维护一个网站，债权人应在该网站上公布债权人与消费者之间关于开放式消费信贷计划下的所有信用卡账户的书面协议";(2)"每位债权人应以电子格式向委员会提供其在其互联网网站上公布的《消费者信用卡协议》;(3)"董事会应在其公开的互联网网站上建立并维护一个中央资料库,用以存储根据本款规定从债权人处收到的《消费者信用卡协议》,此类协议应易于公众访问和检索"(《2009年信用卡法案》)。《2009年信用卡法案》的总体效果极为显著,每年可为消费者节省200多亿美元(Agarwal et al. 2013)。

2. **营养**。营养领域的各种披露要求已经到位。仅举一例,美国农业部(USDA)发布了一项最终规定,要求企业向消费者提供肉类和家禽产品的营养信息。此类产品的标签上必须列明营养成分表。根据该规则,成分表必须包含有关卡路里以及总脂肪和饱和脂肪的信息(9 CFR § 317.309)。

这条规则明确认识到框架的潜在重要性。如果一款产品以百分比的形式列出了营养成分,例如"80%瘦肉",那么它也必须列出脂肪的百分比。这一要求应避免选择架构可能导致的混乱;一种"产品包含80%瘦肉"的声明,本身就会使瘦肉的含量变得醒目,因此可能会产生误导。

3. **医疗保健**。2010年的《患者保护与平价医疗法案》(简称《平价医疗法案》)包含了许多旨在促进医疗保健方面的问责制和知情选择的披露要求。事实上,《平价医疗法案》在很大程度上是一系列的披露要求,其中许多要求意在告知消费者,并提醒他们注意行为学的研究结果。根据该法案,门店超过20家的连锁餐厅必须在菜单上标注卡路里。此类餐厅还必须以书面形式(可供顾客索取)提供额外的营养信息,包括总热量和脂肪热量,以及脂肪、饱和脂肪、胆固醇、钠、总碳水化合物、复合碳水化合物、糖、膳食纤维和蛋白质的含量(Affordable Care Act 2010)。早期的结果表明,热量标签能够产生显著的影响,尤其是对超重人群(Deb and Vargas 2016)。

如何披露,而非仅仅是否披露。正如社会科学家所强调的那样,仅仅做到了披露可能是不够的;监管机构应该关注如何披露,而非仅仅是否披露。明确性和简单性往往是关键。在某些情况下,如果信息过于抽象、模糊、详细、复杂、框架性差或令人难以接受,那么准确的信息披露可能是无效的。想要使披露能够对人们有所帮助,就必须对人们实际处理信息的方式保持敏感。

一条优秀的经验法则是,信息披露应该具体、直接、简单、有意义、及时和醒目。如果目标是告知人们如何避免风险或获得利益,那么披露应避免采取抽象的陈述(例如,关于"健康饮食"或"良好饮食"),而是应明确指出为实现相关目标而可以采取的步骤(例如,说明父母可以采取哪些具体行动来降低儿童肥胖的风险)。

2010年,美国卫生及公共服务部强调了其名为"医疗改革保险门户网站要求"的临时最终规则明确性和醒目性的重要性,该规则"采用了将作为门户网站内容收集和显示的信息类别,也采用了我们将要求发行者提供的数据,并要求各州、协会和高风险池提供这些数据以创建这些内容。"(Department of Health and Human Services 2010)可以登陆该门户网站 http://www.healthcare.gov/ 查看。

行为经济学、认知错觉和避免混淆

如果不仔细设计,披露要求可能会产生无效、混乱和潜在的误导信息。以行为为依据的路径对这一风险保持警惕,并提出了可能的改进建议。例如,目前要求汽车制造商披露以每加仑英里数(MPG)来衡量的新车燃油经济性。这种披露对消费者十分有用,有助于促进知情选择。然而,正如美国环境保护署(EPA)所强调的,MPG是非线性燃料消耗度量(Environmental Protection Agency 2009)。对于固定的行驶距离,MPG从20提升到25降低的燃料成本,超过了从30提升到35,甚至是从30提升到38的成本。为了更显著地说明这一点,请考虑这样一个事实:MPG从20提升到25能够节省的燃油,要比MPG从20提升到40节省的燃油更多,而从

10提升到11所节省的燃油几乎与从34提升到50一样多。

证据表明，许多消费者不理解这一点，而且往往会认为MPG与燃油成本呈线性关系。如果发生这种情况，当人们对燃料成本做出比较判断时，这种错误就可能会造成不充分知情的购买决策。例如，人们很可能低估将一辆低MPG汽车更换为一辆更省油的汽车的好处。相比之下，备选燃油经济性指标，如每加仑英里数，可能远没有那么令人困惑。这种衡量标准与燃料成本呈线性关系，因此提出了一种可能的方法来帮助消费者做出更好的选择。

认识到油耗措施的不完善性和潜在的误导性，交通部和环保署在2010年提出了两种备用标签，旨在为消费者提供更清晰、更准确的信息，说明燃油经济性对燃油支出和环境的影响（Environmental Protection Agency 2009）。经过一段时间的公众评论，交通部和环保署最终选择了一个借鉴了这两个提案的标签（Environmental Protection Agency 2009）。这种方式要求披露第一种方案中的事实材料，但是增加了一个关于五年期内预期燃油节约（或成本）的明确表述。

同样，美国农业部已经放弃了"食物金字塔"，几十年来，它一直被用作推广健康饮食的核心标志。长期以来，人们一直在批评金字塔信息不足，它没有为人们提供任何有关健康饮食的明确"路径"。其中一种批评意见（Heath and Heath 2010, 61）如下。

> 它的意思几乎完全不透明。……要了解食物金字塔对于食物的介绍，你必须愿意破译金字塔上的标记。……这里的语言和概念对人们实际的食物体验进行了极大的抽象……以至于其中的信息令人困惑和沮丧。

针对这些反对意见，美国农业部在经过长时间的考虑之后，决定采用更简单的新图标取代金字塔，该图标由一只清晰地画出了水果、蔬菜、谷物和蛋白质的餐盘组成（Sunstein 2013）。餐盘上配有简单明了的指导，包括"水果、蔬菜各一半""多喝水，少喝含糖饮料"以及"改用无脂或低脂（1%）牛奶"。这种方式的重要优点是，它告诉了人们如果想拥有更健康的饮食，应该怎么做。

在某些情况下，不切实际的乐观主义倾向可能会导致一些消费者淡化或忽视与某一产品或活动相关的统计风险信息。可能的例子包括吸烟和分心驾驶。在这种情况下，披露的目的可能是使与产品相关的风险不那么抽象，而是更生动，更醒目。例如，2009年的《家庭吸烟预防和烟草控制法》要求对吸烟的风险发布图形警告，美国食品药品监督管理局已将此类警告定稿，供公众评论，其中一些图片生动地描述了与吸烟相关的一些不良后果，部分图片甚至令人不安。

以行为为依据的工具：简要披露与充分披露

简要披露要求的目的是在消费者购买商品或服务时，向其提供附有相关信息的简要概述。此类简要披露通常辅以能在公共或私人网站上找到的更可靠的信息。例如，美国国家环境保护局在网上披露了大量关于燃油经济性的材料，远远多于标签信息，而政府网站上公开的大量营养信息也为营养成分标签提供了补充。此类路径提供了私人和机构可以改编、重组，并以有益且富有想象力，而且往往令人意想不到的新方式所呈现的信息。私营部门以最有价值和最具创意的方式使用了充分披露。

其他披露要求根本不是专门针对消费者或终端用户的。它们能够增进公众对现有问题的了解，并通过让人们了解当前的做法促进形成可能的解决方案。一个例子是《应急计划与公众知情权法》（1986）。起初，这项法案似乎在很大程度上是一项簿记措施，要求企业提供"有毒物质排放清单"，即企业报告他们所使用的污染物。但是现有的证据表明，它已经产生了有益的影响，有助于减少全美范围内有毒物质的排放（Hamilton 2005）。原因之一涉及公共责任：公众的关注有助于促进符合法定目的的行为。

可以肯定的是，强制披露会给私人和公共机构带来成本和负担，在法律允许的范围内，应在决定是否以及如何披露时考虑这些成本和负担。关于披露政策实际效果的经验证据不可或缺（Greenstone 2009; Sunstein 2010; Schwartz et al. 2011）。

默认规则与简化

社会科学研究提供了强有力的证据，证明起点或"默认规则"极大地影响了社会结果。默认规则是帮助人们轻松做出选择的一种方式，公共和私人机构将它们应用于无数的领域之中。

自动注册与默认规则：范例

储蓄。在美国，一直以来雇主都会询问员工是否要加入401（k）退休福利计划；常见的默认规则是不加入。即使注册过程十分简单，注册或选择加入的员工数量有时也相对较少（Madrian and Shea 2001; Gale, Iwry, and Walters 2009）。一些雇主已经做出反应，将默认设置更改为自动注册，除非雇员选择退出，否则就会加入。结果显而易见：与将默认规则设置为"不加入"时的情况比，在默认"加入"的状态下，参加退休福利计划的员工数量显然要多得多（Gale, Iwry, and Walters 2009）。即使在选择退出很容易的情况下也是如此。重要的是，自动参保对所有群体都有很大的好处，西班牙裔、非裔美国人，特别是妇女的预期储蓄会增加（Chiteji and Walker 2009; Orszag and Rodriguez 2009; Papke, Walker, and Dworsky 2009）。

2006年的《养老金保护法》（Pension Protection Act 2006）直接借鉴了这些结论，鼓励雇主采用自动注册计划。《养老金保护法》为选择性延期供款与包括自动注册功能的计划下的对等捐款提供了无差别的安全庇护，也为自动注册提供了来自州预扣所得税法的保护，从而实现了自动注册。在这些努力的基础上，时任总统奥巴马要求美国国家税务局和美国财政部采取措施，使雇主更容易采用此类计划（Internal Revenue Service 2009; Obama 2009）。

学校膳食。《全国学校午餐法案》（Healthy, Hunger-Free Kids Act 2012）采取措施，允许对学生资格进行"直接认证"，从而降低了复杂性，并引入了一种自动注册的形式。根据这项计划，有资格享受某些项目福利的儿童将"直接有资格"享受免费午餐和免费早餐，而不必额外填写申请（Healthy, Hunger-Free Kids Act 2012）。为了促进直接认证，美国农业部颁布了一项临时性最终规定，预计将为27万名儿童提供学校膳食（Department of Agriculture 2011）。共有1,200多万名儿童参加了相关计划。

工资报表。 美国国土安全部已将工资报表的默认设置从纸质改为电子，从而降低了成本（Orszag 2010）。总的来说，这种变革可以为私营和公共部门节省大量资金。

自动注册与默认规则：机制与复杂性

大量研究均试图探索为什么默认规则会对结果产生如此大的影响（Carroll et al. 2009; Dinner et al. 2009; Gale, Iwry, and Walters 2009）。这主要是由三项因素促成的。

第一项因素是惰性和拖延。为了改变默认规则的效果，人们必须主动选择拒绝默认选项。考虑到惰性的力量与拖延的倾向，人们也许只想继续保持现状。

第二项因素是对默认规则的隐性认可。许多人似乎认为，之所以选择默认选项是有原因的。他们认为，除非有特定的信息证明需要做出改变，否则就不应该舍弃默认选项。

第三，默认规则可能会为人们的决策建立参考点；既定的参考点具有重要的影响，因为人们不喜欢因为偏离参考点而遭受损失。例如，如果默认使用节能灯泡，那么，没有这样做的人可能会因为能源使用效率低下而遭受较大损失，从而绝大部分人会倾向于继续使用节能灯泡。但是，如果默认使用能效较低（而且最初价格较低）的灯泡，那么，没有这样做的人可能会因为前期成本过高而遭受较大损失，从而绝大部分人会倾向于使用能效较低的灯泡。在相当多的领域，通过选择好的默认规则、避免有害的规则，有可能实现监管目标，并在保持选择自由和低成本的同时做到这一点（Sunstein 2015）。

一些默认规则适用于所有相关人群，但是他们有能力选择退出。另一些默认规则则是个性化的，也就是说，它们利用了哪种路径最适合相关人群中的个体的可用信息。个性化默认规则可能基于地理或人口变量。例如，收入和年龄可能被用于确定适当的退休计划默认规则。在某种程度上，个性化的默认规则也可能基于他们自己可用的过去的选择。

个性化默认规则的一个优点是，它们可能比"大众"默认规则更加准确。随着技术的发展，越来越有可能根据人们自己的选择和情况，制定个性化的默认规则，这样的规则可能比更一般的规则更加准确。我们将有极好的机会通过默认规则来改善人们的福利（Sunstein 2016）。可以肯定的是，任何此举规则都必须尊重涉及个体隐私的适用法律、政策和法规，并应避免不适当的粗暴代理。

简化

在不可能改变默认值或最好改变默认值的情况下，仅仅通过简化和方便人们的选择就可以获得类似的效果。复杂性可以产生严重的非预期效应（包括冷漠、延迟和混乱），也可能通过降低合规性或降低人们从各种政策和项目中受益的可能性来破坏监管目标（Sunstein 2013）。

例如，最近政府采取了一系列措施来简化联邦学生补助（FAFSA），通过跳过逻辑（一种通过之前的回答来确定后续问题的调查方法）来减少问题的数量，并且允许电子检索信息（Office of Management and Budget 2010）。在使用更简单、更简短的表格的同时，还推出了一项试点举措，允许在线用户将以前的电子税表数据直接导入他们的FAFSA申请表中。

这些措施旨在简化财政援助的申请程序，从而增加学生上大学的机会。我们有充分的理由相信，这些措施将使许多此前无法获得任何资助的学生获得入学资助。许多其他领域也可以采取类似的措施。事实上，我们有理由相信，无法完全推行现有的福利项目，包括提供低收入补助的项目，在一定程度上是行为因素，如拖延和惰性的产物。因此，包括自动注册在内的旨在简化流程的努力也许大有裨益。

远超激励措施

本文旨在概述行为经济学领域的一些重要发现，阐明它们与标准经济理论之间的差异，总结政策方面的经验教训。一条一般性结论是，尽管（包括价格和预期的健康影响在内的）物质激励十分重要，但是包括社会环境和普遍的社会规范在内的选择架构却独立作用于激励结果。

由于复杂性往往会产生不良或意外的副作用——包括成本高、不守法以及有用项目的参与度下降——因而，简化有助于促进监管目标。事实上，简化往往能够产生惊人的巨大效果。减少文书工作与填表负担（例如，通过减少问题、使用跳过模式、电子申请和预填写）可以带来显著的益处，不仅可以减轻负担，还可以使项目更易获取。因此，最好采取措施来增加便利性以及让人们更清楚地了解他们到底需要做什么，从而让他们更容易参与这些项目。

参考文献

Affordable Care Act. 2010. The Patient Protection and Affordable Care Act of 2010. Pub L No 111–148, 124 Stat 119, codified in various sections of Title 42.

Agarwal, Sumit, Souphala Chomsisenghphet, Neale Mahoney, and Johannes Stroebel. 2013. "Regulating Consumer Financial Products: Evidence from Credit Cards." NBER Working Paper 19484, National Bureau of Economic Research, Cambridge, MA.

Bisin, Alberto, Andrea Moro, and Giorgio Topa. 2011. "The Empirical Content of Models with Multiple Equilibria in Economies with Social Interactions." NBER Working Paper 17196, National Bureau of Economic Research, Cambridge, MA.

Camerer, Colin F. 2003. *Behavioral Game Theory: Experiments in Strategic Interaction*. Princeton, NJ: Princeton University Press.

Card, David, and Gordon B. Dahl. 2011. "Family Violence and Football: The Effect of Unexpected Emotional Cues on Violent Behavior." *Quarterly Journal of Economics* 126 (4): 1879–1907.

Card, David, and Laura Giuliano. 2011. "Peer Effects and Multiple Equilibria in the Risky Behavior of Friends." NBER Working Paper 17088, National Bureau of Economic Research, Cambridge, MA.

Carroll, Gabriel D., James J. Choi, David Laibson, Brigitte C. Madrian, and Andrew Metrick. 2009. "Optimal Defaults and Active Decisions." *Quarterly Journal of Economics* 124 (4): 1639–1674.

Chetty, Raj, John N. Friedman, Soren Leth-Petersen, Torben Heien Nielsen, and Tore Olsen. 2012. "Active vs. Passive Decisions and Crowdout in Retirement Savings

Accounts: Evidence from Denmark." NBER Working Paper 18565, National Bureau of Economic Research, Cambridge, MA.

Chiteji, Ngina, and Lina Walker. 2009. "Strategies to Increase the Retirement Savings of African American Households." In *Automatic: Changing the Way America Saves*, edited by William G. Gale, J. Mark Iwry, David C. John, and Lina Walker, 231–260. Washington, DC: Brookings Institution Press.

Conly, S. 2013. *Against Autonomy*. Cambridge: Cambridge University Press.

Credit CARD Act. 2009. Pub L No 111–24, 123 Stat 1734, codified in various sections of Titles 15 and 16.

Deb, Partha, and Carmen Vargas. 2016. "Who Benefits from Calorie Labeling? An Analysis of its Effects on Body Mass." NBER Working Paper 21992, National Bureau of Economic Research, Cambridge, MA.

Department of Agriculture. 2011. "Direct Certification and Certification of Homeless, Migrant and Runaway Children for Free School Meals." 76 Federal Register 22785–02, 22793.

Department of Health and Human Services. 2010. Centers for Disease Control and Prevention, Community Health Status Indicators (CHSI) to Combat Obesity, Heart Disease and Cancer, May 1. Retrieved from http://www.data.gov/raw/2159.

DG SANCO (European Commission's Directorate General for Health and Consumers). 2010. *Consumer Behaviour: The Road to Effective Policy-Making*. Retrieved from http://ec.europa.eu/consumers/docs/1dg-sanco-brochure-consumer-behaviour -final.pdf.

Dinner, Isaac, Daniel G. Goldstein, Eric J. Johnson, and Kaiya Liu. 2009. "Partitioning Default Effects: Why People Choose Not to Choose." Unpublished manuscript.

Emergency Planning and Community Right to Know Act. 1986. Pub L No 99–499, 100 Stat 1728, codified at 42 USC § 11001 et seq.

Environmental Protection Agency. 2009. "Fuel Economy Labeling of Motor Vehicles: Revisions to Improve Calculation of Fuel Economy Estimates." 74 Federal Register 61537–01, 61542, 61550–53 (amending 40 CFR Parts 86, 600).

European Commission. 2012. "Green Behavior." Future Brief 4, Science for Environment Policy, October. http://ec.europa.eu/environment/integration/research/news alert/pdf/FB4.pdf.

Gale, William G., J. Mark Iwry, and Spencer Walters. 2009. "Retirement Savings for Middle- and Lower-Income Households: The Pension Protection Act of 2006 and the Unfinished Agenda." In *Automatic: Changing the Way America Saves*, edited by William G. Gale, J. Mark Iwry, David C. John, and Lina Walker, 11–27. Washington, DC: Brookings Institution Press.

Greenstone, Michael. 2009. "Toward a Culture of Persistent Regulatory Experimentation and Evaluation." In *New Perspectives on Regulation*, edited by David Moss and John Cisternino, 111–125. Cambridge: The Tobin Project.

Halpern, David. 2015. *Inside the Nudge Unit*. London: Ebury.

Hamilton, James T. 2005. *Regulation through Revelation: The Origin, Politics, and Impacts of the Toxics Release Inventory Program*. Cambridge: Cambridge University Press.

Healthy, Hunger-Free Kids Act. 2012. Pub L No 111–296, 124 Stat 3183.

Heath, Chip, and Dan Heath. 2010. *Switch: How to Change Things When Change Is Hard*. New York: Broadway.

Hirshleifer, David. 1995. "The Blind Leading the Blind: Social Influence, Fads, and Informational Cascades." In *The New Economics of Human Behavior*, edited by Mariano Tommasi and Kathryn Ierulli, 188–215. Cambridge: Cambridge University Press.

Internal Revenue Service. 2009. "Retirement and Savings Initiatives: Helping Americans Save for the Future." http://www.irs.gov/pub/irs-tege/rne_se0909.pdf.

iNudgeYou.com. n.d. "Resources." http://www.inudgeyou.com/resources.

Jolls, Christine. 1998. "Behavioral Economics Analysis of Redistributive Legal Rules." *Vanderbilt Law Review* 51 (6): 1653–1677.

Kahneman, Daniel. 2011. *Thinking, Fast and Slow*. New York: Farrar, Straus, and Giroux.

Kahneman, Daniel, and Shane Frederick. 2002. "Representativeness Revisited: Attribute Substitution in Intuitive Judgment." In *Heuristics and Biases*, edited by Tom Gilovich, Dale Griffin, and Daniel Kahneman, 49–81. Cambridge: Cambridge University Press.

Kahneman, Daniel, and Amos Tversky. 1979. "Prospect Theory: An Analysis of Decision under Risk." *Econometrica* 47 (2): 263–292.

Leventhal, Howard, Robert Singer, and Susan Jones. 1965. "Effects of Fear and Specificity of Recommendation upon Attitudes and Behavior." *Journal of Personality and Social Psychology* 2 (1): 20–29.

Levin, Irwin P., Sandra L. Schneider, and Gary J. Gaeth. 1998. "All Frames Are Not Created Equal: A Typology and Critical Analysis of Framing Effects." *Organizational Behavior and Human Decision Processes* 76 (2): 149–188.

Loewenstein, George F., Elke U. Weber, Christopher K. Hsee, and Ned Welch. 2001. "Risk As Feelings." *Psychological Bulletin* 127 (2): 267–286.

Madrian, Brigitte C., and Dennis F. Shea. 2001. "The Power of Suggestion: Inertia in 401(k) Participation and Savings Behavior." *Quarterly Journal of Economics* 116 (4): 1149–1187.

McFerran, Brent, Darren W. Dahl, Gavan J. Fitzsimons, and Andrea C. Morales. 2011. "How the Body Type of Others Impacts Our Food Consumption." In *Leveraging Consumer Psychology for Effective Health Communications*, edited by Rajeev Batra, Punam Anand Keller, and Victor J. Strecher, 151–170. Armonk, NY: M. E. Sharpe.

McGraw, A. Peter, Jeff T. Larsen, Daniel Kahneman, and David Schkade. 2010. "Comparing Gains and Losses." *Psychological Science* 21 (10): 1438–1445.

Nickerson, David W., and Todd Rogers. 2010. "Do You Have a Voting Plan? Implementation Intentions, Voter Turnout, and Organic Plan Making." *Psychological Science* 21 (2): 194–199.

Obama, Barack H. 2009. Weekly address, September 5.

Office of Management and Budget, Office of Information and Regulatory Affairs. 2010. Information collection budget of the United States government. http://www.whitehouse.gov/sites/default/files/omb/inforeg/icb/icb_2010.pdf.

OECD (Organisation for Economic Co-operation and Development). 2010. *Consumer Policy Toolkit*. Paris: OECD Publishing.

Orszag, Peter. 2010. OMB, Director, SAVEings, March 29. http://www.whitehouse.gov/omb/blog/10/03/29/SAVEings/.

Orszag, Peter, and Eric Rodriguez. 2009. "Retirement Security for Latinos: Bolstering Coverage, Savings, and Adequacy." In *Automatic: Changing the Way America Saves*, edited by William G. Gale, Mark J. Iwry, David C. John, and Lina Walker, 173–198. Washington, DC: Brookings Institution Press.

Papke, Leslie E., Lina Walker, and Michael Dworsky. 2009. "Retirement Security for Women: Progress to Date and Policies for Tomorrow." In *Automatic: Changing the Way America Saves*, edited by William G. Gale, J. Mark Iwry, David C. John, and Lina Walker, 199–230. Washington, DC: Brookings Institution Press.

Pension Protection Act. 2006. Pub L No 109–280, 120 Stat 780, codified in various sections of Titles 26 and 29.

Redelmeier, Donald A., Paul Rozin, and Daniel Kahneman. 1993. "Understanding Patients' Decisions: Cognitive and Emotional Perspectives." *Journal of the American Medical Association* 270 (1): 72–76.

Rozin, Paul, Sydney Scott, Megan Dingley, Joanna K. Urbanek, Hong Jiang, and Mark Kaltenbach. 2011. "Nudge to Nobesity I: Minor Changes in Accessibility Decrease Food Intake." *Judgment and Decision Making* 6 (4): 323–332.

Schwartz, Janet, Jason Riis, Brian Elbel, and Dan Ariely. 2011. "Would You Like to Downsize That Meal? Activating Self-Control Is More Effective Than Calorie Labeling in Reducing Calorie Consumption in Fast Food Meals." Unpublished manuscript.

Sharot, Tali. 2011. *The Optimism Bias: A Tour of the Irrationally Positive Brain*. New York: Knopf.

Shu, Lisa L., Nina Mazar, Francesca Gino, Dan Ariely, and Max H. Bazerman. 2012. "Signing at the Beginning Makes Ethics Salient and Decreases Dishonest Self-Reports in Comparison to Signing at the End." *Proceedings of the National Academy of Sciences* 109 (38): 15197–15200.

Slovic, Paul. 1998. "Do Adolescent Smokers Know the Risks?" *Duke Law Journal* 47 (6): 1133–1141.

Stango, Victor, and Jonathan Zinman. 2011. "Limited and Varying Consumer Attention: Evidence from Shocks to the Salience of Bank Overdraft Fees." Working Paper 11–17, Federal Reserve Bank of Philadelphia.

Sunstein, Cass R. 2010. "Administrator, OIRA, Memorandum for the Heads of Executive Departments and Agencies, Disclosure and Simplification as Regulatory Tools." http://www.whitehouse.gov/sites/default/files/omb/assets/inforeg/disclosure_principles.pdf.

Sunstein, Cass R. 2013. *Simpler*. New York: Simon and Schuster.

Sunstein, Cass R. 2015. *Choosing Not to Choose*. Oxford: Oxford University Press.

Sunstein, Cass R. 2016. *The Ethics of Influence*. New York: Cambridge University Press.

Thaler, Richard H. 2015. *Misbehaving*. New York: Norton.

Thaler, Richard H., and Cass R. Sunstein. 2008. *Nudge*. New Haven, CT: Yale University Press.

Thaler, Richard H., Daniel Kahneman, and Jack L. Knetsch. 1991. "Experimental Tests of the Endowment Effect and the Coase Theorem." In *Quasi Rational Economics*, edited by Richard H. Thaler, 167–188. New York: Russell Sage.

Tversky, Amos, and Daniel Kahneman. 1973. "Availability: A Heuristic for Judging Frequency and Probability." *Cognitive Psychology* 5 (2): 207–232.

Weinstein, Neil D. 1987. "Unrealistic Optimism about Susceptibility to Health Problems: Conclusions from a Community-Wide Sample." *Journal of Behavioral Medicine* 10 (5): 481–500.

Zwane, Alix Peterson, Jonathan Zinman, Eric Van Dusen, William Pariente, Clair Null, Edward Miguel, Michael Kremer, et al. 2011. "Being Surveyed Can Change Later Behavior and Related Parameter Estimates." *Proceedings of the National Academy of Sciences* 108 (5): 1821–1826.

9 CFR § 317.309.

评（罗伯特·霍凯特[1]）

选择架构：评估与临时建议

I.

　　长期以来，我一直对某些似乎不断在美国社会中涌现与流行的流行语或热潮感到好奇，偶尔也会因此感到恼火。例如，广告商现在兜售的是"解决方案"，而非商品和服务。当然，几十年来，我们一直在说"就像……"而非"我说过……"，从而将过去的对话带入现在。

　　在最近的发展中，我觉得特别有趣的是现在经常听到的一个词，"某物"（a thing）。例如，"班加西"[2]和"47%"[3]等曾一度被叫作"某物"。希拉里的电子邮件和特朗普的"推文"也是如此。如今，几乎所有新近加入公众意识和对话大戏的事物都是必不可少的"某物"。根据这一标准，我想，现在"某物"本身就是某物——也许是指一种递归、自反或自指的东西。

1　感谢2016年6月世界银行在华盛顿特区举行的"经济状况、世界状况"会议的所有与会者。特别感谢考甬克·巴苏和凯斯·桑斯坦。
2　班加西：指利比亚第二大城市和重要海港。2012年，美国驻利比亚班加西领事馆遭到当地武装人员袭击，造成四名外交人员身亡。——译者注
3　47%：指美国1936年依靠社会保障而生活的老年人和贫穷的工作家庭的比例。——译者注

II.

在学术界，行为主义似乎最迟在20世纪70年代末或80年代初就已成为"某物"，尽管诸如阿莱（Allais）和艾尔斯伯格（Ellsberg）的"悖论"以及司马贺（Herbert Simon）的"有限理性"等发现[1]，早在很久以前就证明了选择行为的正统模型出现了某些系统性的背离。

就我自己而言，我认为20世纪90年代末，行为主义因两位作者而成为"某物"：一位是我后来的论文指导老师之一，耶鲁大学的罗伯特·席勒（Bob Shiller）；另一位就是我今天将要评论的作者，了不起的凯斯·桑斯坦，他的著作颇丰，而且至今依然笔耕不辍。

罗伯特最先让我开始思考迪克·泰勒（Dick Thaler）的研究，尤其是我所说的"禀赋心理学"（更不用说康奈尔大学的马克杯了），[2]我认为这有助于解释我长期以来的直觉，即从政治的角度来说，作为纠正分配不公的手段，现在的所谓"预分配"（predistribution）可能比再分配更加稳定。[3]这又与当初吸引我去找罗伯特做导师的原因不谋而合，因为我的目标是设计出能够在财务上改善正义的预分配计划的手段。这些探索最终凝成一本由耶鲁大学出版社出版的著作。[4]

凯斯凭借他1998年出版的《自由市场与社会正义》（*Free Markets and Social Justice*）闯入了我的视野。我想，这应该是他的第800本书了。我几乎如饥似渴地读完了这本内容丰富的论文集，并从中学到了很多东西。不过，最令我印象深刻的是凯斯对于偏好内生性的强调，以及他对由此产生

---

1 参见Allais (1953), Ellsberg (1961), and Simon (1991)。应该指出的是，艾埃尔斯伯格悖论实际上最早出现在凯恩斯的作品中（1921，75-76，n.2）。
2 例如，参见Hockett (2005, 2006, 2007, 2008a)。
3 参见引自Hockett (2005, 2006, 2007, 2008a)的资料来源。
4 参见Hockett (2017)。

的在规范性上十分有趣的后果的耐心追踪。

当然，现在我已经意识到，偏好内生性是对某些正义理论化尝试的反抗，这要归功于阿玛蒂亚著名的"驯服的家庭主妇"的反抗，以及杰瑞·科恩（Jerry Cohen）提出的与之相似的"小蒂姆"的反抗，即反对某些在自由主义正义理论中占据中心地位的假设。[1]与罗伯特·席勒一样，约翰·罗默（John Roemer）和杰瑞都是非常有耐心的导师。我也知道加里·贝克（Gary Becker）研究的是微观理论中的品味。然而，对我帮助最大的是凯斯及其思考，让我能够以广泛的跨学科方式与更系统的程序化方式全面思考偏好的内生性及其影响。因此，我在这里的评论一部分是赞美，一部分是阐述，还有一部分是针对进一步工作的半带挑衅意味的建议——也许目标就是我所说的某种"行为宏观"或"自由集体主义"。[2]

III.

我想首先指出政治理论中的古典自由主义与福利经济理论中的古典选择模式之间的某种家族相似性。如果将罗尔斯的正义理论视作现代自由主义的象征，那么，我们在自由主义中找到了一种政治理想，本质上它对偏好的起源或性质漠不关心，而是关注罗尔斯所说的"基本结构"，人们在这种结构中追求或执行偏好满足或"生活计划"。[3]这种关注在罗尔斯主义对罗尔斯所谓"正当优先于善好"的承诺中找到了部分——尽管正如我将声称的那样，具有误导性的——程序性的表达。[4]

类似地，在经典福利理论中，我们发现偏好同样被置于学科研究领域以

---

1 参见 Cohen (1989) and Sen (1993)。
2 例如，参见 Hockett (2013a)。
3 参见 Rawls (1971)。
4 Rawls (1971)。

外。也就是说，它们被视为外生的——不受理性批判，正如罗尔斯的生活计划不受规范的政治批判一样。因此，讨论和争论集中在社会福利函数的形式属性或聚合偏好的功能属性上。根据主流研究计划，社会福利函数的聚合规则在这里发挥着类似于罗尔斯规范自由政治理论中的"基本结构"的作用。[1]

现在，众所周知，自20世纪70年代起，罗尔斯自由主义受到了持续的审视与批评。批评的理由之一是，该理论令人难以置信地揭露了藏在罗尔斯（或者应该说是海萨尼）"无知的面纱"背后的选择自由主义自我的概念。[2]迈克·桑德尔（Michael Sandel）后来称其为"无定的自我"（unsituated self）[3]，后来这成为自由主义正义理论的一个包袱，这既是由规范上的吸引力（参见Cohen 1899；Sen 1995），也是由理论上的可理解性（参见Sandel 1982及其他）造成的。[4]所谓社群主义者，以及更广泛的交往行为理论家，受对这种普遍形式的批评所驱动，在正义理论中稳步推行了一场"语境化"革命——目前这场革命最著名的倡导者可能是尤尔根·哈贝马斯（Jürgen Habermas）、阿克塞尔·霍耐特（Axel Honneth）和莱纳·福斯特（Rainer Forst）。[5]

在此背景下，我认为看待规范经济学与法律经济分析中的行为主义革命——特别是由凯斯加以系统化、解释和进一步发展的行为主义革命——的一种有益方式是与"社群主义者"反抗自由正义理论类似的，彻底且有条理的选择理论。对罗尔斯"无定的自我"的定位，最佳也是最彻底的方

---

[1] 关于该环节的更多内容，参见 Hockett (2008b, 2009)。
[2] 参见 Harsanyi (1953, 1955)。
[3] 参见 Sandel (1982)。
[4] 我的同事史蒂夫·希夫林（Steve Shiffrin）经常说："儿童是自由主义的致命弱点。"在我看来，这似乎很好地将偏好内生性与对可理解性的反对意见融合在了一个口号之中。
[5] 例如，参见 Habermas (1996), Forst (2002), and Honneth (2014)。

法,也许是首先将经典选择理论的选择者全面内生化。

在某种程度上,这正是凯斯对行为主义学习的彻底分类、系统化和进一步推进的工作。如果不是彻底将偏好内生化,从而更全面地定位实际选择自我的方式,那么谨慎关注选择惯性、架构、显著性关注、损失厌恶、社会影响、启发式、隐含概率假设等内容又是为了什么呢?如果我们能够与凯斯及其合著者一起全面地做到这一点并着眼于规范的意义,那么我们就能够发展更积极、更规范的微观经济、福利经济和正义理论。前景相当令人兴奋!

IV.

但是现在,我认为这可能是凯斯最近的研究中最令人振奋之处:尽管一开始,他的成就只是理论上的进步,但是也迅速打开了更实用的"应用"进步的大门。

通过关注凯斯所说的整个"选择架构",即他所研究的多种偏好塑造形式共同构成的整体,我们很快就发现了一种可以避开现代西方,尤其是美国思想和政治中特别棘手的价值观的新颖方式。

我指的是罗尔斯所说的"自由主义和完美主义"与凯斯和塞勒所说的"自由意志主义和父权主义"之间的冲突。[1]实际上,凯斯和塞勒指出,我们可以通过仔细研究和逐步改善选择架构,做到既能改善总体福利——类似于罗尔斯所说的"善好"[2],又能避免对个人自由作出任何严重、非最小

---

1 参见Thaler and Sunstein (2008)。
2 尽管罗尔斯本人当然不倾向于汇总,因为他把"善好"归为一类。(一个可能的例外是"最贫困者的利益",罗尔斯的"差异原则"旨在优化这种情况。如果"最贫困者"包括一个阶级而不是一个人——罗尔斯没有告诉我们是哪个阶级——那么至少就这个阶级的利益而言,当然会出现汇总。)

的冒犯——罗尔斯所说的对"自由优先"的尊重。[1]

换句话说，我们可以按照一种常识性、非完美主义且非教条主义的集体利益观行事，同时仍然允许那些经过思虑之后倾向于选择退出的人能够退出，就像他们在早期架构下所做的那样。这样一来，鱼和熊掌便能兼得，避开无法解决的关于"善好"总体愿景的冲突，而不是像很久以前凯斯在另外的背景下所建议的那样，陷入他所谓"不完全理论化的协议"的类别之下。

换句话说，我们鼓励或促进做出大多数人认为明智的选择，而不是直接强迫他们做出选择。在我看来，这是一项可以与洛克几十年前关于宽容的经典著作以及密尔关于自由的经典著作不相上下的成就。依我拙见，它可能比罗尔斯在20世纪90年代末提出的关于自由正义的"政治性而非形而上学"的解释更加有效。[2]

好了，赞美之词就到此为止。最后我想提出一条简短的建议，虽然这条建议可能有点挑衅的意味——不过我认为只是一点而已。我想说的是，我们也可以通过凯斯的选择结构重建风格以外的手段，鼓励一些对社会有益的选择，而不是直接强迫它们。在这里，我指的是近年来我一直在做的工作，有些是和我的同事索勒·奥马罗娃（Saule Omarova）一起完成的，我称之为"旨在实现公共目的的私人手段"。特别是，我想更仔细、更有意识地利用政府部门在宏观经济中经常扮演的某些市场角色。

这就是我的意思。我曾在纽约联邦储备银行（或称"纽联储"）断断续续地工作过，令我感到惊讶的是，似乎很少有人知道这家杰出机构每天履行的最关键的职能是什么。我指的是纽联储位于曼哈顿下城区交易平台

1　Rawls (1971)。
2　参见Rawls (1996)。

每天实际执行的货币政策。通过每天早上与私人交易商银行进行大量（主要是）美国国债交易，该平台每天向银行和更广泛的金融市场注入资金或从中收回资金，从而决定借贷成本，我们希望能够因此决定整个经济的活动速度。[1]

现在，有一种方法可以对这种字面上的准政府活动进行构思和概括，就是将其视为我称之为"市场移动"的东西。一家政府机构故意"移动"了一个特别重要的变量——我在其他研究中称之为"具有系统重要性的价格或指数"（SIPI），而这家机构的行动方式与其他非政府行动者在同一市场上的行动方式相同，不同的只是他们所讨论的活动对象。

一旦认识到现行利率只是市场上许多可公开辨识的SIPI中的一个，我们就很容易想象，为什么我们会希望将纽联储的公开市场操作推广到我称之为与其他SIPI相联系的"公开市场操作+"的东西，以及如何实现这一点。[2]例如，我们可能希望在危险的波动期间调整特别重要的商品价格（如食品或燃料），[3]或者在通货紧缩的低迷时期调整普遍的工资率。[4]我们原本可以在20世纪80年代末和21世纪初的垃圾债券和抵押贷款支持证券恶性通胀期间，分别采取行动对二级信贷或抵押贷款市场施加下行压力，或者通过"奥巴马医改"的"公共选择"附加条款，对目前的医疗保险价格施加下行压力。[5]

一旦开始思考这个问题，这类广泛提高福利的市场移动策略很快就会浮上你的脑海。然而，我的分类法包括除了我所说的"市场移动"之外的

---

1 参见，例如 Hockett and Omarova (2014)。
2 参见 Hockett and Omarova (2015)。
3 参见 Hockett (2011)。
4 Hockett and Omarova (2014, 2015)。
5 Hockett (2010) and Hockett and Omarova (2014, 2015)。

其他模式。我将其中一种称作"造市"（market-making），也就是金融市场参与者的意思。这在一定程度上也是1938年房利美成立之时的目的——建立抵押贷款的二级市场，以降低一级市场的信贷成本，从而稳定"大萧条"时期的房地产市场和房屋建筑业，同时提高房屋所有权率。[1]这个系统在近60年的时间里运行良好，直到监管不足的私人投资银行介入，把一切都搞砸了。[2]纽约联储为此专门设立的梅登莱恩基金也在抵押贷款支持证券方面采取了类似的行动，以阻止2008—2012年间对抵押贷款证券的个人理性而集体非理性的挤兑，我称之为"市场保护"作用，实际上美联储通过2012年10月的第三轮量化宽松政策接管了这一角色。

V.

这些只是我在其他地方阐述过的众多例子中的几个。在此我就不再赘述了，感兴趣的人可以仔细阅读我在脚注中所列的著作。现在，我只是想表明，在某些情况下，除了凯斯的选择架构风格之外，还可能存在其他可以影响偏好的途径，几乎所有人都认为这些是社会所希望的方式，而不是强加给他们的选择。

诚然，如果用于某些可想而知的目的，我的"大市场行动者"策略也许比凯斯的策略更接近于胁迫，因为它给逆向投资者带来的成本高于凯斯的默认转换（即从选择进入到选择退出）。但是在我看来，这些似乎只是程度上的差异，而不是种类上的差异。而且，由于我提出的大多数（如果不是全部的话）市场行动者角色项目都旨在解决我所谓"递归集体行动问题"，而我们可以合理地假定每个人都希望这些问题能够得以解决，而不

---

[1] 参见 Hockett (2006)。
[2] Hockett (2006)，另见 Hockett (2013b)。

是系统地强制选择，[1]甚至可以说，我的建议"强加"给个人选择者的程度并不比凯斯的建议高。

我们刚刚开始探索这些建议的潜力。我现在怀疑，一旦这样做了，我们很快就能发现，它们与凯斯提出的一系列令人印象深刻的提议相辅相成。

VI.

我将以此作为结束语。我现在只想对在座极少数也许还不熟悉凯斯大量作品的人说，请去读一读他的作品！一位如此年轻的学者居然著作等身，着实令人惊叹。而对于凯斯本人，我只想再次表示感谢：谢谢你，也希望今后能够不断读到你的新作。

参考文献

Allais, Maurice. 1953. "Le Comportement de L'homme Rationnel Devant le Risque: Critique des Postulats et Axiomes de L'Ecole Américaine." *Econometrica* 21 (4): 503–546.

Cohen, G. A. 1989. "On the Currency of Egalitarian Justice." *Ethics* 99 (4): 906–944.

Ellsberg, Daniel. 1961. "Risk, Ambiguity, and the Savage Axioms." *Quarterly Journal of Economics* 75 (4): 643–669.

Forst, Rainer. 2002. *Contexts of Justice*. Berkeley, Los Angeles: University of California Press.

---

1 参见 Hockett (2015)。

Habermas, Jürgen. 1996. *Between Facts and Norms*. Cambridge, MA: MIT Press.

Harsanyi, John. 1953. "Cardinal Utility in Welfare Economics and in the Theory of Risk-Taking." *Journal of Political Economy* 61 (5): 434–435.

Harsanyi, John. 1955. "Cardinal Welfare, Individualistic Ethics, and Interpersonal Comparisons of Utility." *Journal of Political Economy* 63 (4): 309–321.

Hockett, Robert C. 2005. "Whose Ownership? Which Society?" *Cardozo Law Review* 27 (1): 1–103.

Hockett, Robert C. 2006. "A Jeffersonian Republic by Hamiltonian Means." *Southern California Law Review* 79 (1): 45–164.

Hockett, Robert C. 2007. "What Kinds of Stock Ownership Plans Should There Be?" *Cornell Law Review* 92 (5): 865–952.

Hockett, Robert C. 2008a. "Insource the Shareholding of Outsourced Employees: A Global Stock Ownership Plan." *Virginia Law & Business Review* 3 (2): 357–426.

Hockett, Robert C. 2008b. "Pareto Versus Welfare." Cornell Legal Studies Research Paper 08–031, Cornell University, Ithaca, NY.

Hockett, Robert C. 2009. "Why Paretians Can't Prescribe: Preferences, Principles and Imperatives in Law and Policy." *Cornell Journal of Law and Public Policy* 18 (2): 391–476.

Hockett, Robert C. 2011. "How to Make QE More Helpful: By Fed Shorting of Commodities." *Benzinga*, October 11. https://www.benzinga.com/news/11/10/1988109 / how-to-make-qe-more-helpful-by-fed-shorting-of-commodities.

Hockett, Robert C. 2013a. "The Libertarian Welfare State." *Challenge* 56 (2): 100–114.

Hockett, Robert C. 2013b. "Paying Paul and Robbing No One: An Eminent Domain Solution for Underwater Mortgage Debt." *Current Issues in Economics and Finance* 19 (5): 1–12.

Hockett, Robert C. 2015. "Recursive Collective Action Problems." *Journal of Financial Perspectives* 3 (2): 113–128.

Hockett, Robert C. 2017. *A Republic of Producers*. Forthcoming.

Hockett, Robert C., and Saule Omarova. 2014. "'Private' Means to 'Public' Ends." *Theoretical Inquiries in Law* 15 (1): 530–576.

Hockett, Robert C., and Saule Omarova. 2015. "'Public' Actors in 'Private' Markets." *Washington University Law Review* 93 (1): 103–176.

Honneth, Axel. 2014. *Freedom's Right*. New York: Columbia University Press.

Keynes, John Maynard. 1921. *A Treatise on Probability*. London: Macmillan & Co.

Rawls, John. 1971. *A Theory of Justice*. Cambridge, MA: Belknap Press of Harvard University Press.

Rawls, John, 1996. *Political Liberalism*. New York: Columbia University Press.

Sandel, Michael J. 1982. *Liberalism and the Limits of Justice*. Cambridge: Cambridge University Press.

Sen, Amartya K. 1995. "Equality of What?" In *Equal Freedom: Selected Tanner Lectures on Human Values*, edited by Stephen Darwall. Ann Arbor: University of Michigan Press.

Simon, Herbert. 1991. "Bounded Rationality and Organizational Learning." *Organization Science* 2(1): 125–134.

Thaler, Richard H., and Cass Sunstein. 2008. *Nudge*. New Haven, CT: Yale University Press.

评（瓦伦·高里）

助推走向全球

全球都在助推政策制定。包括英国、美国、芝加哥、纽约、华盛顿特区、里约热内卢、新南威尔士、新西兰、西开普省、危地马拉、荷兰、法国、秘鲁、加拿大、丹麦、印度尼西亚、黎巴嫩、阿联酋、波兰、拉脱维亚、摩尔多瓦、日本、德国、新加坡和印度等在内的许多国家和地区政府已经开始在其政策与项目中系统地运用行为经济学。世界银行团队，包括思维、行为与发展部门（eMBeD），参与了数十项结合社会洞察与行为洞察的在研项目。与理查德·塞勒合著的《助推》（Nudge）是凯斯·桑斯坦开创性研究的具体体现，他的研究真正改变了全球政策制定。

随着行为经济学的应用从边缘走向主流，这一实践所面临的一些突出问题与批评值得我们反思。与他在更广泛的领域所作的研究一样，桑斯坦的这篇文章不仅阐述透彻（成功整理了广泛的理论和证据），而且深思熟虑，值得细细品读。在下文中，我将以桑斯坦论文的节选为出发点，初步提出与行为经济学和政策制定议程相关的四个问题。同时，正如我将阐明的那样，桑斯坦自己的研究也已经预见到人们可以在其中一些问题上取得进展的途径。

对哪些人来说，助推是维护自由？

> 例如，假定存在某条特定的默认规则，使得相关人群中的大多数人都会在能够做出知情选择的情况下倾向于赞同这条规则。那么，我们就有合法的决策理由采用这条默认规则（只不过我们需要清楚，另外的那一小部分人依然有可能选择退出）。
>
> ——凯斯·桑斯坦（即将出版）

由于大多数人目光短浅和/或疏忽大意，他们把默认的储蓄计划视作获批项目或重要参考点，因此，设置自动注册退休储蓄计划的做法可以增加平均退休储蓄金额。随后允许人们选择退出的做法则保留了他们对自己的生活做出重大选择的自由。既然必须设置某种默认规则——要么没有注册并且可以选择加入，要么已经加入并且可以选择退出——为什么不选择能够增加储蓄的默认规则？这就是自由主义家长制的逻辑。

然而，请注意，这种构想基于对自由的两种不同理解：积极自由与消极自由（Berlin 1969）。自动注册借助的是积极自由。用博林（Berlin）的话来说，目光短浅和疏忽大意是影响人们行为的"控制或干扰"的外部来源。自动注册可以帮助他们实现真正的目标。但是，一旦实施了自动注册，选择退出的权利就是一种消极自由：意志以外的因素，如目光短浅或疏忽大意仍然会限制自动注册储蓄者选择退出的能力。他们拥有消极意义上的自由，因为他们在可以不受任何阻挠的情况下选择退出。

虽然篇幅不足，无法详细阐述这一论点，然而，自动退休储蓄用以"维护自由"的方式确实并不简单。桑斯坦（Sunstein 2012）在其他论文中提到了软性和硬性家长制之间的连续体（该连续体由施加的物质和精神成本的总和加以衡量）并且得出了类似的结论。他将大多数"助推"描述为一种软性家长制（如果无法完全保护自由的话），并认为大多数人实际上会选择退出那些导致福利减少的默认规则（Beshears et al. 2010）。

但是，家长制对长期"助推"议程的挑战，尤其是在发展中国家，需要我们这些参与其中的人进一步加以阐述。我只想说两点。首先，认为大多数人会选择退出不良默认规则是不够的。我们还需要知道谁会选择退出，以及更多关于确定改善福利的选择和利用信息披露的能力与贫困、（Mani et al. 2013）性别和其他在规范性上十分重要的社会类别之间的关系。

其次，随着"助推"逐渐走向世界，并且开始在与其起源地英、美等文化环境截然不同的环境中发挥作用，也许在很多情况下，在道德上十分明显的并不是行为干预对自由的限制程度（可以理解为政策所带来的物质成本与精神成本的总和），而是项目本身的内在伦理价值。事实上，非正式沟通表明，许多国家的决策者并不为家长制问题所困扰，因为自由主义并不是道德评价的假定背景。其他目标——如"发展""和谐"或"社会正义"——往往更为突出。事实上，如果家长制带给决策者的困扰大于助推政策，那么这些政策也许会有帮助。该领域的研究人员也许会坚持要求助推者披露并辩论他们的助推政策，从而为世界各地的民主政策制定做出贡献。

社会规范如何改变

> 想一想分心驾驶的问题。2009年10月1日，总统发布了一项行政命令，禁止联邦雇员在开车时发送短信。这些措施有助于促进反对开车时发送短信的社会规范，从而降低风险。
>
> ——凯斯·桑斯坦（即将出版）

我们知道，社会规范是行为的关键驱动因素，但是决策者如何才能改变这些因素呢？一条路径是激活现有的社会规范，尤其是关于群体中模式行为的经验知识或期望。这方面的干预措施减少了道路事故（Habyarimana and Jack 2011），提高了税收合规性（Hallsworth et al. 2014），并成功促进了节能（Allcott and Rogers 2014）。

然而，桑斯坦对于白宫禁止开车时发送短信的命令的解释就没有那么轻松了。它涉及创造新的社会规范，而不仅仅是激活现有的规范。这与发展中国家的一个例子十分相似。印度哈里亚纳邦的法律要求村委会选举候选人必须在家中安装可以使用的厕所。[1]与禁发短信的法律一样，这项法律的本意是政府官员可以为民众树立榜样，或是激发普通民众做出行为上的转变。然而，社会规范是在参照群体中运作的，如果政府官员并不处于目标人群的参照群体之中，那么他们的行为可能无法激励人们采取不同的行为，甚至有可能适得其反。例如，哈里亚纳邦的村民可能会认为，厕所只是为政府工作人员和其他重要人物准备的，与普通人无关。

另一个例子是美国各州的早期立法，这些法律规定但凡参与决斗的人均不得担任公职（Lessig 1995）。这些法律虽然未能成功执行，但其目的是促使绅士通过诉诸而非回避荣誉守则来拒绝决斗——他可以说，因为荣誉要求他为公众服务，而参与决斗会让他无法实现这一目标，所以他别无选择，只能拒绝。

反决斗规则的目标是精英行为，然而决斗却是高度可见的事件，因此它们的消失有可能会促进民主意识以及更普遍的非暴力精神。相比之下，发送短信的行为不容易被观察到；即使政府官员不再发送短信，普通大众也可能意识不到这一点。

---

[1] 这项法律还对候选人的最低学历做出了规定。此外，候选人必须没有拖欠合作贷款或农村家用电费，没有因严重刑事犯罪被法院起诉。印度最高法院于2015年12月确认了该法律。参见http://www.livemint.com/Politics/KTRLWs6xYd6OlfSKC3SRHL/Supreme-Court-upholds-Haryana-law-onPanchayat-polls.html。

总的来说，学者教给了我们一些社会规范（Sunstein 1996），而决策者也开始意识到激活这些规范的价值。不过，我们对社会规范的比较静态分析的了解，以及对通过从众效应和多数无知来瓦解规范的了解，远远胜过对于规范的出现和创造的了解。

结果

> 如果人们了解到，他们使用的能源比处境相似的其他人更多，他们可能会减少自己的能源用量——既节省金钱又减少污染。
>
> ——凯斯·桑斯坦（即将出版）

除了减少污染和节约成本以外，对家庭能源报告效果的全面评估，还包括与提高效率的资本投资相关的支出（如房主购买新的电器或安装新的窗户时），以及在可以准确衡量的范围内，享受室温升高或降低的家庭生活环境的成本（Allcott and Kessler 2015）。尽管所有人可能都同意，理论上，在评估行为干预的总体效果时也应将这些因素包括在内，但是实践中却往往不包括这些因素。很多时候，行为政策评估几乎只关注预期的行为变化。在可能的情况下，行为政策评估应该关注对整体福祉而不仅仅是行为本身的影响。同样，尽管有充分的理由认为一些行为干预可以产生长期影响（Madrian and Shea 2001; Yeager and Walton 2011），但是实践者希望了解更多关于干预的种类以及能够实现长期而非短暂效果的环境。

助推助推者

> 无需强调，政府官员也会犯错。
>
> ——凯斯·桑斯坦（本章）

尽管行为洞察在发展中国家具有巨大的潜在价值（World Bank 2014），然而一个令人担忧的问题是，无论是否以行为为依据，能否成功制定和实施所有政策，都有赖于是否有能力招聘、激励和监督一个有效的官僚机构。例如，将选择退出退休储蓄计划建立在金融、监管和信息基础设施之上，而这在许多国家都不是理所当然的事情。更普遍的情况是，现在很少有人质疑政府失灵（而不仅仅是市场失灵）对经济发展的负面影响（Bardhan 2015）。官僚会受到其他人的许多认知偏差的影响，包括沉没成本偏差、文化认知和不准确的风险评估（Banuri, Dercon, and Gauri 2016）。社会洞察与行为洞察能否改善治理？一些初步证据表明，答案是肯定的。例如，意想不到的报酬可以激励员工，即使这笔报酬与绩效无关（Hossain and List 2012）；同伴效应似乎可以提高生产率（Mas and Moretti, 2009）；而社会认可能够提高绩效（Ashraf, Bandiera, and Lee 2014）。

在利用社会洞察和行为洞察来促进公共部门的专业规范、官僚身制度特征、公正合理的决策以及生产力等方面，仍需制定一项极其有趣且可能非常有用的议程。与其他文章一样，桑斯坦的著作已经预见到了这一研究方向（Sunstein and Hastie 2015）。如果幸运的话，这篇评论将能够帮助他对其进行扩展。

参考文献

Allcott, Hunt, and Judd B. Kessler. 2015. "The Welfare Effects of Nudges: A Case Study of Energy Use Social Comparisons." NBER Working Paper 21671, National Bureau of Economic Research, Cambridge, MA.

Allcott, Hunt, and Todd Rogers. 2014. "The Short-Run and Long-Run Effects of

Behavioral Interventions: Experimental Evidence from Energy Conservation." *American Economic Review* 104 (10): 3003–3037.

Ashraf, Nava, Oriana Bandiera, and Scott S. Lee. 2014. "Awards Unbundled: Evidence from a Natural Field Experiment." *Journal of Economic Behavior and Organization* 100 (April): 44–63.

Banuri, Sheheryar, Stefan Dercon, and Varun Gauri. 2017. "Biased Policy Professionals." World Bank Policy Research Working Paper WPS 8113.

Bardhan, Pranab. 2015. "State and Development: The Need for a Reappraisal of the Current Literature." *Journal of Economic Literature* 54 (3): 862–892.

Berlin, Isaiah. 1969. "Two Concepts of Liberty." In *Four Essays on Liberty*, edited by Isaiah Berlin, 118–172. Clarendon Press.

Beshears, John, James Choi, David Laibson, and Brigitte Madrian. 2010. "The Limitations of Defaults." NBER Retirement Research Center Paper NB 10-02, National Bureau of Economic Research, Cambridge, MA.

Habyarimana, James, and William Jack. 2011. "Heckle and Chide: Results of a Randomized Road Safety Intervention in Kenya." *Journal of Public Economics* 95 (11): 1438–1446.

Hallsworth, Michael, John A. List, Robert D. Metcalfe, and Ivo Vlaev. 2014. "The Behavioralist as Tax Collector: Using Natural Field Experiments to Enhance Tax Compliance." NBER Working Paper 20007, National Bureau of Economic Research, Cambridge, MA.

Hossain, Tanjin, and John A. List. 2012. "The Behavioralist Visits the FACTORy: Increasing Productivity Using Simple Framing Manipulations." *Management Science* 58 (12): 2151–2167.

Lessig, Lawrence. 1995. "The Regulation of Social Meaning." *The University of Chicago Law Review* 62: 943.

Madrian, Brigitte C., and Dennis F. Shea. 2001. "The Power of Suggestion: Inertia in 401(k) Participation and Savings Behavior." *Quarterly Journal of Economics* 116 (4): 1149–1187.

Mani, Anandi, Sendhil Mullainathan, Eldar Shafir, and Jiaying Zhao. 2013. "Poverty Impedes Cognitive Function." *Science* 341 (6149): 976–980.

Mas, Alexandre, and Enrico Moretti. 2009. "Peers at Work." *American Economic Review* 99 (1): 112–145.

Sunstein, Cass R. 1996. "Social Norms and Social Roles." *Columbia Law Review* 96: 903.

Sunstein, Cass R. 2012. "Storrs Lectures: Behavioral Economics and Paternalism." *Yale Law Journal* 122 (7): 1826–1899.

Sunstein, Cass R. Forthcoming. Nudges.gov: Behavioral Economics and Regulation (February 16, 2013). In *Oxford Handbook of Behavioral Economics and the Law*, edited by Eyal Zamir and Doron Teichman. Available at SSRN: https://ssrn.com/abstract=2220022 or http://dx.doi.org/10.2139/ssrn.2220022.

Sunstein, Cass R., and Reid Hastie. 2015. *Wiser: Getting beyond Groupthink to Make Groups Smarter*. Boston: Harvard Business Review Press.

World Bank. 2014. *World Development Report 2015: Mind, Society, and Behavior*. Washington, DC: World Bank.

Yeager, David S., and Gregory M. Walton. 2011. "Social-Psychological Interventions in Education: They're Not Magic." *Review of Educational Research* 81 (2): 267–301.

9 道德：进化基础和政策影响[1]

英格拉·阿尔杰、乔根·W. 威布尔

> 除非你奉行的原则也能成为一条普遍法则，否则就不要依此行事。
> ——伊曼努尔·康德（Immanuel Kant），《道德形而上学探本》
> （*Groundwork of the Metaphysics of Morals*），1785

> 引导一切生物进化的一般法则，即繁殖、变异、优胜劣汰。
> ——查尔斯·达尔文（Charles Darwin），《物种起源》
> （*On the Origin of Species*），1859

多年来，经济学这门学科为全世界的决策者提供了一个强大的工具箱。这门学科在概念、哲学和方法论上的分歧相对较少，而且没有因不同

---

[1] 本文是为2016年6月8日至9日世界银行在华盛顿特区举办的主题为"经济状况、世界状况"的会议而作。感谢丹尼尔·陈（Daniel Chen）、让-弗朗索瓦·拉西尔（Jean-François Laslier）、阿瑟·林德贝克（Assar Lindbeck）、埃里克·莫赫林（Erik Mohlin）、保罗·西布莱特（Paul Seabright）、让·梯若尔（Jean Tirole）、尼古拉斯·特里希（Nicolas Treich）、于文（Yu Wen）和彼得·维克曼（Peter Wikman）的宝贵意见和建议。

学派之间的争斗而四分五裂。经济学的这种整体性特征究竟是一种优势还是劣势并不好说，但是可以说，这种方法论的统一和力量赋予了经济学对政策的巨大影响力。经济学强大的方法论核心——20世纪50年代至60年代以一般均衡理论为代表，后来又融入了博弈论——使得对广泛的经济和社会问题进行积极和规范的分析成为可能。

那么，这个核心具体由什么组成呢？简而言之，它主要包括两个部分。一是，认为经济主体——可以是个体、家庭、企业或组织——以目标为导向，就好像他们每位个体心里都有一些目标函数，考虑到他们掌握的信息以及他们对所处世界相关方面的信念，他们努力在自身面临的限制之下使目标函数最大化。二是，认为这些经济主体之间的互动符合某些一致性要求，这些要求被形式化为均衡，即行动计划的集合：每个主体一个行动计划，这样就没有任何主体可以单方面提高其目标函数的预期值（通常是利润或效用）。

这两部分都有可能，而且也已经遭到了质疑。个体也许无法达到如此系统和一致的程度，而互动也有可能混乱且不稳定。可以说，不论在何种情况下，对人类动机有一个理论上有根据、经验上准确的理解，对分析和政策建议而言都是最重要的。

经济学中比较引人注目的新方法论的发展当属行为经济学和实验经济学的出现。较之传统经济学，行为经济学赋予了经济主体更丰富的动机，通常表现为亲社会或涉他偏好。实验经济学则在实验室对照实验和实地随机实验中测试这些新旧模型。实验室实验的外部效度可能会遭到质疑，而实地实验的外部效度可能取决于没有什么普遍性的当地和历史因素，但是从本质上来说，这种向经验科学的方向发展的趋势似乎非常健康。不久前，经济学还被认为与气象学和天文学类似：它所能做的就是观察正在发生的事情，完全不可能进行实验。从单纯地观察碰巧出现的数据到精心设计对照实验，这种转变不禁让人想起伽利略当初是如何将亚里士多德式的学术话语引向现代科学的。

行为经济学和实验经济学无疑能够提高经济学的预测能力和实用性，但是如果能够更好地理解塑造人类动机的基本因素，就一定能够作出进一步的改善。关于人类动机的进化基础的文献旨在通过下列问题帮助我们理解：如果偏好可以在社会中代代相传，那么人类应该具有哪些偏好？如果平均而言，某些亲社会或反社会偏好，或道德价值观带来的物质结果高于其他偏好或价值观（其他条件相同），那么我们可以认为前者能够在人群中得到传播（无论是通过生物还是文化机制）。本章的目的是探讨关于这种进化偏好选择的最新理论结果，并研究其对一系列社会和经济问题的影响。

米尔顿·弗里德曼（Milton Friedman 1953, 22）认为，"除非商人的行为在某种程度上接近与收益最大化相一致的行为，否则他们的企业不太可能长久地经营下去"。同样，人们可能会说，除非个体的行为与其自身物质回报的最大化相一致，否则，其他在物质上更成功的行为将在互动的人群中占据主导地位。经济学家已经证明，在下列情况下，这种说法在理论上是说得通的：(1) 附近人口众多；(2) 互动的个体不知道彼此的目标函数；(3) 互动完全随机，即每次相遇的可能性一样大（Ok and Vega-Redondo 2001; Dekel, Ely, and Yilankaya 2007）。

然而，在现实中，人口的数量未必总是十分庞大，而互动的个体有时知晓或了解彼此的偏好（想想家庭或小型社区中的大量互动就知道了）。已有研究表明，在这种情况下，偏好或目标函数往往可以成为有效的承诺机制，而进化几乎总是有利于不同于自身物质收益的目标函数。[1]此

---

[1] 关于偏好进化或间接进化的开创性文章当属Frank（1987）和Güth and Yaari（1992）。另见Banerjee and Weibull（1995）、Heifetz, Shannon, and Spiegel（2007），以及Alger and Weibull（2010）。

外——这也是我们在此将要关注的——相遇很少是完全随机的；地理位置、语言、文化和宗教往往影响着特定相遇的可能性。例如，商业伙伴可能在大学时就已相识，而人们可能因为拥有共同的社会经济或文化背景，或是相似的地点偏好等而选择在同一个地方安家落户，进而成为邻居。在这类结构化人群中，即使总体人口众多，但是某些相遇的可能性依然更大。我们在最近的两项理论研究（Alger and Weibull 2013, 2016）中表明，这种"**类聚匹配**"（assortative matching）使进化有利于在某种程度上重视"做正确的事"的个体，而不是那些纯粹利己的人，即使人口众多，而且互动的个体不知道彼此的偏好。这一发现（最初，我们觉得十分惊讶）表明，存在一种符合伊曼努尔·康德定言令式且在心理上可信的道德形式的进化基础。

下文第一节描述了这一类新颖的偏好及其进化基础。第二节讨论了这种偏好对一些得到广泛研究的社会和经济行为以及政策问题的影响，包括公共产品的供给和影响环境的行为。第三节探讨了其他社会偏好，并将道德与利他主义进行了对比。最后一节给出了文章的结论。

进化与康德道德

想象一下，一群人在一个稳定的环境中进化了许多代，每一代都参与了一些社会或经济互动。例如，在自给自足的农民群体中，这种互动可以是在田间合作、从共有的湖泊或土地中开采资源、借贷或是维护制度。我们在研究中提出了一个专门针对此类人群的理论模型（Alger and Weibull 2013, 2016）。我们假定个体偶尔随机匹配到任意（但固定且给定）大小为 n 的群体并在群体中彼此互动，从而正式确定了互动。（因为群体之间没有互动，所以没有群体选择。）互动可能涉及合作和/或冲突、信息不对称、任意持续时长的重复或帮助、奖励和/或惩罚他人的可能性等等。本质上，互动只受两种限制。一是参与者的物质回报结果只取决于参与者自己的行为以及其他群体成员某些行动的总和（而不是他们中谁做了什么）。在博弈论中，这种互动称作**聚合**博弈。例如，只有竞争对手的总产量或最低价格才重要的市场竞争、只有他人供给之和才重要的公共产品供给、一些环境外部性等等。二是所有个体的物质收益函数都是一样的。

我们遵循标准的经济理论，假定每位个体的行为都是为了最大化某个目标函数。群体中可能存在不同的目标函数，每个目标函数都代表某种偏好。根据偏好的分布与互动群体的形成过程，个体最终可能处于或多或少同质化的群体中。对于给定的物质互动、给定的偏好分布和给定的群体形成过程，在每种均衡状态中，拥有特定目标函数的个体的平均物质收益结果都是确定的。我们在进化稳定性分析中提出了这样一个问题：什么样的目标函数（如果有的话）会受到自然选择的青睐？具体来说，我们要确定哪些目标函数在进化上是稳定的，也就是说，如果群体中几乎所有的个体都有这种偏好，这些个体在物质上就会优于有其他偏好的个体。因此，物质回报被认为是进化的动力。

从进化稳定策略（ESS）的概念到**进化稳定目标函数**的概念，这种方法概括了梅纳德·史密斯和普莱斯（Maynard Smith and Price 1973）的研究工作。[1] 这种概括带来了一个重大挑战。不论**群体状态**如何，即群体中的偏好分布如何，都可能存在多种均衡行为，因此也存在几种可能的物质回报分配。如果在很少出现目标函数A的所有群体状态下，拥有目标函数B的个体在所有均衡中获得的物质回报都优于拥有目标函数A的个

---

[1] 因此，在我们的方法中，就好像"大自然母亲"虽然授权个体选择他们的行动，却又通过目标函数对他们的选择加以指导。

体，我们就认为相对于目标函数 A 而言，**目标函数 B 在进化上是稳定的**。[1]相反，如果存在目标函数 C，无论其群体份额有多小，只要在某些均衡中，目标函数 C 在物质上优于目标函数 B，则**目标函数 B 在进化上就不稳定**。这两个定义中的测试场景是让一小部分"突变体"进入现有企业或居民群体，这些突变体可能是移民或自发和随机产生的替代目标函数的载体。我们对潜在目标函数的性质施加了最小约束。它们无需采用任何特定的参数式，甚至不需要依赖实际收益。因此，个体可以是自私自利者、利他无私者、居心不良者、行事公正者、厌恶不公平者、环保主义者、道德主义者等等。我们唯一的假定是，在所有团体成员的行动过程中，每位个体的目标函数都是连续的。

我们的方法的第二个关键特征是，它使得随机匹配能够实现同配性（assortative）。地理、文化、语言和社会经济距离造成了（字面上或隐喻上的）运输成本，这意味着：(1) 个体倾向于与其（地理、文化、语言或社会经济）相似的个体进行更多的互动；[2]（2）类型（例如，行为模式、偏好或道德价值观）从一代到下一代的文化或遗传传递往往也发生在类型起源地附近。[3]综合起来，这两种倾向意味着相互互动的个体很可能属于同一类型。我们用我们称之为同配性特征（assortativity profile）的向量来

---

1 我们所说的"均衡"是不完全信息下的贝叶斯-纳什均衡。
2 社会学家（如 McPherson, Smith Lovin, and Cook 2001; Ruef, Aldrich, and Carter 2003）和经济学家（如 Currarini, Jackson, and Pin 2009, 2010）都记录了同质性。
3 在生物学中，同配性的概念被称为**亲缘关系**（relatedness），而最初由赖特（Wright 1931）提出的无限岛模型很好地反映了与个体进行局部互动的倾向。汉密尔顿（Hamilton 1964）首次正式提出了现在的"汉密尔顿规则"：进化会选择一些行为，在这些行为中，对他人的外部影响会以亲缘关系提供的速度内化（另见 Dawkins 1976 对这一观点所作的广为人知的描述，以及 Rousset 2004 对全面处理的描述）。在一篇关于兄弟姐妹之间互动行为演变的文章中，伯格斯特龙（Bergstrom 1995）可能是第一个将汉密尔顿规则引入经济学文献的人。

形式化随机匹配过程中的这种潜在的同配性。这个向量由以下事件的概率组成：在一个极其罕见的突变体群体中，没有突变体、存在突变体或所有个体均为突变体。[1]

我们的分析提供了两个主要结果。首先，尽管我们实际上没有对可允许的效用函数施加任何限制，但是进化偏爱一类特殊的效用函数，我们称之为"道德人"。具有这一类偏好的个体不仅对他们自己的物质收益有一定的重视，而且对可以被解释为概率广义版的康德道德也有一定的重视。伊曼努尔·康德〔Immanuel Kant (1785) 2002：37〕在《道德形而上学探本》中写道："除非你奉行的原则也能成为一条普遍法则，否则就不要依此行事。"同样，套用康德的话，"道德人"对于奉行这项原则行事的目标给予一定的重视，据此，你可以同时希望它能够成为一条普遍法则，即使其他人只是在概率上遵循这条法则。更确切地说，在一个任意大小为n的群体中，一个"道德"个体可以最大化一个同等数量项的加权平均值，指数为$j = 0, ..., n-1$，其中的每一项都是他将获得的物质收益，如果假定他可以自己的策略取代群体中其他个个体的策略j。我们称这些概率权重的向量为个体的**道德特征**（morality profile）。

"道德人"偏好这一类别存在两个极端：只考虑自己的物质收益的"经济人"（*Homo oeconomicus*）[2]和只考虑在所有其他人都像他那样行动时他将获得的物质收益的"康德人"（*Homo kantiensis*）。在这两个极端之间，是

---

[1] 这个概念概括了伯格斯特龙（Bergstrom 2003）对成对相遇的同配性指数（index of assortativity）的定义。关于成对匹配下的同配性的进一步讨论，也请参见 Bergstrom (2012) 以及 Alger and Weibull (2013)。

[2] 请注意，我们将"经济人"定义为总是寻求自身利益物质收益最大化的个体。一些作者将"经济人"更广泛地定义为总是按照某种目标函数行事的个体，无论这是否是纯粹的自我利益。本研究中的所有主体都是这种广义上的"经济人"。

一系列具有不同道德特征的"道德人"偏好，其中，个体会研究如果某些人而不是所有其他人都像他一样行事会发生什么。"道德人"在这种康德式的概率意义上部分地评估自己的行为。换句话说，他在某种程度上关注自己行为的道德性，而不考虑其他人的行为。他会在采取行动之前问自己，如果假定其他人也可能在他所处的情况下选择同样的行动，他会选择什么样的行动。

我们的第一个主要结果是，具有与同配性特征相同的道德特征的"道德人"在进化上是稳定的。这个结果背后的直觉**不是**基于群体选择——一种由来以久的论点（已经出现在查尔斯·达尔文的著作中；另见 Alexander 1987），其基本上认为，进化将导致增强群体生存的行为。恰恰相反，直觉告诉我们，自然选择会产生**抢先进入**（preempt entry）种群的效用函数，因为一个潜在的稀有突变体如果要争取物质收益，最好的办法就是模仿居民的做法。

我们的第二个主要结果是，任何在行为上与具有稳定道德特征的"道德人"的偏好所不同的偏好，在进化上都不稳定。因此，尽管我们没有对效用函数进行参数化或结构化的假定，但自然选择——如在我们抽象和简化的框架中的演化稳定性所代表的自然选择——似乎更倾向于"道德人"效用函数。特别是，我们的结果表明"经济人"——纯粹的物质私利——在任何具有正同配性的随机匹配过程中都是不稳定的。平均而言，罕见的突变体确实可以通过一定程度的亲社会行为获得比"经济人"更高的物质收益，因为同配性为止时，这种亲社会行为的收益有时会赋予其他突变体，而居民几乎从未从中受益。

"道德人"很容易被定义为成对互动，$n = 2$。让 $\pi(x, y)$ 表示当对手采取策略 y 时，采取策略 x 的个体的物质收益，那么"道德人"的效用函数为

$$U\kappa(x, y) = (1-\kappa) \cdot \pi(x, y) + \kappa \cdot \pi(x, y), \tag{1}$$

其中 $0 \leq \kappa \leq 1$ 是个体的**道德水平**。道德的两个极端代表"经济人"（$\kappa = 0$）和"康德人"（$\kappa = 1$），中间的道德水平对应既重视自己的物质收益 $\pi(x, y)$ 又重视"如果每位个体都选择相同的行为，应该做的正确的事情"，即 $\pi(x, x)$ 的个体。

当 $n > 2$ 时，"道德人"的精确定义相当复杂，[1] 但是在特殊情况下（即随机匹配使得在成员类型给定的情况下，任何其他两个小组成员的类型在统计上都是独立的），它在分析上十分简单。道德特征是一个二项分布，"道德人"个体 i 的效用函数是 i 的物质收益期望值，如果假定其他小组成员以 κ 概率（即 i 的道德水平）随机地且在统计上独立地转为使用 i 的策略。在此类"道德人"区间的一端 $\kappa = 0$ 处，我们发现了"经济人"；而在另一端 $\kappa = 1$ 处，则发现了"康德人"。

此外，根据棣莫弗－拉普拉斯中心极限定理，在大型群体中，突变体在突变体群体中所占的份额近似均值为 κ，方差为 $\kappa(1-\kappa)(n-1)$ 的正态分布。因此，其他突变体的份额几乎是确定的，均为 κ。一个道德水平为 κ 的"道德人"的行为（大约）就好像他假定自己的行为即使不是"普遍法则"，也是"随机法则"，适用于其所在群体其他成员中随机抽样的大小为 κ 的份额。[2]

值得注意的是，"道德人"效用函数与任何只取决于所有参与者收益的效用函数截然不同，例如利他主义、不公平厌恶或对社会效率的关注。我们会在第三节末尾通过一个简单的例子来说明这一点。

包括斯密〔Smith（1759）1976〕、埃奇沃斯（Edgeworth 1881）、罗尔

---

[1] Alger and Weibull (2016) 给出了"道德人"的一般定义。
[2] 这一说法并不完全通用，值得进一步分析，因为即使是连续（效用）函数的微小扰动也可能导致行为出现"跳跃"。

斯（Rawls 1971）、阿罗（Arrow 1973）、森（Sen 1977）和海萨尼（Harsanyi 1980）等在内的许多经济学家和哲学家都对与经济学有关的道德和伦理问题进行了详细的讨论。但是据我们所知，此前几乎无人研究，甚至无人知晓"道德人"的偏好，唯一的例外就是伯格斯特龙，他（Bergstrom 1995）表示，兄弟姐妹之间互动中战略的演化稳定性诱发了他称为"半康德式"的行为，这与我们方程（1）中的 $\kappa = 1/2$ 相对应。[1]

康德的道德与经济学

传统上，经济学家的政策建议依赖于个体具有"经济人"偏好的模型。如果经济学家的模型基于更普遍的"道德人"，那会怎样呢？在本章中，我们将通过研究几个例子来粗略了解一下。

信任

各国之间在信任程度上存在差异，而信任与经济增长相关（Algan and Cahuc 2010）。[2] 在经济学中，所谓**信任博弈**已被广泛用于对照实验室实验，作为衡量不同国家和文化中信任与可信度的一种方式。伯格、迪乔和

---

[1] 因此，伯格斯特龙与我们不同，他研究的是策略的稳定性而非效用函数的稳定性。然而，在阿尔杰和威布尔（Alger and Weibull 2013：结论5）的表述中，我们通过证明"道德人"均衡策略在策略演化下是稳定的，在这些路径之间建立起联系。与策略演化有关的几项伦理原则的讨论，参见 Bergstrom（2009）。

[2] 与信任相关的极其关键的一种情况是非正式个体借贷。在许多发展中国家，很大一部分人口仍然被挡在正规信贷市场之外。参见，例如 Kendall, Mylenko, and Ponce（2010）。因此，非正式贷款表现为个体之间不具备法律约束力的贷款，有时可能会受到未来不再续贷（Ghosh and Ray 2016）、社会不认可或两者兼而有之的威胁。来自实验室实验的证据表明，这种非正式借贷实际上甚至可能发生在一次性的互动中（Charness and Dufwenberg 2006）。我们在这里分析的信任博弈可以解释为非正式借贷。

麦凯布（Berg, Dickhaut, and McCabe 1995）率先发表了相关文献，受到了行为经济学家和实验学家的广泛关注。塞萨里尼等人（Cesarini et al. 2008: 3721）简洁地描述了信任博弈：

> 许多互利的交易都涉及人际信任的因素，如果离开了信任会得到回报的预期，这些交易可能就无法实现。因此，在社会中的许多领域，信任的普遍性都被赋予了首要地位，例如经济增长的经验和理论研究。近年来，信任博弈已经成为一种最受欢迎的工具，可以激发个体的人际信任与回报信任的意愿。更广泛地说，这类博弈已被广泛用于研究合作行为。在信任博弈中，个体（投资者）决定从初始捐赠中拿出多少钱给另一个主体（受托人），然后，将给出的金额乘以某个因子，通常是3，受托人决定从收到的钱中拿出多少返还给投资者。对于两个纯粹自私的个体之间的单一匿名互动，标准的博弈论预测是投资者不会给受托人任何钱，同时理性地预期受托人不会做出回报。然而，实验始终表明，合作在信任博弈中蓬勃发展；普通投资者会给出相当一部分捐赠，大多数受托人也会回赠。

在这样的互动中，"道德人"会怎么做呢？考虑这样一种情况：两个事前完全相同的个体被随机配对。在机会均等的情况下，其中一人得到了上述的捐赠和投资机会。另一人则必须扮演受托人的角色。个体在这种对称互动中的**策略**包含两个部分。第一，在给定捐赠的情况下，多大的份额 $s \in [0,1]$ 将被用于投资？第二，如果投资机会不给定，将使用怎样的"回报规则" $p \in [0,1]$？在这里，这样的回报规则规定了对方选择的任何投资份额 $t \in [0,1]$ 在总回报份额中需要偿还的份额 p。令 $u(c)$ 为个体从自己的消费 c 中获得的享乐效用，并将其作为我们演化框架中的物质收益。在标准版的信任博弈中，当对方使用策略 $y = (t,q)$ 时，使用策略 $x = (s,q)$ 时的物质收益为

$$\pi(x, y) = \frac{1}{2}u(1-s+3sq) + \frac{1}{2}u(3t-3tp). \qquad (2)$$

在两个"经济人"的互动中，没有任何一方值得信任；他们会在所有 $s, t > 0$ 的情况下选择 $p = q = 0$。因此，如果每一方都知晓对方的类型，就不会在均衡状态（$t = s = 0$）下进行投资。由此产生的每一方的预期物质收益是 $u(1) / 2$，即最初获得捐款的概率乘以保留捐款的效用。如果双方都是"康德人"，那么如果有机会（$t = s = 1$），他们都会将所有的钱用于投资，并拿出总收益的一半作为回报（即使用回报规则 p 和 q，使得 $p = q = 0.5$）。这样一来，每一方的预期物质收益都是 $u(1.5)$，远远高于"经济人"的回报。

然而，充分的道德并不是诱发充分投资的必要条件。对于一对道德水平相当的"道德人"来说，在道德水平足够高的情况下，都能在均衡状态获得充分投资（$t = s = 1$），尽管只要道德水平不够充分（$\kappa < 1$），受托人偿还的投资总回报就不足投资总收益的一半，在这种情况下，受托人最终会比投资者富裕。随着道德水平 κ 不断下降，偿还的金额也在逐渐减少，最终低于最初的投资金额，在这种情况下，投资者会遭受实质性的损失；尽管如此，道德使得投资者能够接受这种损失，并在一定程度上进行投资。[1] 事实上，如果道德水平足够低，投资者的投资金额就会少于其获得的捐赠，最终，当道德下降到某个水平以下时，他就会分文不投。

公共产品

许多对经济增长十分重要的情况都可以表现为人们自愿为公共产品做

---

[1] 为了说明这一点，请注意 $U\kappa(x, y)$ 相对于 s 的导数，其中 $x = (s, p)$，$y = (t, q)$，并在 $t = s = 1$ 时进行评估，即使在 $\kappa < 1$ 足够大时，$p < 1/3$ 也是正的。

出贡献，包括产生和传播知识以及创建制度。我们研究的是由n位成员组成的社区中的个体行为，每位成员都有能力自愿为公共产品做出贡献（可以是货币或实物贡献）。经济学中的一个标准的关注点是，随着群体规模的扩大，搭便车的现象也会增强，因此我们这里的目的是分析群体规模如何影响"道德人"的行为。

假定，i获得的是物质收益

$$\pi(x_i, y) = B(x_i + \sum_{j \neq i} y_j) - C(x_i) \tag{3}$$

如果他的贡献是x_i，而其他社区成员的贡献之和为$\sum y_j$。这里，B是公共产品的生产函数；C是贡献者的成本函数，代表放弃的私人消费、收入或休闲。我们假定边际贡献成本增加，边际总贡献收益减少。

首先考虑社会最优的个体贡献x^*。对于表现为幂形式的传统生产函数$B(X) = X^a$，其中$0 < a < 1$，所有成员物质收益之和最大化的必要一阶条件是

$$nB'(nx^*) = C'(x^*), \tag{4}$$

意味着社会最优个体贡献x^*在n时会增加。相比之下，在"经济人"社区中，唯一纳什均衡贡献$\hat{x}_0$的一阶条件是

$$B'(n\hat{x}_0) = C'(\hat{x}_0), \tag{5}$$

这意味着在成员数量更多的社区中，每位个体的贡献都会减少。因此，搭便车——人们倾向于提供数量不足的公共产品——会随着群体规模的增加而加剧。直觉告诉我们，如果所有人的贡献都保持不变，那么每份贡献的边际收益就会下降。因此，每位个体做出贡献的动机就会越弱。

现在假定社区中的所有个体都是具有相同道德水平$\kappa \in [0,1]$的"道德人"。那么，可以证明他们独一无二的个体均衡贡献$\hat{x}_\kappa$满足

$$[1+(n-1)\kappa] \cdot B'(n\hat{x}_\kappa) = C'(\hat{x}_\kappa), \tag{6}$$

在道德水平为正时，群体规模对个体贡献存在两种抵消作用。如前所

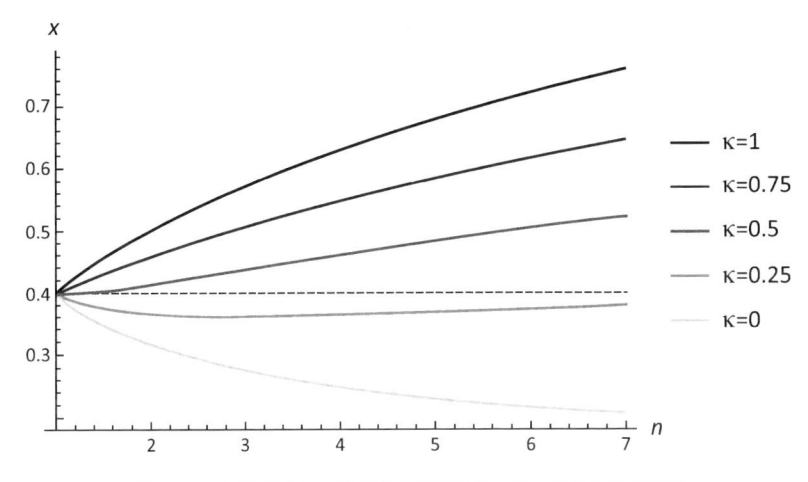

图9.1 不同道德水平下公共产品博弈中独一无二的纳什均衡贡献

述，负面效应是由于边际生产率下降造成的。正面效应是，在较大的群体中，每位个体的贡献会使更多的人受益。因此，随着群体规模的扩大，"正确的做法"是增加个体的贡献。正面效应可能大于负面效应。

为了说明这一点，请再次考虑我们在前面使用的传统生产函数，并留意对于纯粹的"康德人"（$\kappa = 1$）而言，个体贡献总是随着n的增加而增加。对于中间值κ而言，值小时，个体贡献随着n的增加而减少，值大时，个体贡献随着n的增加而增加。见图9.1，该图显示了与道德水平为κ的"道德人"的均衡贡献是社区规模n的函数，曲线越高，道德水平越高（当$B(X) = \sqrt{X}$，$C(x) = x^2$时）。

这些预测可能有助于解释实验室实验的观察结果，即群体规模有时对个体贡献存在积极影响，有时存在消极影响（参见Nosenzo, Quercia, and Sefton 2015的评论）。

搭便车的程度会随着群体规模的增加而增加还是减少？在图9.1使用的参数规格中，相对于最优贡献的个体贡献是

$$\frac{\hat{x}_\kappa}{x^*} = (\kappa + \frac{1-\kappa}{n})^{2/3}, \tag{7}$$

比率随群体规模 n 的增加而减少（对于任何给定的道德水平 $\kappa < 1$ ）。[1] 比率越小，搭便车的情况越严重，因此该等式表明，随着道德水平的增加，群体规模对搭便车程度的影响逐渐下降。[2] 此外，搭便车的程度存在下限；如方程式（7）所示，对于任意规模 n，比率 $\hat{x}_\kappa / x^*$ 大于 $\kappa^{2/3}$。因此，与"经济人"条件下的结果相比，一个重要的政策含义是，如果 κ 为正，"道德人"的贡献随着群体规模的下降而减少，即使在无限大的群体中也能保持正值。

环境经济学

根据世界银行行长金墉的说法，"如果不应对气候变化，就无法终结贫困"。[3] 目前已经提出了一些有助于缓解气候变化的手段，例如碳税、生产技术监管、公共交通补贴，以及支持不同形式绿色能源的环保技术研发。确定"正确的"碳税需要知道它将如何影响行为和福利。在这里，我们在一个对环境存在外部影响的标准消费模型中简要地分析了"经济人"，以及更广泛的"道德人"的行为（Musgrave 1959, Arrow 1970）。在这个模型中，群体规模十分庞大，以至于每位个体对群体环境的影响可以忽略不计。

具体而言，存在连续的消费者，指数为 $i \in I = [0,1]$，存在两种消费品，商品 1 和 2，其中商品 1 是环境中立的（即其消费对环境没有影响），商品 2 对环境有害。这些商品的总消费为

---

[1] 形式上，当 $0 < \kappa \leq 1$ 时，$d(\hat{x}_\kappa / x^*)/dn < 0$。
[2] 形式上，$d^2(\hat{x}_\kappa / x^*)/(dnd\kappa) < 0$。
[3] 参见 http://www.worldbank.org/en/news/feature/2014/03/03/climate-change-affects-poorest-developing-countries。

$$X_1 = \int_I x_1(i) d\mu \text{ 和 } X_2 = \int_I x_2(i) d\mu$$

其中$x(i) = (x_1(i), x_2(i))$是个体i的消费束，μ是I的密度。因为所有消费者都无穷小，总消费不受任何个体消费的影响。

我们把每位个体i的物质收益视作源自其消费$x(i)$和环境质量的个体享乐效用，而环境质量又取决于环境有害商品的总消费X_2。我们用$u(x_1(i), x_2(i), X_2)$来表示这种享乐效用，并假定它在每种商品的消费中都是增加的，而在对环境有害商品的总消费中是减少的。使用商品1作为计价单位，用p表示商品2的价格，并假定所有个体收入相同，那么对所有个体i都相同的社会有效消费束x^*满足

$$\frac{u_2(x_1{}^*, x_2{}^*, X_2{}^*)}{u_1(x_1{}^*, x_2{}^*, X_2{}^*)} = p - \frac{u_3(x_1{}^*, x_2{}^*, X_2{}^*)}{u_1(x_1{}^*, x_2{}^*, X_2{}^*)} \quad (8)$$

其中个体效用函数的下标表示偏导数。因此，环境有害商品和环境中立商品之间的边际替代率应等于有害商品的相对价格减去环境质量效用和中立商品之间的边际替代率。换句话说，社会效率要求，在给定的价格下，商品对环境的危害越大，消费者对该产品的消费就越少。

相比之下，在完全由"经济人"组成的人口中，每位个体消费均相同的消费束x^0的（内部）均衡分配必然满足一阶条件

$$\frac{u_2(x_1{}^0, x_2{}^0, X_2{}^0)}{u_1(x_1{}^0, x_2{}^0, X_2{}^0)} = p. \quad (9)$$

在消费的边际效用递减的情况下，这意味着"经济人"不出所料地消费了超出社会效率要求的环境有害商品。

如上所述，对于无限大的群体中的相互作用，道德水平$\kappa \in [0,1]$的个体效用函数是在群体中的一部分κ以与个体本身相同的方式行事时获得的物质收益。在目前的情况下，如果个体消费束$x = (x_1, x_2)$，而所有其他人的消费束$y = (y_1, y_2)$，那么，道德水平的"道德人"的效用为

$$U_\kappa(x, y) = u(x_1, x_2, (1-\kappa)y_2 + \kappa x_2), \tag{10}$$

在这个表达式中，我们对群体（可能是村庄、地区、国家、大陆或整个世界）中的个体总质量进行了统一。如果在一个"道德人"群体中，所有"道德人"的道德水平κ完全相同，则该群体处于（内部）均衡分配的状态，且每位个体的消费束为x^κ，那么该群体就满足一阶条件

$$\frac{u_2(x_1^\kappa, x_2^\kappa, x_2^\kappa)}{u_1(x_1^\kappa, x_2^\kappa, x_2^\kappa)} = p - k \cdot \frac{u_3(x_1^\kappa, x_2^\kappa, x_2^\kappa)}{u_1(x_1^\kappa, x_2^\kappa, x_2^\kappa)}, \tag{11}$$

与"经济人"相比，对于任何正的道德水平κ，每位个体都在一定程度上避免消费环境有害商品，尽管每位个体都知道自己可以忽略不计，也完全清楚自己的消费对环境的整体质量没有影响！因此，如果人们有一定的道德感，那么基于"经济人"所用模型的政策建议可能会夸大金钱激励的必要性，比如碳税。如果人们更像具有一些积极道德水平的"道德人"，那么，除了一些碳税之外，向个体提供关于总消费（和生产）如何产生二氧化碳以及我们对其如何影响气候的认识的信息可能是有效的。[1]相比之下，在这个程式化的例子中，这种信息对"经济人"的行为完全没有影响。[2]

投票

"道德人"可能发挥作用的另一类情况是通过投票进行集体决策。总

---

[1] 注意，当$\kappa = 0$（"经济人"）和$\kappa = 1$（"康德人"）时，公式（8）和（9）是（10）的特殊情况。拉方特（Laffont 1975）考虑了自私的个体（我们所说的"经济人"）和"康德个体"（我们所说的"康德人"）这两种极端情况。

[2] 请进一步注意，如果商品2没有引起任何外部性（$\mu_3 = 0$），那么"道德人"的行为将与经典的"经济人"完全相同；等式（10）可以归结为等式（9）。对于这样的商品，不存在"正确的事情"，因此，道德也就失去了影响力。

的来说，经济较发达的国家往往拥有更民主的政治制度（参见，例如 Persson and Tabellini 2006 和 Acemoglu et al. 2014）。民主要发挥作用，公民参与选举、委员会工作和相关活动就显得十分重要；在经济学和政治学中，在人们为什么以及如何投票等问题上依然存在很多争论。正如经济学家所指出的，大型选举的高参与率似乎与理性"经济人"的行为不符。原因是投票行为通常存在一些个体成本，例如，损失收入或休闲，而这种成本很容易超过个体参与选举的预期收益，因为个体成为选举关键人物的概率几乎为零。这就是著名的**选民悖论**。尽管如此，许多国家的大选和地方选举的投票率往往很高。那么，是什么促使人们参加选举呢？"道德人"能够提供一个解释吗？

一个密切相关而且可以说同样重要的问题是如议会机构、公司董事会、法院陪审团和央行董事会这样的委员会的参与和投票。正如奥斯汀－史密斯和班克斯（Austen-Smith and Banks 1996）所指出的，如果委员会成员握有私人信息并且是"经济人"，即使成员拥有相同的偏好，投票也可能无法有效地聚合信息。这一观察对所谓孔多塞陪审团定理（Condorcet 1785）提出了挑战，该定理指出，在这种情况下，表现为多数决原则的民主是一种伟大的制度，因为它意味着，如果选民人数足够多，几乎总能做出正确的决定。"道德人"在这种委员会中会如何投票？

其他社会偏好

关于人类动机演化基础的理论工作为我们提供了关于人类行为潜在**最终**原因的见解——环境中的力量塑造了我们的偏好，不仅包含我们生存所需营养的食物偏好，也包括对社会互动行为的偏好。这一研究方向是对行为经济学的补充，行为经济学是经济学的一个分支，研究比单纯的自我利益更丰富的动机的解释能力。用演化生物学的语言来说，行为经济学的焦点是观察人类行为的**近因**——诱使我们以某种方式行事的神经、荷尔蒙、心理机制和触发因素。这里我们简要讨论"道德人"偏好与本文所考虑的偏好之间的比较，本文受心理学和社会学研究启发。

20世纪70年代和80年代，有人通过利他主义偏好来解释家庭内部转移、向穷人的转移以及公共产品供给（Becker 1974, 1976; Andreoni 1988; Lindbeck and Weibull 1988）。然而，事实证明利他主义不足以解释这些数据。于是人们又提出了"光热效应"（warm glow）来增强对自愿公共产品供给的理解（Andreoni 1990）。20世纪90年代，费尔和施密特（Fehr and Schmidt 1999）引入了不公平厌恶，或称公平偏好，用以解释人们在最后通牒博弈中倾向于拒绝低报价的行为（Güth, Schmittberger, and Schwarze 1982）。已经提出而且有时得到测试的其他形式的人类动机还包括从众（Bernheim 1994）、有条件的利他主义（Levine 1998）、认同（Akerlof and Kranton 2000）以及诚实和说真话（Alger and Ma 2003; Alger and Renault 2006; Demichelis and Weibull 2008）。

虽然在概念上与"道德人"大不相同，但是如果这些偏好能够产生与"道德人"相同的均衡行为，那么它们将与演化稳定性相一致。[1] 至于此类行为等价性能够获得哪一类物质收益还有待分析。在这里，我们只想指出，与看似相似的偏好相比，"道德人"偏好有时会导致截然不同的行为。以利他主义偏好为例。利他主义偏好通常表示为将单位权重赋予个体自己的物质收益，而将小于1的正权重赋予其他个体物质收益的效用函数。因此，利他主义者会将其行为对他人的一些外部影响内部化。将后者的权重

---

[1] 然而，"道德人"偏好是阿尔杰和威布尔（Alger and Weibull 2013, 2016）分析的整类互动中唯一在进化上稳定的偏好。

表示为 α，即个体对另一方的利他程度。[1]对于某些物质收益函数来说，利他水平为 α 的利他者的行为与道德水平为 $\kappa = \alpha$ 的"道德人"完全相同（参见 Alger and Weibull 2013）。因此，在某些互动中，人们在对观察到的行为进行解释时，无法区分道德主义和利他主义。然而，这两类偏好在概念上截然不同，并且在某些互动中诱发完全不同的行为。在有许多参与者的互动，以及少数或许多参与者之间的协调问题上，这种差异尤为突出。

为了说明第一种情况，让我们再次考虑环境经济学和公共产品的例子。在环境的例子中，道德促使消费者减少对有害产品的消费，即使每位个体的消费影响可以忽略不计。在公共产品的例子中，随着参与者的数量趋于无穷大，对于任何正的道德水平，个体对公共产品的贡献都趋于正数。相比之下，安德鲁尼（Andreoni 1988）表明，在一个利他主义者群体中，当个体数量无限增长时，进行积极捐赠的个体比例会缩小到零，因为每位个体的捐赠对公共产品总价值的影响可以忽略不计。因此，群体规模很大时，道德和利他主义之间就会出现明显的区别。即使个体高度利他并关心自身行为对他人的影响，但是如果他的影响微不足道，他也会表现得非常像"经济人"。相比之下，"道德人"直接关心自身行为，而不是这种行为对自身物质收益的影响，这种对"正确的事情"的考虑使他在这些情况下表现得与自私和利他的个体不同。

这一观察可能对其他政策问题也有重要影响，如税收遵从。一些经济学家已经注意到，某些国家的逃税行为似乎少于"经济人"行为（Sandmo 2005）。偷税被抓的风险通常很小，惩罚也很轻，所以预期个体效用最大化意味着逃税行为十分猖獗。那么，为什么这些国家的人，也许还有其他

---

[1] 对于 $n = 2$，利他主义者的效用是 $U\alpha(x, y) = \pi(x, y) + \alpha\pi(x, y)$。请注意，这个函数也可以解释为个体对效率的关注，因为它是 $v\alpha(x, y) = \pi(x, y) + \frac{\alpha}{1-\alpha}[\pi(x, y) + \pi(y, x)]$ 的单调变换。

国家的许多人，没有做出更多的逃税行为？因为除了极少数例外，个体纳税额的任何变化的边际效应都可以忽略不计，诸如利他主义或不公平厌恶的亲社会性偏好，可能无法解释个体为什么会逃税。然而，正如上面的分析所表明的那样，"道德人"可以提供一种解释，因为"道德人"在某种程度上可能更愿意纳税，因为他在乎自己行为的道德品质。

现在让我们来看看与利他主义相比，"道德人"偏好会产生完全不同的行为的第二种情况，即协调问题。考虑阿尔杰和威布尔（Alger and Weibull 2013）的一个例子，一个简单的2×2物质收益方面的协调博弈：

	A	B
A	2,2	0,0
B	0,0	1,1

（12）

当个体成对进行这项博弈时，有两个备选的潜在社会"公约"可供选择。双方要么采取A行动，要么采取B行动。显然，第一种约定比第二种约定更具有帕累托优势。然而，根据每项公约，"经济人"没有做出单方面偏离的动机。假定有足够大的人口比例按照现行惯例行事，那么个体偏离者将失去物质收益，此外，还会给不幸的对手带来收益损失。[1]利他主义者也会坚持现行惯例，即使这碰巧是社会上的劣等惯例，即总是采取B行动。但是对于道德水平足够高的"道德人"来说却并非如此。假定一位"康德人"访问了一个国家，（总的来说）在这个国家里，每位公民在每次相遇时都会采取B行动，并且假定这位访问者与该国公民没有区别。那

---

[1] 就物质收益而言，这些都是严格的纳什均衡。这个博弈也存在一种混合均衡，其中每位个体都以1/3的概率采取A行动。然而，这种均衡在所有可能的人口动态中都是不稳定的。参见杨格（Young 1993）及迈尔森和威布尔（Myerson and Weibull 2015）关于大群体中稳定公约的正式模型。

么,"康德人"会在每次相遇时采取A行动,因为如果这是一条普遍的行为准则,那么这将是"正确的事情"。[1]每次相遇,这位是非观念坚定的来访者的物质收益都是零,遇到他的不幸公民也会如此。公民会非常希望这位访客是"经济人"或利他主义者。

结论前的最后一点。一些研究者开发了一些模型,在这些模型中,个体关心规范,关注自己的形象(在别人眼里,也许也是在自己眼里),或者希望避免社会污名(Lindbeck, Nyberg, and Weibull 1999; Brekke, Kverndokk, and Nyborg 2003; Bénabou and Tirole 2006; Ellingsen and Johannesson 2008; Huck, Kübler, and Weibull 2012)。在这些模型中,假定个体拥有"表现良好"的基本内在愿望,此外还有希望被他人看好的愿望,这些形象上的关注可能会加强其表现良好的愿望(Bénabou, Falk, and Tirole 2018)。显然,我们人类是非常复杂的生物,我们的行为很可能是由许多动机(生物学家称之为行为的"近因")驱动的。生物学家将这种近因与终极原因区分开来,终极原因是指我们存在于演化种族中的原因。我们对"道德人"的推导完全是基于这种终极原因。对人类动机中近因和终极原因之间的关系进行更深入的研究是未来研究的一个途径。最终,"演化"理论可能会通过提供关于哪些偏好更有可能持续的可检验预测,来解决行为经济学的开放性问题。

结语

本章讨论了人类动机的演化基础、进化如何有利于"道德人"偏好,以及与其他偏好相比,这种偏好对经济和政策的影响。我们提出了以下要点:

---

[1] 事实上,对所有道德水平 $\kappa \geq 1/3$ 的"道德人"个体来说,采取行动A是最优策略。

1. 经济学拥有强大的分析工具，能够对广泛的社会和经济现象进行积极且规范的分析。我们不应抛弃这些工具，而应更广泛地使用这些工具。
2. 自亚当·斯密〔Adam Smith（1776）1976〕的《国富论》问世以来，经济学家所秉持的传统假定是经济主体是纯粹自私的，并且专注于自己的消费。然而，行为和实验经济学、来自其他社会和行为科学的见解以及日常观察和内省表明，人类的动机要复杂得多，有时会系统地偏离狭隘的自我利益。
3. 按照梅纳德·史密斯和普莱斯（Maynard Smith and Price 1973）的思路，体现为演化稳定性形式的演化生物学的基本原则表明，在我们的简单模型框架中，进化有利于表现为"道德人"的人类动机，这是对于允许不同程度的道德与自我利益的经济人的概括。
4. 将经济学的强大分析工具应用于"道德人"会产生新的预测和政策建议。特别是，由于"道德人"不仅是受其物质得失的驱使，基于"经济人"的政策可能会导致过度使用金钱激励，如扭曲税。如果人们确实存在道德关怀的自然倾向，向公众提供关于我们的行为对自己和他人造成的后果的信息可能会更有效。

我们的结果是纯粹的理论、经验和实验研究，这对于确定"道德人"的实证有效性是必要的。为此，还需要进一步的理论分析：尽管我们已经在这里研究了"道德人"在一些常见情况下的行为，但也只是蜻蜓点水。此外，许多基本问题根本没有得到解决。特别是，我们（还）未解决的一个基本问题是福利。对于经济和社会政策来说，这是一个最重要且在哲学上并不复杂的问题，尤其是当个体存在社会偏好的时候。如果个体拥有"道德人"偏好，也许是具有特异性的道德水平，那么应该根据物质收益还是根据个体的效用函数来定义福利？

这个在哲学上和方法论上都十分困难的问题可能与约翰·海萨尼在

两篇涉及博弈论、功利主义和伦理学的精彩文章中所涉及的问题有关（Harsanyi 1980, 1992）。在这些文章中，他提倡他所谓"规则功利主义"，我们发现这个路径对"道德人"也很有吸引力。海萨尼区分了个体的"个体偏好"与"道德偏好"。他主张，在定义社会的福利时，应该只考虑个体偏好。如果个体偏好可以用加法效用函数来表示，其中一项可以代表"个体效用"，海萨尼认为，福利应该被定义为所有个体的预期个体效用总和，这些预期效用隐藏在不知道每位个体最终会处于什么社会地位的"无知面纱"之下。这似乎与"道德人"的行为相符。如果认为物质收益函数代表个体效用，那么由"道德人"（每位个体都有自己的道德水平）组成的社会福利应该简单地定义为他们的预期物质收益之和，就如普通的功利主义福利理论所述。

也就是说，假定父母有一个自私的孩子和一个利他的孩子，并且有一个蛋糕要分给他们。假定两个孩子从消费中获得了相同的享乐效用，而且这种效用随着消费数量的增加而增加，边际效用递减。[1] 父母应该给自私的孩子更大的蛋糕，从而使他们的利他效用和自私效用之和最大化，还是应该给他们同样大的蛋糕，从而使他们的享乐效用之和最大化？第二个备选项无疑看起来更吸引人。同样的情况也可以在一个自私的孩子和一个充满怨恨的孩子身上得到体现；考虑到两个孩子的总效用，应该给充满怨恨的孩子更大的一块，但是可以说，平均分配更合理。相比之下，如果一个孩子是自私的，而另一个是厌恶不公平的，或者是"道德人"（任何道德水平），如果父母考虑孩子的总效用或享乐（个体）效用，就没有什么区别，在任何情况下，他们的共同福利都会通过平均分配达到最大化。对"道德人"和其他社会偏好的福利经济学的进一步研究是未来研究的一个课题。

---

[1] 这个例子要归功于彼得·戴蒙德，多年前他曾在与作者之一的谈话中讨论过这一点。

我们提出的最后一点是关于经济学作为一门学科的地位，在一般公众眼中以及在其他行为和社会科学中的地位。传统的经济学教科书可能给人错误的印象，认为自私是经济理性的一部分（参见Rubinstein 2006的讨论及其中的参考文献）。这种对传统经济学的误读可能会伤害到经济学家的声誉。如果经济学家改用部分以道德为动机的主体，如"道德人"，那么这种误解就可以避免，而批判也会落到实处。这样，经济学家的分析就不会偏向于自私或道德了。相反，它将允许中间程度的道德的整个范围，从纯粹的自我利益到纯粹的康德道德。

参考文献

Acemoglu, Daron, Suresh Naidu, Pascual Restrepo, and James A. Robinson. 2014. "Democracy Does Cause Growth." NBER Working Paper 20004, National Bureau of Economic Research, Cambridge, MA.

Akerlof, George, and Rachel E. Kranton. 2000. "Economics and Identity." *Quarterly Journal of Economics* 115 (3): 715–753.

Alexander, Richard D. 1987. *The Biology of Moral Systems*. New York: Aldine De Gruyter.

Algan, Yann, and Pierre Cahuc. 2010. "Inherited Trust and Growth." *American Economic Review* 100 (5): 2060–2092.

Alger, Ingela, and Albert Ma. 2003. "Moral Hazard, Insurance, and Some Collusion." *Journal of Economic Behavior and Organization* 50 (2): 225–247.

Alger, Ingela, and Régis Renault. 2006. "Screening Ethics When Honest Agents Care about Fairness." *International Economic Review* 47 (1): 59–85.

Alger, Ingela, and Jörgen W. Weibull. 2010. "Kinship, Incentives, and Evolution." *American Economic Review* 100 (4): 1725–1758.

Alger, Ingela, and Jörgen W. Weibull. 2013. "Homo Moralis—Preference Evolution under Incomplete Information and Assortativity." *Econometrica* 81 (6): 2269–2302.

Alger, Ingela, and Jörgen W. Weibull. 2016. "Evolution and Kantian Morality." *Games and Economic Behavior* 98: 55–67.

Andreoni, James. 1988. "Privately Provided Public Goods in a Large Economy: The Limits of Altruism." *Journal of Public Economics* 35 (1): 57–73.

Andreoni, James. 1990. "Impure Altruism and Donations to Public Goods: A Theory of Warm-Glow Giving." *Economic Journal* 100 (401): 464–477.

Arrow, Kenneth. 1970. "Political and Economic Evaluation of Social Effects and Externalities." In *The Analysis of Public Output*, edited by Julius Margolis, 1–23. New York: Columbia University Press.

Arrow, Kenneth. 1973. "Social Responsibility and Economic Efficiency." *Public Policy* 21: 303–317.

Austen-Smith, David, and Jeffrey S. Banks. 1996. "Information Aggregation, Rationality, and the Condorcet Jury Theorem." *American Political Science Review* 90 (1): 34–45.

Banerjee, Abhijit, and Jörgen W. Weibull. 1995. "Evolutionary Selection and Rational Behavior." In *Learning and Rationality in Economics*, edited by Alan Kirman and Mark Salmon, 343–363. Oxford: Basil Blackwell.

Becker, Gary S. 1974. "A Theory of Social Interaction." *Journal of Political Economy* 82 (6): 1063–1093.

Becker, Gary S. 1976. "Altruism, Egoism, and Genetic Fitness: Economics and Sociobiology." *Journal of Economic Literature* 14 (3): 817–826.

Bénabou, Ronald, and Jean Tirole. 2006. "Incentives and Prosocial Behavior." *American Economic Review* 96 (5): 1652–1678.

Bénabou, Ronald, Armin Falk, and Jean Tirole. 2018. "Narratives, Imperatives and Moral Reasoning." Mimeo, Toulouse School of Economics, France.

Berg, Joyce, John Dickhaut, and Kevin McCabe. 1995. "Trust, Reciprocity, and Social History." *Games and Economic Behavior* 10 (1): 122–142.

Bergstrom, Theodore C. 1995. "On the Evolution of Altruistic Ethical Rules for Siblings." *American Economic Review* 85 (1): 58–81.

Bergstrom, Theodore C. 2003. "The Algebra of Assortative Encounters and the Evolution of Cooperation." *International Game Theory Review* 5 (3): 211–228.

Bergstrom, Theodore C. 2009. "Ethics, Evolution, and Games among Neighbors."

Working Paper, University of California, Santa Barbara.

Bergstrom, Theodore C. 2012. "Models of Assortative Matching." Working Paper, University of California, Santa Barbara.

Bernheim, B. Douglas. 1994. "A Theory of Conformity." *Journal of Political Economy* 102 (5): 841–877.

Brekke, Kjell A., Snorre Kverndokk, and Karine Nyborg. 2003. "An Economic Model of Moral Motivation." *Journal of Public Economics* 87 (9): 1967–1983.

Cesarini, David, Christopher T. Dawes, James H. Fowler, Magnus Johannesson, Paul Lichtenstein, and Björn Wallace. 2008. "Heritability of Cooperative Behavior in the Trust Game." *Proceedings of the National Academy of Sciences* 105 (10): 3721–3726.

Charness, Gary, and Martin Dufwenberg. 2006. "Promises and Partnership." *Econometrica* 74 (6): 1579–1601.

Condorcet, Nicolas de. 1785. *Essai sur l'Application de l'Analyse à la Probabilité des Décisions Rendues à la Pluralité des Voix.* Paris: L'Imprimerie Royale.

Currarini, Sergio, Matthew O. Jackson, and Paolo Pin. 2009. "An Economic Model of Friendship: Homophily, Minorities and Segregation." *Econometrica* 77 (4): 1003–1045.

Currarini, Sergio, Matthew O. Jackson, and Paolo Pin. 2010. "Identifying the Roles of Race-Based Choice and Chance in High School Friendship Network Formation." *Proceedings of the National Academy of Sciences* 107 (11): 4857–4861.

Darwin, Charles. 1859. *On the Origin of Species by Means of Natural Selection.* London: John Murray.

Dawkins, Richard. 1976. *The Selfish Gene.* Oxford: Oxford University Press.

Dekel, Eddie, Jeffrey C. Ely, and Okan Yilankaya. 2007. "Evolution of Preferences." *Review of Economic Studies* 74 (3): 685–704.

Demichelis, Stefano, and Jörgen W. Weibull. 2008. "Language, Meaning, and Games: A Model of Communication, Coordination, and Equilibrium." *American Economic Review* 98 (4): 1292–1311.

Edgeworth, Francis Y. 1881. *Mathematical Psychics: An Essay on the Application of Mathematics to the Moral Sciences.* London: Kegan Paul.

Ellingsen, Tore, and Magnus Johannesson. 2008. "Pride and Prejudice: The Human Side of Incentive Theory." *American Economic Review* 98 (3): 990–1008.

Fehr, Ernst, and Klaus Schmidt. 1999. "A Theory of Fairness, Competition, and

Cooperation." *Quarterly Journal of Economics* 114 (3): 817–868.

Frank, Robert H. 1987. "If *Homo Economicus* Could Choose His Own Utility Function, Would He Want One with a Conscience?" *American Economic Review* 77 (4): 593–604.

Friedman, Milton. 1953. *Essays in Positive Economics*. Chicago: University of Chicago Press.

Ghosh, Parikshit, and Debraj Ray. 2016. "Information and Enforcement in Informal Credit Markets." *Economica* 83 (329): 59–90.

Güth, Werner, Rolf Schmittberger, and Bernd Schwarze. 1982. "An Experimental Analysis of Ultimatum Bargaining." *Journal of Economic Behavior and Organization* 3 (4): 367–388.

Güth, Werner, and Menahem E. Yaari. 1992. "Explaining Reciprocal Behavior in Simple Strategic Games: An Evolutionary Approach." In *Explaining Process and Change: Approaches to Evolutionary Economics*, edited by Ulrich Witt, 23–24. Ann Arbor: University of Michigan Press.

Hamilton, William D. 1964. "The Genetical Evolution of Social Behaviour." *Journal of Theoretical Biology* 7 (1): 1–16.

Harsanyi, John C. 1980. "Rule Utilitarianism, Rights, Obligations and the Theory of Rational Behavior." *Theory and Decision* 12 (2): 115–133.

Harsanyi, John C. 1992. "Game and Decision Theoretic Models in Economics." In *Handbook of Game Theory with Economic Application*, volume 1, edited by Robert J. Aumann and Sergiu Hart, 669–707. Amsterdam: North-Holland.

Heifetz, Aviad, Chris Shannon, and Yossi Spiegel. 2007. "What to Maximize If You Must." *Journal of Economic Theory* 133 (1): 31–57.

Huck, Steffen, Dorothea Kübler, and Jörgen W. Weibull. 2012. "Social Norms and Economic Incentives in Firms." *Journal of Economic Behavior and Organization* 83 (2): 173–185.

Kant, Immanuel. (1785) 2002. *Groundwork for the Metaphysics of Morals*. Edited and translated by Allen W. Wood. New Haven, CT: Yale University Press.

Kendall, Jake, Nataliya Mylenko, and Alejandro Ponce. 2010. "Measuring Financial Access around the World." World Bank Policy Research Working Paper 5253, World Bank, Washington, DC.

Laffont, Jean-Jacques. 1975. "Macroeconomic Constraints, Economic Efficiency and

Ethics: An Introduction to Kantian Economics." *Economica* 42 (168): 430–437.

Levine, David K. 1998. "Modelling Altruism and Spitefulness in Experiments." *Review of Economic Dynamics* 1 (3): 593–622.

Lindbeck, Assar, and Jörgen W. Weibull. 1988. "Altruism and Time Consistency: The Economics of Fait Accompli." *Journal of Political Economy* 96 (6): 1165–1182.

Lindbeck, Assar, Sten Nyberg, and Jörgen W. Weibull. 1999. "Social Norms and Economic Incentives in the Welfare State." *Quarterly Journal of Economics* 114 (1): 1–35.

Maynard Smith, John, and George R. Price. 1973. "The Logic of Animal Conflict." *Nature* 246 (November): 15–18.

McPherson, Miller, Lynn Smith-Lovin, and James M. Cook. 2001. "Birds of a Feather: Homophily in Social Networks." *Annual Review of Sociology* 27: 415–444.

Musgrave, Richard A. 1959. *The Theory of Public Finance: A Study in Public Economy*. New York: McGraw-Hill.

Myerson, Roger, and Jörgen W. Weibull. 2015. "Tenable Strategy Blocks and Settled Equilibria." *Econometrica* 83 (3): 943–976.

Nosenzo, Daniele, Simone Quercia, and Martin Sefton. 2015. "Cooperation in Small Groups: The Effect of Group Size." *Experimental Economics* 18 (1): 4–14.

Ok, Efe A., and Fernando Vega-Redondo. 2001. "On the Evolution of Individualistic Preferences: An Incomplete Information Scenario." *Journal of Economic Theory* 97 (2): 231–254.

Persson, Torsten, and Guido Tabellini. 2006. "Democracy and Development: The Devil in the Details." *American Economic Review* 96 (2): 319–324.

Rawls, John. 1971. *A Theory of Justice*. Cambridge, MA: Harvard University Press.

Rousset, François. 2004. *Genetic Structure and Selection in Subdivided Populations*. Princeton, NJ: Princeton University Press.

Rubinstein, Ariel. 2006. "A Sceptic's Comment on the Study of Economics." *Economic Journal* 116: C1–C9.

Ruef, Martin, Howard E. Aldrich, and Nancy M. Carter. 2003. "The Structure of Founding Teams: Homophily, Strong Ties, and Isolation among U.S. Entrepreneurs." *American Sociological Review* 68 (2): 195–222.

Sandmo, Agnar. 2005. "The Theory of Tax Evasion: A Retrospective View." *National Tax Journal* 58 (4): 643–663.

Sen, Amartya K. 1977. "Rational Fools: A Critique of the Behavioral Foundations of

Economic Theory." *Philosophy & Public Affairs* 6 (4): 317–344.

Smith, Adam. (1759) 1976. *The Theory of Moral Sentiments*. Edited by David D. Raphael and Alec L. Macfie. Oxford: Oxford University Press.

Smith, Adam. (1776) 1976. *An Inquiry into the Nature and Causes of the Wealth of Nations*. Edited by William B. Todd. Oxford: Oxford University Press.

Wright, Sewall. 1931. "Evolution in Mendelian Populations." *Genetics* 16 (2): 97–159.

Young, H. Peyton. 1993. "The Evolution of Conventions." *Econometrica* 61 (1): 57–84.

评（劳伦斯·E. 布卢姆）

本章的主题一直是英格拉·阿尔杰与乔根·威布尔的核心研究议程。无论独立研究（Lindbeck, Nyberg, and Weibull 1999; Alger 2010）还是联合研究（Alger and Weibull 2012），他们都为亲社会性偏好及行为的研究做出了重要贡献。阿尔杰–威布尔关于涉他偏好社会建构的研究项目（Alger and Weibull 2013, 2016, 本章）不仅正式奠定了演化博弈论的基础，而且发现了有关涉他偏好发展的文化进化模型的信息，这些成就着实令人激动。我们通常认为，个体对社会状态的偏好只取决于个体所能获得的物质结果。这一假定使得"福利经济学定理"所体现的社会最优与市场结果之间强大的二元性成为可能，它同时也是检验社会政策的基础环境。然而，这种假定十分幼稚，因为它认为偏好是原始的，是社会行为模型中的外生因素。如果承认偏好在某种程度上是社会建构的产物，就会对经济理论的许多基本发现提出挑战；尤其是与福利结论有关的内容。阿尔杰和威布尔探究了偏好关系的进化基础，极大地丰富了关于偏好的社会建构的文献。

演化博弈论

阿尔杰和威布尔的研究项目开发了新的演化博弈论工具，用以说明社会系统中持续存在的各种偏好。在N人对称博弈的传统非合作理论中，对称纳什均衡是这样一种策略，如果所有其他参与者均使用了该策略，那么这种策略对任何个体来说都是最佳策略。演化博弈理论的基本均衡概念是进化稳定策略。[1]直观地说，进化稳定策略是一种无法被其他策略"入侵"的策略。所谓"入侵"究竟是何意？假定一大群个体被随机匹配参与博弈。ESS具有如下属性：如果有足够多的人使用进化稳定策略，而其余的人采用了其他策略，那么进化稳定策略使用者的预期收益将大于剩余人口的预期收益。演化博弈论最早出现在生物学中，因此，除却进化稳定策略以外的策略备选项被认为具有入侵性，这个概念的动机是回报衡量适存性（payoffs measure fitness）。回报越高意味着适存性越高，使用进化稳定策略的那部分人群具有的平均适存性就越高。因此复制程度就会超过使用入侵性策略（invading strategy）的群体。为了说明纳什均衡与进化稳定策略这两个概念是如何契合在一起的，我们可以核查一下，在任何有限且对称的博弈中，所有进化稳定策略都是博弈中的纳什均衡。反之，则是错误的。

阿尔杰和威布尔的研究沿袭了古斯和雅里（Güth and Yaari 1992）的间接演化路径。[2]在传统的演化博弈论中，偏好是固定的，行为分布的演变受效用收益分布的制约，而在间接演化模型中，行动承担的选择压力会导致效用分布发生演变。这与生物模型类似，即表型选择可以调节基因型的分布。在古斯和雅里的研究中，行为对应表型，偏好对应基因型。博弈中的收益对应繁殖适存性（reproductive fitness）。

在阿尔杰-威布尔的研究中，战略互动由物质收益函数π描述，该函数为所有战略投资组合分配一个物质收益（例如，企业竞争模型中的利

---

[1] Maynard Smith and Price (1973).
[2] 另见Güth and Kliemt (1998)。

润）。[1]然而，玩家的选择不受物质收益π制约，而是受代表在结果上的主观预期效用偏好收益函数u控制。

阿尔杰和威布尔对演化博弈论中的进化稳定策略解决方案概念略作改动，使其成为关于冯诺伊曼-摩根斯坦收益函数在人口中的分布，而非策略分布的均衡概念。在阿尔杰-威布尔的研究计划中，如果有足够多的人口使用收益函数u，而其余的人口使用任何其他收益函数，收益函数就是一个进化稳定策略，使用收益函数u的人的预期物质收益大于剩余人口的预期物质收益。阿尔杰和威布尔方案的第二个特征——这对他们的结果十分关键——是匹配不是随机的，而是聚类的：物以类聚。[2]

类聚匹配偏好的间接演变产生了新的结果。作者将报酬函数称作"道德人"报酬函数，如果$u(x, y)$是$\pi(x, y)$和$\pi(x, x)$的平均数，前者是别人选择y时选择x的物质收益，后者则是大家选择x时选择x的物质收益。这一类别的一端是"经济人"，其平均权重把所有权重都放在$\pi(x, y)$上，而他们将另一端标记为"康德人"，其所有权重都放在假定所有人选择一致的物质收益上。

其他有关偏好演变的研究在精神上与阿尔杰和威布尔方案接近，但是不同的假定会导致不同的结果。例如，伊利和伊兰卡亚（Ely and Yilankaya 2001）使用与进化稳定策略类似的静态稳定性概念来考虑人群的偏好演变。因为他们只考虑随机匹配，他们发现当且仅当结果是由物质收益描述的均衡博弈时，结果是稳定的；也就是说，稳定的偏好是"经济人"的偏好。相对

---

[1] 与冯诺依曼-摩根斯坦的收益函数一样，物质收益在纯策略组合的分布中是线性的。本章主要讨论对称的双人互动，但是阿尔杰和威布尔（Alger and Weibull 2016）考虑了聚合假定下的多人互动，即在主体选择的物质收益中，他人的选择是可以交换的。
[2] 这不是简单的深入描述，所以在阿尔杰和威布尔的文章之后，我不打算对它加以描述。阿尔杰和威布尔（Alger and Weibull 2016, 61）对其做出了明确的定义。

于涉他偏好，社会行为的演化现在已经是演化生物学中一个老生常谈的话题。汉密尔顿（Hamilton 1964）认为包容性适合（inclusive fitness）可以解释亲社会行为，格拉芬（Grafen 1979）试图通过考虑非随机匹配的进化稳定策略为这一观点提供正式支持。伯格斯特龙（Bergstrom 1995）在明确的生物背景下考虑利他行为进化的非随机匹配，并得出了 $\pi = 1/2$ 的"道德人"偏好。他将这些偏好称作"半康德式"偏好。也有一些支持反社会偏好的观点。科奇森、Ok 和赛蒂（Koçkesen, Ok, and Sethi 2000）介绍了一类越来越依赖于物质收益和相对物质回报的报酬函数。因此，如果其他人的物质收益下降而我的收益却没有下降，那么我的效用就会增加。他们发现，在与阿尔杰和威布尔所考虑的博弈非常相似的一类博弈中，但是是在完全信息而非不完全信息的情况下，具有反社会偏好的玩家在物质上比最大化物质收益回报的玩家做得更好。这不是一个演化分析，但它表明了这一点。最后，阿尔杰和威布尔的结果之所以有效，是因为具有"正确"收益函数的人比其他人得到的物质利益更多，而有时"正确"的收益函数并不是"经济人"的函数。贝斯特尔和古特（Bester and Güth 1998）以及埃舍尔、萨缪尔森和沙凯德（Eshel, Samuelson, and Shaked 1998）建立了一些模型，在这些模型中，具有涉他偏好的人在物质上不如"经济人"，但是在群体选择效应的作用下，他们仍然能够生存下来。由此得出的结论是，细节对演化模型的结果而言十分重要，我们还远未完全理解不同的环境特征配置如何共同决定演化的结果。因此，阿尔杰和威布尔在文章最后一节中提出的结论3（即上篇文章"结语"中的第3要点）有些言过其实。自然选择并不"倾向于表现为'经济人'的人类动机"。不同的自然选择模型有利于不同的偏好关系。"道德人"和"经济人"就是其中的两种。尽管如此，阿尔杰和威布尔依然填补了这一领域中一个新的重要的部分，值得赞扬。

间接演化路径的承诺远远超出了报酬函数的选择问题。根据源自生物学家的演化博弈论，选择的力量作用于报酬，策略的分配也在演化。第二个层次的选择是间接演化范式。在这种情况下，偏好（也就是博弈戏本身）会以某种方式演变。偏好演化的机制包括社会学习、模仿和其他适应性过程，以及个体在不同角色间的排序等现象。这些过程在系统层面而不是在个体层面上运作。例如，布卢姆和伊斯利（Blume and Easley 1992, 2006）展示了如何通过重复交易进行财富再分配将某类交易者逐出市场。因此，尽管几乎每一位行为经济学家都提出了自己的选择行为模型，但是只有一部分能够通过市场生存测试。然而，第三个层次既有战略选择，也有战略环境随着时间的推移而发生的共同演变。例如，一些论文研究了演化，其中以社会网络为代表的社区结构与战略选择而不是收益函数共同演化（例如，Ely 2002; Goyal and Vega-Redondo 2005; Staudigl and Weidenholzer 2014）。德霍姆一篇观点新颖的论文将策略和博弈共同进化的思想应用于机制设计（Sandholm 2002）。除了阿尔杰和威布尔方案之外，偏好和博弈形式的共同演化可以对政治经济学的核心问题，尤其是更广泛的制度分析做出很大贡献。

对称性

到目前为止，阿尔杰和威布尔的论文和研究计划的一个局限是，他们只研究了对称环境；也就是说，对于双人博弈，玩家1和玩家2的角色是相同的。这个限制令人失望，因为进化稳定策略当然可以推广到非对称博弈。[1]知晓"道德人"出现在对称模型中——一个"单种群"模型，人们就想知道多种群模型会产生什么。

---

[1] 例如，参见Fishman (2008)和其中的引文。

阿尔杰和威布尔论文的第二部分考虑了一个不对称问题。我之所以对他们的处理不太满意，是因为我在后面几节中提出的预兆问题与正面主张和规范性主张之间的区别有关。他们在第二部分的战略形势中设想了一个借款人和一个贷款人；贷款人必须决定是否放贷，借款人必须决定是否偿贷。这是一个很好的例子，（尽管我有些疑虑）因为我们可以看见进化稳定策略在偏好方面具有惊人的力量。更传统的分析会考虑借款人和贷款人之间的反复互动。贷款人会放贷，借款人也会偿贷，因为在持续的关系中，互惠是有价值的。借款人明白，如果今天还钱，明天也许就能得到贷款。在均衡状态下，贷款人清楚借款人明白这一点，所以他愿意放贷。此外，他愿意在未来贷款的意愿印证了借款人的信念。阿尔杰和威布尔只考虑了单次的相互作用——不存在依赖历史的行为。尽管如此，借贷是可以持续的。

那么，这会带来什么问题呢？如果想要使用自己的工具，阿尔杰和威布尔就必须将情况对称化。他们指出，一种典型的方法就是，在最初的互动中，用"无知的面纱"来掩盖每个人将会扮演的或是借款人或是贷款人的角色。他们认为，这些角色是偶然的。不论何时，来自单一人口的特定个体既可以是借款人，也可以是贷款人；本质上是由掷硬币决定的。"无知的面纱"这一短语暗示了此举的合理性。他们呼吁通常的嫌疑人——海萨尼（Harsanyi 1953）、罗尔斯（Rawls 1958）和维克里（Vickrey 1945）——他们在社会系统分析中引入了这一举措。然而，出于规范分析的目的，这些嫌疑人引入了无知的面纱、原初立场、事前的随机性。无知面纱背后的原初立场是一个反事实的假定，它为评估社会系统结果的道德后果提供了一个社会系统以外的框架。我们不会假装个体实际上是以这种方式随机分布的。然而，演化模型关注的是真实环境而不是反事实。当然，可能会出现角色确实是随机的情况；某人今天扮演这个角色，明天扮演那个角色。但是我认为这不是思考偏好演变的有用方式，在这种情况下，每位个体的角色已知、确定且一成不变。使用规范分析来证明积极的主张是将积极与规范相结合的一个例子，我认为这掩盖了阿尔杰和韦布尔的研究结果的意义。[1]

福利经济学

阿尔杰和威布尔在社会构建偏好的积极理论中发现了一些强有力的结果。然而，他们对规范性问题的处理，以及整篇文章明显的规范性色彩，引发了一些问题。例如，我们应该如何从经济学中传统的后果主义角度来看待"道德人"偏好？第三节的例子表明，在物质上，"道德人"世界可能胜过"经济人"世界。为了说明情况并非如此，请考虑他们讨论的公共产品博弈的一个变体。在这个变体中，个体 N 可以给出非0即1的结果。公共产品给每位个体带来的物质利益是 ϱ，捐赠付出的物质成本是 $0 < c < 1$，当且仅当捐赠总额至少是1时，才会提供公共产品。

因此，令 $y_{-i} = \sum_{j \neq i} x_j$。

假定 $N\varrho > c$，那么，总物质利益超过了供给成本。由个体提供商品是社会最优选择，净收益为 $N\varrho - c$。

该分析分为三种情况（忽略边界）。如果 $\varrho > c$，个体自己就应该愿意付出。在一个极端，"康德人"选择最大化 $\pi(x, x)$。最佳状态是，$x = 1$，每位个体都做出贡献，公共产品被大量超额认购。如果效用具有人际可比性，那么可实现的最佳福利是 $N\varrho - c$，而"康德人"社会可以实现 $N(\varrho - c)$，而物质收益损失为 $(N - 1)c$。在另一个极端，"经济人"可以在 N 个不同的非

---

[1] 如果特定个体考虑到对方的情况，即使他永远不会处于那个位置，他们的康德式主张也会更有说服力。这似乎是康德对其基本法则的一些表述的要求。

对称纳什均衡中实现效率。在每个均衡中，有且只有一个个体做出贡献。

如果$\varrho < c$，则"康德人"的付出为零。"经济人"的非对称纯纳什均衡也会消失，而"经济人"的付出也为零。因此，两者都无效率。

$\varrho > c$时还存在一个对称的混合纳什均衡，其中选择零的概率为$c^{1/(n-1)}$。在这种情况下，均衡对个体"经济人"的期望值是$\rho-c-(\rho-1)c^{n/(n-1)}$。将这种收益与"康德人"的收益相比较，我们发现，当$\varrho > 1$时，这种收益更低，但在$c/N < \varrho < 1$时更高。

总之，$\varrho < c$时，两种偏好类型都能实现有效的结果。$c < \varrho < 1$，"康德人"比"经济人"社会的每一种纳什均衡结果都要糟糕。在$\varrho > 1$时，一些"经济人"均衡是有效的，其物质收益高于"康德人"社会，但是对称混合"经济人"均衡则更差。[1]

总的来说，有些问题尽管是对称提出的，但其最优解却是不对称的。少数者博弈和相关的埃尔法罗尔博弈提供了进一步的例子。这个例子是对本章中阿尔杰和威布尔提出的结论4的警告，即当个体实际上是"道德人"时，为"经济人"设计的政策可能会过度激励他们。确实有这种可能性，但是也有可能不会出现这种情况。

阿尔杰和威布尔在第三节给出的例子提出了一个有趣的问题：如果涉及涉他偏好，福利经济学应该如何反应。他们遵循海萨尼（Harsanyi 1980, 1992）的观点，认为福利应为个体物质效用的总和。为了便于比较，我在

---

[1] 我们可以就中间的情况推导出类似的结果。"道德人"偏好混合的处理不同寻常，除非是极端的"经济人"的情况。阿尔杰和威布尔（Alger and Weibull 2016）将$\pi(x, x)$的集合X定义为物质博弈中的混合策略集合。我的理解是，如果我是，比如说，"康德人"（只是为了清楚起见），如果我以概率p选择1，那么我假定其他人也是如此，当我考虑如果我以概率p'选择1会发生什么时，我假定其他人也会选择p'。这导致了一个对称的随机均衡，随着n的增加，预期的社会净物质利益向上收敛到$n(\rho-c)$。

前面的公共产品分析中采用了他们的例子，但这是有争议的。要想知道为什么，就请问问自己：为什么在社会福利的计算中，个体想要喝水的愿望比想要给同伴提供饮用水的愿望更有必要？我可以想到两个支持这种说法的论据：其一，水是生活必需品，如果说有什么东西是最基本的，那一定是生存需要；其二，把同伴的福利算在他的效用中属于重复计算。第一个论点只不过是关于消费边界的边际替代率的陈述。在生存边界，水对个体来说至关重要。第二个论点认为，决策者从喝水中得到的效用不同于他从给予他人效用中获得的效用。如果你喝了一口水，你会获得一些效用。如果我为你提供这杯水，我得到的效用并不计入社会计算。但是，如果我花费自己的资源来做这件事，那么提供礼物的机会成本又被计算在内。显然，只允许某些行为为了福利目的而产生效用。在我看来，这些论点都站不住脚。

阿尔杰和威布尔采用了海萨尼对个体偏好与社会偏好的区分，他们指出，我们可以将"道德人"理解为如下个体：其个体偏好是物质偏好 π，其社会偏好由"道德人"效用函数及其道德水平 κ 给定。肯尼斯·阿罗曾写道："我是一个守旧的人，依然坚持大卫·休谟的观点，即个体永远无法从'是'命题中推导出'应该'命题。"[1] 演化博弈论的结论是"是"命题。阿尔杰和威布尔渴望根据它们推导出"应该"命题。将"是"和"应该"混为一谈可能会削弱他们研究计划中"是"的作用。

阿尔杰和威布尔写道：

> 如果认为物质收益函数代表个体效用，那么由"道德人"（每位个体都有自己的道德水平）组成的社会福利应该简单地定义为他们的预期

---

[1] 阿罗在"理查德·伊利"系列讲座中（Arrow 1994, 1）如是说。

物质收益之和，就如普通的功利主义福利理论所述。

海萨尼认为个体偏好是指导个体选择的偏好，即他们的"日常行为"。[1] 如果这就是阿尔杰和威布尔所说的个体偏好，那么道德人收益函数应该代表个体偏好而不是物质收益，阿尔杰和威布尔以及我的福利计算就是不正确的。海萨尼对个体偏好的描述当然考虑到了外部性。如果阿尔杰和威布尔相信，按照海萨尼的范式，道德人偏好代表他所谓"道德偏好"，那么我不明白为什么它们会出现在演化分析中；决策不是根据道德偏好做出的，因此不能选择它们。[2]

如果道德人的偏好是用来进行计算的正确偏好，那么我们就不能在具有不同道德水平 κ 的人群中进行福利比较。以此类推，我们可以考虑两种不同的生产经济体，它们只在消费者偏好上有所不同。

我们可能会观察到，一个经济体的 GDP 高于另一个经济体，但是这对比较两个经济体的福利没有任何指导意义，即使个体之间的效用具有可比性。

道德人作为一种道德理论

阿尔杰和威布尔写道，他们的工作表明，"存在一种符合伊曼努尔·康德定言令式且在心理上可信的道德形式的进化基础"（本章）。严格来说，他们为描述符合"心理上可信的道德形式"的行为偏好提供了"讲

---

[1] Harsanyi (1992, 675).
[2] 海萨尼（Harsanyi 1992, 671）说："理性行为不是一个描述性的概念，而是一个规范性的概念。"所以他也算是演化博弈论的合作伙伴。

化基础"。他们认为什么样的道德理论"符合伊曼努尔·康德定言令式"？伯格斯特龙（Bergstrom 1995）用"半康德式"来描述 $\kappa = 1/2$ 的道德人偏好。我认为这种康德式的从属关系来自对康德的误读。康德偏好的概念存在于演化博弈论之外。罗默（Roemer 2010）将某类博弈中的策略称作"康德式"，如果它不受对所有玩家同时出现比例偏差的影响的话。

广义上讲，道德理论可分为三类：结果论、义务论和美德论。结果主义强调行动的后果。福利经济学属于结果主义。义务论理论强调责任、规则和义务。包括康德在内的大多数哲学家都认为，康德的理论属于义务论。[1]美德伦理学强调美德或道德品质。举例来说，假定某人的生命处于危险之中，只要我撒一个谎就可以救他。结果主义者会撒谎，因为他相信救人一命是一个好结果。如果义务论者相信在不伤害他人的情况下救人一命是一条普遍法则，他就会撒谎。然而，如果他认为"永不说谎"才是普遍准则，那么他甚至不会为了救人而说谎。一个美德伦理学家会撒谎，因为救人是仁慈的，是一种美德。我认为，道德人与美德伦理学的关系远远超过其与任何义务论道德理论的关系。

康德认为，基本的道德原则是一种定言令式：它具有强制性，因为它是一种命令；它具有绝对性，因为它是对我们无条件的要求。这个道德原则是，"除非你奉行的原则也能成为一条普遍法则，否则就不要依此行事"。或者借用康德的另一种表述，"要这样行动，使你的行动的准则成为一条普遍的法则"。它出自何处？康德写道：[2]

> 每个人都必须承认，一条规律如果要在道德上有效，也就是作为约

---

1 Kagan (2002, 112).
2 Kant〔(1785) 2002, 5)〕

束的根据，它自身一定要具有绝对的必然性。"你不应该说谎"这条戒律并不只对人类有效，而其他有理性的物体可以对此漠不关心，同样，其余的真正道德规律也莫不如此。因此，约束性的根据既不能在人类本性中寻找，也不能在他所处的世界环境中寻找，而是要完全先天地在纯粹理性的概念中去寻找。任何其他单纯以经验原则为基础的规范，甚至这一规范具有某些方面的普遍性，只要它基于哪怕一点点的经验基础（也许仅仅与所涉及的动机有关），都只能被称作实践的规则，而决不会被叫作道德规律。

换句话说，假定每位个体都要听从它，那么它就应该可以合理地推导出来。该法则完全基于理性，而不是任何事实的结果。特别是，道德命题要独立于其所适用的对象；它们的偏好没有区别。这些命题独立于我们的欲望，与随之而来的结果无关。然而，很明显，人们从道德人偏好中得出的规则取决于物质收益是什么：结果很重要。换句话说，康德的定言令式具有博弈论的性质：将关于他人行为的假定纳入你应该如何行事的计算之中。然而，"康德人"不是康德式的，因为他对行为的评价独立于他的偏好。如果一条给定的格言经受住了定言令式的考验，人们就有义务按照它行事，即使它排在偏好的最末端。因此，为阿尔杰和威布尔提供了"进化基础"的道德理论不是康德的理论。恰恰相反，海萨尼（Harsanyi 1980）将那些将包含道德人收益函数的一类效用函数最大化的个体称作"功利主义者"。这似乎属于结果主义。[1]

只要我们用选择理论的语言来谈论个体的道德选择，任何这样的理论都会显得属于结果主义。人们可以这样解读美德伦理学。我们的偏好

---

[1] 平心而论，我应该说义务论和结果论之间的对比并不像人们通常认为的那样鲜明，而且还存在一些争议。参见 Kagan（2002）和 Cummiskey（1990）。

由我们的性格决定。因此,在某些情况下,内化了特定美德的个体的偏好会与那些没有内化的个体不同。因此,品德高尚的人的选择——同情、慈善等——将反映出这些美德。这些都是道德选择。现代美德伦理学的一个学派,即所谓主体伦理学,[1]"以良好的动机来理解正确性,以不良(或不够好)的动机来理解错误性"。阿尔杰和威布尔对偏好进化的演化论解释支持这一观点。他们告诉我们,作为社会条件的结果,作为社会互动的结果,从长远来看,偏好必须采取某种形式,而这种形式是涉他偏好。

亚当·斯密〔Adam Smith(1759)2004: 1〕在《道德情操论》(*The Theory of Moral Sentiments*)开篇就宣称某些美德具有普遍性:

> 人无论被认为有多么自私,天性中显然还是有着某种情愫,会促使我们去关心别人的命运,从而把别人的幸福当作自己的幸福;尽管除了因看到别人幸福而感到开心之外,我们得不到任何好处。人类的这种情愫,就是怜悯或同情,就是当我们看到或想到他人的不幸遭遇时,所产生的那种恻隐之心。比如,我们常常会因他人的悲伤而感到悲伤,这是一个显而易见并且无需任何例证的事实。这种恻隐之心,同人类其他所有原始情感一样,绝不仅仅局限于那些善良仁慈的人,尽管他们也许更富同情心。即使是那些最歹毒的恶棍和最铁石心肠的罪犯,也不会完全丧失同情心。

他继续说道,

> 这就是我们对他人的不幸产生同情的根源,也正是通过设想自己身陷受害者的处境,才得以让我们能够想象并体会受害者的感觉,或者

---

[1] Slote (2001, 14).

说受害者的感觉才会影响我们自己。如果还有人觉得这样的表述不够清楚，我们可以用大量显而易见的例子来进一步说明。[1]

对斯密来说，这种同情心的表达是我们道德决策的源泉。在一段让人想起有关道德人的表述中，他说：

> 我们对自己行为自然地加以认可或不认可的原则，似乎同据以评判他人行为的原则毫无二致。当我们设身处地站在他人角度时，我们就是根据自己能否完全体谅其行为的情感和动机来决定认可和否认其行为。[2]

假定其他人的行为像x一样，我们对x有什么感觉？

最后，值得注意的是，也许撰写《道德情操论》的斯密会赞同阿尔杰和威布尔的方案。他写道：

> 道德的一般准则就是这样形成的。它们最终建立在具体经验上，建立在我们的道德观念、我们对得体性和是非曲直表示赞成或反对之上。起初我们对具体行为表示赞成或反对，并不是因为经过考察发现它们令人赞同，或者与某种规则不一致。相反，一般准则的形成，是要根据从经验中发现的某种行为，或者实际做出的行为，是受欢迎，还是遭反对。[3]

我们的道德观点来自经验，这是一个社会过程。要求17世纪中叶的斯密区分社会学习与社会进化有些强人所难，即使是在今天，我们也不甚清楚，从观察的角度来说，这两个类别是否相同。然而，除了收益单调这

---

1 Smith〔(1759) 2004, 4〕.
2 Smith〔(1759) 2004, 151–152〕.
3 Smith〔(1759) 2004, 206〕.

一事实，阿尔杰和威布尔无须为他们的进化稳定策略分析创建机制，因此他们与斯密并不矛盾。

结论

尽管我对阿尔杰和威布尔（以及许多其他经济学家）有关道德理论的主张持保留态度，但是阿尔杰和威布尔的研究计划是迄今为止在探索涉他偏好的演变方面最雄心勃勃和最有前途的研究之一。这些结果令人振奋，既是因为他们的发现，也是因为他们所处环境的范围。[1]广为接受的博弈和市场理论是属于"通吃"（take-all-comer）的类型；无论主体持有什么偏好，均衡始终存在。但是，如果偏好由社会建构，阿尔杰和威布尔所描述的力量应该会对普遍存在的各种偏好做出限制。博弈和市场理论都应利用这一事实，对社会系统的行为做出更清晰的预测。最后，乔根·威布尔对进化动力学的文献做出了重大贡献，因此我期待着看到这个项目从进化稳定策略的静态分析进展到近年来出现的更难（但可能更丰富）的动态分析。

参考文献

Alger, Ingela. 2010. "Public Goods Games, Altruism, and Evolution." *Journal of Public Economic Theory* 12 (4): 789–813.

Alger, Ingela, and Jörgen W. Weibull. 2012. "A Generalization of Hamilton's Rule—

---

1 这在本章中并不明显，但在阿尔杰和威布尔(2016)中可以看到。

Love Others How Much?" *Journal of Theoretical Biology, Evolution of Cooperation* 299: 42–54.

Alger, Ingela, and Jörgen W. Weibull. 2013. "Homo moralis—Preference Evolution under Incomplete Information and Assortative Matching." *Econometrica* 81 (6): 2269–2302.

Alger, Ingela, and Jörgen W. Weibull. 2016. "Evolution and Kantian Morality." *Games and Economic Behavior* 98: 56–67.

Arrow, Kenneth. 1994. "Methodological Individualism and Social Knowledge." *American Economic Review* 84 (2): 1–9.

Bergstrom, Theodore C. 1995. "On the Evolution of Altruistic Ethical Rules for Siblings." *American Economic Review* 85 (1): 58–81.

Bester, Helmut, and Werner Güth. 1998. "Is Altruism Evolutionarily Stable?" *Journal of Economic Behavior and Organization* 34 (2): 193–209.

Blume, Lawrence, and David Easley. 1992. "Evolution and Market Behavior." *Journal of Economic Theory* 58 (1): 9–40.

Blume, Lawrence, and David Easley. 2006. "If You're So Smart, Why Aren't You Rich? Belief Selection in Complete and Incomplete Markets." *Econometrica* 74 (4): 929–966.

Cummiskey, David. 1990. "Kantian Consequentialism." *Ethics* 100 (3): 586–615.

Ely, Jeffrey C. 2002. "Local Conventions." *Advances in Theoretical Economics* 2 (1): 1–32.

Ely, Jeffrey C., and Okan Yilankaya. 2001. "Nash Equilibrium and the Evolution of Preferences." *Journal of Economic Theory* 97 (2): 255–272.

Eshel, Ilan, Larry Samuelson, and Avner Shaked. 1998. "Altruists, Egoists, and Hooligans in a Local Interaction Model." *American Economic Review* 88 (1): 157–179.

Fishman, Michael A. 2008. "Asymmetric Evolutionary Games with Non-linear Pure Strategy Payoffs." *Games and Economic Behavior* 63 (1): 77–90.

Goyal, Sanjeev, and Fernando Vega-Redondo. 2005. "Network Formation and Social Coordination." *Games and Economic Behavior* 50 (2): 178–207.

Grafen, Alan. 1979. "The Hawk-Dove Game Played between Relatives." *Animal Behaviour* 27 (3): 905–907.

Güth, Werner, and Hartmut Kliemt. 1998. "The Indirect Evolutionary Approach: Bridging the Gap between Rationality and Adaptation." *Rationality and Society* 10 (3):

377–399.

Güth, Werner, and Menahem E. Yaari. 1992. "Explaining Reciprocal Behavior in Simple Strategic Games: An Evolutionary Approach." In *Explaining Process and Change: Approaches to Evolutionary Economics*, edited by Ulrich Witt, 23–34. Ann Arbor: University of Michigan Press.

Hamilton, William D. 1964. "The Genetical Evolution of Social Behavior, I and II." *Journal of Theoretical Biology* 7 (1): 1–52.

Harsanyi, John C. 1953. "Cardinal Utility in Welfare Economics and in the Theory of Risk-Taking." *Journal of Political Economy* 61 (5): 434–435.

Harsanyi, John C. 1980. "Rule Utilitarianism, Rights, Obligations and the Theory of Rational Behavior." *Theory and Decision* 12 (2): 115–133.

Harsanyi, John C. 1992. "Game and Decision Theoretic Models in Ethics." In *Handbook of Game Theory with Economic Applications*, volume 1, edited by Robert J. Aumann and Sergiu Hart, 669–707. Amsterdam: North-Holland.

Kagan, Shelly. 2002. "Kantianism for Consequentialists." In *Groundwork for the Metaphysics of Morals*, edited by Allen W. Wood, 111–156. New Haven, CT: Yale University Press.

Kant, Immanuel. (1785) 2002. *Groundwork for the Metaphysics of Morals*. Edited and translated by Allen W. Wood. New Haven, CT: Yale University Press.

Koçkesen, Levent, Efe A. Ok, and Rajiv Sethi. 2000. "Evolution of Interdependent Preferences in Aggregative Games." *Games and Economic Behavior* 31 (2): 303–310.

Lindbeck, Assar, Sten Nyberg, and Jörgen W. Weibull. 1999. "Social Norms and Economic Incentives in the Welfare State." *Quarterly Journal of Economics* 114 (1): 1–35.

Maynard Smith, John, and George R. Price. 1973. "The Logic of Animal Conflict." *Nature* 246 (November): 15–18.

Rawls, John. 1958. "Justice as Fairness." *Philosophical Review* 67 (2): 164–194.

Roemer, John E. 2010. "Kantian Equilibrium." *Scandinavian Journal of Economics* 112 (1): 1–24.

Sandholm, William H. 2002. "Evolutionary Implementation and Congestion Pricing." *Review of Economic Studies* 69 (3): 667–689.

Slote, Michael. 2001. *Morals from Motives*. Oxford: Oxford University Press.

Smith, Adam. (1759) 2004. *The Theory of Moral Sentiments*. New York: Barnes and Noble.

Staudigl, Mathias, and Simon Weidenholzer. 2014. "Constrained Interactions and Social Coordination." *Journal of Economic Theory* 152: 41–63.

Vickrey, William. 1945. "Measuring Marginal Utility by Reactions to Risk." *Econometrica* 13 (4): 319–333.

评（泽维尔·吉内）

道德：进化基础与政策含义

积极的经济理论通常会将市场中相互影响的主体建模为自私的个体。本章总结了阿尔杰和威布尔（Alger and Weibull 2013, 2016）的研究。他们探索了在偏好代代相传的前提下，人类将呈现的偏好，并据此质疑这一假定。

在两个主体相互影响的情况下，人类的效用函数是"经济人"（或自私的个体）的物质收益与"康德人"（假定其他主体会如自己一般行事，从而做到"为所应为"的个体）的物质收益的线性组合。实际上，"康德人"在面对一系列与其他主体相似的选择时，并没有选择实现纳什均衡，而是从博弈矩阵的对角线上选择价值最高的收益。值得注意的是，当主体之间的匹配协议是外生的时候，这些被称作"道德人"偏好的偏好才是唯一的进化稳定偏好。

然而，如何确定两个收益函数在线性组合中的权重呢？阿尔杰和威布尔（Alger and Weibull 2013）认为，相对于与不同类型的人相匹配的概率，权重或"道德水平"（degree of morality）跟个体与相同类型的人相匹配的概率有关。因此，该模型预测，只要这一概率为正，个体就不会表现为自私的主体，并且所有社会成员都具有相同的偏好（道德水平相同）。

用数据印证预测

实验证据表明，人类实际行为与"经济人"假定之间存在明显的偏差，而第一种预测正好与这一证据相符。然而，目前尚不清楚，究竟是这些偏差反映了普遍的社会偏好，还是说这些社会偏好由经济、社会和文化环境所决定。亨里奇等人（Henrich et al. 2004）在15个小规模社会（涵盖了从觅食社会到定居的农业社会等在内的多种社会形态）中进行了几场标准的博弈实验，试图通过大规模的跨文化行为研究来区分这两种假定。

结果证实，由于个体似乎较为在意公平和互惠问题，因此违反"经济人"假定的行为确实存在。此外，在不同社会之间甚至是同一社会内部，人们违反"经济人"假定的程度也存在差异（两者的差异幅度大致相同）。如果假定不同社会具有不同的道德水平，那么社会之间的差异就可以用"道德人"的偏好来解释。但是这种偏好却无法解释社会内部出现的差异，因为处于同一个社会的所有个体都具有相同的偏好。

亨里奇等人（Henrich et al. 2004）还提出，亲社会行为与市场一体化相关，但"道德人"的偏好却与道德水平相关。目前尚不清楚市场一体化与道德水平之间究竟呈正相关还是负相关。一种观点认为两者之间呈负相关：市场一体化可能会增大其与另一类个体相匹配的概率，从而降低道德水平。

或许我们应该谨慎看待亨里奇等人（Henrich et al. 2004）的研究结果，因为制度与价值观也许会共同发展，从而导致市场一体化与跨行业价值观之间的关系受到内生性的影响。例如，阿莱西纳和福克斯-斯库德恩（Alesina and Fuchs-Schündeln 2007）比较了两德统一后东德人和西德人对再分配的态度。他们发现，接受共产主义观点的东德人认为国家是个体幸福感中至关重要的一环。这表明制度与政治体制可以决定偏好，因此，即便在匹配协议没有改变的情况下，道德水平也可能会发生变化。

福克和赛奇（Falk and Szech 2013）曾在一项实验中要求人们在一笔钱与一只老鼠的生命之间做出选择。他们采用了不同的实验机制：一种是个体决策（实验对象只须选择获得金钱还是拯救老鼠即可），另一种是通过涉及多个买家和卖家的市场机制做出选择。此时，卖家手中拥有老鼠，而买家手中握有资金。如果双方同意交易，买卖双方将协商分配该笔资金，但是卖方手中的老鼠会被杀死；如果双方不同意交易，则双方都得不到钱，然而老鼠却能够活下来。他们发现，较之只有一个买方和一个卖方的市场，人们在通过涉及多个买家和卖家的市场做出决策时更愿意选择获得金钱（从而牺牲老鼠的性命）。换句话说，福克和赛奇（Falk and Szech 2013）认为，市场互动可能与道德水平负相关。

制度与激励机制的作用

合同、补贴、税收以及其他公共政策问题的目的都是诱导自私的个体为实现共同利益而努力行动。在这个问题上，苏格兰哲学家和经济学家（也是亚当·斯密的朋友）大卫·休谟的表述最为恰当，他认为公共政策应该是为受私利所驱使的"无赖之徒"而设计的。[1] 正如鲍尔斯（Bowles 2008）所述，"看不见的手"需要一个"帮手"。

本章中的"道德人"个体并非无赖之徒。然而，为无赖之徒而设的制

---

[1] 原文："在设计任何政府体制时……，必须将所有成员都设想成无赖之徒，并设想他的一切作为都是为了满足私利，别无其他目的。我们必须利用这种利益来管理他，使他为公共利益而合作，即便他原本贪得无厌，野心勃勃。"（David Hume 1777），http://oll.libertyfund.org/titles/hume-essays-moral-political-literary-lf-ed。

度最终是否会将所有个体全都变成无赖之徒？换句话说，如果个体并非无赖之徒，这些激励机制是否会适得其反？当然，有文献证明事实正是如此。其中一例就是格尼茨和鲁斯蒂奇尼（Gneezy and Rustichini 2000）针对以色列海法市的六家日托中心所做的著名研究。这些日托中心决定对放学后未能及时接走孩子的家长处以罚款。然而，自决定推出处罚以后，家长们到校的时间反倒更晚了。更重要的是，即便在日托中心取消罚款之后，家长依然会在接孩子时迟到。在另一个案例中，吉内、曼苏里和斯雷斯拉（Giné, Mansuri, and Sreshtra 2018）研究的是，如果一家小额信贷机构的员工实现了某些与客户授权及福祉相关的"社会"目标，那么给予他们的金钱激励将会造成怎样的影响。对于在团队中工作的员工来说，这种激励措施会导致社会结果恶化。

设计激励计划时的关键假定是，尽管可能存在其他动机，但是这些计划不会受到个体计划的影响。然而这种"可分离性"（separability）假定在上述两例中均不成立，因为它们凸显了这样一个事实，即金钱激励可能会削弱个体遵守社会规范的内在动机（Bowles 2008; Bowles and Hwang 2008）。

本章所讨论的"道德人"的偏好保留了可分离性假定，因此可以预测，在将为自私个体所设计的政策应用于"道德人"时不会出现事与愿违的情况。但是人们禁不住会问，针对道德水平不同的社会，监管程度是否应该有所不同。事实上，尽管对于"经济人"社会而言，监管也许不可或缺，但是"康德人"社会却未必需要这种监管。这一观点指出了另一个可以在今后的实证研究中加以检验的假定。

III 研究与探索的新领域　445

参考文献

Alesina, Alberto, and Nicola Fuchs-Schündeln. 2007. "Good-Bye Lenin (or Not?): The Effect of Communism on People's Preferences." *American Economic Review* 97 (4): 1507–1528.

Alger, Ingela, and Jörgen W. Weibull. 2013. "*Homo moralis*—Preference Evolution Under Incomplete Information and Assortative Matching." *Econometrica* 81 (6): 2269–2302.

Alger, Ingela, and Jörgen W. Weibull. 2016. "Evolution and Kantian Morality." *Games and Economic Behavior* 98: 56–67.

Bowles, Samuel. 2008. "Policies Designed for Self-Interested Citizens May Undermine 'the Moral Sentiments': Evidence from Economic Experiments." *Science* 320 (5883): 1605–1609.

Bowles, Samuel, and Sung-Ha Hwang. 2008. "Social Preferences and Public Economics: Mechanism Design When Social Preferences Depend on Incentives." *Journal of Public Economics* 92 (8): 1811–1820.

Falk, Armin, and Nora Szech. 2013. "Morals and Markets." *Science* 340 (6133): 707–711.

Giné, Xavier, Ghazala Mansuri, and Slesh Sreshtra. 2018. "Mission and the Bottom Line: Performance Incentives in a Multi-goal Development Organization." Working Paper, World Bank, Washington, DC.

Gneezy, Uri, and Aldo Rustichini. 2000. "A Fine Is a Price." *Journal of Legal Studies* 29 (1): 1–17.

Henrich, Joseph, Robert Boyd, Samuel Bowles, Colin F. Camerer, Ernst Fehr, Herbert Gintis, and Richard McElreath. 2004. "Overview and Synthesis." In *Foundations of Human Sociality: Economic Experiments and Ethnographic Evidence from Fifteen Small-Scale Societies*, edited by Joseph Henrich, Robert Boyd, Samuel Bowles, Colin F. Camerer, Ernst Fehr, and Herbert Gintis. New York: Oxford University Press.

Hume, David. 1777. "Essay VI: Of the Independency of Parliament." In *Essays and Treatises on Several Subjects*. http://oll.libertyfund.org/titles/hume-essays-moral-political-literary-lf-ed.

10 随机对照实验对发展经济学研究及发展政策的影响[1]

阿比吉特·维纳亚克·班纳吉、埃丝特·迪弗洛、迈克尔·克雷默

发展经济学家和决策者自问的许多（尽管并非全部）问题，本质上都是因果问题：为教室配备电脑会造成怎样的影响？保健品的需求价格弹性如何？加息是否会导致违约率上升？数十年前，统计学家费雪设计出一种可以回答此类因果问题的研究方法：随机对照实验（RCT; Fisher 1925）。在随机对照实验中，不同实验单位被随机分配到不同的实验组，从而确保分配过程不会体现实验单位所具备的不易察觉的特征。因此，实验单位与对照单位之间的所有差异均反映了实验的影响。虽然想法十分简单，但实

---

[1] 本文中的全部观点纯属作者个人见解，不代表美国国际开发署（USAID）或美国政府的意见。美国国际开发署不对本文提供的任何信息的准确性负责。衷心感谢艾莉森·法赫（Alison Fahey）、努尔·伊克巴尔（Noor Iqbal）、萨沙·格兰特（Sasha Gallant）、华金·卡本尔（Joaquin Carbonell）、亚当·特罗布里奇（Adam Trowbridg）与安妮·希利（Anne Healy）的支持。也感谢雷切尔·格伦纳特（Rachel Glennerster）的宝贵意见，以及弗朗辛·洛萨（Francine Loza）和劳拉·史迪威（Laura Stilwell）的出色研究协助。

施过程却可能要复杂得多，而且经过一段时间以后，随机化才被视作回答一般社会科学研究问题与更具体的发展经济学问题的实用工具。

大约在20年前，随机对照实验的想法刚刚进入发展经济学领域。自1994年起，格洛韦、克莱默和穆林（Glewwe, Kremer, and Moulin 2009）等发展经济学家与实践者启用了随机评估（Kremer 2003）。1997年，PROGRESA随机对照实验启动，这是对发展中国家大规模政策努力的首次评估。随着这些随机评估的启动，我们开始有些天真地希望随机对照实验能够像在20世纪彻底改变医学那样，在21世纪彻底改变社会政策（Duflo and Kremer 2005; Duflo 2004; Banerjee et al. 2007）。21世纪仅仅过去了20年，此时就对这一说法进行评价似乎为时过早。与世纪之交时相比，如今，随机评估在政策对话中所占的分量显然有所加重，而且从捐赠机构与地方政府那里获得的资金也大大增加。经过随机对照实验测试的政策创新已惠及数百万人。不过所涉资金的数额仍然很小。此外，发展政策的制定与推进过程一向以曲折著称。许多人预测，随机对照实验不过是一时的风潮，实践者们很快就会自食恶果。

然而，我们未曾预料的事情显然已经发生：即使未能实现彻底变革，随机对照实验也深刻地改变了发展经济学作为一门学术学科的具体实践。一些学者对这一变化表示赞赏（我们显然属于这一阵营），而另一些学者则对此表示遗憾（Deaton 2010; Ravallion 2012），不过这一事实本身并不存在争议。本文从定量记录这种显著的演变出发，探讨了随机对照实验影响该领域的方式及其对发展经济学实践的主要贡献。

作为一种研究工具，有时，人们认为随机对照实验的受欢迎程度与其改变世界的潜力（或野心）相冲突。这种观点认为，想要提出最佳研究设计的"学术"愿望可能与实践者识别可推广创新（新款手机）、改变"系统"（医疗保健）或改革机构（民主）的需求不一致。我们以美国国际开发署

（USAID，以下简称"开发署"）的发展创新风险计划（DIV，以下简称"风险计划"）组合为例，选取了一些曾经接受风险计划资金测试的政策创新，后来这些创新的惠及面甚广（超过十万人）。分析表明，趣味性与重要性之间未必存在对立关系。在实践中，许多获得风险计划支持且达到这一规模的干预措施都始于学术界所推动的小型研究项目。就开发署发放的每笔初始资金最终所惠及的人口而言，这些项目也最具"性价比"。[1]本文最后讨论了我们从中可以了解的政策过程以及随机对照实验可以在其中发挥的作用。

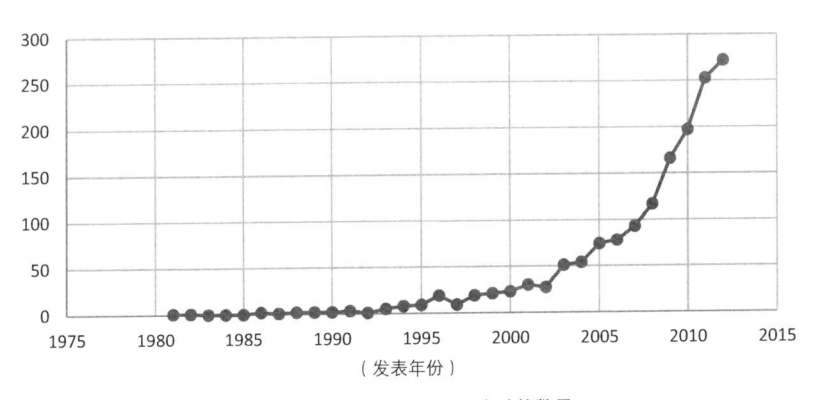

图10.1　已发表的随机对照实验的数量

资料来源：Cameron, Drew B., Anjini Mishra, and Annette N. Brown. 2016. "The Growth of Impact Evaluation for International Development: How Much Have We Learned?" *Journal of Development Effectiveness* 8 (1): 1–21.

快速发展

过去15年间，实验在学术界与国际组织中越来越普及；世界银行的发展影响评估（DIME）小组列出的200多项研究几乎全是随机实验。小

---

[1]　这并不一定意味着它们的社会回报率最高。

组负责人阿里安娜·莱戈维尼（Arianna Legovini）估计，如果将世界银行作为一个整体进行统计，那么在研的随机对照实验至少有475项（莱戈维尼，私人交流）。表10.1和表10.2以及本章所列举的数字概括了实验数量随时间变化的一些趋势。

让我们从卡梅伦、米什拉和布朗（Cameron, Mishra, and Brown 2016；图10.1和图10.2）对影响评估的回顾开始。他们搜索了卫生、经济、公共政策和社会科学领域的所有主要学术数据库，汇编了1981—2012年间发表的2,259份发展经济学影响评估研究。他们还通过在线众包的方式（即为每篇符合条件但尚未被数据库收录的论文发放10美元的礼券）对这些数据进行了补充，然后按照所属领域与类型对论文进行分类。总体而言，66%的评估论文（1,491篇）采用了随机对照实验。图10.1表明，随机对照实验的数量随着时间的推移迅速增长。

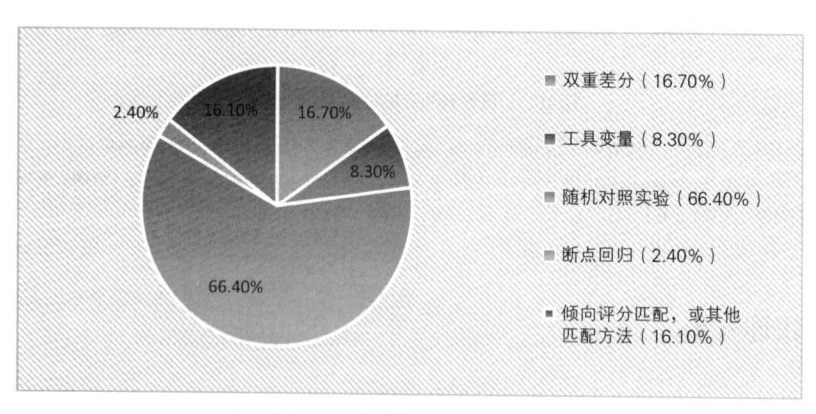

图10.2 按类型划分的评估论文

资料来源：Cameron, Drew B., Anjini Mishra, and Annette N. Brown. 2016. "The Growth of Impact Evaluation for International Development: How Much Have We Learned?" *Journal of Development Effectiveness* 8 (1): 1–21.

接下来，我们研究了Aidgrade公司汇编的数据（Vivalt 2015）。Aidgrade汇编了发展干预措施的影响评估结果。维瓦尔特（Vivalt）表示：

> AidGrade数据库所收录的评估论文精选自不同的数据库与在线资源，具体过程在Vivalt（2015）中有所概述。首先，AidGrade.org的员工会选择30个他们认为重要的发展议题，并将这些议题合并成一张议题清单。然后根据是否能够找到足够的评估论文进行元分析来缩小范围。搜索范围包括搜索聚合器，如谷歌学术和EBSCO，以及J-PAL、IPA、CEGA和3ie在线数据库。

图10.3A展示了每年的评估论文数量，图10.3B则展示了随着时间的发展，评估论文在经济学随机对照实验、其他领域随机对照实验（如医学实验）以及非随机对照实验之间的分布情况。这两张图都显示了在被调查的影响评估论文中，随机对照实验在数量和比例上明显的变化趋势。

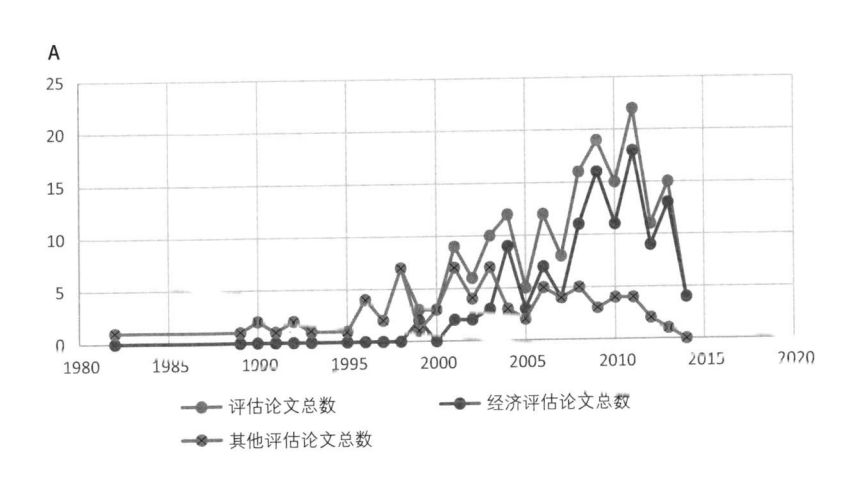

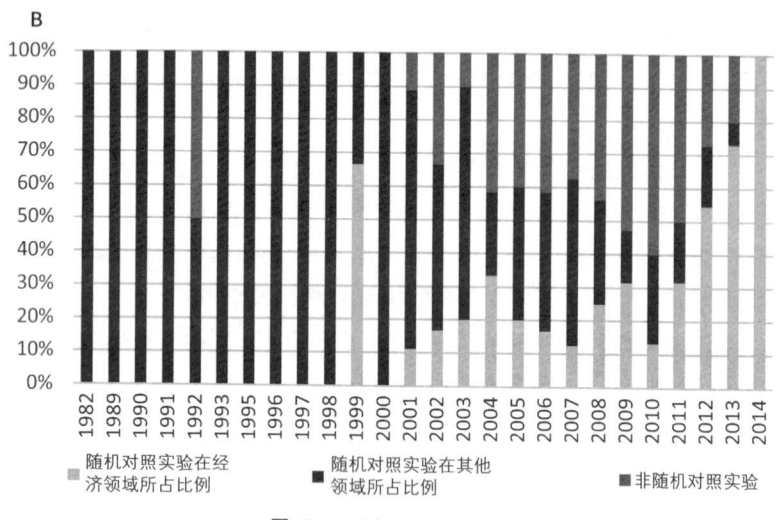

图10.3 Aidgrade.org评估

资料来源：Aidgrade.org.

随机对照实验尤其受年轻研究人员的欢迎。图10.4和图10.5按照作者获得博士学位的年份，展示了发展经济学家协会——开展随机对照实验的美国发展研究和经济分析局（BREAD，以下简称"分析局"）研究员和助理研究员的人数与比例。在新近获得博士学位的人员中，这一数字明显呈上升趋势，尽管在一定程度上，这种现象是由新近加入的研究员和助理人员造成的，但即使是在这些人之中，开展随机对照实验的比例也在升高。

2010年之前，发展经济学会议上出现的随机对照实验论文的数量迅速增长，此后趋于稳定（或逐渐减少）。在分析局的年会上（这是发展经济学的旗舰会议），随机对照实验论文的比例从2005年的8%上升到2010年的62%，此后一直在40%—50%浮动（上一次在乔治敦举行的会议除外，那次会议的比例为28%）。在东北大学发展联盟会议上（这是有许多初级研究人员参加的大型会议），随机对照实验论文的比例相当稳定，2012—

2015年（我们只能拿到这几年的论文）介于16%—24.3%，没有显示出特别明显的趋势（表10.1）。

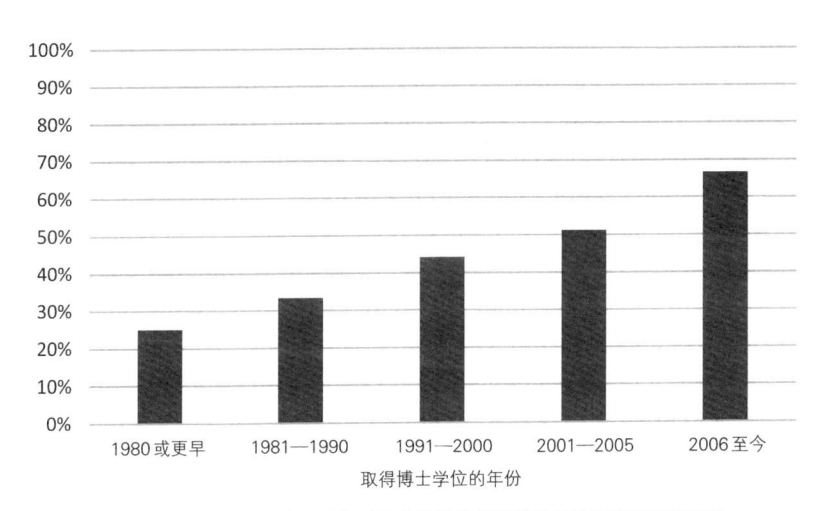

图10.4 开展一项或多项随机对照实验的分析局附属机构与研究员的比例

资料来源：Aidgrade.org.

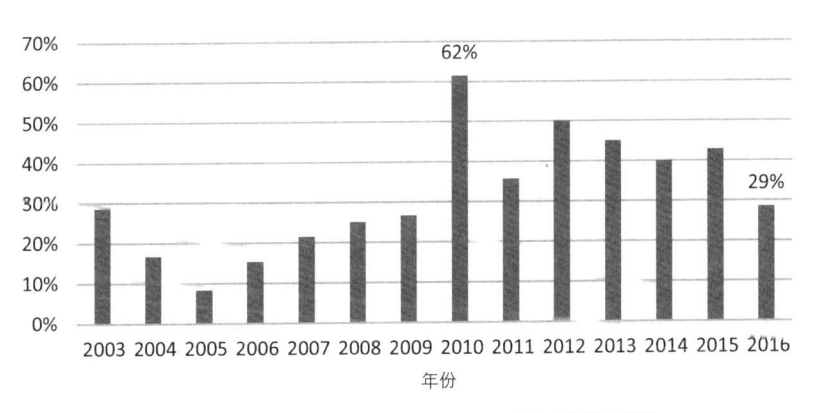

图10.5 使用随机对照实验的分析局会议论文所占的百分比

资料来源：Aidgrade.org.

表10.1　东北大学发展联盟会议论文

年份	随机对照实验论文的数量	随机对照实验论文的比例（%）
2015	40	18.20
2014	36	17.90
2013	49	24.30
2012	27	16.00

资料来源：neudc.org 的数据

随机对照实验论文显然已经登上了顶级学术期刊。以《美国经济评论》（American Economic Review，AER）、《经济学季刊》（the Quarterly Journal of Economics，QJE）、《计量经济学》（Econometrica）、《经济研究评论》（Review of Economic Studies）和《政治经济学杂志》（Journal of Political Economy，JPE）为例，随机对照实验研究的总数量在1990年为0，2000年为0，2015年为10（见表10.2）。同时，这些期刊刊发的发展论文的总数量几乎翻了一番（从1990年的17篇增加到2015年的32篇）。表10.2列出了各期刊的详细情况。这种情况并非由任何特定的期刊所带动（《计量经济学》除外，它并未就此做出多少贡献）。请注意，这并不意味着随机对照实验研究已经取代了其他类型的研究：几乎所有已发表的发展相关研究仍然没有采用随机对照实验（看一看排名较低的期刊就知道了），即使在顶级期刊中，实验也都是对于它们所刊发的（数量有限的）发展论文的补充。

除了实验的数量以及进行实验的研究人员的数量出现增长之外，实验所涉猎的项目的范围与目标同样十分引人注目：几乎没有什么无法研究的主题，而且对于研究的规模也没有什么限制。

研究人员直接与政府合作，对政府工作的各个方面进行随机化。费南、奥尔肯和潘德（Finan, Olken, and Pande 2015）描述了其中几个雄心勃勃的实验。例如，达尔博、费南和罗西（Dal Bó, Finan, and Rossi 2013）对政府新雇员的工资进行了随机化；汗、夸贾和奥尔肯（Khan, Khwaja, and Olken 2016）对巴基斯坦税收人员的激励措施进行了随机化；阿什拉夫、班迪埃拉和李（Ashraf, Bandiera, and Lee 2015）研究了政府是如何招聘卫生工作者的。穆里塔兰、尼豪斯和苏赫坦卡尔（Muralidharan, Niehaus, and Sukhtankar 2016）通过惠及多个地区及数百万工人的实验，评估了印度主要的工作福利项目"圣雄甘地国家农村就业保障法"（MGNREGS，以下简称"甘地保障法"）工资支付过程中两个独立的过程变化。班纳吉等人（Banerjee et al. 2014）对印度警察部门的改革进行了随机化。迪弗洛等人（Duflo et al. 2013a、2013b）对印度工业企业污染监管的实施进行了随机化。

表10.2 顶级期刊上的论文

期刊	年份	总文章数	发展论文的数量	随机对照实验论文的数量
《美国经济评论》	2015	101	15	4
	2000	48	6	0
	1990	57	2	0
《经济学季刊》	2015	40	1	1
	2000	43	5	0
	1990	52	3	0
《政治经济学杂志》	2015	36	4	3
	2000	51	7	0
	1990	65	9	0
《经济研究评论》	2015	48	7	2
	2000	36	3	0
	1990	40	1	0
《计量经济学》	2015	46	5	0
	2000	37	0	0
	1990	64	2	0
总计	2015	271	32	10
	2000	215	21	0
	1990	278	17	0

资料来源：neudc.org 的数据

研究人员的研究规模足以捕捉市场的均衡效应：穆里塔兰和苏赫坦卡尔（Muralidharan and Sundararaman 2015）在学校市场层面对私立学校的代金券进行了随机化处理，而穆里塔兰、尼豪斯和苏赫坦卡尔（Muralidharan, Niehaus, and Sukhtankar 2016）在上述实验中研究了甘地保障法对工资和生产力的影响。

研究主题的范围不断扩大。发展经济学家研究了酒瘾（Schilbach 2015）、阿富汗的选举欺诈（Callen and Long 2015）、前战斗人员的认知行为疗法（Blattman, Jamison, and Sheridan 2015），以及儿童早期的刺激和发展（Attanasio et al. 2014）。

总之，与其说随机实验已经成为"黄金标准"，不如说它只是工具箱中的一种标准工具。如今，实验已经十分普遍，单凭实验已经无法保证论文能够被顶级期刊，甚至是分析局会议所接受。然而，从各种角度展开研究的研究人员已经开始将随机对照实验作为回答自己感兴趣的问题的一个可行选择。从某种程度上来说，这要归功于包括编纂和规范实验实践以及培训调查员在内的帮助研究人员开展实地调查的几家实体的发展。该领域的领袖包括扶贫行动创新组织（IPA）——它拥有庞大的国家办事处网络与经验丰富的工作人员——贾米尔贫困行动实验室（J-PAL）、中国环境资助者网络（CEGA）和世界银行。此外，还有来自开发署（尤其是风险计划）、世界银行（战略性影响评估基金与发展影响评估）、英国国际发展部、比尔及梅林达·盖茨基金会、威廉与弗洛拉·休利特基金会、国际影响评估倡议，尤其是最近成立的全球创新基金等的资金支持。但是其中的部分原因也与这项技术的魅力有关。我们将在下一节思考随机对照实验对发展经济学研究的影响及其原因。

随机对照实验对发展经济学研究的影响

随机对照实验的数量出现了显著增长，实证发展经济学作为一个研究领域也变得越来越重要，这两点本身就代表着巨大的变化。今天，发展研究的类型已与15年前大不相同。这一事实表明，许多曾经公开质疑随机对照实验的研究人员，或者仅仅是属于发展经济学中完全不同流派的研究人员〔如达隆·阿齐默鲁、德雷克·尼尔（Derek Neal）、马丁·拉瓦雷和马克·罗森茨维格（Mark Rosenzweig）〕都参与了发展中国家的一个或多个随机对照实验。

早期关于随机化优点（或缺点）的讨论极为强调随机化在可靠地识别内部有效的因果效应以及这种评估在外部效度方面所起的作用。我们已与其他学者在其他地方对此展开了讨论（Heckman 1992; Banerjee 2008; Duflo, Glennester, and Kremer 2007; Banerjee and Duflo 2009; Deaton 2010），在此不再赘述。正如我们在班纳吉和迪弗洛（Banerjee and Duflo 2009）所述，实际上我们认为这些讨论在某种程度上忽略了随机对照实验真正的价值所在，以及它们如此受研究人员欢迎的原因。

更加注重全面识别

自内曼〔Neyman（1923）1990，他将随机实验作为一种理论手段〕和费雪（Fisher 1925，他是第一位提出物理随机实验单位的人）起，随机实验的最初动机是关注因果效应的可信识别。正如埃塞和因本斯（Athey and Imbens 2017：78）在他们负责撰写的《实地实验手册》（*The Handbook on Field Experiments*）章节中所言：

> 长期以来，人们一直认为随机实验是获得因果推论最可信的设计。

弗里德曼（Freedman 2006）曾简明扼要地写道："与观察性研究相比，实验能够提供更可靠的因果关系证据。"另一方面，一些研究人员依然对随机实验的相对优点持怀疑态度。例如，迪顿（Deaton 2010）认为，"根据随机对照实验所得的证据不可能享有特殊的优先权……随机对照实验无法自动超越其他证据，它们在一些证据等级中并不占据任何特殊位置……"我们的观点与弗里德曼等人一致，他们认为随机实验在因果推断中发挥着特殊作用。只要有可能，随机实验在研究人员对分配机制的控制方面拥有独一无二的优势，这种控制可以消除实验组与对照组比较时的选择性偏差。这并不意味着随机实验可以回答所有有关因果的问题。随机实验可能不适合回答特定的问题，个中原因有很多。

在很长一段时间里，观察性研究与随机研究在很大程度上平行发展：农业科学与生物医学研究很快便相继接受了随机实验，用以探讨随机实验的词汇和统计工具也被开发出来。尽管其他领域纷纷采用随机研究，社会科学领域的大多数研究人员却仍然只根据观察数据进行推理。他们的主要方法是评估关联情况，然后尝试评估这些关联在多大程度上能够反映因果关系（或者明确放弃因果关系）。自鲁宾（Rubin 1974）起，研究人员开始使用实验模拟来推理观察数据，这为思考如何透过"理想实验"的视角来分析观察数据奠定了基础。

20世纪80年代和90年代，在这种对因果效应的清晰思考的推动下，劳动经济学与公共财政因引入了新的实证方法（匹配法、工具变量、双重差分和断点回归设计）来评估因果效应而发生了变化。发展经济学也从20世纪90年代起开始接受这些方法，但是与劳动经济学和公共财政学不同，一些研究人员认为有可能直接进行"理想"实验，或是在实验性研究与非实验性研究之间来回切换。因此，这两类文献关系密切，在相互促进中不断发展。

此类大型随机对照实验运动完全改变了非实验性文献。当黄金标准不只是某人眼中一闪而过的光亮，而是某一特定经验策略的明确备选项和基准时，研究人员不得不更加认真地思考识别策略，给予其更多的创新与更严格的审查。因此，研究人员能够日益明智地识别和利用自然实验，同时，对于自然实验结果的解释也变得更加谨慎。毫不奇怪，在过去的几十年里，非实验性文献的标准有了大幅提升，与此同时又保留了提出广泛而重要的问题的能力。例如，阿莱西纳、朱利亚诺和纳恩（Alesina, Giuliano, and Nunn 2013）使用适合细致分析的方法来研究社会对女性所持态度的长期决定因素；帕德里·米克尔、钱和姚（Padró-i-Miquel, Qian, and Yao 2014）通过双重差分策略来研究乡村民主；班纳吉和艾耶（Banerjee and Iyer 2005）以及戴尔（Dell 2010）利用空间断点来研究榨取性体制的长期影响。不论上述哪种情况，研究人员都以与对待其他更标准的项目评估问题相同的眼光来谨慎识别这些问题。

与此同时，随机对照实验的文献也受到了非实验性文献的影响。了解工具变量的力量（和限制）使研究人员能够通过完美的跟进来摆脱完全随机实验的基本实验范式，采用包括鼓励性设计在内的更复杂的策略。非实验性文献提出的技术能够帮助我们处理与理想的实验环境完全不同的实际情况（例如，不完全随机化、不依从、流失、溢出和沾染）。结构性方法与实验相结合，以便评估反事实政策（Todd and Wolpin 2006; Attanasio, Meghir and Santiago 2012）。

最近，机器学习技术也与实验相结合，以便对效应异质处理性进行建模〔参见埃塞和因本斯（Athey and Imbens 2017）对实验计量经济学的最新评述〕。

当然，这些新技术带来的应用拓展是以在原始实验任务的基础上做出额外假定为代价的，而这些假定可能有效，也可能无效。因此，一项明确的非实验性研究与一项最终在该领域面临大量约束的随机评估，或试图评估纯处理效应以外的参数的随机评估，只在识别质量上存在差异。从这个意义上来说，就识别质量而言，整个经验范围已趋于一致，主要是因为实验已经拉高了其他研究设计的水平。

评估外部效度

用埃塞和因本斯（Athey and Imbens 2017: 79）的话来说，"外部效度关注的是将针对特定人群和环境得出的因果推论推及其他人群和环境，而这些备选环境可能涉及不同的人群、不同的结果或不同的背景"。

围绕随机对照实验的外部效度问题的争论甚至比其内部效度问题更为激烈。这也许是因为，与内部效度不同，这场争论没有明确的终点：不同类型个体之间的处理效应异质性总是可能存在，或者这种异质性可能是由非常微妙的处理方式所导致的。正如班纳吉、查桑和斯诺伯格（Banerjee, Chassang, and Snowberg 2016: 25）所言，"外部政策建议不可避免地带有主观性。但是，这并不意味着它不需要实验证据，相反，判断将不可避免地对其产生影响"。

值得注意的是，这里所说的情况很少专门针对随机对照实验（Banerjee 2008）。除了赫克曼（Heckman 1992）所说的"随机偏差"（randomization bias）外，所有实证分析都面临同样的问题。"随机偏差"是指实验需要征得受试者和实施该项目的组织双方的同意，而这两类人的意见可能截然不同。格伦纳特（Glennerster 2017）在其负责撰写的《实地实验手册》的章节中列出了理想合作伙伴的特征，而这些特征显然与典型的非政府组织不符。然而，值得指出的一点是，只要自然产生的政策（即非随机对照实验）受到评估，就会被选中：评估的前提是该政策确实存在，这大概是因为有人认为尝试一下也不失为一个好主意。

一般来说，任何研究都是在特定的时间和地点进行的，研究结果也会因此受到影响。这并不是说对决策者而言，专家根据自身经验与实验结果提出的主观建议没有什么用处。多数决策者知道如何将提交给他们的数据与其自身对环境的先验知识结合起来。根据我们的经验，我们经常可以观察到，从随机对照实验中得到关于某个感兴趣项目的证据之后，决策者的直接反应是想了解能否在其自身所处的环境中进行随机对照实验。

随机对照实验确实为外部效度提供了一个明显的优势，尽管这项优势尚未引发经常性的讨论，也没有得到系统性利用。评估外部效度问题时，在多种环境下开展明确的因果研究是有帮助的。这些环境应根据实验单位的特征分布而有所不同——也可能因处理或处理率的具体性质而有所不同——以便评估将实验推广到其他环境的信度。对于随机对照实验，因为原则上我们可以控制在何处以及针对何种样本进行实验，而不仅仅是如何在样本中对处理进行分配，我们能够了解处理效应可能如何因环境而异。考虑到世界存在无限的非结构性变化，这本身并不足以说明什么。但是有几种方法可以帮助我们取得进展。

第一种方法是将现有的评估结合起来，对处理效应的可能分布做出假定。鲁宾（Rubin 1981）建议根据正态分布对处理效应异质性建模。每处地点的处理的因果效应是从正态分布中提取的位点特异性效应。其目标是在考虑到还存在其他效应的情况下，评估处理效应的平均值和方差以及隐含的特定位点效应。小额信贷项目的效应就是一个有趣的案例。米埃格（Meager 2016）分析了十项随机实验的数据，其中六项发表在2015年的《美国经济学杂志：应用经济学》特刊上。她发现，这些研究的平均效应存在明显的一致性，但是其方差的异质性则要大得多。当然，为了能以正确的方式实现这一点，我们需要获得未被选择的研究样本，而且由于经济学中存在发表偏差，已发表的研究样本可能无法代表所有已有的研究。这就是随机对照实验的另一个优势所在：因为它们有一个明确的开始和结束，所以原则上能够予以登记。为此，美国经济学会最近创建了一个随机实验登记平台（www.socialscienceregistry.org）。截至6月1日，已有699项研究登记在册。希望所有项目都能得以登记，最好是在项目启动之前就进行登记，而且希望实验结果能与研究明确挂钩，以便将来元分析师能够利用所有研究进行分析。

第二种方法是从一开始就将项目设想成多位点项目。最近的一例就是从贫穷毕业计划——一个以促进生计为核心的多方面的综合项目，其旨在帮助个体从极端贫困中毕业，走上长期且可持续的高消费道路。世界上最大的非政府组织孟加拉乡村进步委员会（BRAC，以下简称"进步委员会"）已在孟加拉国推广了这一项目（Bandiera et al. 2013），世界各地的非政府组织也参与了基于生计的类似努力。同一时期，世界各地（埃塞俄比亚、加纳、洪都拉斯、印度、巴基斯坦和秘鲁）开展了六场随机实验。这些团队定期与彼此以及进步委员会沟通，确保其针对当地实际情况所做的调整仍然与原始项目相符。结果表明，多方面的综合项目"足以"增加长期收入，这里的"长期"指的是生产性资产转移后三年（Banerjee et al. 2015a）。通过指数法对多个假定检验加以解释之后，我们发现两年后，这些项目对消费、收入和收益、资产财富、食品安全、金融包容性、身体健康、心理健康、劳动力供给、政治参与和妇女决策都产生了积极影响。第三年后，这十个结果类别中有八个保持不变。各国之间存在差异（例如，该项目在洪都拉斯就没有效果）。该团队目前正在进行元分析，以量化异质性水平。

一个问题是，研究人员几乎无法在事后可靠地确定各国研究结果差异的来源。第三种可能的方法是从最初的几个实验点获取指导，预测下一个实验点会发现什么。为了规范这一过程，鼓励研究人员利用现有实验的结果，对他们期望在其他样本（或略有不同的处理方式）中观察到的结果做出一些明确的预测。这些可以为后续实验提供指导。班纳吉、查桑和斯诺伯格（Banerjee, Chassang, and Snowberg 2016）探讨了这一想法，并称之为"结构化推测"（structured speculation）。他们提出了结构化推测的广泛指导原则：

（1）实验者应该系统地推测其研究结果的外部效度。
（2）这种推测应与论文的其余部分清晰、明确地分开，也许可以放在"推测"部分。
（3）推测应该准确且可证伪。

班纳吉、查斯桑和斯诺伯格（Banerjee, Chas-sang, and Snowberg 2016：27）认为，结构化推测具有三大优势。第一，确保能够捕获到研究人员的特定知识。第二，让人们清楚地意识到还应在何处进行实验。第三，激励人们设计出具有更大外部性的研究。他们写道：

> 为解决可推广性问题，实验者可以在本地组织试点研究，以便与他们的主要实验进行比较。为了确定适合推广到其他环境的子人群，实验者可以提前确定可推广群体的特征，并根据这些特征进行分层。为了将结果扩展到在未观察到的特征上具有不同分布的人群，实验者可以利用查桑、帕德里·米克尔和斯诺伯格（Chassang, Padró-i-Miquel, and Snowberg 2012）讨论的选择性实验技术获得上述数据，并对通过这种方式确定的每个群体单独开展实验。

这种方法是最近才提出来的，所以目前尚无多少案例。一个值得注意的例子是杜帕（Dupas 2014）的论文。杜帕（Dupas 2014）研究了短期补贴对长期使用新健康产品的影响，并提出短期补贴对是否采用更有效、更舒适的蚊帐有着很大的影响。随后，文章明确讨论了外部效度问题。它首先阐述了一些简单易懂的论点，将短期补贴的有效性与以下因素联系在一起：（1）解决各种不确定性的速度，（2）用户的成本和效益的时机。如果效益的不确定性能够很快得到解决，那么短期补贴就能产生长期的效果。如果效益的不确定性解决得很慢，而且很早就产生了采用成本，那么短期补贴就不可能产生长期的效果。

杜帕（Dupas 2014）随后回答了这样一个问题：我们期待何种类型的健康产品与环境能够获得同样的结果？其方法是根据短期（或一次性）补贴可以如何改变采用模式，将潜在技术分为三类。显然，所有论文，而不仅仅是随机对照实验论文，都可以在自己的结尾部分展开这样的讨论。但是，由于随机对照实验的设计与地点的选择并非随意而定，在这种情况下进行后续跟进的机会更大。

观察不可观察的事物

如果随机化的主要优势不是识别因果效应，那么又会是什么？是什么原因使其在研究人员中取得了显著的成功？

我们同意埃塞和因本斯（Athey and Imbens 2017: 78）提出的"随机实验在研究人员对分配机制的控制方面拥有独一无二的优势"的观点，而且我们还将这一论点向前推进了一步：就研究人员（通常）对处理本身的控制而言，随机化也具有独一无二的优势。无论观察性研究设计得有多精巧，研究人员都只能对已经实施的项目进行评估。而在随机实验中，研究人员可以用我们在现实中观察不到的方式操纵处理。这种做法具有很多好处。首先，他可以进行创新（即根据先前的知识或理论设计他认为有效的新政策或干预措施）并测试这些创新，即使决策者尚未考虑是否将这些创新付诸实践。发展经济学家往往会在其所阅读或研究的内容的启发下产生许多想法，许多随机实验项目就源自这些想法：他们会实地测试以前根本不存在的干预措施（例如，向带孩子去接种疫苗的父母提供一公斤小扁豆；鼓励乘客大声反抗糟糕司机的贴纸；免费氯片剂分配器）。

其次，研究人员可以引入一些能够帮助自己建立其他方式所无法建立的事实的变化。众所周知的负所得税（NIT）实验正是基于这一想法而设计的：一般来说，提高工资会产生收入和替代效应，这两种效应并不容易分开（Heckman 1992），然而，对工资表的斜率与截距的随机操作使得研究人员有可能同时对这两者进行评估。有趣的是，正如朱迪·盖隆（Judy Gueron 2017）在其负责撰写的《实地实验手册》章节中所述，最初的负所得税与兰德健康保险实验之后，美国的社会实验传统主要是获得社会政策的因果效应，而这些政策往往是相当全面的一揽子计划。相比之下，发展经济学家不仅致力于实际政策的评估（例如，PROGRESA评估，或是最近对毕业计划的评估），还致力于康登等人（Congdon et al. 2017: 394）所描述的"机制实验"（mechanism experiments）：

> 广义而言，机制实验是一种测试机制的实验，也就是说，它不是直接测试政策参数本身变化的影响，而是测试连接（或假定连接）政策与结果的因果链中间环节的变化影响。也就是说，如果某项特定政策具有影响政策关注结果的候选机制，那么机制实验就会测试一个或多个这样的机制。连接政策与结果的机制可以有一个或多个，这些机制可以并行运行（例如，存在多个潜在的中介渠道，政策可以通过这些渠道改变结果）或顺序运行（例如，如果一些机制影响政策的采用或实施的保真度）。其核心思想就是，机制实验旨在提供关于某些政策的信息，但不涉及针对该政策的直接测试。

换句话说，机制实验并不局限于测试可行（或理想的）政策。例如，可以将车窗破损的汽车停放在街道上以测试破窗理论。一旦意识到我们并不局限于一套现实的政策选择（尽管受道德上可接受选择的限制），这就为我们打开了广泛的可能性。

班纳吉和迪弗洛（Banerjee and Duflo 2009）讨论了一些机制实验的例子。涉及发展中国家的一个突出例子是卡兰和津曼（Karlan and Zinman 2008）与南非一家贷款机构合作开展的一个项目，该项目以高利率向高风险借款人提供小额贷款。实验旨在测试事后支付负担（包括道德风险）与事前逆向选择在贷款违约中的相对权重。贷款机构会在最初的信件中随机向具有相同可观察风险的潜在借款人提供或高或低的利率。然后，个体决定是否按照要约利率借款。在那些申请高利率贷款的人中，有一半在实际拿到贷款时随机获得了一个较低的新合同利率，而另一半则继续按要约利率贷款。个体事先并不知道合同利率可能与要约利率不同。研究人员随后比较了三组人员的还款情况。他们在收到相同低合同利率的人群中，对回应高要约利率的人与回应低要约利率的人进行比较，由此可以发现逆向选择的影响；而对要约利率相同但合同利率不同的人进行比较，还能发现还款负担的影响。事后和事前改变价格以确定不同参数的基本思想已在几项不同的研究中得以复制（例如，Ashraf, Berry, and Shapiro 2010; Cohen and Dupas 2010）。在这里，实验变差十分关键，起的作用不仅仅是避免偏差：在这个世界上，我们不太可能观察到大量面对不同要约但最终获得相同的实际价格的人员。

实验的目的也可以是了解制度是如何运作的。其中一例便是罗素等人（Bertrand et al. 2007），他们设计了一项实验来了解在德里获取驾照过程中的腐败结构。他们招募了想要拿到驾照的人并将他们分成三个小组，一组可以因快速拿到驾照而获得奖金，一组可以得到免费的驾驶培训，还有一组则是对照组。他们发现，"奖金"组拿到驾照的速度更快，然而免费培训组却并未如此。他们还发现，奖金组更有可能为获得驾照而向代理支付金钱（他们猜测，代理收受了贿赂）。他们还发现，雇用代理的申请人大多从未在拿到驾照前参加过任何驾照考试。尽管他们似乎没有发现，奖金组中拿到驾照的人不如对照组系统地了解如何开车（这将是检验腐败确实会导致驾照分配效率低下的试金石），但是这个实验提供了推断性的证据，表明在这种情况下腐败不仅仅是系统的"润滑油"。

此类设计未必总能直接带来可行的政策，但可以帮助我们描述或理解世界是如何运作的。例如，在罗素和穆来纳森（Bertrand and Mullainathan 2004）的开创性研究中，研究人员会向未来的雇主发送简历。这些简历往往成对出现，除了求职者的名字（可以听起来像是白人的名字，也可以听起来像是非裔美国人的名字）以外，简历的其他部分完全相同。他们发现，名字听起来像黑人的"求职者"接到面试电话的可能性只有白人的一半。此外，是否接受过高等教育对结果并无影响，这表明除了统计歧视外，还有其他因素在起作用。这种设计在不同的环境中被复制了数百次，因而提供了大量针对不同人群且在不同市场出现的歧视的证据。这一大批证据未必能够指出这个问题的具体解决方案，甚至无法帮助我们确定这种行为的根源，然而，与之前的文献不同，它们明确证实了这种现象的存在。

数据收集

实验也激发了度量的创造性。原则上，仔细、创新地收集微观经济数据与实验方法之间并不会自动形成联系。事实上，收集专门用于检验理论的数据是发展经济学一项悠久的传统：近几十年来，发展经济学收集的微观经济数据的广度和数量都呈现出爆炸式增长，而且不仅仅局限于实验的背景之下〔参见乌卓（Udry 1995）一个突出的早期例子〕。

然而，实验的一个具体特征是高采用率与具体的度量问题，这有助于鼓励人们开发新的度量方法。在许多实验研究中，很大一部分目标人群确实受到了项目的影响。因此，为评估项目的影响而需收集数据的实验单位的数量不必太多，而且这些数据通常是为了实验而收集的。因此，与大型多用途的家庭或企业调查相比，复杂而昂贵的结果测量更易获取。相比之下，观察性研究往往必须依靠覆盖大量人口的变异（如政策变化、市场诱发的变异、自然变异和供给冲击）来识别，需要使用通常并非为特定目的而收集的大量数据集。这使得人们更加难以根据手头的具体问题对度量进行微调。此外，即使有可能在事后专门针对该问题开展复杂的数据收集工作，通常也不可能针对预设的情况进行。这就排除了对这些类型的结果使用双重差分策略，反过来又限制了事后收集这些结果的动力。

实证发展经济学中一些最令人兴奋的最新发展均与度量有关。为了寻找能够度量结果的工具，研究人员已经转向经济学的其他子领域，甚至是完全不同的领域，例如农业中的土壤测试与遥感（参见 deJanvry, Sadoulet, and Suri 2017 对农业的评论）；社会心理学家为难以度量的结果而开发的技术，如审计和通讯研究、内隐联想测验、戈德堡实验和列举实验（参见 Bertrand and Duflo 2016 对其用于度量歧视的评论）；认知心理学家为儿童发展而开发的工具（Attanasio et al. 2014）；受经济理论启发的工具，如用于推断支付意愿的贝克尔–德古鲁特–马萨克博弈（参见 Dupas and Miguel 2017 的讨论）；超越了传统的身高、体重和血红蛋白的健康方面的生物标志物（例如用于测量压力的皮质醇）；以及用于测量移动性或努力程度的可穿戴设备（Kreindler 2018; Rao, Schilbach, and Schofield n.d.）。

为了开展实验，还开发了完全适合当前实验目的的具体方法和设备。奥尔肯（Olken 2007）就是可在实验环境中收集数据的一例。其目的是确定审计或社区检测能否有效遏制去中心化建筑项目中的腐败现象。因此，有必要对实际的腐败程度进行可靠的测量。奥尔肯把重点放在道路项目上，并让工程师在道路上挖洞，以测量道路所用的材料。随后，他将实验数据与报告中所用的材料进行比较。两者之间的差异可以衡量出有多少材料被盗或虚开了发票，因此是衡量腐败的客观标准。奥尔肯随后证明，这种对"投入缺失"的度量会受到审计威胁的影响，但是除了某些情况，鼓励更多人参加社区会议并不会产生什么影响。瑞戈、胡萨姆、雷加尼〔Rigol, Hussam, and Regianni（未注明出版日期）〕提供了另一种巧妙的数据收集方法。他们在实验中设计了可以追踪人们何时按下泵以便准确度量人们是否洗手以及何时洗手的皂液按压器，并聘请了一家中国公司来制造这种按压器。类似的"审计"法也被用来衡量干预措施对健康的影响，例如衡量培训对于患有特定疾病的患者的影响（Banerjee et al. 2016）或者试图购买免费蚊帐的不符合条件的人造成的影响（Dizon-Ross et al. 2017）。即使是此类例子也数不胜数。

与此同时，管理性数据也得到了更多的利用，这些数据往往与大规模实验相结合。例如，班纳吉等人（Banerjee et al. 2016）就利用了印度工作福利计划的公开管理性数据与作为实验的一部分提供给他们的保密性支出数据；汗、夸贾和奥尔肯（Khan, Khwaja, and Olken 2016）使用了管理性税收数据；阿塔纳西奥等人（Attanasio et al. 2017）利用了失业保险数据来衡量哥伦比亚就业培训工作的长期效果。

通过这些实验，至少在理解如何准确且具有创造性地收集或使用超越传统调查的现有数据方面，已经取得了巨大的进展。这些见解不仅带来了更好的项目，也为非随机工作的数据收集带来了创新。

在相同环境下，基于先前的研究进行迭代与发展

随机对照实验在方法学上的另一项优势也与研究者对任务的控制，而且往往是对处理本身的控制有关。明确的政策评估往往给我们留下许多疑问，即为什么事情会变成这样。例如，一些采用断点回归设计的论文发现，"精英"学校对其所录取的边缘儿童的影响往往非常低。这些结果在

富国与穷国均成立（Clark 2009; Abdulkadiroglu, Angrist, and Pathak 2014; Dobbie and Fryer 2014; Lucas and Mbiti 2014; Dustan, de Janvry, and Sadoulet 2015）。但是这些结果留下了一些悬而未决的问题：这是否意味着对所有学生的影响均为零，还是说只对边缘学生的影响为零？是因为同伴不重要，课程也不重要，还是因为两者都重要却又相互抵消了？

尽管可以取得一些进展，例如，阿布杜尔卡·迪罗格鲁、安格里斯特和帕塔克（Abdulkadiroglu, Angrist, and Pathak 2014）利用学生参加了两种不同考试这一事实，来了解该计划对不同类型学生的影响，但是人们必然会受到实际可用的政策变化类型的限制。同样，单一随机对照实验的结果提出的问题往往也比它实际能够回答的问题要多。例如，迪弗洛、克雷默和罗宾孙（Duflo, Kremer, and Robinson 2008）发现化肥的回报似乎非常巨大，即使农民在自己的土地（而不仅仅是实验田）上使用化肥也是如此。一种可能的政策反应也许是采取杰弗里·萨克斯（Jeff Sachs）提出的免费发放化肥的措施。然而，他们并未这样做，而是开始思考为什么农民不使用更多的化肥。于是，他们在同样的环境下开展了实验：一些人专注于学习和社交网络，另一些人则专注于难以在短时间内储蓄的问题。后一项调查促使他们开始设计和制作特定的产品，通过这款产品，家庭可以选择提前购买化肥（Duflo, Kremer, and Robinson 2008）。令人惊讶的是，社交网络干预发现农业创新很少能够传递给亲密的朋友，这就使实验者从另一个角度思考问题：既然我们知道人们喜欢谈论农业问题，那么又怎么会出现这种情况呢？为了进一步解决这个问题，他们引入了一种简单的方法，来解决他们在第一组实验中发现的一个问题：相对于利润最大化的施用率，家庭倾向于过度使用肥料（以使用化肥为条件）。然后，他们开展实验，研究在什么条件下这种方法能够得以推广，以及农民如何决定是否相互交谈以及相互信任（Duflo et al. 2017）。

对于这些结果的分析无疑会激发新的问题与实验。当然，所有实证科学都是迭代的，各项研究互为补充。然而，在同样的环境下，得到同样的结果和度量的能力极其宝贵，而且这种能力只能在受控环境下获得。

解读干预措施

最后，随机对照实验可以将项目"分解成"各项组成元素。这里涉及的工作也可能是迭代的。例如，进步委员会极端贫困项目的所有初步评估都使用了"全套"评估，墨西哥对于有条件现金转移支付（CCT）项目PROGRESA的大量评估也是如此。然而，无论是对研究还是对政策而言，一旦我们知道整套计划是有效的，那么我们显然有兴趣了解它为什么能够奏效。近年来，一些论文"深入"探讨了有条件现金转移支付，例如放宽条件限制。一些研究围绕条件限制的作用和类型开展（具体例子请参见Baird, McIntosh, and Özler 2011; Bursztyn and Coffman 2012; and Benhassine et al. 2015），随后又有许多论文通过实验改变了其他特征（下文会继续讨论这项工作的影响）。

同样，极端贫困项目的早期评估结果也为从理论上理解究竟哪些市场失灵导致了贫困陷阱，以及从实践上理解是否真的有必要实施干预措施，或者是否可以取消其中的某些组成部分等问题奠定了基础。如果某些部分可有可无，就能够大大节约成本，从而使该计划能够以相同的预算惠及更多的人。汉纳和卡兰（Hanna and Karlan 2017: 539—540）讨论了如何从最初的"全套"评估发展为这种更为深入的理解：

> 如果不受预算和组织约束的限制，理想的方法是通过复杂的实验设计将每个组成部分的所有排列组合随机化。
>
> 如果信贷市场失灵是唯一的问题，那么生产性资产转移也许就足以

产生这些结果。如果没有其他组成部分能使个体积累足够多的资本来获得资产，转移本身也许就是一个必要的组成部分。另一方面，储蓄也许可以替代生产性资产转移，因为它可以降低储蓄的交易成本，并作为一种行为干预，继续促进积累储蓄。显然，在一个环境中测试所有组成部分的必要性或充分性，以及各组成部分之间的互动是不现实的：即使简单地对待每一个（存在或不存在的）组成部分，就将意味着存在 $2 \times 2 \times 2 \times 2 = 16$ 个实验组。

一些研究已经解决了部分问题，更多的研究也正在进行之中（参见 Hanna and Karlan 2017的评论）。未来的道路显然将是拼图式的发展，而不是任何既可以测试各组成部分，又能包括足够的背景和市场变化以帮助无数国家和人口制定政策的决定性研究。我们需要通过更多的工作来区分不同的组成部分：资产转移（解决资本市场失灵）、储蓄账户（降低储蓄交易费用）、信息（解决信息失灵）、人生指导（解决行为约束，也许可以改变对可能的投资回报的期望与信念）、健康服务和信息（解决健康市场失灵）、消费支持（解决基于营养的贫困陷阱）等可能性。此外，对于其中的几个问题，围绕着**如何**解决这些问题，存在一些关键的开放性问题；例如，人生指导可以表现为无数种形式。一些组织通过宗教进行人生指导，另一些组织通过互动解决问题，还有一些组织选择的是心理治疗（Bolton et al. 2003, 2007; Patel et al. 2010）。不论此类人生指导承诺了何种前景，还是如何让它们发挥作用（如果它们真的能够发挥作用的话），仍有许多内容有待了解。

实际上，在某些情况下，尤其是与政府开展大规模合作时，可以从一开始就尝试项目的各种版本。这么做可以实现两个目的：帮助我们掌握项目背后的理论；对政府也有操作价值，因为政府可以挑选出最具成本效益的组合。班纳吉等人（Banerjee et al. 2015b）就是一例。印度尼西亚政府希望能够减少其大米分配计划"拉斯金"（Raskin）中的腐败现象，因为该计划因未能惠及预期受益人且未能以合适的价格出售大米而臭名昭著。他们认为，向受益人发放含有资格信息的卡片也许能够改善这一问题，从而带来更大的利益。作者与印度尼西亚政府合作，设计了一套直接为符合条件的家庭提供信息的实地实验。中央政府向378个村庄（从分布在三个省的572个村庄中随机挑选而出）中符合条件的家庭邮寄了"拉斯金身份证"（Raskin identification cards），告知这些村民他们符合购买条件以及有权购买的大米数量。为了解不同形式的信息可能通过哪些机制影响项目结果，政府还实验性地从三个关键方面更改了卡片项目的运作方式——卡片上是否还列出了额外的规则（共付价格），受益人的相关信息是否公开透明，以及卡片是寄给所有符合条件的家庭，还是只寄给其中的部分家庭。研究人员随后收集了所有村庄中符合条件与不符合条件的大米购买量与支付价格的数据。他们发现，按净值计算，该卡片确实导致家庭收到的补贴金额大幅增加。此外，他们发现，卡片上的信息至关重要：如果卡片上标明价格，实际支付价格就会较低。他们还发现，如果信息公开，卡片也会更加有效。最后，公共信息本身是不够的：实体卡也很重要。

了解这一切对于理解其中的机制非常重要。政府也可以立即采取行动，着手扩大该计划，向所有符合条件的家庭发放附有价格信息的卡片并附上海报。政府共向6,500多万人发放了卡片。这是研究人员与政府利益完全一致的案例。这种情况是否属于普遍情况呢？

随机对照实验是否变得过于学术化，因而无法为现实世界带来任何变化？

随机对照实验改变了发展经济学，然而，它们是否也对世界产生了重大影响？如果随机对照实验通过寻找理解机制和检验学术界自己产生的想法而推动了学术研究的前沿，这是否会使它们过于学术化，因而对政策用处不大？

在本节中，我们认为随机对照实验不仅可以为可推广的具体项目提供证据，还可以改变对某一问题的总体思考氛围，从而为政策做出贡献。随后，我们研究了一位资助者，即开发署风险计划的案例。它所资助的一些创新由社会企业家推动且无研究人员参与，而另一些创新则通过随机对照实验加以测试或是与发展经济学研究人员有着密切联系。对这些项目组合的回顾表明，涉及发展经济学研究人员与随机对照实验的几个项目均对现实世界有着巨大的影响。

"学术性"较强的随机对照实验是否对政策而言用处不大？

许多研究的目的不仅是测试某个特定的项目，也是为旨在测试人类行为不同理论的文献体系作出贡献。如果公民依据自己的种族或种姓投票给候选人，这究竟是由非常强烈的偏好、恩庇网络，还是弱偏好以及缺乏与候选人素质相关的备选信息的共同作用？人们是否只重视他们掏钱购买的东西？相对于缺乏信息或低人力资本，流动性约束在解释低收入家庭儿童健康状况不佳与企业盈利能力欠佳等方面的重要性如何？

试图回答这些问题的研究未必总会检验标准的发展项目，尽管有些可能会成为发展理念。德·梅尔、麦肯兹和伍德拉夫（De Mel, McKenzie, and Woodruff 2012）在没有任何还款要求或强制指导的情况下向斯里兰卡企业无条件发放现金，这在当时的金融项目中闻所未闻。〔当然，无条件现金转移的想法最终作为一种现实的政策选择流行开来，"直接给予"（GiveDirectly）项目的成功就说明了这一点。〕如上所述，一系列关注健康商品定价的研究首先询问家庭是否愿意以某种价格购买某种商品，然后再以较低的价格出售或是免费赠送该商品，常规项目通常不会这么做。研究人员推动了无条件现金转移测试（Baird, McIntosh, and Özler 2011; Haushofer and Shapiro 2013; Benhassine et al. 2015; Blattman, Fiala, and Martinez 2014），尽管当时的政治共识倾向于有条件现金转移。

这一点对学术研究与政策而言均具有潜在的重要性，原因在于，即使某些项目的具体细节不具有普遍性，人类行为的基本模式也有可能得到普遍化。与通过赠送小扁豆成功激励拉贾斯坦邦居民接种疫苗的激励措施相比（Banerjee et al. 2010），小激励措施能够有效鼓励人们采取虽然存在短期成本但具有长期收益的行动这一发现更有可能得到推广。克雷默和格伦纳特（Kremer and Glennerster 2011）在回顾了70多项卫生经济学随机对照实验之后发现，不同国家和产品的消费者行为存在很强的相似性，包括在价格小幅上涨的情况下，非急性护理健康产品的购买量会急剧下降，在小幅激励（负价格）的情况下，非急性产品的购买量会大幅上升，而且没有证据表明人们会由于为某件商品花了钱而更愿意使用这件商品（Kremer and Miguel 2007; Ashraf, Berry, and Shapiro 2010; Cohen and Dupas 2010; Dupas 2014a）。

免费发放驱虫蚊帐（ITN）的倡导者采纳了这套关于价格的研究。多年来，人们一直就免费发放蚊帐的益处争论不休。倡导者认为，即便价格再低也会令穷人望而却步，而其他人则认为，小额的共付费用对于确保驱虫蚊帐能够得到使用而言至关重要。在随机对照实验结果的支持下，大规模免费发放的倡导者成功推动了这一方法，2009—2015年，整个非洲的驱虫蚊帐覆盖率急剧上升。世界卫生组织报告称，撒哈拉以南非洲47个计划发放驱虫蚊帐的国家中，有43个国家选择免费提供驱虫蚊帐（*World Malaria Report*, World Health Organization 2015）。根据最近发表在《自然》（*Nature*）杂志上的一篇文章（Bhatt et al. 2015），撒哈拉以南非洲地区的疟疾感染率急剧下降，在2000—2015年，疟疾干预措施估计预防了6.63亿起疟疾病例的发生，其中大部分归功于驱虫蚊帐覆盖率的急剧提高：2000—2015年，驱虫蚊帐预防了4.5亿起疟疾病例和大约400万起死亡病例。

除了疟疾这个具体的例子以外，政策界逐渐认识到，预防性保健产品价格上涨会大幅减少其购买量，而且需求的价格弹性可能会非常高（Kremer and Holla 2009; Kremer and Glennerster 2011; Dupas 2014b）。这些结果正在改变这些产品的整套定价方式。

随机对照实验的一系列证据既带来了具体的政策变化，也带来了能够深刻改变政策性辩论的更普遍经验，这一点在针对现金转移项目的态度上也得到了体现。可以说，过去20年间，发展中国家反贫困和社会保护政策的最大创新就是条件现金转移项目的发展。自墨西哥起，这些项目现已扩展到30多个国家，可以说，它们在降低拉丁美洲贫困率的过程中发挥了重要作用（Attanasio et al. 2005; Barrera-Osorio et al. 2011; Alzúa, Cruces, and Ripani 2013; Galiani and McEwan 2013）。尽管许多因素在有条件现金转移支付的传播过程中发挥了作用，但是我们和许多人都认为PROGRESA实验（Gertler2004; Schultz2004）以及随后在其他背景下进行的许多实验[1]发挥了重要作用。这些项目促使墨西哥新政府班子在就职后继续并扩大了有条件现金转移支付的决定，促使美洲开发银行和世界银行积极推动了有条件现金转移支付，也促使许多国家采用了有条件现金转移支付。

最近，更多关于有条件现金转移支付运作方式的研究正在进一步改变

---

[1] 参见Glewwe and Olinto (2004), Maluccio and Flores (2005), Galiani and McEwan (2013), World Bank (2013), Benhassine et al. (2015) 等，以及Fiszbein and Schady (2009) 的评论。

政策性辩论。随机对照实验表明，有条件现金转移支付不仅增加了有条件使用现金的行为，改善了诸如身高、体重和认知发展等结果（Barham, Macours, and Maluccio 2013），还减少了艾滋病毒的感染率（Baird, McIntosh, and Özler 2011）。没有证据表明，贫困家庭花在酒类或其他诱惑类商品上的现金有所增加（Haushofer and Shapiro 2013; Masterson and Lehmann 2014; Evans and Popova 2014）。事实上，有证据表明，现金转移对粮食需求的收入弹性高得惊人（参见Banerjee 2016评论），粮食转移与现金转移都无法改善营养状况（Cunha 2014）。

这些证据引发了一场运动，从决策者几乎从不考虑现金转移，转变为现金转移（无论是否有条件）正在成为发展政策中的公认工具。例如，当全世界都在努力应对战争引发的难民问题时，国际救援委员会（IRC）等团体利用在稳定环境与有难民的情况下分发现金的随机对照实验（Masterson and Lehmann 2014）大力推动对难民的现金而非实物支持。在国际救援委员会的新闻稿中，委员会主席兼首席执行官大卫·米利班德（David Miliband）表示：

> 笼罩在无辜平民头上的一连串人为与自然灾害，不仅给国际政治，也给非政府组织和人道主义部门提出了深刻的问题。如果我们继续"一切照常"，需求和供给之间的差距将进一步扩大。现金分配——以及修订后的"千年发展目标"中明确规定的人道主义"最低"目标、更可持续的地方伙伴关系，以及对整体证据更好的利用——可以成为人道主义部门重要复兴的一部分。

在引入随机对照实验的早期，兰特·普里切特（Lant Pritchett 2002）认为，决策者永远不会对随机对照实验青睐有加，因为他们有理由选择无知而非严谨的知识，以便能够继续支持他们的首选方案。"无知大有神益。"虽然在某些情况下，决策者也许有保持无知的动机，但是在其他情况下，他们意识到自己的知识储备存在漏洞，并且希望能够了解更多信息。他们也许会因为惰性或政治需要而对自己偏爱的某个项目存在强烈的认同感。但是，运行项目的经验往往可以说服他们相信，他们可以做得更好，而且他们也十分乐意接受关于如何改进项目的想法。上面提到的"拉金斯"和甘地保障法项目就是很好的例子。在这两个项目中，几个研究团队与政府展开合作：尽管这些项目显然会继续下去，但是人们还是很乐意找到能够使其更好地运作的方式。

如何评估随机对照实验议程是否获得政策成功？

评估随机对照实验与政策采纳之间的因果效应并不是一件容易的事情。受随机对照实验影响的干预措施本身并不是随机的，许多因素都会影响是否以及何时采取特定的干预措施。人们之所以会在随机对照实验显示某项计划能够奏效之后采纳这项计划，并不总是因为随机对照实验，也不只是因为随机对照实验。然而，有人认为，与随机对照实验的数量相比，随机对照实验对政策的影响实际上相当之低。例如，沙阿等人（Shah et al. 2015）指出，尽管贫困行动实验室的附属研究员完成了489项评估，但是当时贫困行动实验室的网站上只列出了九项得到推广或具备政策影响的案例。不过，这个数字本身的信息量并不大：例如，它并未对具有一定影响的研究进行普查。并非所有由贫困行动实验室附属研究员开展的随机对照实验都得到了系统的追踪。之所以选择这些案例，是因为它们不仅影响巨大，而且可以被清晰地记录下来。这些项目所惠及的绝对人数相当可观——根据贫困行动实验室网站所提供的数据，这些项目惠及了4亿多人。但是，此类统计数据主要是概念性数据：

1. 贫困行动实验室网站没有提供由实验室网络之外的研究人员开展的研究的统计数据，它们的理由十分充分：根据我们从风险计划和贫困行动实验室收集信息的经验，要收集有关随机对照实验对政策的影响程度的信息远不是那么简单的事情。例如，这个数字并不包括有条件现金转移支付惠及的数亿人。

2. 许多随机对照实验都是近期才开展的。将这些随机对照实验推广到政策层面需要慎之又慎，尤其是在考虑外部效度问题的情况下。（在政府中能够行得通吗？能在其他地方发挥作用吗？）因此，这个过程往往非常缓慢，其背后同样有着充分理由的支撑。因此，我们还不应期待大量这样的项目能够在现阶段得到推广。

3. 许多最有价值的随机对照实验都是对世界上已经存在的受到欢迎且被高度吹捧的政策进行的大规模测试，结果表明这些政策其实远不如之前声称或以为的那样有效。小额信贷与改良炉灶就是两个明显的例子。在这种情况下，能够减缓这种政策的传播速度就算是取得了成功。在这种情况下，人们不会期望贫困行动实验室将其作为得以推广的项目加以宣传，但是这两例研究可能相当具有影响力。

4. 在某些情况下，随机对照实验的主要目的不是直接影响政策，而是研究潜在的理论机制，这反过来可能会间接影响政策。然而，这些案例也不会出现在已经得到推广的项目列表中，尽管它们所提供的知识已经（间接）影响了许多人。例如，发展经济学的正统观点一直就是，穷人"贫穷却具有理性"。随机对照实验不断积累的证据却无疑加快了另一种观点在发展经济学与发展政策中的传播速度，即穷人并不总是理性的。例如，《2016年世界发展报告》（World Bank 2016）中关于心理学和贫困的随机对照实验的内容与数量都体现了该种想法。此类出版物与相关讨论反讨来又影响了政策的设计。

5. 尚不清楚成功的正确基准应该是什么。我们猜想，在观察了经济学的其他领域之后就会发现，研究项目对政策的影响程度远远低于近年来发展政策中的随机对照实验。此外，我们不想说快速的政策影响是评估经济研究价值的唯一甚至是主要的衡量标准——想一想拥堵定价就知道了

（Vickrey 1969），这种做法刚刚开始在现实世界中得到应用。

6. 也许最重要的是，我们需要认识到，随机对照实验的回报很可能是高度偏态分布的均值。因此，查看可推广的随机对照实验的比例而非平均回报，与查看任何取得成功的研究与开发工作（例如，推出成功的市场产品）的比例一样具有误导性，因为一般来说，研究和开发的回报通常是高度偏态分布的。众所周知，跨学科的引文似乎遵循幂律分布，大部分文章引用的只是一小部分论文。峰值之后便是剧减，因为很大一部分研究论文从未被人引用（Radicchi, For tunato, and Castellano 2008）。[1] 正如我们所提到的，2015年贫困行动实验室网站上列出的九项政策创新惠及了2亿多人，这还不包括印度最近一轮驱虫行动所惠及的1亿多人、获得免费蚊帐的数百万人（因为虽然贫困行动实验室将其列为政策影响，却并未提供计数），以及由于古吉拉特邦在全邦范围内对工业污染采取了更好的监管措施，6,000万人遭受的水污染和大气污染得以缓解（同样，没有提供计数）。

7. 出于这个原因，我们需要指出，许多研发工作产生的低回报并不意味着这些投资在事前就是不良的。正确的分析性问题应该是，如果认为总体研究预算固定，那么随机对照实验研发工作的预期平均回报或边际回报是否为正或大于其他研究领域的回报。当然，出于各种概念上的原因，衡量研究回报本来就是一项困难的工作。此外，还存在额外的统计困难，即需要大量数据来精确度量肥尾分布的均值。

我们从风险计划的经验中学到了什么？

将所有因素考虑在内之后，现在让我们再来看一个特别的例子，即2010—2012年开发署风险计划的投资经验。

---

1 例如，一般来说，在社会科学领域，包括自我引用在内，论文在发表后前两年的平均引用次数为0.5次（Klamer and Dalen 2002），而在数学、医学和教育领域，估计这一数字小于1（Mansilla et al. 2007）。这种偏态分布意味着中位数论文从未被人引用。同样，大多数新专利价值极低，一小部分专利占据了专利总价值的很大一部分。

风险计划全年都会遴选旨在应对一系列发展挑战的优秀创新解决方案，利用分析方法对其进行试点和测试，并推广具有广泛影响和成本效益的解决方案。风险计划支持新颖的商业或组织模式，支持运营、行为或生产流程以及有助于应对发展挑战的产品或服务。风险计划的分层资助模式为发展中的试点创新提供小额资助；为针对影响和成本效益（通常使用随机对照实验）的严格测试或是否具备通过市场测试的能力的测试提供中等规模的资助；为推广已通过市场测试或有严谨的证据证明其影响和成本效益的转型创新提供较大规模的资助。

风险计划创建之初便设定了两个目标：（1）15%的社会投资回报率；（2）通过直接投资以及对开发署其他部门的更广泛的影响，至少惠及全球7,500万人。风险计划工作人员的初步工作表明，即使在保守的假定下（即风险计划支持的所有创新不会产生进一步的收益，甚至只考虑能够产生经济效益或健康收益，并且可以用日收益加以衡量的创新子集的情况下），2010—2012年的投资组合轻松实现了第一个目标。社会回报是一种在概念上更加全面的风险计划衡量手段，但是它很难加以衡量。考虑到社会回报，我们的目的不是评价风险计划，而是研究随机对照实验能否产生现实影响这一更狭隘的问题。因此，我们重点关注了风险计划支持的创新（以及这些创新的后期改编版本）所惠及的人数。（请注意，高惠及率是高社会回报的必要条件，但不是充分条件，因为一项创新的总社会效益等于人均净效益乘以惠及人数。）这种做法本身存在局限性，因此，读者必须对下列问题形成自己的判断：每位个体可能产生的影响、这些创新未来可能惠及的范围（可持续性）以及风险计划资金在多大程度上影响了风险计划组合中的创新所惠及的范围。我们在这里所做的是系统跟踪投资组合的描述性工作。然而，对于一篇探讨随机对照实验影响的论文来说，跟踪2010—2012年所有的风险计划投资组合是一件有趣的事情，因为风险计划的前提是专门资助有可能通过公共或私营部门且以成本效益方式惠及大量人口的发展创新。

尤其是，尽管许多其他项目采用的是自上而下的方法（即事先确定问题，然后选择重点关注的部门或是制定部门战略），但风险计划采用的却是自下而上的方法，有意打通了各部门之间的联系：支持能够实现商业推广的创新、旨在通过公共部门扩大规模的创新，以及提议改变现有大型组织内部行为的初创企业和组织。尽管风险计划的大部分推广工作都面向传统的社会企业家，但是它也努力对发展经济学研究人员的建议持开放态度。为了平衡这种开放性，风险计划采用了分阶段融资的方法，即只有在通过严格的测试之后，创新项目才能获得更大规模的支持。风险计划只为有严格证据证明其影响和成本效益或已证明其市场可行性的创新提供大规模支持（第三阶段）。然而，在试点阶段（第一阶段）和测试阶段（第二阶段），风险计划历来对那些有可能根据其成本效益扩大规模的提案持开放态度，即使这些提案未必拥有一个能够在内部扩大规模的管理团队，或是得到了正在推广的合作伙伴的书面承诺。[1]

因此，这种混合路径有助于我们了解与发展经济学研究界的合作，以及即使在没有充分证明其推广能力的情况下也愿意考虑早期投资的意愿，是否以成功推广为代价。我们可以通过比较不同的项目类型、不同的资助阶段，当然还有风险计划的推广记录来阐明这些问题。

我在在线附录中提供了这一时期风险计划的所有资助清单，并对获得资助后惠及十万人以上的创新进行了描述。表10.3展示了这项工作的结果。

---

[1] 尽管风险计划不要求项目在第一或第二阶段提供经过验证的规模化途径，但是通过公共部门或私营部门（或是两者的结合）与强大的潜在需求进行规模化的途径很有希望实现，也是其主要的选择标准之一，尤其是在第二阶段。

表10.3　风险计划项目的未来惠及情况，按资助类型分列

资助阶段	资助数量	资助总额（美元）	惠及十万人的项目所占比例	惠及百万人的项目所占比例	惠及人数*	风险计划人均支出（美元）
第一阶段（<10万美元）	23	2,353,136	17%（4/24）	8%（2/24）	6,723,733	0.35
第二阶段（<1亿美元）	19	9,557,926	44%（8/18）	11%（2/18）	16,931,044	0.56
第三阶段（<1,500万美元）	1	5,516,606	100%（1/1）	100%（1/1）	1,750,000	3.15

*两项创新（选民信息报告卡和CommCare）惠及人数超过十万，同时获得了第一阶段与第二阶段的资助。在这两例中，创新惠及的人群被算作第二阶段资助所惠及的人群。

以下是一些重要见解：

1. 风险计划在支持可规模化的创新方面相对比较成功。相当一部分风险计划资助，以及更高比例的风险计划总投资都流向了已惠及十万多人的项目（还有一小部分资助流向了超过百万人的项目，但是这部分资金所占的比例仍然很高）。迄今为止，30%（13/43）的风险计划资助项目已在3—5年惠及十万多人。[1] 这些资助占这一时期风险计划资助总额的57%，即总资助额达1,098万美元。11%（5/43）的风险计划资助项目惠及人数超过百万。这些资助占这一时期风险计划资助总额的33%，即638万美元。

　　为什么说30%是"相对成功"呢？因为风险投资界有一条经验法则：10%的投资能够产生适度的成功，1%的投资能够产生巨大的成功。尽管尚未发现存在其他资助者，其公布的数据可以计算出可比的统计数据，

---

[1] 两项（惠及十万多人的）创新同时获得了第一阶段和第二阶段的资助。因此，这12份资助支持了十项独立的创新。

III　研究与探索的新领域　483

但是我们在阅读了文献与研究了其他组织的网站之后发现，这些比率与其他有影响力的投资组织在更长的时间内取得的比率相当。这些结果更加引人注目，因为尽管一些组织只有在达到一定的规模后才会提供资金（如Acumen、斯科尔基金会），但是风险计划往往从早期阶段开始就为创新提供资助（以及通过测试来了解它们是否值得推广），而不是等到创新己经达到一定规模并吸引了更早的支持后再进行投资。

2. 第一阶段和第二阶段资助的人均支出特别低，占风险计划在此期间支持的创新所惠及人群的90%以上。

其中的一项早期创新（消费者行为与出租面包车安全）最近获得了第三阶段的资助，但是总的来说，第一阶段和第二阶段的创新达到了较高的惠及水平，因为在某种程度上，其他资助者/实体根据风险计划资助项目产生的信息为这些项目提供了支持。

3. 虽然早期资助阶段估算的人均支出较低，但是总体而言，整个阶段的人均支出都相当低。这是因为，风险计划支持的大部分创新的惠及率，都是在申请人尚未回头向风险计划寻求额外资金支持的情况下实现的。

尽管许多之前获得过资助的创新项目都申请了额外的资金，但是在2010—2012年风险计划的受资助者组合中，只有7%的受资助者在最初的绩效期过后获得了后续资金。超过40%的受资助者在获得风险计划投资后，从公共部门或私营部门获得了后续资金。当然，从某种程度上来说，风险计划的催化能力源自其所处的丰富的资金生态系统，其他实体（政府、非政府组织、私营企业）可以在其中应用这些创新。

4. 成本是决定推广哪些创新的一个关键因素。规模最大的创新是通过人均成本非常低的创新实现的。

在某些情况下，这些创新涉及通过媒体或电话提供信息（包括选民信息卡、选举监督），或是在现有的大型系统中提供行为"助推"（如赞比亚的社区卫生工作者）。当然，重要的是要认识到，总影响取决于人均利益乘以惠及人数，一些人均成本适中〔如"视觉之春"（Vision Spring）〕、惠及面适中的创新可能会产生较高的社会总效益，因为其人均效益非常高。

5. 尽管有些创新通过创建和发展旨在推广创新的新组织，使其惠及人数超过了十万，甚至在一个案例中超过了100多万，但是绝大多数创新都是通过包括大型企业、非政府组织和政府在内的现有大型组织实现其惠及率。

   风险计划支持的四项惠及十万及以上消费者的创新均创建了新的组织，从零开始推广。七项采用了已经具有很高惠及率的实体所推出的创新。

   在惠及人数突破百万的六项创新中，有一项是由一家围绕创新进行建设和运营的非政府组织负责推广〔在氯气分配器领域的"证据行动"（Evidence Action）〕，有四项由现有组织负责推广（出租面包车的车尾贴由一家保险公司与肯尼亚国家运输和安全局联合推广；生物监测由印度政府负责推广；由政治运动推广通过移动电话向中央地点实时发送投票站的投票结果；由报纸推广选民信息卡）。包括私营部门公司、非政府组织和政府在内的具有广泛影响力的现有大型机构采用了风险计划支持的创新或是这些创新的修改版本。

6. 政府以及私营企业和非政府组织均采用了经过随机对照实验测试的创新，从而帮助其进行推广。

   在风险计划资助的十项惠及面超过十万人的随机对照实验创新项目中，有两例明显是发展中国家政府发挥了主导作用——赞比亚政府推广了对于社区卫生工作者招聘方式的改进方案，印度则推广了生物监测项目。肯尼亚政府似乎有可能与保险业联手，在扩大肯尼亚的出租面包车安全计划中发挥重要作用。捐助方在向达尔富尔提供"潜力能源公司"（Potential Energy）的改良炉灶方面发挥了关键作用。非政府组织合作伙伴在一些项目中发挥了作用。本分析的一个主要结论是，大型私营企业也发挥着重要作用。例如，一家保险公司在出租面包车贴纸项目中发挥了关键作用，而当一家非政府组织向报纸提供了选民信息卡时，报纸也免费发布了相关信息。

7. 涉及随机对照实验或部分由研究人员（通常与实施者紧密合作）开发的创新项目，惠及人数达十万或百万的比例特别高。

在使用随机对照实验进行评估或发展经济学研究人员参与设计的受资助创新中，有43%（10/23）[1]惠及人数超过十万。[2] 26%（6/23）支持以原始或改编形式惠及超过100万人的创新（包括选民信息卡、选举监测、出租面包车贴纸、氯分配器和生物识别考勤验证）。相比之下，在不包括随机对照实验或发展经济学研究人员没有发挥重要作用的创新中，只有16%（3/19）惠及了十万人（Vision Spring, Mera Gao, d.light），而且没有一个超过100万人。[3]

对于这种成功率上的差异，人们可以设想出多种假定。第一，说服大型组织和政府采用这项创新也许更容易惠及许多人，而在这个过程中，来自随机对照实验的证据可能发挥了重要作用。相比之下，并非由学术界所开展的随机对照实验创新试图通过直接实施或销售其产品来进行推广，这种做法的难度可能更大，因为这些创新找不到预先存在的大型政策、项目或机构作为其初始合作伙伴。第二，人们常常认为，学术研究者主要的目的是发表文章，这与其参与对社会有用却不那么具有创造性的项目（如复制、修补设计）的动机相冲突。但是也有人认为，期刊有着很强的出版偏向，发表行之有效的想法比较容易。因此，发展经济学家应该具有强烈的动机去开发和测试有合理成功机会的创新。此外，也许经济学实际上给了他们一些关于项目设计的有用见解。第三，

---

1 如果最初由风险计划资助的提案明确将研究人员包括在内，那么该项目就会被编码为有发展经济学研究人员参与。尽管d.light的最初提案包括对其产品影响进行随机对照实验，但是他们最终并没有进行这项实验，所有资金都用在了开发新的太阳能家用系统以及对这些系统的事后影响评估上。有鉴于此，我们在计算部分由研究人员开发的项目时，并未将d.light考虑在内。如果算上d.light，这个数字将是11/24，或46%。

2 选民信息卡（两项资助）、选举监督技术、初级医疗保健中心的数字考勤和医疗信息系统、社区医疗保健工作者的移动工具（两项资助）、消费者对出租面包车安全的行动、推广安全饮用水、改进炉灶以及招聘社区卫生工作者。

3 有24项资助包含随机对照实验或基于随机对照实验。两则案例除外，因为其最初提案包括随机对照实验，但是最终资助的实际项目却并不包括随机对照实验：企业家心理测量分析（AID-OAA-F-13-00028）和人人都能负担得起的能源获取：太阳能系统的创新融资（AID-OAA-F-13-00007）。请注意，由于研究人员主导的项目与随机对照实验项目之间存在很多重叠，我们无法轻易地将它们的影响分开。

也可能是最近对信息和行为经济学的关注使他们对人均低成本创新("助推")特别感兴趣,这似乎是成功的一个有力预测因素。第四,一旦有研究人员参与其中,他们往往不仅是评估者:他们充分参与创新的开发(例如,选民信息卡、氯气分配器、阿富汗的一个监测项目),与实施组织密切合作,并一直密切参与实施的细节。他们实际上是"研究型企业家"。研究人员提出的许多想法借鉴了该领域的最新想法,而数据表明,提出这些想法的研究人员随后在与他人合作推广这些创新的方面相对成功。

8. 在申请风险计划资助之前,已经通过随机对照实验加以测试且发现具有影响力和成本效益潜力的创新,占五项惠及百万人的创新中的三项。

   在这五项创新中,有三项(选民信息卡、消费者行动与出租面包车安全,以及安全饮水的氯气分配器)在向风险计划提交申请之前已经接受了随机对照实验的检验。虽然我们尚未对数据进行编码,但是我们相信这类申请为数不多,所以此类提案惠及百万以上人口的比例非常高(可能是100%)。

9. 尽管一些得到风险计划支持的创新已在多个国家得到应用,但是大多数创新并未做到这一点。到目前为止,获得风险计划支持的创新通常未能在实验国以外得到应用。这可能是一个未来需要加以努力的领域。

总结

前文关于随机对照实验在政策中所起作用的讨论表明,随机对照实验可以通过提供关于单个项目与计划的证据以及更广泛地改变发展的思路,对政策产生影响。

生物技术与信息技术产业通常建立在研究人员利用这些领域的前沿技术所开发的创新的基础之上。风险计划所提供的证据表明,在开发中类似的方法可能是有效的,因为部分由研究人员开发的创新或涉及随机对照实验的创新惠及十万或百万用户的比例特别高。这绝对不是说不需要针对不同情况对干预措施进行微调，也不是说对尚未使用随机对照实验进行评估的实际项目进行评估不重要。但是，以基础科学为基础的新思想的发展实际上可以导致现实生活出现改变。

这项分析的一个突出结论就是，得到推广的项目往往是成本低、定义明确且简单的项目。列表没有囊括的其他案例也都符合这一要求（例如，驱虫和"拉斯金身份证"）。有一些值得注意的反例，一些既不算特别便宜，也不算十分简单的项目却能得到推广：有条件的现金转移和进步委员会极端贫困项目就是两例。此外，这两个项目不仅在其测试过的地方得到了推广，而且也在许多其他国家加以实施。有趣的是，它们最初是作为随机对照实验得到复制的。

界定明确的干预措施也更有可能为研究项目带来成功，因为它们可以更容易地确定具体的机制，并被诠释为对理论的测试。因此，导致随机对照实验作为一种研究工具如此成功的原因，可能也是它们能够成功促使现实世界发生变化的原因。

展望未来，我们不知道随机对照实验最重要的影响途径可能是什么。一种途径是如风险计划的案例研究所表明的那样，采纳简单、清晰的见解，采用低成本的干预措施，或是对有前途的现有项目进行低成本的修改。当然，成本低并不意味着这些创新的影响力就低。几十年来明确的发展研究教给我们的一条经验就是，细节极其重要，区分"大"问题和"小"问题可能会造成很大的误导（更详细的讨论参见 Banerjee and Duflo 2011：第十章）。

另一种途径是按照 PROGRESA 或进步委员会的模式，在许多情况下复制并在随后广泛采用更复杂的干预措施。第三种途径是决策者和其他行动者不是只关注结果，而是采取实验的态度，允许在专门的部门（如白宫的"助推"小组）或跨部门基金（如泰米尔纳德邦创新基金）内进行创新和学习。

但是，要想真正实现随机对照实验革命的所有益处，仅仅增加随机对照实验的数量并扩大其中一些实验的规模是不够的。要想更有效地将研究转化为政策，一系列相互补充的机制也必不可少。例如，我们需要更好的系统来进行元分析与评论文章，并建立专家小组来审查证据。医学研究在这方面建有一个相当复杂的系统，但是，且不说该系统在医学研究中的运行情况（Sim et al. 2001; Kawamoto et al. 2005），适合医学研究的制度也未必适合社会科学，尤其是发展经济学。相关制度的建设刚刚起步：美国经济学会的随机对照实验登记制度就是成功建立登记平台的一个例子。它的普及程度表明，发展研究界接受这些努力。

除了用于学习的纯科学基础设施外，将想法转变为大规模项目的过程需要适当的制度支持。在开展随机对照实验之前，需要资助者为迭代试点提供资金，以便确定实施细节。[1] 随机对照实验启动之后，还需要制度支持来迭代干预措施，以便为向规模化过渡做好准备。这包括测试削减单位成本的方法（因为第一次随机对照实验所评估的往往是单位成本较高的小规模试点）；与潜在的执行伙伴合作；缓解可能因创新试点与规模化创新之间的制度和人员差异（例如，由于政府采购系统的交易成本较高或政府有效实施干预的能力有限）所造成的成本升高或效益降低。因此，想要以恰当的规模推广创新，就要大规模开展实验并且大规模度量其影响。事实上，可能需要经历多次迭代，才能让某样符合政策的东西真正发挥作用。弄清楚如何以最佳方式扩大各案例所涉政策的规模，或是如何在其他国家实现这一目的，需要时间、专门的人力资本与额外的资金。

---

1 风险计划和全球创新基金——这是参照风险计划设立的私人基金，风险计划与其他双边捐助者及影响力投资者均为其提供捐款——明确包含了这样的试点阶段。

参考文献

Abdulkadiroglu, Atila, Joshua Angrist, and Parag Pathak. 2014. "The Elite Illusion: Achievement Effects at Boston and New York Exam Schools." *Econometrica* 82 (1): 137–196.

Alesina, Alberto, Paola Giuliano, and Nathan Nunn. 2013. "On the Origins of Gender Roles: Women and the Plough." *Quarterly Journal of Economics* 128 (2): 469–530.

Alzúa, María Laura, Guillermo Cruces, and Laura Ripani. 2013. "Welfare Programs and Labor Supply in Developing Countries: Experimental Evidence from Latin America." *Journal of Population Economics* 26 (4): 1255–1284.

Ashraf, Nava, Oriana Bandiera, and Scott S. Lee. 2015. "Do-Gooders and Go-Getters: Career Incentives, Selection, and Performance in Public Service Delivery." Working Paper, Harvard Business School, Cambridge, MA.

Ashraf, Nava, James Berry, and Jesse M. Shapiro. 2010. "Can Higher Prices Stimulate Product Use? Evidence from a Field Experiment in Zambia." *American Economic Review* 100 (5): 2383–2413.

Athey, Susan, and Guido W. Imbens. 2017. "The Econometrics of Randomized Experiments." In *Handbook of Field Experiments*, volume 1, edited by Abhijit V. Banerjee and Esther Duflo, 73–140. Amsterdam: North-Holland.

Attanasio, Orazio P., Costas Meghir, and Ana Santiago. 2012. "Education Choices in Mexico: Using a Structural Model and a Randomized Experiment to Evaluate PROGRESA." *Review of Economic Studies* 79 (1): 37–66.

Attanasio, Orazio P., Erich Battistin, Emla Fitzsimons, and Marcos Vera-Hernandez. 2005. "How Effective Are Conditional Cash Transfers? Evidence from Colombia." IFS Briefing Note BN54, Institute for Fiscal Studies, London.

Attanasio, Orazio P., Camila Fernández, Emla O. A. Fitzsimons, Sally M. Grantham-McGregor, Costas Meghir, and Marta Rubio-Codina. 2014. "Using the Infrastructure of a Conditional Cash Transfer Program to Deliver a Scalable Integrated Early Child Development Program in Colombia: Cluster Randomized Controlled Trial." *BMJ* 349 (September): g5785.

Attanasio, Orazio P., Arlen Guarín, Carlos Medina, and Costas Meghir. 2017. "Vocational Training for Disadvantaged Youth in Colombia: A Long-Term Follow-Up."

American Economic Journal: Applied Economics 9 (2): 131–143.

Baird, Sarah, Craig McIntosh, and Berk Özler. 2011. "Cash or Condition? Evidence from a Cash Transfer Experiment." *Quarterly Journal of Economics* 126 (4): 1709–1753.

Bandiera, Oriana, Robin Burgess, Narayan Das, Selim Gulesci, Imran Rasul, and Munshi Sulaiman. 2013. "Can Basic Entrepreneurship Transform the Economic Lives of the Poor?" IZA Discussion Paper 7386, Institute for the Study of Labor, Bonn.

Banerjee, Abhijit V. 2008. "Big Answers for Big Questions: The Presumption of Macroeconomics." Paper presented at Brookings Global Economy and Development Conference: What Works in Development? Thinking Big and Thinking Small, Washington, DC, May.

Banerjee, Abhijit V. 2016. "Policies for a Better-Fed World." *Review of World Economics* 152 (1): 3–17.

Banerjee, Abhijit V., and Esther Duflo. 2009. "The Experimental Approach to Development Economics." *Annual Review of Economics* 1: 151–178.

Banerjee, Abhijit V., and Esther Duflo. 2011. "Policies, Politics." In *Poor Economics: A Radical Rethinking of the Way to Fight Global Poverty*, edited by Abhijit V. Banerjee and Esther Duflo, 235–265. New York: Public Affairs.

Banerjee, Abhijit V., Esther Duflo, Rachel Glennerster, and Dhruva Kothari. 2010. "Improving Immunization Coverage in Rural India: A Clustered Randomized Controlled Evaluation of Immunization Campaigns with and without Incentives." *British Medical Journal* 340: c2220.

Banerjee, Abhijit V., and Lakshmi Iyer. 2005. "History, Institutions, and Economic Performance: The Legacy of Colonial Land Tenure Systems in India." *American Economic Review* 95 (4): 1190–1213.

Banerjee, Abhijit V., Sylvain Chassang, and Erik Snowberg. 2016. "Decision Theoretic Approaches to Experiment Design and External Validity." NBER Working Paper 22167, National Bureau of Economic Research, Cambridge, MA.

Banerjee, Abhijit V., Alice H. Amsden, Robert H. Bates, Jagdish N. Bhagwati, Angus Deaton, and Nicholas Stern. 2007. *Making Aid Work*. Cambridge, MA: MIT Press.

Banerjee, Abhijit V., Raghabendra Chattopadhyay, Esther Duflo, Daniel Keniston, and Nina Singh. 2014. "Improving Police Performance in Rajasthan, India: Experimental Evidence on Incentives, Managerial Autonomy and Training." NBER Working Paper 17912, National Bureau of Economic Research, Cambridge, MA.

Banerjee, Abhijit V., Esther Duflo, Nathanael Goldberg, Dean Karlan, Robert Osei, William Parienté, Jeremy Shapiro, Bram Thuysbaert, and Christopher Udry. 2015a. "A Multifaceted Program Causes Lasting Progress for the Very Poor: Evidence from Six Countries." *Science* 348 (6236): 1260799–1260799.

Banerjee, Abhijit V., Rema Hanna, Jordan C. Kyle, Benjamin A. Olken, and Sudarno Sumarto. 2015b. "The Power of Transparency: Information, Identification Cards and Food Subsidy Programs in Indonesia." NBER Working Paper 20923, National Bureau of Economic Research, Cambridge, MA.

Banerjee, Abhijit, Esther Duflo, Clément Imbert, Santhosh Mathew, and Rohini Pande. 2016. "Can e-Governance Reduce Capture of Public Programs? Experimental Evidence from India's Employment Guarantee." Mimeo, MIT, Cambridge, MA.

Barham, Tania, Karen Macours, and John A. Maluccio. 2013. "More Schooling and More Learning? Effects of a Three-Year Conditional Cash Transfer Program in Nicaragua after 10 Years." IDB-WP-432, Inter-American Development Bank, Washington, DC.

Barrera-Osorio, Felipe, Marianne Bertrand, Leigh L. Linden, and Francisco Perez-Calle. 2011. "Improving the Design of Conditional Transfer Programs: Evidence from a Randomized Education Experiment in Colombia." *American Economic Journal: Applied Economics* 3 (2): 167–195.

Benhassine, Najy, Florencia Devoto, Esther Duflo, Pascaline Dupas, and Victor Pouliquen. 2015. "Turning a Shove into a Nudge? A 'Labeled Cash Transfer' for Education." *American Economic Journal: Economic Policy* 7 (3): 86–125.

Bertrand, Marianne, and Esther Duflo. 2016. "Field Experiments on Discrimination." NBER Working Paper 22014, National Bureau of Economic Research, Cambridge, MA.

Bertrand, Marianne, and Sendhil Mullainathan. 2004. "Are Emily and Greg More Employable Than Lakisha and Jamal? A Field Experiment on Labor Market Discrimination." *American Economic Review* 94 (4): 991–1013.

Bertrand, Marianne, Simeon Djankov, Rema Hanna, and Sendhil Mullainathan. 2007. "Obtaining a Driver's License in India: An Experimental Approach to Studying Corruption." *Quarterly Journal of Economics* 122 (4): 1639–1676.

Bhatt, S., D. J. Weiss, E. Cameron, D. Bisanzio, B. Mappin, U. Dalrymple, K. E. Battle, et al. 2015. "The Effect of Malaria Control on Plasmodium falciparum in Africa between 2000 and 2015." *Nature* 526 (7572): 207–211.

Blattman, Christopher, Nathan Fiala, and Sebastian Martinez. 2014. "Generating

Skilled Self-Employment in Developing Countries: Experimental Evidence from Uganda." *Quarterly Journal of Economics* 129 (2): 697–752.

Blattman, Christopher, Julian C. Jamison, and Margaret Sheridan. 2015. "Reducing Crime and Violence: Experimental Evidence from Cognitive Behavioral Therapy in Liberia." NBER Working Paper 21204, National Bureau of Economic Research, Cambridge, MA.

Bolton, Paul, Judith Bass, Theresa Betancourt, Liesbeth Speelman, Grace Onyango, Kathleen F. Clougherty, Richard Neugebauer, Laura Murray, and Helen Verdeli. 2007. "Interventions for Depression Symptoms among Adolescent Survivors of War and Displacement in Northern Uganda: A Randomized Controlled Trial." *JAMA* 298 (5): 519–527.

Bolton, Paul, Judith Bass, Richard Neugebauer, Helen Verdeli, Kathleen F. Clougherty, Priya Wickramaratne, Liesbeth Speelman, Lincoln Ndogoni, and Myrna Weissman. 2003. "Group Interpersonal Psychotherapy for Depression in Rural Uganda: A Randomized Controlled Trial." *JAMA* 289 (23): 3117–3124.

Bursztyn, Leonardo, and Lucas C. Coffman. 2012. "The Schooling Decision: Family Preferences, Intergenerational Conflict, and Moral Hazard in the Brazilian Favelas." *Journal of Political Economy* 120 (3): 359–397.

Callen, Michael, and James D. Long. 2015. "Institutional Corruption and Election Fraud: Evidence from a Field Experiment in Afghanistan." *American Economic Review* 105 (1): 354–381.

Cameron, Drew B., Anjini Mishra, and Annette N. Brown. 2016. "The Growth of Impact Evaluation for International Development: How Much Have We Learned?" *Journal of Development Effectiveness* 8 (1): 1–21.

Chassang, Sylvain, Gerard Padró i Miquel, and Erik Snowberg. 2012. "Selective Trials: A Principal-Agent Approach to Randomized Controlled Experiments." *American Economic Review* 102 (4): 1279–1309.

Clark, Damon. 2009. "The Performance and Competitive Effects of School Autonomy." *Journal of Political Economy* 117 (4): 745–783.

Cohen, Jessica, and Pascaline Dupas. 2010. "Free Distribution or Cost-Sharing? Evidence from a Randomized Malaria Prevention Experiment." *Quarterly Journal of Economics* 125 (1): 1–45.

Congdon, William J., Jeffrey R. Kling, Jens Ludwig, and Sendhil Mullainathan.

2017. "Social Policy: Mechanism Experiments and Policy Evaluations." In *Handbook of Field Experiments*, volume 2, edited by Abhijit V. Banerjee and Esther Duflo, 389–426. Amsterdam: North-Holland.

Cunha, Jesse M. 2014. "Testing Paternalism: Cash versus In-Kind Transfers." *American Economic Journal: Applied Economics* 6 (2): 195–230.

Dal Bó, Ernesto, Frederico Finan, and Martín A. Rossi. 2013. "Strengthening State Capabilities: The Role of Financial Incentives in the Call to Public Service." *Quarterly Journal of Economics* 128 (3): 1169–1218.

Deaton, Angus. 2010. "Instruments, Randomization, and Learning about Development." *Journal of Economic Literature* 48 (2): 424–455.

de Janvry, Alain, Elisabeth Sadoulet, and Tavneet Suri. 2017. "Field Experiments in Developing Country Agriculture." In *Handbook of Field Experiments*, volume 2, edited by Abhijit V. Banerjee and Esther Duflo, 427–466. Amsterdam: North-Holland.

Dell, Melissa. 2010. "The Persistent Effects of Peru's Mining Mita." *Econometrica* 78 (6): 1863–1903.

de Mel, Suresh, David McKenzie, and Christopher Woodruff. 2012. "One-Time Transfers of Cash or Capital Have Long-Lasting Effects on Microenterprises in Sri Lanka." *Science* 335 (6071): 962–966.

Dizon-Ross, Rebecca, Pascaline Dupas, and Jonathan Robinson. 2017. "Governance and the Effectiveness of Public Health Subsidies: Evidence from Ghana, Kenya and Uganda." *Journal of Public Economics* 156: 150–169.

Dobbie, Will, and Roland G. Fryer, Jr. 2014. "The Impact of Attending a School with High-Achieving Peers: Evidence from New York City Exam Schools." *American Economic Journal: Applied Economics* 6 (3): 58–75.

Duflo, Esther. 2004. "Scaling up and Evaluation." Paper presented at the Annual Bank Conference on Development Economics (ABCDE), Bangalore, May 21–22.

Duflo, Esther, and Michael Greenstone. 2005. "Use of Randomization in the Evaluation of Development Effectiveness." In *Evaluating Development Effectiveness*, edited by George Keith Pitman, Osvaldo N. Feinstein, and Gregory K. Ingram, 205–230. New Brunswick, NJ: Transaction.

Duflo, Esther, Rachel Glennerster, and Michael Greenstone. 2007. "Using Randomization in Development Economics Research: A Toolkit." In *Handbook of Development Economics*, volume 4, edited by T. Paul Schultz and John A. Strauss, 3895–

3962. Amsterdam: Elsevier.

Duflo, Esther, Michael Greenstone, and Jonathan Robinson. 2008. "How High Are Rates of Return to Fertilizer? Evidence from Field Experiments in Kenya." *American Economic Review* 98 (2): 482–488.

Duflo, Esther, Michael Greenstone, Rohini Pande, and Nicholas Ryan. 2013a. "What Does Reputation Buy? Differentiation in a Market for Third-Party Auditors." *American Economic Review* 103 (3): 314–319.

Duflo, Esther, Michael Greenstone, Rohini Pande, and Nicholas Ryan. 2013b. "Truth-Telling by Third-Party Auditors and the Response of Polluting Firms: Experimental Evidence from India." *Quarterly Journal of Economics* 128 (4): 1499–1545.

Duflo, Esther, Michael Kremer, Jonathan Robinson and Frank Schilbach. 2017. "Technology Diffusion and Appropriate Use: Evidence from Western Kenya." Working Paper, MIT, Cambridge, MA.

Dupas, Pascaline. 2014a. "Short-Run Subsidies and Long-Run Adoption of New Health Products: Evidence From a Field Experiment." *Econometrica* 82 (1): 197–228.

Dupas, Pascaline. 2014b. "Getting Essential Health Products to Their End Users: Subsidize, But How Much?" *Science* 345 (6202): 1279–1281.

Dupas, Pascaline, and Edward Miguel. 2017. "Impacts and Determinants of Health Levels in Low-Income Countries." In *Handbook of Field Experiments*, volume 2, edited by Abhijit V. Banerjee and Esther Duflo, 3–93. Amsterdam: North-Holland.

Dustan, Andrew, Alain de Janvry, and Elisabeth Sadoulet. 2015. "Flourish or Fail? The Risky Reward of Elite High School Admission in Mexico City." Department of Economics Working Paper 15–00002, Vanderbilt University, Nashville.

Evans, David K., and Anna Popova. 2014. "Cash Transfers and Temptation Goods: A Review of Global Evidence." Policy Research Working Paper 6886, World Bank, Washington, DC.

Finan, Frederico, Benjamin A. Olken, and Rohini Pande. 2015. "The Personnel Economics of the State." NBER Working Paper 21825, National Bureau of Economic Research, Cambridge, MA.

Fisher, Ronald Aylmer. 1925. *Statistical Methods for Research Workers*. Guildford, UK: Genesis.

Fiszbein, Ariel, and Norbert Schady. 2009. *Conditional Cash Transfers: Reducing*

Present and Future Poverty. Washington, DC: World Bank.

Freedman, David A. 2006. "Statistical Models for Causation: What Inferential Leverage Do They Provide?" *Evaluation Review* 30 (6): 691–713.

Galiani, Sebastian, and Patrick J. McEwan. 2013. "The Heterogeneous Impact of Conditional Cash Transfers." *Journal of Public Economics* 103 (Supplement C): 85–96.

Gertler, Paul. 2004. "Do Conditional Cash Transfers Improve Child Health? Evidence from PROGRESA's Control Randomized Experiment." *American Economic Review* 94 (2): 336–341.

Glennerster, Rachel. 2017. "The Practicalities of Running Randomized Evaluations: Partnerships, Measurement, Ethics, and Transparency." In *Handbook of Field Experiments*, volume 1, edited by Abhijit V. Banerjee and Esther Duflo, 175–243. Amsterdam: North-Holland.

Glewwe, Paul, and Pedro Olinto. 2004. "Evaluating the Impact of Conditional Cash Transfers on Schooling: An Experimental Analysis of Honduras PRAF Program." Manuscript, University of Minnesota, St. Paul.

Glewwe, Paul, Michael Kremer, and Sylvie Moulin. 2009. "Many Children Left Behind? Textbooks and Test Scores in Kenya." *American Economic Journal: Applied Economics* 1 (1): 112–135.

Gueron, Judy. M. 2017. "The Politics and Practice of Social Experiments: Seeds of a Revolution." In *Handbook of Field Experiments*, volume 1, edited by Abhijit V. Banerjee and Esther Duflo, 27–69. Amsterdam: North-Holland.

Hanna, Rena, and Dean Karlan. 2017. "Designing Social Protection Programs: Using Theory and Experimentation to Understand How to Help Combat Poverty." In *Handbook of Field Experiments*, volume 2, edited by Abhijit V. Banerjee and Esther Duflo, 515–553. Amsterdam: North-Holland.

Haushofer, Johannes, and Jeremy Shapiro. 2013. "Household Response to Income Changes: Evidence from an Unconditional Cash Transfer Program in Kenya." Mimeo, Massachusetts Institute of Technology, Cambridge, MA.

Heckman, James J. 1992. "Randomization and Social Policy Evaluation." In *Evaluating Welfare and Training Programs*, edited by Charles Manski and Irwin Garfinkel, 201–230. Cambridge MA: Harvard University Press.

International Rescue Committee. 2014. "IRC releases evaluation: Cash transfers work for refugees in emergencies." International Rescue Committee, New York. Karlan,

Dean S., and Jonathan Zinman. 2008. "Credit Elasticities in Less-Developed Economies: Implications for Microfinance." *American Economic Review* 98 (3): 1040–1068.

Kawamoto, Kensaku, Caitlin A. Houlihan, E. Andrew Balas, and David F. Lobach. 2005. "Improving Clinical Practice Using Clinical Decision Support Systems: A Systematic Review of Trials to Identify Features Critical to Success." *BMJ* 330 (7494): 765.

Khan, Adnan Q., Asim I. Khwaja, and Benjamin A. Olken. 2016. "Tax Farming Redux: Experimental Evidence on Performance Pay for Tax Collectors." *Quarterly Journal of Economics* 131 (1): 219–271.

Klamer, Arjo, and Hendrik P. van Dalen. 2002. "Attention and the Art of Scientific Publishing." *Journal of Economic Methodology* 9 (3): 289–315.

Kreindler, Gabriel. 2018. "The Welfare Effect of Road Congestion Pricing: Experimental Evidence and Equilibrium Implications." Job Market Paper, MIT, Cambridge, MA.

Kremer, Michael. 2003. "Randomized Evaluations of Educational Programs in Developing Countries: Some Lessons." *American Economic Review* 93 (2): 102–106.

Kremer, Michael, and Rachel Glennerster. 2011. "Improving Health in Developing Countries: Evidence from Randomized Evaluations." In *Handbook of Health Economics*, volume 2, edited by Mark V. Pauly, Thomas G. Mcguire, and Pedro P. Barros, 201–315. Amsterdam: Elsevier.

Kremer, Michael, and Alaka Holla. 2009. "Pricing and Access: Lessons from Randomized Evaluations in Education and Health." In *What Works in Development? Thinking Big and Thinking Small*, edited by William Easterly and Jessica Cohen, 91–129. Washington, DC: Brookings Institution Press.

Kremer, Michael, and Edward Miguel. 2007. "The Illusion of Sustainability." *Quarterly Journal of Economics* 122 (3): 1007–1065.

Lucas, Adrienne M., and Isaac M Mbiti. 2014. "Effects of School Quality on Student Achievement: Discontinuity Evidence from Kenya." *American Economic Journal: Applied Economics* 6 (3): 234–263.

Maluccio, John A., and Rafael Flores. 2005. "Impact Evaluation of a Conditional Cash Transfer Program: The Nicaraguan Red de Protección Social." IFPRI Research Report 141, International Food Policy Research Institute, Washington, DC.

Mansilla, Ricardo, Elke Köppen, Germinal Cocho, and Pedro Miramontes. 2007. "On the Behavior of Journal Impact Factor Rank-Order Distribution." *Journal of Informetrics* 1 (2): 155–160.

Masterson, Daniel, and Christian Lehmann. 2014. "Emergency Economies: The Impact of Cash Assistance in Lebanon." International Rescue Committee, New York.

Meager, Rachael. 2016. "Understanding the Impact of Microcredit Expansions: A Bayesian Hierarchical Analysis of 7 Randomised Experiments." Working Paper, MIT, Cambridge, MA.

Muralidharan, Karthik, and Venkatesh Sundararaman. 2015. "The Aggregate Effect of School Choice: Evidence from a Two-Stage Experiment in India." *Quarterly Journal of Economics* 130 (3): 1011–1066.

Muralidharan, Karthik, Paul Niehaus, and Sandip Sukhtankar. 2016. "Building State Capacity: Evidence from Biometric Smartcards in India." *American Economic Review* 106 (10): 2895–2929.

Neyman, Jerzy. (1923) 1990. "On the Application of Probability Theory to Agricultural Experiments. Essay on Principles. Section 9." Translated and edited by Dorota M. Dabrowska and Terence P. Speed. Statistical Science 5 (4): 465–472.

Olken, Benjamin A. 2007. "Monitoring Corruption: Evidence from a Field Experiment in Indonesia." *Journal of Political Economy* 115 (2): 200–249.

Padró i Miquel, Gerard, Nancy Qian, and Yang Yao. 2014. "Social Fragmentation, Public Goods and Elections: Evidence from China." NBER Working Paper 18633, National Bureau of Economic Research, Cambridge, MA.

Patel, Vikram, Helen A. Weiss, Neerja Chowdhary, Smita Naik, Sulochana Pednekar, Sudipto Chatterjee, Mary J. De Silva, et al. 2010. "Effectiveness of an Intervention Led by Lay Health Counsellors for Depressive and Anxiety Disorders in Primary Care in Goa, India (MANAS): A Cluster Randomised Controlled Trial." *Lancet* 376 (9758): 2086–2095.

Pritchett, Lant. 2002. "It Pays to Be Ignorant: A Simple Political Economy of Rigorous Program Evaluation." *Journal of Policy Reform* 5 (4): 251–469.

Radicchi, Filippo, Santo Fortunato, and Claudio Castellano. 2008. "Universality of Citation Distributions: Toward an Objective Measure of Scientific Impact." *PNAS* 104 (45): 17268–17272.

Rao, Gautam, Frank Schilbach, and Heather Schofield. n.d. "Sleepless in Chennai: The Economic Effects of Sleep Deprivation among the Poor." Working Paper, University of Pennsylvania, Philadelphia.

Ravallion, Martin. 2012. "Fighting Poverty One Experiment at a Time: A Review of Abhijit Banerjee and Esther Duflo's 'Poor Economics: A Radical Rethinking of the Way to Fight Global Poverty.'" *Journal of Economic Literature* 50 (1): 103–114.

Rigol, Natalia, Reshmaan Hussam, and Giovanni Regianni. 2017. "Habit Formation and Rational Addiction." Harvard Business School Working Paper 18-030, Cambridge, MA.

Rubin, Donald B. 1974. "Estimating Causal Effects of Treatments in Experimental and Observational Studies." *Journal of Educational Psychology* 66 (5): 668–670.

Rubin, Donald B. 1981. "Estimation in Parallel Randomized Experiments." *Journal of Educational Statistics* 6 (4): 377–401.

Schilbach, Frank. 2015. "Alcohol and Self-Control: A Field Experiment in India." Working Paper, MIT, Cambridge, MA.

Schultz, T. Paul. 2004. "School Subsidies for the Poor: Evaluating the Mexican PROGRESA Poverty Program." *Journal of Development Economics* 74 (1): 199–250.

Shah, Neil Buddy, Paul Wang, Andrew Fraker, and Daniel Gastfriend. 2015. "Evaluations with Impact: Decision-Focused Impact Evaluation as a Practical Policymaking Tool." 3ie Working Paper 25, International Initiative for Impact Evaluation, New Delhi.

Sim, Ida, Paul Gorman, Robert A. Greenes, R. Brian Haynes, Bonnie Kaplan, Harold Lehmann, and Paul C. Tang. 2001. "Clinical Decision Support Systems for the Practice of Evidence-Based Medicine." *Journal of the American Medical Informatics Association* 8 (6): 527–534.

Todd, Petra E., and Kenneth I. Wolpin. 2006. "Assessing the Impact of a School Subsidy Program in Mexico: Using a Social Experiment to Validate a Dynamic Behavioral Model of Child Schooling and Fertility." *American Economic Review* 96 (5): 1384–1417.

Udry, Christopher. 1995. "Risk and Saving in Northern Nigeria." *American Economic Review* 85 (5): 1287–1300.

Vickrey, William S. 1969. "Congestion Theory and Transport Investment." *American Economic Review* 59 (2): 251–260.

Vivalt, Eva. 2015. "How Much Can We Generalize from Impact Evaluations? Are They Worthwhile?" Mimeo, Stanford University, Palo Alto, CA.

World Bank. 2013. *Philippines Conditional Cash Transfer Program: Impact Evaluation 2012*. Washington, DC: World Bank.

World Bank. 2016. *World Development Report 2016: Digital Dividends.* Washington, DC: World Bank.

World Health Organization. 2015. *World Malaria Report 2015*. Geneva: World Health Organization.

评（大卫·麦肯兹）

作为发展经济学家手中的一项重要工具，随机对照实验迅速兴起并成为一种常规的研究手段。这究竟值得庆贺，还是令人担忧，人们为此争论不休。阿比吉特、埃丝特和迈克尔是在发展经济学中使用随机对照实验的先驱和倡导者，他们的论文是一项重要的总结，既记录了随机对照实验的兴起，又试图总结这一过程对研究和政策的一些影响。我的评论围绕三个主题展开：正确对待随机对照实验的兴起、思考它们如何影响研究实践，以及试图理解它们如何影响或无法影响政策。

正确对待随机对照实验的兴起

根据他们的论文，发表在顶级期刊上的随机对照实验的数量出现了快速增长，从2000年的0篇增加到2015年的32篇。我在表10.4中对这一分析进行了扩展，列出了发表在仅次于五大顶级期刊且不限领域的三本一流经济学期刊〔《美国经济学杂志：应用经济学》(*American Economic Journal: Applied Economics*)、《经济与统计评论》(*Review of Economics and Statistics*)和《经济杂志》(*Economic Journal*)〕、三大一流发展经济学期刊〔《发展经济学杂志》(*Journal of Development Economics*)、《经济发展与文化变革》(*Economic Development and Cultural Change*)和《世界银行经济评论》(*World Bank Economic Review*)〕，以及一流的多学科发展期刊

《世界发展》(*World Development*)上的发展经济学论文的数量。我将2015年发表的论文包括在内,并将发表在不限领域的期刊中的发展经济学论文定义为JEL分类号为"O"类(发展经济学)的论文。

表10.4 2015年发表的发展论文中随机对照实验所占的比例(按期刊类型划分)

期刊	发展论文的数量	采用随机对照实验的论文数量	随机对照实验所占百分比
五大顶级期刊	32	10	31.3
不限领域的一流期刊	32	14	43.8
《美国经济学杂志:应用经济学》	16	10	62.5
《经济杂志》	8	1	12.5
《经济与统计评论》	8	3	37.5
一流发展经济学期刊	115	15	13.0
《发展经济学杂志》	70	9	12.9
《经济发展与文化变革》	24	5	20.8
《世界银行经济评论》	21	1	4.8
一流的多学科发展期刊(《世界发展》)	275	5	1.8
发展论文总数	454	44	9.7

资料来源:五大顶级期刊的数据见Banerjee, Duflo and Kremer (2016)。其他期刊的数据由作者收集。发表在不限领域的一流期刊中的发展经济学论文定义为JEL分类号为"O"类(发展经济学)的论文。社论、评论、反驳、更正、《世界银行经济评论》中的论文和论文集以及《经济杂志》125周年纪念版均未记入其中。

我认为,上表体现出的几个要点对于正确看待随机对照实验的兴起和考虑其对政策的影响而言至关重要。首先,尽管增长迅速,但是大多数发表在五大顶级期刊上的发展经济学论文都没有采用随机对照实验。其次,发表在不限区域的期刊上的发展论文采用随机对照实验的比例远远高于发展期刊。再次，大多数已发表的发展论文不是发表在顶级期刊上，而是发表在专业期刊上。因此，2015年在这14种期刊上发表的454篇发展论文中，只有44篇采用了随机对照实验（9.7%）。结论是，随机对照实验研究只占所有发展研究中的一小部分。我相信，这是反对"随机对照实验排挤了其他发展研究"这一论点的证据（也许这种论点属于"稻草人谬误"），也是就随机对照实验无法回答的问题寻求建议的决策者往往会错失机会的原因。

他们的论文还记录了随机对照实验是如何在年轻研究人员中逐渐流行起来的，这表明最近毕业的分析局成员比更早毕业的人更有可能开展随机对照实验。这一观察导致了第二种夸张的论点或"稻草人谬误"："一代发展经济学家中最优秀、最聪明的人才一直致力于对容易随机化的主题进行严格的影响评估"（例如，Pritchett 2014），他们采取了"不随机就完蛋"的态度，即如果不进行随机对照实验，就拒绝研究许多有趣的问题（例如，Ravallion 2009）。

为了探讨这个问题，我研究了65家分支机构（这是一个更年轻的成员群体）的出版记录，而且只关注2011年或更早毕业的53名研究人员（考虑到发表文章所需的时间）。中位数的研究人员发表了九篇论文，论文采用随机对照实验的中位数比例为13%。在至少发表过一篇随机对照实验论文的子集中，采用随机对照实验的论文平均（中位）比例是35%（30%），10—90的范围是11%—60%。因此，发表随机对照实验的年轻研究者也确实撰写和发表了非随机对照实验的论文。事实上，阿比吉特、埃丝特和迈克尔也是如此——尽管他们被称作"随机对照实验运动"的领军人，但是他们三人最常为人引用的论文都不是随机对照实验论文。

随机对照实验对发展研究的影响

阿比吉特、埃丝特和迈克尔记录了随机对照实验影响发展经济学研究的几种重要方式。我赞同他们的说法，即随机对照实验提高了非实验性研究在可信识别方面的标准，而且随机对照实验催生了创造性的新测量方法。我想指出另外两个方面的影响。

第一个极为积极的影响就是，研究人员与自己所研究的人和公司进行接触与交谈已成为常态。这是一个巨大的变化，以前大多数发展研究人员都会下载一个数据集（如Penn World Tables或Living Standards Measurement Surveys），以此评估一些模型或测试一些理论，然后在没有与被研究国家中的任何人交谈的情况下撰写论文。事实上，这很好地归纳了我的学位论文主题：我对为什么中国台湾人在多年来收入快速增长的情况下还在继续储蓄的原因很感兴趣。我仔细研究了新的计量经济学理论，并对几种相互竞争的消费理论模型进行了评估与测试，却从未直接问过任何中国台湾家庭："你为什么要存那么多钱？"我也参加过几个世界银行的项目，这些项目都是通过与决策者以及一组也许是精心挑选的现有受益者交谈而制定出来的，因为人们难以接受走进一个普通的社区，与随机挑选的小企业交谈的想法。随机对照实验使这种情况变得更加平常，也让研究人员更有可能真正与他们试图研究的项目的实施者进行交谈。

然而，我也认为随机对照实验在一定程度上影响了研究人员所研究的问题。如上所述，存在很多研究者，而大多数发展经济学的研究仍然没有采用随机对照实验。我认为可以这样说，有些问题之所以得到了回答，可能只是因为它们可以通过实验得到干净利落的回答，否则就不会有人员研究它们。正如我在下一节中所论证的，目前尚不清楚这是否一定是件坏事，因为它会导致研究人员更多地参与到理解政策如何实施的混乱之中，否则这些事务不会得到很多研究关注。

随机对照实验对发展政策的影响

我认为可以这样说,随机对照实验对发展经济学政策实施方式的影响远远大于对其所做事情的影响。随机对照实验回答的许多问题都属于帮助决策者更好地面向或实施他们已经决定要做的政策的范畴。例如,补助金应该有条件发放还是无条件发放?如何激励政府工作人员提供他们本应提供的服务?蚊帐应该免费发放还是有偿提供?如果提供承诺或提醒,人们是否会更多地使用储蓄产品?随机对照实验的这种用途与其在很多企业中的主要用途十分相似,在这些企业中,A-B测试被用来对产品进行微调,并决定如何最好地针对客户进行调整。

谈到所做的事情,我对以下两种努力进行了区分:一种试图在人民与企业所处的经济结构下,使人民的生活与企业的经营状况能够获得小幅改善;另一种则是努力刺激以农村为基础的停滞的农业经济向以城市为基础的创新且充满活力的制造业和服务业经济转变,我们把这种转变与发展进程联系起来。大部分早期的随机对照实验研究的重点是前者,班纳吉等人介绍的许多风险计划推广案例也属于这种情况——如何才能降低交通的风险、提高水质、让贫困家庭能够多用一点电等等。这里的成功主要是指降低穷人的贫困程度,或是让他们的生活更容易一些。这是一类十分重要的政策,也是随机对照实验能够对政策产生影响的地方。

相比之下,直到最近,能够帮助决策者测试与更具结构性的转型相关的政策的随机对照实验则要少得多——如何帮助更多的公司创新和成长?如何让人们从就业前景暗淡的贫困地区搬到前景更好的地方?然而,在这个领域,随机对照实验的数量正在迅速增长,例如布莱恩、乔杜里和莫巴拉克（Bryan, Chowdhury, and Mobarak 2014）、阿特金、坎德瓦尔和奥斯曼（Atkin, Khandewal, and Osman 2017）、麦肯兹（McKenzie 2015）、比姆、麦肯兹和杨（Beam, McKenzie, and Yang 2016）以及库索利托、多托维奇和麦肯兹（Cusolito, Dautovic, and McKenzie 2018）均表明，随机对照实验也可以为这些问题提供有用的政策建议。

最后，我想说的是，我反对决策者可以通过快速、迭代的边做边学的过程轻易替代随机对照实验的观点。在某些环境中，这条路径也许是可行的，然而在某些情况下，边做边学是一件非常困难的事情。原因之一就是，人们往往难以为自己产生准确的反事实，即使他们已经完成了一个项目，因此麦肯兹（McKenzie 2018）发现，实验组和对照组都高估了赢得商业计划的后果，即使在事后也是如此。其次，由于影响结果的因素太多，随机对照实验往往需要数百或数千次的观察来检测效果，而个体不可能从噪音中提取信号来确定他们的行为是否有效。刘易斯和饶（Lewis and Rao 2015）给出的一个极端例子表明，企业往往无法知晓他们的营销活动是否有效，即使在对数百万客户进行测试时也是如此。

参考文献

Atkin, David, Amit Khandewal, and Adam Osman. 2017. "Exporting and Firm Performance: Evidence from a Randomized Experiment." *Quarterly Journal of Economics* 132(2): 551–615.

Banerjee, Abhijit V., Esther Duflo, and Michael Kremer. 2016. "The Influence of Randomized Controlled Trials on Development Economics Research and on Development Policy." Paper prepared for the World Bank's "The State of Economics, The State of the World" Conference, September 2016.

Beam, Emily A., David McKenzie, and Dean Yang. 2016. "Unilateral Facilitation Does Not Raise International Labor Migration from the Philippines." *Economic Development and Cultural Change* 64 (2): 323–368.

Bryan, Gharad, Shyamal Chowdhury, and Ahmed Mushfiq Mobarak. 2014. "Underinvestment in a Profitable Technology: The Case of Seasonal Migration in Bangladesh." *Econometrica* 82 (5): 1671–1748.

Cusolito, Ana Paula, Ernest Dautovic, and David McKenzie. 2018. "Can Government Intervention Make Firms More Investment-Ready? A Randomized Experiment in the Western Balkans." Policy Research Working Paper 8541, Impact Evaluation Series, World Bank, Washington, DC.

Lewis, Randall A., and Justin M. Rao. 2015. "The Unfavorable Economics of Measuring the Returns to Advertising." *Quarterly Journal of Economics* 130 (4): 1941–1973.

McKenzie, David. 2017. "Identifying and Spurring High-Growth Entrepreneurship: Experimental Evidence from a Business Plan Competition." *American Economic Review* 107(8): 2278–2307.

McKenzie, David. 2018. "Can Business Owners Form Accurate Counterfactuals? Eliciting Treatment and Control Beliefs about Their Outcomes in the Alternative Treatment Status." *Journal of Business and Economic Statistics* 36 (4): 714–722.

Pritchett, Lant. 2014. "Is Your Impact Evaluation Asking Questions That Matter? A Four Part Smell Test." Views from the Center (blog), November 6. http://www.cgdev.org/blog/your-impact-evaluation-asking-questions-matter-four-part-smell-test.

Ravallion, Martin. 2009. "Should the Randomistas Rule?" *Economists' Voice* 6 (2): 1–5.

评（马丁·拉瓦雷）

随机实验与发展政策

> 度量真正重要的东西，而不是将你所能度量的东西变得重要。
> ——罗伯特·麦克纳马拉（Robert McNamara），
> 世界银行行长（1968—1981）

随机对照实验是众多可用于评估发展影响的工具之一。这并非什么新鲜事，因为早在40多年前，人们便已开始在发展影响评估之中应用随机对照实验了。[1]唯一的不同便是，在过去的10—15年，随机对照实验在学术界的普及程度发生了变化。班纳吉、迪弗洛与克雷默撰写的这一章介绍并反思了随机对照实验在发展经济学中的广泛应用。他们始终处于这一变革的最前沿。

理论上，随机对照实验的想法十分简单。首先，将项目的访问权限随机分配给一些实验单位，其他单位则作为对照组。然后，通过计算实验组与对照组之间的样本平均结果的差值对实验的影响进行估算。随着样本量的增加，这一数值将逐渐趋近该群体的真实平均影响。

---

[1] 据我所知，世界银行于1978年开展了最早的发展随机对照实验，贾米森等人（Jamison et al. 1981）于1981年发表了与该实验相关的论文。

然而，现实中几乎不存在完美的随机对照实验，因为这些实验的内部效度很少能够得到保证，而其外部有效性也经常遭到质疑。正如迪顿与卡特赖特（Deaton and Cartwright 2018）所述，实验人员似乎未能很好地理解随机对照实验所具有的这些局限性。随机对照实验的知名倡导者们经常轻率地夸大这些实验的优点，然而，这种做法对于发展影响的评估而言毫无益处。例如，三位作者认为，"实验单位与对照单位之间的所有差异均反映了实验的影响"，这显然是不正确的，因为实验总会存在一些误差（当然也包括抽样误差）。

需要担忧的内容还不止于此。甚至就连随机化的理论依据也不像倡导者们所声称的那样明确。事实上，正如凯西（Kasy 2016）所示，一般而言，存在一种（基于连续协变量并且）能够最大限度地减少预期误差方差的确定性（非随机）实验状态分配方式。对于给定的样本量而言，这一点是成立的。在对各种方法进行比较之后可以发现，确定评估预算比确定样本量更有意义。随机对照实验的成本可能十分高昂。在给定的预算下，随机对照实验的样本量往往小于观察性研究（OS）。因此，事实证明，实践中，观察性研究的结果可能更接近事实，即使它带有偏见（Ravallion 2018）。

最近，随机对照实验在发展研究中的普及是否有助于为发展政策的制定提供信息？这不是我们选择随机对照实验的唯一原因；另一个原因是更好地了解一个经济体是如何运作的，即确定关键的结构参数。然而，制定政策是一个重要原因。三位作者显然同意这一点。事实上，这正是最早在发展研究领域推广随机对照实验的机构——由本文的两位作者创立的阿卜杜勒·拉蒂夫·贾米尔贫困行动实验室（J-PAL）——想要实现的目标。班纳吉和迪弗洛（Banerjee and Duflo 2011）在个人简历中写道，"贫困行动实验室的使命是确保政策的制定以科学证据为基础，以此减少贫困"。

("科学证据"就是随机对照实验的代号。)贫困行动实验室与其他随机对照实验的倡导者将自己的任务定位为：弄清哪些政策有效，哪些政策无效，以便推广有效政策，减少无效政策。现在的情况确实如此吗？

在理想状态下，为了给反贫困政策的制定提供信息，研究人员需要填补我们对政策有效性的了解与决策者需要掌握的信息之间的鸿沟。作为经济学家，我们首先应该问问自己：为什么会存在这样的鸿沟？这都是不完全信息惹的祸。这其中的问题就是，发展领域的研究人员无法轻松地评价某项评估的质量和预期收益，以权衡成本。与一些观察性研究所用的复杂的计量经济学方法相比，随机对照实验操作简单，因而有助于研究人员理解正在开展的研究。然而（如前所述），这种理解需要实践者能够正确评价包括其局限性在内的根据随机对照实验得到的经验教训，而研究人员的理解却未必能够达到这种深度。

还有一些重要的外部性。评估的益处很少局限于接受评估的特定项目，而是能够延伸到未来的项目。观察性研究的外部性益处可能大于随机对照实验，因为对于随机对照实验来说，外部效度一直是人们关注的问题（参见，例如 Pritchett and Sandefur 2015）。此外，不能期望目前的项目经理在决定花多少钱对自己的项目进行评估时，能够适当考虑其他项目的外部效益。因此，相对于随机对照实验而言，对能够产生更多外部性的观察性研究的投资很可能不足。

知识鸿沟还源于评价工作的错位。一方面，发展评估人员往往忽视了可替代性的范围。受援方（政府或非政府）可以根据新的资金，如发展援助，重新分配自己的工作。由于这种可替代性，捐助方往往含蓄地支持其他事物，并从评估其影响的角度对错误的项目进行评估。如此一来，评估工作就无法很好地与发展工作保持一致。这一点既适用于随机对照实验，也适用于观察性研究。

评价者在方法上的偏好会强化这种错位。在这里，将重点放在随机对照实验上很可能会损害我们在弥补重要的知识鸿沟方面所做的努力。随机对照实验的繁荣存在**产出**和**替代**效应。正如三位作者所述，产出效应显而易见。替代效应与实验的使用方法有关。使用了随机对照实验的发展经济学期刊论文所占的比例明显增加。然而，这并非更换研究方法所产生的令人担忧之处；相反，问题在于政策评估方面。我们已经看到，世界银行等机构明显开始支持随机对照实验。世界银行自己的独立评估小组报告说，2007—2010年启动的影响评估中，超过80%使用了随机对照实验，而在2005—2006年，这一比例为57%，之前几年仅为19%（World Bank 2012）。

整体政策评估的一个问题源于这样一个事实，即随机化显然只适用于非随机的政策与环境子集，因此我们失去了全面弥补知识鸿沟的能力（Ravallion 2009, 2018）。例如，几乎无法对大中型基础设施项目以及整个部门和整个经济领域改革的位置进行随机化，而这些几乎是所有贫困国家发展战略的核心活动。事实上，随机分配的想法与许多发展项目的目标背道而驰，这些项目通常旨在惠及某些类型的人或地方。（希望）与随机分配相比，政府能够更好地帮助穷人。随机化也往往更适合相对简单、有明确的参与者和非参与者、时间跨度相当短且成本或收益向非参与者溢出的空间范围很小的项目。

这种错位既有供给侧的原因，也有需求侧的原因。就供给侧而言，目前的现实是，研究生和他们的导师正在四处寻找可以随机分配的东西。如果随机分配并不适用于所提出的问题，研究人员往往就会转而研究其他问题。发展中国家的政府很难找到人来帮助他们评估那些无法通过随机化加以评估的公共项目。

潜在的偏见还有很多。就需求侧而言，政府（和发展机构）在很大程度上可以自由选择评估的内容。即使同意采取随机对照实验，他们也可以选择那些他们并不关心评估结果的项目。在均衡状态下，其他项目将不会得到评估（而且，如前所述，它们可能包括真正得到援助资助的项目），个中风险显而易见。

如果真正想要获得针对发展政策组合影响的可靠评估，就应该从该组合中选择一个具有代表性的样本，然后找到每个选定项目/政策的最佳实现方法，而随机化只是众多选择之一。然而现在的情况并非如此。

参考文献

Banerjee, Abhijit V., and Esther Duflo. 2011. *Poor Economics: A Radical Rethinking of the Way to Fight Global Poverty*. New York: Public Affairs.

Deaton, Angus, and Nancy Cartwright. 2018. "Understanding and Misunderstanding Randomized Controlled Trials." *Social Science and Medicine* 210: 2–21.

Jamison, Dean, Barbara Searle, Klaus Galda, and Stephen P. Heyneman. 1981. "Improving Elementary Mathematics Education in Nicaragua: An Experimental Study of the Impact of Textbooks and Radio on Achievement." *Journal of Educational Psychology* 73 (4): 556–567.

Kasy, Maximilian. 2016. "Why Experimenters Might Not Always Want to Randomize, and What They Should Do Instead." *Political Analysis* 24: 324–338.

Pritchett, Lant, and Justin Sandefur. 2015. "Learning from Experiments When Context Matters." *American Economic Review: Papers and Proceedings* 105 (5): 471–475.

Ravallion, Martin. 2009. "Should the Randomistas Rule?" *Economists' Voice* 6 (2): 1–5.

Ravallion, Martin. 2018. "Should the Randomistas (Continue to) Rule?" Working Paper 492, Center for Global Development, Washington, DC.

World Bank. 2012. *World Bank Group Impact Evaluations: Relevance and Effectiveness*. Independent Evaluation Group, World Bank, Washington, DC.

出　　品：贝页
总 策 划：李　菁
版权合作：黄莹儿
责任编辑：戴　铮
特约策划：刘盟赟
特约编辑：旷书文
封面设计：汤惟惟
版式设计：汤惟惟
营销编辑：李晨旭
投稿请至：goldenbooks@gaodun.com
采购热线：021-31146266
　　　　　136 3642 5302